GUIA PRÁTICO DO
PÔQUER

Tradução - Matheus Ferreira

EDITORA escala

Título Original: *THE COMPLETE PRACTICAL GUIDE TO POKER AND POKER PLAYING*

ISBN 978.85.389.0082.5

Edição brasileira

Diretor editorial	*Sandro Aloísio*
Diretor comercial	*Diego Drumond*
Assistente comercial	*Rodrigo Costa*
Produção gráfica	*Cintia Karina dos Reis*
Diagramação	*Mercado Editorial*
Tradução	*Matheus Ferreira*
Revisão técnica	*Nadiajda Ferreira*
Capa	*Rubens Coradini*

1º edição brasileira: 2010
Direitos de edição em língua portuguesa, para o Brasil, adquiridos por Editora Escala Ltda.

Av. Profª. Ida Kolb, 551, Jardim das Laranjeiras, São Paulo, CEP 02518-000
Tel.: +55 11 3855-2100 / Fax: +55 11 3857-9643
Venda de livros no atacado: tel.: +55 11 3855-2120 / +55 11 3855-2148

Dados Internacionais de Catalogação na Publicação (CIP)
(Câmara Brasileira do Livro, SP, Brasil)

Sippets, Trevor
Guia prático do pôquer / Trevor Sippets ; tradução Matheus Ferreira. -- São Paulo : Editora Escala, 2010.

Título original: The complete practical guide to poker and poker playing
ISBN 978-85-389-0082-5 (Livraria)

1. Pôquer 2. Pôquer - Manuais, guias etc. I. Título.

10-10164 CDD-795.412

Índices para catálogo sistemático:

1. Pôquer : Jogo : Recreação 795.412

vendas@escala.com.br * livrosescala@escala.com.br * www.escala.com.br
Impressão e acabamento: Oceano Indústria Gráfica Ltda.

Introdução

Os não-iniciados podem considerá-lo somente um simples jogo de cartas, em geral associado a pessoas com preferência inata por apostas. Mas para qualquer pessoa que já tenha jogado pôquer, tal definição, tão singela, está longe da verdadeira natureza dessa desafiante e muitas vezes recompensante atividade. De fato, alguns jogadores veem nele muito mais do que um jogo — um verdadeiro estilo de vida.

O rápido crescimento da popularidade do pôquer teve como consequência sua elevação de simples jogo de cartas a verdadeiro fenômeno cultural. Torneios televisionados de pôquer contribuem para a geração de um interesse no jogo nunca visto antes, com jogadores profissionais e vencedores de torneios frequentemente adquirindo status de celebridade, em decorrência da exposição na mídia. Artigos de revista, livros e propagandas renovam e alimentam continuamente o apetite do público pelo jogo. Considerado glamoroso, o pôquer é jogado por muitas estrelas do cinema, da televisão e dos esportes, notavelmente habilidosos, o que contribui para aumentar esta imagem de prestígio. O pôquer nunca esteve tão na moda.

Uma grande ajuda para manter esta situação é dada pelos cassinos online, que, desde o lançamento do PlanetPoker, em 1998, tornaram-se negócios multimilionários, atraindo o interesse de sérios empresários corporativos. O ParadisePoker, um antigo concorrente de mercado, foi comprado por US$ 275,5 milhões pela Sportingbet Plc., em outubro de 2004, e o preço de suas ações, cotado pelo Mercado de Investimentos Alternativos de Londres (London Stock Exchanges Alternative Investment Market - AIM), logo aumentou 375 por cento. Prevê-se que as apostas interativas online gerem uma movimentação anual na faixa dos US$ 100 bilhões, com lucros brutos de US$ 11 bilhões em 2010. Atualmente, existem centenas de sites da Internet oferecendo acesso instantâneo e conveniente a jogos de pôquer no conforto do lar, permitindo que diversos jogadores exercitem simultaneamente sua habilidade e poder de julgamento, dia e noite.

O objetivo deste livro é explicar os vários aspectos do jogo que contribuíram para estabelecê-lo como um dos mais duradouros passatempos da humanidade. Os capítulos iniciais se focam nos conhecimentos necessários a qualquer pessoa para jogar pôquer com segurança, partindo do pressuposto de que o leitor tenha pouca ou nenhuma experiência no jogo. Da distribuição das cartas até a exibição das mãos, serão feitas explicações sobre como jogar, como apostar e como distinguir uma mão potencialmente vencedora de uma provavelmente perdedora. Como o pôquer é repleto de um vasto vocabulário próprio, a terminologia também será explicada.

JOGADOR E

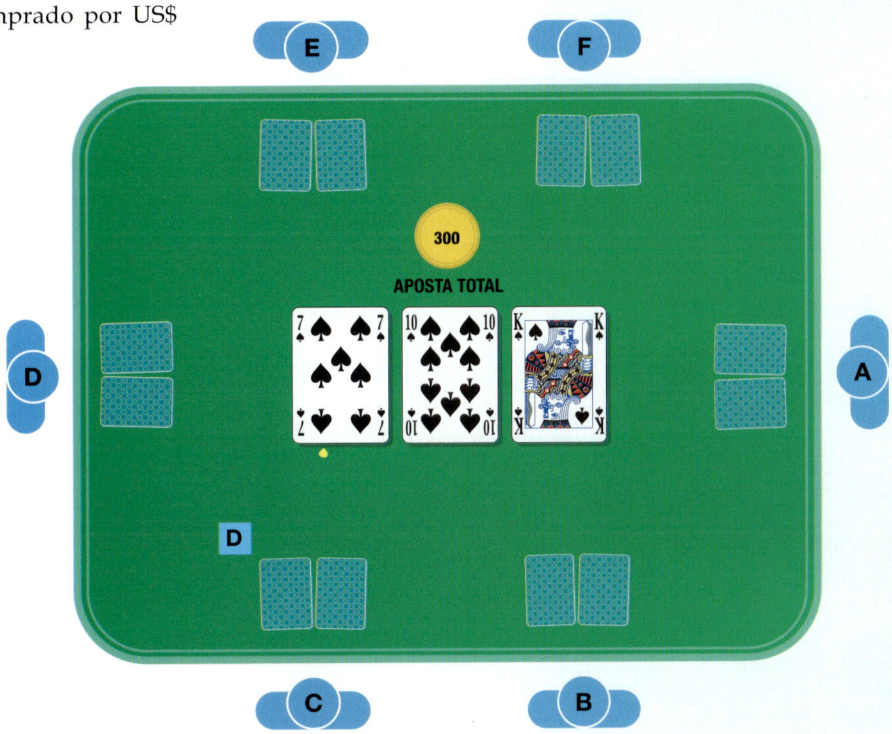

À direita: Neste livro, regras e estratégias são explicadas de forma clara e ilustradas com diagramas que mostram exemplos de mãos de pôquer, dentro e fora da mesa, para melhor compreensão. Do simples para o complexo, você será guiado por uma grande variedade de cenários de pôquer, passo a passo.

Conteúdo

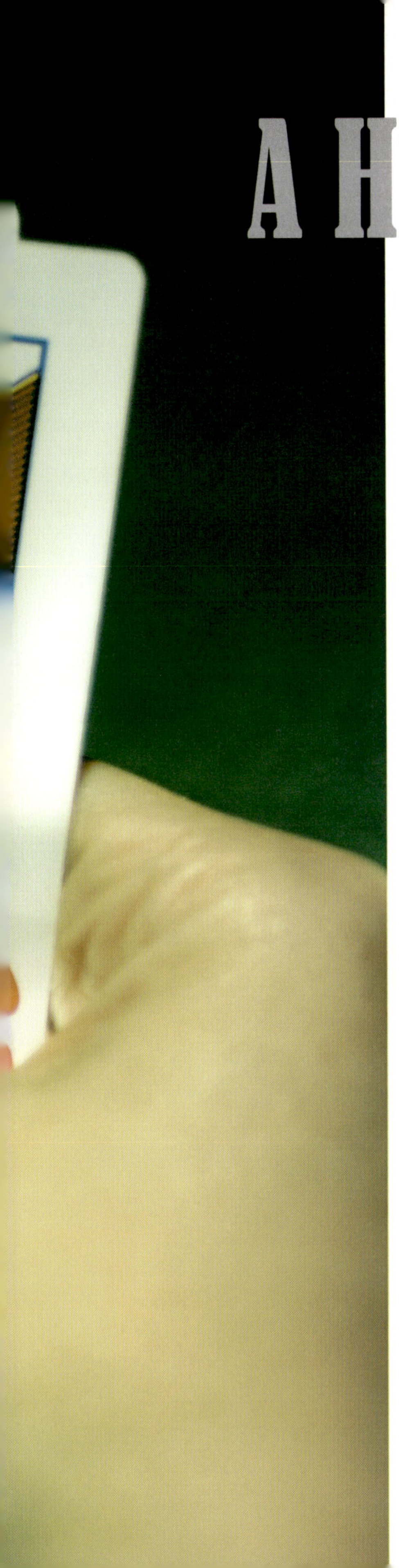

A História do Pôquer

Percorrida quase uma década do novo milênio, o *status* do pôquer como o predileto entre os jogadores de cartas por todo o mundo permanece intacto. Um ponto-chave para essa conquista é a grande transformação pela qual passou a imagem desse jogo. Os canais de televisão exibem cada vez mais programas relacionados ao pôquer, oferecendo aos espectadores a chance de acompanhar os melhores jogadores do mundo, muitos dos quais são jovens precocemente talentosos, que demonstram grande habilidade na mesa. Um importante resultado deste recente desenvolvimento é a mudança da forma como o jogo passou retratado no cinema. As cenas de partidas de pôquer em salões de bares do Velho Oeste cedem espaço a representações cada vez mais luxuosas, que envolvem até mesmo James Bond - como se vê em *Casino Royale* (2006) –, reforçando ainda mais a popularidade do *Texas Hold'em*. O destaque do pôquer em um lançamento cinematográfico desta magnitude enfatiza o encanto duradouro de um jogo cuja rica e colorida história não encontra paralelo no mundo das cartas.

À direita: nos primeiros anos do século XXI, o pôquer emerge como o jogo de cartas mais popular do mundo, devido a um substancial aumento de interesse, estimulado pela televisão e pela Internet. Após 200 anos de evolução, o pôquer goza, atualmente, de uma imagem muito mais positiva, com o enfraquecimento de sua associação ao Velho Oeste fora-da-lei e aos cassinos de Las Vegas controlados pela máfia. O pôquer é hoje um grande negócio, cuja crescente legitimidade deve assegurar que o estigma associado ao jogo se torne, definitivamente, coisa do passado.

Origens do Pôquer

Determinar as origens do pôquer tem se revelado uma tarefa difícil aos pesquisadores da história do jogo. É amplamente aceita a ideia de que o pôquer, como é jogado hoje, desenvolveu-se rapidamente nos Estados Unidos, ao longo dos séculos XVIII e XIX, com a chegada de imigrantes que procuravam trabalho e oportunidades no Novo Mundo. No livro *Uma Exposição das Artes e Dissabores do Mundo das Apostas*, publicado em 1834, Jonathan H. Green descreve as regras do pôquer, então chamado "jogo de trapaça". A expressão se refere a um jogo que envolvia um baralho de apenas 20 cartas, e que havia superado a popularidade do *monte de três cartas* como meio de aposta, por, ironicamente, ser considerado menos propício à manipulação pelos trapaceiros dos baralhos. Embora sem menção ao nome "pôquer", o mesmo jogo foi descrito pelo ator inglês Joseph Cowell, em 1829. Cowell assistiu a algumas partidas em Nova Orleans, e teve conhecimento de que o pôquer tinha grande popularidade a bordo dos barcos do Mississipi, o que facilitou o transporte e a difusão do jogo à Louisiana e ao resto do país.

♠ A Influência Europeia ♣

Os jogos de cartas vinham se popularizando por toda a França desde o século XV, ao passo que, na Alemanha, um jogo similar chamado de *pochen* ou *pochspiel* era amplamente difundido. Acredita-se, no entanto, que a colonização francesa forneceu o principal elo evolutivo do pôquer, uma vez que os colonos que se estabeleceram no Canadá e em Nova Orleans trouxeram de seu país de origem um jogo de apostas e blefes chamado *poque*. Os dois jogos utilizavam baralhos de 32 ou 36 cartas, e as mãos vitoriosas consistiam apenas de pares, trincas e quadras. Em outras regiões da Europa, o jogo espanhol *primero*, cujas origens datam de 1526, parece ter servido de influência para o *poche* e o *pochen*, embora, assim como no *brelan* francês e no *brag* inglês, os jogadores recebessem mãos de apenas três cartas. Na Itália, jogava-se *il frusso*, que incorporava muitos elementos dos outros jogos europeus.

Conquanto não seja possível provar cabalmente, todos esses jogos parecem ter derivado de um antigo jogo persa chamado Âs Nas. Similar ao pôquer tradicional de cinco cartas, o Âs Nas era jogado com 20 ou 25 cartas, dependendo do número de jogadores. Apesar de a existência das cartas desse jogo ser conhecida já no século XVI, não há registros de qualquer menção a ele até 1890, alguns anos depois de

Acima: Acredita-se que a colonização francesa forneceu o principal elo evolutivo do pôquer, uma vez que os colonos que se estabeleceram no Canadá e em Nova Orleans trouxeram de seu país de origem um jogo de apostas e blefes chamado poque. Contudo, algumas pessoas preferem que o pôquer pode descender do jogo alemão de pochen, do jogo inglês de brag ou até mesmo do jogo persa Âs Nas.

À esquerda: Quando os jogos de apostas deixaram de ser vistos com bons olhos em cidades fronteiriças como Nova Orleans, o pôquer difundiu-se entre os barqueiros que cruzavam o rio Mississipi. O costume de jogar a bordo dos barcos a motor ao longo das viagens efetivamente transportou jogos como o pôquer pela Louisiana e para o resto da América.

o próprio pôquer ter se estabelecido. Seja qual for a origem do pôquer, sabe-se que o impacto que recebeu da cultura americana pós-século XVIII foi o grande responsável por seu acelerado desenvolvimento, e o transformou na diversão extraordinariamente popular que se conhece hoje.

♠ O baralho ♣

As primeiras cartas de baralho foram trazidas à Europa no século XIV, pelos Sarracenos e Mouros, podendo suas origens mais remotas ser atribuídas à China do século X e, posteriormente, ao Egito. Estas primeiras cartas eram feitas com finas tabuletas de marfim ou madeira, e geralmente continham desenhos multicoloridos pintados à mão. Eram peças caras, normalmente restritas aos grupos mais ricos, e somente com o desenvolvimento de métodos de impressão com pedaços de madeira e, posteriormente, com a invenção da imprensa, foi possível a produção de baralhos mais baratos. A influência francesa na América do Norte popularizou os jogos de cartas, que evoluíram e incorporaram as modificações introduzidas pelos americanos. Tais modificações incluíram a colocação de símbolos nos cantos das cartas (letras e números situados em suas bordas ou cantos), a impressão das figuras e números espelhada verticalmente, para facilitar a identificação das cartas, os padrões e desenhos em seu verso, bem como as quinas arredondadas e a superfície envernizada, que ajudam a reduzir o desgaste e os danos decorrentes do uso.

Os naipes

Acredita-se que os naipes de paus, ouros, copas e espadas foram padronizados pelos franceses, que também incluíram a representação de figuras da realeza nas cartas de maior valor. Apesar do refinamento em detalhes, devido ao aprimoramento dos métodos de impressão, o desenho básico das cartas da corte permanece inalterado ao longo dos últimos 200 anos. As cartas de jogo tradicionais latinas e germânicas trazem diversas variações nos temas dos naipes. As cartas espanholas e italianas, por exemplo, contêm moedas, taças, espadas e bastões, enquanto os desenhos germânicos incorporam corações, folhas, sinos e frutos.

Acima: um conjunto de três cartas mostrando as figuras da realeza espelhadas verticalmente – Rei, Dama e Valete. Cartas modernas trazem letras e números em cantos opostos, para facilitar sua identificação quando sobrepostas. Quinas arredondadas foram incorporadas às cartas para eliminar os problemas de dobras e desgaste que acometiam as tradicionais bordas angulares.

Abaixo: uma seleção de cartas históricas mostrando que o desenho básico das cartas de figuras da realeza e dos naipes permanece inalterado ao longo de séculos. A partir da esquerda: um Rei de Espadas e uma Dama de Copas franceses do século XVIII, um Valete de Paus alemão, espelhado verticalmente, de 1860, e um Valete de Ouros belga, de 1811.

O Jogo Americano

Somente a partir do fim da Guerra Civil Americana, em 1865, é que se pode dizer que o pôquer se libertou da influência europeia que moldara seu desenvolvimento. Em 1875, com amplo uso do o baralho de 52 cartas, acrescido dos coringas, o jogo já havia se tornado uma faceta proeminente da cultura americana. Os 50 anos anteriores haviam visto o pôquer migrar de sua origem, no delta do Mississipi, para as cidades fronteiriças do Oeste selvagem e, adiante, até a Califórnia, com o advento da corrida do ouro, em 1849. Entretanto, os jogos de pôquer de cinco cartas fechado (5-card-draw[1]) e aberto (5-card-stud) não eram tão populares, entre os mineradores, quanto outros, como a roleta, que constituíam um caminho bem mais curto para a fortuna, em comparação a um jogo de cartas que exigia paciência e alguma dedicação para a obtenção de resultados compensadores. Apesar de não agradar a todos, e de enfrentar, ao longo do século XIX, vários movimentos vindicando sua proibição, o pôquer continuou a ser jogado por americanos que aceitavam o risco e a especulação como parte da vida cotidiana.

♠ Nova Orleans ♣

O primeiro cassino dos Estados Unidos foi inaugurado por John Davis, em Nova Orleans. Aberto vinte e quatro horas por dia, o estabelecimento alimentava a avidez do público pelos jogos e apostas. Comida, álcool, dançarinas e jogos populares como o faro e a roleta constituíam grande parte da experiência dos clientes de Davis no cassino. O sucesso do empreendimento foi tão grande que o exemplo de John logo foi seguido, com a abertura de outros cassinos, o que rendeu a Nova Orleans – a "Grande Moleza", como foi apelidada – a reputação de capital do jogo. Essa mudança cultural tornou a cidade atrativa para vários jogadores de cartas e trapaceiros "profissionais", que buscavam viver à custa da exploração de jogadores ingênuos e inexperientes. A orla de Nova Orleans, conhecida como "O Pântano", tornou-se uma zona cinzenta para a lei, com os próprios jogadores e trapaceiros policiando uns aos outros. Aqueles que ganhavam mais do que parecia razoável ou que, de qualquer outra forma, tornavam-se suspeitos de fraude sabiam que corriam o risco de enfrentar a justiça sumária feita pelas próprias mãos das vítimas, sem qualquer intercessão em sua defesa.

Acima: Uma mulher conduzindo uma carroça em Nova Orleans, em 1900. A cidade se tornou a primeira da América a receber um cassino quando John Davis começou seu empreendimento, em 1922. A "Grande Moleza", como foi apelidada, tornou-se renomada por atrair apostadores. Houve uma tentativa de ilegalizar o jogo na Louisiana, em 1911, que não foi levada a cabo, e Nova Orleans continuou a lucrar com os turistas que vinham tentar a sorte nas mesas.

À direita: John Doyle promove um jogo de pôquer em seu rancho, no Arizona, com o juiz Brown e o professor Burrison, em 1887, o que mostra como a popularidade do jogo se havia espalhado pelo norte e oeste do delta do Mississipi, onde se desenvolvera inicialmente.

Á direita: Jogadores de pôquer em um bar, em 1913. Tradicionalmente, os bares foram sempre locais populares para jogos de cartas, e, na América, a associação cultural do pôquer aos botequins desenvolveu-se durante a era do Oeste selvagem, época em que os donos dos bares mais apreciados providenciavam uma mesa de pôquer para entreter sua clientela.

À direita, abaixo: O quadro "Wooding up' in the Mississipi", de Francis F. Palmer, 1963. Os milhares de barcos que lotavam os rios Mississipi e Missouri passaram a abrigar os jogadores de pôquer na América da metade do século XIX, época em que várias cidades editavam leis proibindo os jogos de aposta. Foi a bordo de um desses barcos, em 1832, que Jim Bowie, inventor da "faca Bowie", socorreu um homem que estava prestes a se suicidar por ter perdido sua fortuna devido a trapaças no jogo de pôquer.

♠ O jogo e a navegação nos rios ♣

Os cassinos de Nova Orleans atraíram muitos visitantes para a cidade, estimulando a economia de toda a região. As embarcações que navegavam os rios Mississipi, Missouri e Ohio contribuíram para o crescimento econômico daquela área, ao mesmo tempo em que proveram os meios aos apostadores profissionais para aumentar seus negócios e procurar novos mercados. Esta tarefa não foi fácil, já que cada vez mais cidades elaboravam leis para tornar ilícitos os jogos de aposta, numa tentativa de acabar de vez com sua prática. Vicksburg, no estado do Mississipi, tomou tal medida já em 1835, mas os milhares de grandes barcos motorizados, dotados de diversos andares, continuaram a abrigar os jogadores de pôquer e outros mestres das cartas, que geralmente se vestiam elegantemente para tentar amenizar a imagem negativa que deles se fazia.

Já nesta época, o pôquer havia se distanciado de seus precursores, nos quais os jogadores negociavam apenas uma rodada de apostas, baseada na força de mãos compostas de cinco cartas. Inicialmente, com os baralhos consistindo de apenas 20 cartas, o jogo se limitava a quatro jogadores, e não havia o descarte – mecanismo que possibilita a troca de uma carta por outra do monte. Cada vez mais preocupados em ampliar suas chances no jogo, os jogadores profissionais foram aumentando, gradualmente, a utilização do baralho de 52 cartas, e, em poucas décadas, a versão do jogo de 20 cartas já havia caído em desuso. Um baralho com mais cartas permitia que mais jogadores participassem das partidas, e a adoção do descarte oferecia mais chances para melhorar as mãos carteadas. Com a introdução de uma rodada a mais de apostas, aumentou-se o nível de habilidade e capacidade de julgamento necessário para a vitória.

1. Optou-se, ao longo da obra, pela manutenção – ora entre parêntesis, ora no corpo de texto, de modo bastante reforçado – dos termos originais em inglês referentes exclusivamente ao pôquer (nomes de modalidades, regras, momentos do jogo etc.), devido a três fatores principais. Primeiramente, por ser comum a manutenção da terminologia tradicional nos jogos disputados ao redor do globo, o que faz com que seja importante seu conhecimento para jogadores iniciantes e iniciados que queiram jogar em qualquer lugar no mundo; em segundo lugar, devido à sua ampla utilização pelos principais sites e servidores de pôquer via Internet de todos os países, o que torna crucial o conhecimento de tais expressões para que mesmo as pessoas que não dominam a língua inglesa possam se localizar e se comunicar com facilidade no ambiente virtual. Por fim, leituras de trechos específicos para diversos fins ficam também facilitados, eliminando-se a necessidade de repetidas consultas aos capítulos anteriores. (N. do T.)

O Pôquer no Velho Oeste

O sucesso global dos filmes de faroeste como gênero *hollywoodiano*, ainda que expressando uma visão ligeiramente romantizada do passado americano, é obviamente a principal razão pela qual o pôquer é tão frequentemente associado ao Velho Oeste. Embora muitas vezes alheio à ação dos filmes, o jogo figura em incontáveis cenas de bares e *saloons*, representando-se acuradamente a popularidade de que desfrutava em estalagens, vilarejos de mineradores e celeiros da época. Já a descrição das façanhas dos personagens lendários do Oeste selvagem aparece de forma, no mínimo, imprecisa – sem contar as inúmeras vezes em que são retratadas antigas histórias que foram totalmente fabricadas para o entretenimento de ávidos leitores de jornais da Costa Oeste. Escritores como E. Z. C. Judson, editor de uma revista sensacionalista semanal chamada *Ned's Buntline's Own*, ajudou a criar duradouros mitos sobre o Oeste e seus aventureiros. Em razão disso, cidades como Deadwood e Tombstone ficaram mais famosas pelas resoluções fatais das disputas entre apostadores locais do que pelas riquezas minerais que levaram à sua fundação.

A vida dos apostadores profissionais era repleta de perigos, sobretudo em razão de os potenciais maus perdedores possuírem, por vezes, natureza impulsiva e armas de fogo. De fato, a invenção da pequena pistola Derringer, eficaz somente se disparada a menos de dois metros de distância, decorreu da necessidade dos jogadores de sempre manter um às na manga, figurativamente falando. Para atenuar o perigo, aqueles com predileção pelo jogo tornavam-se frequentemente proprietários de bares ou bordéis, para assegurar uma renda constante e, dada a moralidade predominante à época, legitimar seu estilo de vida. Em 1849, a fabulosa Corrida do Ouro desviou as atenções para o extremo Oeste, à medida que os garimpeiros seguiram para a Califórnia. O influxo de pessoas para a região foi tão grande que São Francisco rapidamente superou Nova Orleans como o maior centro de jogos e apostas da nação.

♠ Legalidade e moralidade ♣

O clamor pela proibição dos jogos de aposta tem sido ouvido regularmente ao longo da história, com a constante atribuição, aos jogadores, da imagem de pessoas moralmente falidas e acometidas de uma terrível fraqueza. Considerando-se que o pôquer foi originalmente chamado de "jogo de trapaça", é, certamente, compreensível que aqueles que insistiram em jogá-lo fossem constantemente alertados pelas pessoas de natureza cautelosa. As práticas habilidosas dos chamados jogadores profissionais foram alvo de perseguições nas fronteiras do Oeste ao longo do fim do século XIX, tendo

Acima: Cartão postal de Nevada, 1941. Assim como ocorrera em muitos outros estados, os legisladores de Nevada tentaram banir o jogo de apostas. Em 1931, o pronunciamento do Procurador Geral da Califórnia, de que o pôquer fechado era um jogo de habilidade e não deveria ser submetido à legislação antiapostas, permitiu que o estado de Nevada relaxasse sua postura proibitiva. Com isso, Las Vegas acabou se tornando a maior capital de jogo e apostas do mundo.

À direita: Robert Mitchum em *Sangue na Lua (Blood on the Moon)*, de 1948, assistindo a um tenso jogo de pôquer aberto de cinco cartas (*5-card stud*), em uma cena que ilustra a típica representação do pôquer nos filmes de faroeste. Em 1968, Mitchum estrelou *Pôquer de Sangue (Five Card Stud)*, outro filme de faroeste centrado em acontecimentos de mesas de pôquer.

O antigo valor das mãos

No decorrer da evolução do pôquer, a sequência de valor das mãos não era tão claramente definida quanto é hoje. A introdução da sequência (*straight*) – cinco cartas de naipes diferentes em ordem numérica (como, por exemplo, 6, 7, 8, 9 e 10) – e do *flush* – cinco cartas não-sequenciais porém do mesmo naipe – criou problemas para os filósofos do pôquer da época. A confusão reinava a respeito da validade destas combinações e, mesmo quando aceitas, seu valor em relação a outras mãos nem sempre refletia o mérito verdadeiro em termos de probabilidade. Tradicionalistas que haviam crescido acostumados ao conceito da quadra de ases como a mão de maior valor encontravam dificuldades em entender que as chances de um jogador segurar uma série de cartas do mesmo naipe e em sequência numérica – um *straight flush* (veja abaixo) – eram bem menores, o que deveria fazer tal combinação ainda mais valorosa.

determinados jogos sido considerados ilegais e outros, sofrido um controle restritivo. Embora poucas dessas leis tenham sido de fato cumpridas, um banimento total foi imposto, no começo do século XX, em vários estados. Em 1988, Nevada e Nova Jersey eram os únicos estados em que o jogo era permitido; no entanto, a situação acabou se revertendo radicalmente, de modo que, atualmente, apenas dois estados, Utah e Havaí, proíbem ativamente as apostas.

Embora sua prática seja restrita aos adultos, a oportunidade de apostar no jogo estende-se, agora, à maioria das pessoas no mundo desenvolvido. Ainda assim, as várias legislações aplicáveis em diferentes estados americanos, primeiramente direcionadas à proibição do jogo organizado, acabam por criar um quadro confuso, que chega a considerar potencialmente ilegal um simples jogo amistoso de pôquer, praticado em casa. Ainda mais dramático é o fato de que, embora os americanos constituam a maioria dos jogadores de pôquer pela Internet, a prática do jogo *online* foi efetivamente considerada ilegal nos Estados Unidos, de acordo com a Ato antiapostas via Internet, elaborado em outubro de 2006. Várias interpretações do Ato Americano de Comunicações por Fio, de 1961, originalmente concebido para combater as apostas clandestinas feitas via telégrafo, são frequentemente invocadas para sugerir que o jogo *online* é ilegal. Nos termos da nova lei, passou a ser proibida a realização de transações por bancos, companhias de cartão de crédito e outras instituições financeiras com empresas de jogo via Internet. Como consequência, jogadores de pôquer cibernético residentes nos Estados Unidos não podem mais depositar e sacar dinheiro de suas contas de pôquer *online*.

Acima à esquerda: imagem de James Butler "*Wild Bill*" Hickock, de 1873, que apareceu no programa de faroeste de William "*Buffalo Bill*" Cody. Butler, aventureiro e renomado atirador, dedicava seu tempo a assegurar o cumprimento da lei, como xerife, até ser morto em um bar em Deadwood, por Jack McCall, durante um jogo de pôquer, em 1876. As cartas que ele segurava na ocasião – um par de ases e um de oitos, ambos negros – passaram, desde então, a ser chamadas de a "Mão do Homem Morto".

Acima: Mineradores em uma cidade de Nevada. O ouro foi descoberto em Goldfield, Nevada, em 1902, e, seis meses mais tarde, erguera-se no local uma agitada cidade. Observe que já havia ali, estabelecidos, um hotel, um teatro, um banco, uma joalheria e um comércio de cavalos.

O Pôquer no Século XX

O pôquer fechado (*draw poker)* e o pôquer aberto de cinco cartas (*5-card stud*) permaneceram sendo as variantes mais jogadas no século XX; contudo, surgiram, além deles, as modalidades de pôquer com cartas em comum, das quais o *Texas Hold'em* é atualmente o principal exemplo. Jogos como o *Wild Widow* e o *Spit in the Ocean* também utilizavam o sistema de cartas em comum, e foram populares ao longo da década de 1920. Outra novidade foi o conceito de *high-low* (alto-baixo), em que o *pot* – termo que designa o valor total das apostas em cada rodada – era dividido igualmente entre a melhor e a pior mão colocadas na mesa no *showdown*, que é o momento em que as apostas já estão concluídas e os jogadores mostram suas cartas para determinar o vencedor. Uma variação posterior foi o *lowball* ("pôquer miséria"), uma modalidade de pôquer fechado em que o detentor da mão mais fraca – e não da mais forte – vence a rodada.

Na década de 1930, emergiu uma variação do pôquer aberto em que os jogadores recebiam sete cartas, em vez de apenas cinco, acrescentando-se uma rodada a mais de apostas antes da conclusão de cada mão. A possibilidade de os jogadores segurarem combinações mais fortes, usando cinco das sete cartas que recebiam, aliada à rodada extra de apostas, levou à sua grande popularidade. Esta variação logo suplantou o jogo aberto de cinco cartas (*5-card stud*), que, comparado à nova modalidade, era tido como estagnado e muito menos dinâmico. Uma versão "miséria" (*lowball*) do pôquer aberto de sete cartas, chamada de *razz* (zombaria), foi implementada, e o jogo de sete cartas – tradicional e *razz* –, tornou-se a variação predileta de muitos jogadores. Recentemente, na década de 1980, outro jogo ganhou popularidade, o *Omaha Hold'em*, referido frequentemente apenas como *Omaha*, uma variante do pôquer com cartas comunitárias, baseado na modalidade mais popular da atualidade – o *Texas Hold'em*.

♠ Catalogando o jogo ♣

Para se ter uma noção de o quanto o pôquer capturara a imaginação do público americano, basta atentar aos esforços despendidos para catalogar tudo o que já se sabia sobre o jogo no início do século XX. Os resultados desta pesquisa se materializaram em 1905, com a publicação do livro *Pôquer Prático*, de H. R. Foster. Na mesma época, surgiam referências às 'opções do carteador', o que sugere que diversas variações do pôquer já eram largamente praticadas, com o carteador decidindo qual delas se aplicaria a cada rodada. Com o

Acima: "Amarillo Slim" Preston (ao centro) conversa com Benny Binion, dono do cassino, durante o jogo com Bill Lee (na ponta, à esquerda) em um desafio de US$ 10.000,00 no Hotel Sahara, em Las Vegas, em 1975. Preston havia sido eliminado da Série Mundial de Pôquer (*World Series Of Poker – WSOP*), mas encontrara rapidamente outro desafio. Nesta ocasião, Lee acabou vencendo, batendo o par de seis de Preston com um par de damas, na rodada final.

À esquerda: Thomas Austin "Amarillo Slim" Preston, vencedor da edição de 1972 da Série Mundial de Poker, pode ser apontado como a primeira verdadeira celebridade do pôquer da era moderna. Aparições constantes em programas televisivos de entrevistas após sua vitória na WSOP dirigiram as atenções para o até então obscuro mundo do jogador profissional de pôquer.

passar dos anos, publicações adicionais do famoso guia dos jogos de cartas de Hoyle, cujo original data de 1742, incluíam numerosas variações do pôquer, servindo como arquivo do desenvolvimento do jogo. Mais recentemente, a literatura sobre o pôquer expandiu-se notavelmente, passando a incluir vários livros sobre a teoria por trás das estratégias vitoriosas, uma tendência iniciada por Frank R. Wallace, em 1968, com seu livro *Conceitos Avançados do Pôquer*. Este foi o primeiro de muitos livros a analisar profundamente o jogo, de modo a identificar as estratégias implacáveis e agressivas tipicamente adotadas por jogadores bem sucedidos.

♠ Profissionais do pôquer ♣

Os jogadores profissionais do século XIX eram pessoas itinerantes, que privilegiavam os jogos de cartas em detrimento de outras formas de aposta, considerando a quantidade mínima de equipamento que requeriam, sobretudo se comparados a jogos como a roleta e o faro. Munidos somente de um baralho, os profissionais poderiam montar seu jogo em praticamente qualquer lugar, e a qualquer hora, tomando, como já dito, algumas precauções para a autodefesa. Mas aqueles que abraçavam o jogo como meio de vida, vistos eles mesmos como malandros, frequentemente encontravam jogadores afiados vindos dos meios criminosos. Isto, é claro, constituía um risco adicional. Da mesma forma, os profissionais e vigaristas da metade do século XX operavam, em geral, no limiar da legalidade, e frequentemente enfrentavam oponentes com notável aversão à derrota. Para jogadores lendários como Johnny Moss, Doyle "*Texas Dolly*" Brunson e Thomas "Amarillo Slim" Preston, acabar tendo de devolver, sob a mira de uma arma, o dinheiro recém-ganho no jogo era um dos perigos de sua profissão. Anedotas sobre suas aventuras, dos anos 50 em diante, ilustram o quanto a América do pós-guerra ainda podia lembrar o Velho Oeste sem leis.

♥♦♠♣♥♦ As reservas de nativos indígenas ♠♣♥♦♠♣

Acima: Como passatempo, o jogo de cartas não se restringiu aos colonos vindos da Europa, tornando-se popular também entre os povos indígenas da América.

Uma das grandes forças por trás da expansão do jogo de apostas na América foi o Ato Regulamentador do Jogo Indígena, de 1988, que autorizou várias tribos de nativos indígenas a operar cassinos em suas terras, como concessão ao exercício de alguma autonomia sobre seus interesses. Eficientemente gerenciados e comercialmente bem-sucedidos, esses estabelecimentos têm alimentado a ânsia por jogo dos americanos, e ajudado a criar oportunidades de emprego e melhores perspectivas econômicas para vários moradores das regiões em que operam.

À direita: No pôquer, fichas são utilizadas para fazer as apostas, facilitando seu acompanhamento e evitando o manuseio de dinheiro durante o jogo.

À esquerda: Doyle "Texas Dolly" Brunson, um contemporâneo de "Amarillo Slim", na festa de lançamento do Aberto Mundial de Pôquer de Londres, em agosto de 2005. Bronson venceu as finais das edições de 1976 e 1977 da Série Mundial de Pôquer, e colaborou, em seguida, com *O Super Sistema de Doyle Brunson: Um Curso de Pôquer Agressivo*, livro que ainda é considerado leitura essencial aos bons jogadores.

Las Vegas

Embora o imaginário que associa o pôquer ao Velho Oeste seja familiar a todos nós, o jogo tornou-se inexoravelmente ligado também à cidade que pode ser apontada como a capital mundial das apostas – Las Vegas. Foram três os grandes fatores decisivos para dramática transformação de um pequeno poço na encruzilhada do Deserto de Nevada em um lendário destino turístico. O relaxamento da legislação antiapostas no estado de Nevada, em 1931, coincidiu com o início da construção da grande Represa Hoover, a 50 km de Vegas, um projeto que atraiu milhares de trabalhadores, e potenciais jogadores, na época da Grande Depressão americana. Assim, membros do crime organizado que haviam prosperado nos tempos da Lei Seca, explorando clandestinamente a demanda pública por álcool, jogos e outros vícios, não perderam tempo para agarrar a grande oportunidade. Como meio de "lavar" seus lucros ilegais, as gangues da Máfia de Nova York, Detroit, St. Louis e Chicago, cientes do sucesso, à época, do ramo dos cassinos, trataram logo de construir vários destes palácios de prazer projetados especialmente para atender às necessidades do novo mercado.

Em vinte anos, Las Vegas tornara-se um destino enormemente popular para pessoas à procura dos prazeres do jogo legalizado. Gradualmente, um número crescente de jogadores profissionais mudou-se para a cidade para se beneficiar do constante fluxo de turistas, até a criação da Série Mundial de Pôquer (WSOP), que promoveu tanto o jogo quanto a cidade como um todo. Na verdade, a maioria dos donos de cassino via o pôquer como uma faca de dois gumes, uma vez que as mesas ocupavam um grande espaço, que poderia ser devotado a jogos mais rentáveis. Contudo, a renascente popularidade do pôquer significava que os cassinos poderiam receber os jogadores de braços abertos, cientes de que, uma vez do lado de dentro, a maioria tendia a gastar dinheiro também em outras diversões.

♠ A Máfia ♣

Benjamin 'Bugsy' Slegel, um *croupier* nascido no Brooklin, em Nova York, é creditado pela História como o grande visualizador das possibilidades oferecidas pelo relaxamento das leis antiapostas em Nevada. Associado ao chefão do crime nova-iorquino Meyer Lansky, Slegel inaugurou o Flamingo

Acima: A *Fremont Street Experience*, em Las Vegas, que abriga 10 cassinos e mais de 60 restaurantes, todos situados em uma área coberta, iluminada por dois milhões de luzes.

À direita: Charles "Lucky" Luciano, o vice-rei de Nova York, foi deportado da América durante os anos de guerra. A imagem mostra "Lucky" após ter sido colocado sob vigilância policial por uma comissão especial do governo. Em face da "reprimenda", Luciano era obrigado a passar todas as noites em sua casa, em Naples, das 9 da noite às 7 da manhã, por dois anos, e foi proibido de frequentar locais públicos de entretenimento e de se relacionar com pessoas "suspeitas de atividades socialmente perigosas" ou que tivessem ficha na polícia. A comissão decidiu que havia razoáveis suspeitas de que Luciano tinha contatos no submundo e que estava envolvido no tráfico de drogas e fraudes em corridas.

Hotel & Cassino, mas acabou angariando a inimizade do gângster Charles "Lucky" Luciano, e foi assassinado em 1947. Outros hotéis-cassino foram construídos na famosa Las Vegas Strip, com dinheiro do Fundo de Pensão do Sindicato dos Caminhoneiros, controlado pela Máfia. As gangues de criminosos logo passaram a abocanhar uma considerável fatia dos lucros dos cassinos, por trás dos panos, sem prejudicar consideravelmente a respeitável imagem pública das casas de jogo. Esta, aliás, foi reforçada pela presença constante, em Las Vegas, da elite de Hollywood, incluindo o famoso *Rat Pack* – um grupo de artistas de renome liderado por Frank Sinatra.

A influência controladora da Máfia em Las Vegas, entretanto, via-se atacada de dois lados, pois tanto as agências de cumprimento da lei quanto os grandes empreendedores tentavam expulsá-los, para reassumir o comando da cidade. Os esforços para processar e punir alguns dos chefões do crime finalmente mostraram resultado, na década de 1980, mas, bem antes, o bilionário solitário Howard Hughes havia influenciado o governo do estado de Nevada a permitir que corporações públicas pudessem ser donas de cassinos. Tal fato gerou grande interesse em meio aos gigantes de *Wall Street*, antes que a febre da especulação comercial dos anos 1980 visse as várias aquisições posteriores, perpetradas, entre outras, pela empresa *Mirage Inc.*, dona da *Golden Nugget*, da *Mirage* e da *Trasure Islands*. As grandes companhias de lazer, desde então, passaram a promover Las Vegas entre os turistas, muitos dos quais eram antes perturbados pela imagem sórdida da cidade, embora, para muitos, a histórica passagem mafiosa constitua parte do charme local.

♠ O Rat Pack ♣

Além da oferta dos jogos de aposta, o outro grande atrativo de Las Vegas no começo da década de 1960 era o entretenimento providenciado pelos maiores artistas da época. A grande estrela era Frank Sinatra, que regularmente se juntava a Dean Martin, Sammy Davis Jr. e ao comediante Joey Bishop para shows no Hotel e Cassino Sands. Juntamente com Peter Lawford, cunhado do presidente John F. Kennedy, estes artistas se tornaram conhecidos como o *Rat Pack*, um grupo de celebridades cujo talento se alinhava ao prodigioso apetite por bebidas, apostas e encontros com diversas mulheres igualmente atraentes e famosas. Eles definiam o conceito de "bacana" da época, e sua ligação com Vegas ajudava a cidade a manter o seu encanto.

Acima: Howard Hughes, famoso aviador e produtor de cinema (fotografado em 1940), cujos esforços levaram indiretamente à perda de poder da Máfia em Las Vegas. Seu *lobbie* junto ao governo do estado de Nevada levou a uma mudança na lei estadual, que passou a permitir que corporações públicas e também indivíduos pudessem abrir e manter cassinos. Um por um, os mafiosos donos de cassinos venderam seus estabelecimentos para poderosas companhias de lazer e entretenimento. Em 1967, Hughes comprou o *Desert Inn*, ao se cansar da insistência dos donos para que deixasse o estabelecimento após uma noitada.

À esquerda: Dean Martin e seus amigos Joey Bishop e Frank Sinatra promoveram um encontro de três semanas no *Sands Hotel*, em Las Vegas, em abril de 1966, certos de que suas músicas, passos e extravagâncias variadas os tornavam os "Homens da SPEER" (Sociedade para Prevenção a Eventos de Entretenimento de Rotina).

O Pôquer no Século XXI

À esquerda: Jogadores no cassino *Binion's Horseshoe*, em Las Vegas, durante a edição de 2001 da Série Mundial de Pôquer (WSOP) – um evento iniciado pelo dono do cassino, Benny Binion, em 1970. Na competição inaugural, 35 jogadores competiram pelo título não-oficial de campeão mundial. Em 2001, a WSOP já se havia expandido, consistindo de 26 torneios ao longo de cinco semanas. Em maio de 2001, Carlos Mortensen ganhou US$ 1.500.000,00 no campeonato mundial de *Texas Hold'em* de US$ 10.000,00, sem limite de valor para as apostas.

Abaixo: O Torneio Aberto Francês, em 2005, no Cassino Barrière de Deauville, na França, parte da edição inaugural da Turnê Européia de Pôquer (EPT). A cobertura da WSOP e da Turnê Mundial de Pôquer (WPT) na televisão a cabo levou o diretor de TV e jogador de pôquer John Duthie a instigar uma operação similar na Europa. Brandon Schaefer ganhou o prêmio de 144.000,00 euros (US$ 186.500,00).

O advento do pôquer *online*, ao longo da última década, deu um grande empurrão na popularização do jogo, enquanto o estabelecimento de negócios que movimentam milhões de dólares ajudou a melhorar sua imagem. A moda do jogo pela Internet começou com o *PlanetPoker*, em 1997, mas atualmente é o *PartyPoker* que lidera o ranking dos sites de pôquer mais populares e frequentados, acomodando quase metade do tráfego *online* de jogadores. Analistas estimam que a movimentação anual desta indústria ultrapasse a casa dos 100 bilhões de dólares em 2010, uma vez que o interesse nesta forma de jogo cresce em razão da conveniência de ser praticado em casa. A mudança da imagem do jogo foi drástica com o sucesso de Chris Moneymaker, em 2003, e de Greg Raymer, em 2004, na Série Mundial de Pôquer, uma vez que ambos se classificaram para o torneio por meio de torneio satélite. Sua vitória aumentou a credibilidade do pôquer jogado pela Internet e de seus promovedores, fomentando o sonho de que qualquer pessoa, com a sorte e as habilidades necessárias, pode alcançar o título mundial.

♠ O pôquer na televisão ♣

Enquanto o pôquer *online* representa uma forma conveniente de se jogar, a televisão tem desempenhado um importante papel na melhora do perfil do jogo e ajudado a criar um mercado servido pelos cassinos e salas de jogo virtuais da Internet. As tentativas iniciais de cobrir a Série Mundial de Pôquer foram muito limitadas, pois não havia maneira

de descobrir o que cada jogador tinha em mãos a não ser que as cartas fossem mostradas, no *showdown*. Repórteres e operadores de câmeras móveis do canal americano ESPN tentavam captar todas as emoções do evento, mas era difícil angariar o interesse dos espectadores que não fossem verdadeiros fanáticos pelo pôquer. A cobertura do jogo mudou com a colocação de microcâmeras posicionadas embaixo de mesas especialmente projetadas, com painéis de vidro, primeiramente utilizadas em 1999 no *Late Night Poker*, um programa britânico. Agora os espectadores poderiam ver as cartas dos jogadores e entender a dinâmica do jogo – invariavelmente o *Texas Hold'em* sem limite no valor das

Acima: O americano Chris Moneymaker, fotografado com seu prêmio de US$ 2.500.000,00, ganho na edição de 2003 da WSOP, no torneio de *Texas Hold'em* de US$ 10.000,00, sem limite de valor para as apostas. O sucesso de Moneymaker incrementou o prestígio do pôquer *online*, uma vez que Chris entrou em um torneio de US$ 40,00 via Internet, no site PokerStars, que, ao fim, o levou a se sentar numa cadeira do jogo do campeonato mundial. Ao bater mais de 800 concorrentes pelo título, ele confundiu os *experts* por ter chegado a Las Vegas sem qualquer experiência em torneios reais de pôquer.

apostas – e compreender as estratégias empregadas pelos profissionais.

Esta inovação levou a uma sensível melhora na cobertura da ESPN da Série Mundial de Pôquer, que é, agora, muito mais ampla, abrange muitos dos eventos de apoio, além do próprio jogo principal do torneio. Dados encorajadores sobre um jogo que era, até então, tido como um interesse minoritário levaram à criação, por uma comissão do *Travel Channel*, pertencente à companhia americana *Discovery Communications Inc.*, da Série Mundial de Pôquer (*World Poker Tour – WPT*), em 2003. A turnê engloba vários torneios que acontecem em diversas localidades, principalmente na América, chegando, na transmissão dos melhores momentos, a ser exibida mesmo em mais de 100 canais no mundo. De modo geral, qualquer pessoa que possa pagar a taxa de inscrição pode participar dos torneios, e várias centenas de jogadores, tanto amadores quanto profissionais, competem em cada evento. Um ano depois, a *Turnê Europeia de Pôquer* (*European Poker Tour – EPT*) adotou linhas similares, e as companhias de TV, em geral patrocinadas por sites de pôquer da Internet, passaram a exibir um crescente número de torneios organizados exclusivamente para a telinha. Por fim, a prova cabal de que a audiência do pôquer televisionado se consolidava veio em março de 2005, com a criação do *Poker Channel*, o primeiro canal de televisão a exibir uma programação totalmente relacionada ao pôquer.

O Pôquer dos torneios

Antes da criação da Série Mundial de Pôquer, torneios disputados em sistema eliminatório eram raramente – se é que eram – contemplados por jogadores e apostadores habituais. O sucesso do campeonato mundial de pôquer, entretanto, estimulou o interesse nessa forma de torneio em Las Vegas, estendendo-se, depois, para o resto do mundo. Por sua própria natureza, esses torneios de pôquer geram confrontos que terminam com apenas um jogador amealhando todas as fichas. Consequentemente, o drama inerente a procedimentos que levam à consagração de um só vencedor satisfaz os requisitos televisivos, o que levou à inserção de diversas programações relacionadas ao pôquer nos canais de TV.

A Série Mundial de Pôquer

A Série Mundial de Pôquer (WSOP), disputada anualmente em Las Vegas, é indubitavelmente o maior evento no calendário de torneios de pôquer. Ao longo de oito semanas, pode-se esperar que mais de 20.000 jogadores participem dos 40 torneios diferentes envolvendo diversas variantes de pôquer. Há um custo para entrar nesses eventos, que varia entre os US$ 500,00 cobrados para participação no torneio dos funcionários do cassino aos US$ 10.000,00 para fazer parte do campeonato mundial de *Texas Hold'em* de apostas de valor ilimitado. Os valores dos prêmios constituem um grande incentivo para jogar, e cada vencedor recebe também um bracelete de ouro como *souvenir* pela façanha. Se as taxas de entrada parecem excessivas, há uma alternativa: vários torneios satélite são disputados ao longo do ano, oferecendo aos jogadores a oportunidade de participar dos eventos principais por um preço muito menor. Tanto Chris Moneymaker quanto Greg Raymer disputaram uma série de torneios de pôquer *online* por prêmios modestos antes de amealharem o prêmio principal, em 2003 e 2004, respectivamente.

♠ O começo ♣

Inspirado pelo duelo "mano a mano" entre Johnny Moss e Nicholas "Nick The Greek" Dandolos que organizara em 1949, o dono de cassino Benny Binion reavivou a ideia de uma competição para determinar o campeão mundial de pôquer, em 1970. Ele havia pensado na possibilidade de um evento assim por ocasião da Reunião dos Apostadores do Texas, no ano anterior, em Reno. Em tal festival, aberto somente para convidados, realizado no *Tom Morehead's Riverside Casino*, vários profissionais de elite jogaram pôquer uns contra os outros e ganharam considerável publicidade. Quando Morehead vendeu seu cassino, Binion comprou os direitos

Acima: Joe Hachem exibe orgulhosamente seu bracelete da WSOP, logo após sagrar-se campeão, em 2005. Nascido no Líbano, Hachem mudou-se para a Austrália em 1972 e se estabeleceu em Melbourne, onde vive com sua esposa e família. Joe costumava jogar em um cassino local, mas começou a levar o jogo mais a sério como fonte de renda quando um problema físico debilitante o impossibilitou de continuar trabalhando como quiroprático.

À esquerda: A estátua de Benny Binion, do lado de fora do *Horseshoe Casino*, criado após a entrada do *Eldorado Club* e do *Apache Hotel*, em 1951. Os cassinos de Binion atraiam jogadores sérios por permitir jogos com limites mais altos de apostas do que os estabelecidos em cassinos de *resorts* e hotéis na *Vegas Strip*. Isso gerou conflitos com alguns interesses da Máfia, mas Binion não se intimidou.

sobre seu torneio e reproduziu o conceito em seu *Horseshoe Casino*, no ano seguinte. Assim se iniciou a *Série Mundial de Pôquer*, com 35 jogadores competindo, em cinco variações de pôquer, pelo título de campeão mundial. Pela única vez na história da competição, o vencedor foi eleito em uma votação realizada entre os jogadores, e Johnny Moss, o mais experiente entre os profissionais do jogo, foi considerado o melhor jogador de pôquer do mundo em todos os fundamentos.

No ano seguinte, Binion estabeleceu que o jogo decisivo do torneio mundial seria eliminatório, com cada jogador contribuindo com US$ 5.000,00 para participar da competição. Emblematicamente, a variação que ele escolheu para este evento eliminatório foi o *Texas Hold'em* com apostas de valor ilimitado. Moss venceu novamente, batendo apenas cinco jogadores para ganhar o prêmio de US$ 30.000,00 e confirmar seu *status* de campeão. Em 1972, o preço para entrar na competição foi aumentado para US$ 10.000,00 e, na ocasião, Thomas "Amarillo Slim" Preston sagrou-se vitorioso e iniciou uma série de aparições televisivas que plantou firmemente a WSOP no domínio público.

♠ Os dias atuais ♣

De apenas 35 inscritos em 1970, o número de competidores no campeonato mundial de pôquer saltou para 5.000 em 2005. Com isso, o total em prêmios ultrapassou a marca de 50 milhões de dólares, com o vencedor, o libanês Joseph Hachem, levando, sozinho, US$ 7,5 milhões. O *status* de campeão mundial, juntamente com o prêmio capaz de mudar drasticamente a vida de qualquer pessoa, tornaram-se tão atrativos que um limite de 8.000 participantes foi estabelecido para a edição de 2006 do torneio. Infelizmente, o sucesso fenomenal da WSOP tornou impossível a realização do torneio inteiro no *Horseshoe Casino*, de Binion. A empresa *Harrah's Entertainment* adquiriu o cassino em 2004, juntamente com os direitos da WSOP, e levou o evento para o *Harrah's Rio Casino*, embora os dois últimos dias do torneio de 2005 tenham sido realizados no cassino de Binion. Foi o adeus da associação da WSOP ao seu lar original, que foi vendido em 2005 para o *MTR Gambling Group*, e passou a se chamar *Binion's Gambling Hall & Hotel*.

À esquerda: Greg "Fossilman" Raymer, campeão da edição de 2004 da WSOP, defendendo o título no campeonato mundial de *Texas Hold'em* de US$ 10.000,00 e apostas ilimitadas, em 2005

Acima: O lendário Benny Binion, o homem que inventou o campeonato mundial não-oficial de pôquer, a Série Mundial de Pôquer. Embora tenha feito parte da fundação do *Horseshoe*, em 1951, ele teve que vender sua parte no negócio da família para pagar despesas legais provenientes de uma acusação de evasão de impostos, pela qual foi condenado em 1953, passando quatro anos na cadeia. Isso proibiu Benny até mesmo de obter licença para jogar, mas a família o empregou oficialmente como consultor.

♠♣♥♦♠♣♥♦♠♣♥♦ Benny Binion ♠♣♥♦♠♣♥♦♠♣♥♦

Embora não tenha frequentado a escola, Benny Binion aprendeu muito sobre a natureza humana na juventude, cavalgando pelo Texas, conhecimento que aplicou muito bem quando chegou a Las Vegas para dirigir seu primeiro cassino. Como contrabandista de bebidas alcoólicas e coletor de apostas clandestinas, ele aprendeu a viver no lado errado da lei, chegando a conseguir, de alguma forma, evitar a prisão mesmo tendo sido condenado por homicídio doloso premeditado. Seu lugar nos anais do pôquer deve-se, é claro, à criação da WSOP, mas Binion foi, antes de tudo, um jogador que usou sua esperteza para dar a seus companheiros de jogo o que eles realmente queriam. Evitando as armadilhas glamourosas dos hotéis e cassinos da *Las Vegas Srip*, a filosofia de Binion para o sucesso era simples: "boa comida, bom uísque e bom jogo. Isso é tudo". Ele morreu no Natal de 1989.

Johnny Moss e Nick Dandolos

Historicamente, ganhar a vida com o pôquer tem sido uma atividade vista como duvidosa. Mesmo assim, não há dúvidas de que muitos jogadores célebres possuem um *status* romântico ou até mesmo heroico, diante de seu inconformismo com o senso comum. A determinação de se apostar alto na própria capacidade de julgamento, confiando tão-somente na sagacidade e habilidade para prosperar, é geralmente admirada. Tais capacidades sempre foram encontradas nos jogadores profissionais, e suas façanhas no limite da legalidade geraram muitas anedotas famosas. Assim, muitos dos personagens do pôquer emergiram como expoentes de sucesso no jogo, proporcionando confrontos notáveis.

♠ Johnny Moss ♣

Frequentemente chamado de "Velhão" do pôquer, Johnny Moss (1907-1997) aprendeu a jogar ainda garoto, quando alguns mestres das cartas lhe ensinaram todos os truques de seu negócio. Durante a adolescência, em Odessa, Texas, sua habilidade de identificar trapaças lhe rendeu um emprego como supervisor de jogos de cartas em um bar, o que permitiu que aprendesse estratégias de pôquer. Poucos anos depois, Johnny caiu na estrada e levou uma vida por vezes perigosa, como jogador itinerante - os chamados *rounders* -, viajando pelo país e ganhando a vida com as apostas.

Como especialista em reconhecer o jogo sujo, Moss se sentia ofendido por pessoas que desrespeitavam o jogo, e sempre carregava uma arma para manter sua postura. Em várias ocasiões ele apontou sua arma ao oponente, ordenando que se despisse, para verificar se carregavam "*holdouts*", dispositivos projetados especialmente para esconder cartas. Num episódio famoso, Johnny Moss notou, durante um jogo, que havia um buraco no teto sobre a mesa, argumentando que alguém no andar de cima estava olhando suas cartas. Como os jogadores negassem veementemente a fraude, ele deu um tiro no teto, atingindo o espião, numa vigorosa demonstração de seu dom para desmascarar trapaças no pôquer. Até sua morte, em 1997, Moss era um participante assíduo da Série Mundial de Pôquer, ganhando oito braceletes de ouro e mais de US$ 680.000,00 em prêmios nos torneios. Venceu três dos cinco primeiros campeonatos mundiais, incluindo a competição inaugural de 1970, em que foi eleito o melhor por uma votação entre os próprios jogadores.

Acima: Johnny Moss, reconhecido como o melhor jogador de pôquer do mundo por seus colegas na primeira edição da Série Mundial de Pôquer, em 1970, após uma série de partidas envolvendo as variantes mais populares do jogo à época. No ano seguinte, Moss venceu de novo, sendo que o evento decisivo do campeonato, na ocasião, foi um torneio eliminatório de *Texas Hold'em*.

♠ Moss vs. Dandolos ♣

Este confronto lendário de pôquer aconteceu em 1949, quando o jogador mais notável da América, Nick "The Greek" Dandolos, apresentou-se ao dono de cassinos Benny Binion com uma proposta. Ele queria jogar pôquer com apostas altíssimas e de valor ilimitado, contra somente um jogador, na modalidade conhecida como "mano a mano". Nesta forma de jogo, os competidores podem apostar todas as suas fichas em um determinado momento da partida, não havendo qualquer limite máximo de valor. Enxergando uma oportunidade de aumentar a publicidade de seu estabelecimento, Binion concordou em organizar o jogo, ficando combinado que ele poderia escolher o oponente contra quem Nick jogaria em público. Benny entrou em contato com seu velho amigo Johnny Moss, tido então como o melhor jogador vivo de pôquer, e o convidou para o jogo, que começou quase imediatamente após sua chegada. Dandolos, carregado com aproximadamente US$ 10 milhões conseguidos em uma temporada bem-sucedida em Nova York, dominou o confronto pelas primeiras semanas, mas Moss logo reagiu. Fora as pausas para dormir,

À esquerda: Nicholas "Nick the Greek" Dandolos (à direita), na Corte Federal, em Los Angeles. Ele havia testemunhado em um processo no qual três homens eram acusados de extorquir dinheiro de um hoteleiro chamado Ray Ryan, em 1964, um grego havia perseguido anteriormente em razão de uma dívida de jogo. Apesar de seus lucros com as apostas terem sido lendários, Dandolos morreu pobre.

a maratona de jogos durou cinco meses, e reuniu vários espectadores ávidos pela disputa. Ao fim, foi Dandolos quem cedeu, derrotado, com as famosas palavras "Sr. Moss, eu devo me despedir", quando seu prejuízo chegou a US$ 2 milhões.

♠ Nicholas "Nick the Greek" Dandolos ♣

Um dos mais destemidos apostadores de todos os tempos, Dandolos nasceu em Creta, em 1887, tendo se mudado, durante a adolescência, para a América do Norte, onde faria sua fortuna. Enquanto morava em Montreal, no Canadá, Dandolos logo fez seu nome como apostador, estabelecendo uma amizade lucrativa com o jockey Phil Musgrave, cujas dicas renderam ao grego US$ 500.000,00 numa única temporada de apostas nas corridas de cavalos. De lá, mudou-se para Chicago, nos Estados Unidos, onde passou a se concentrar nos jogos de cartas e nos dados, ocasião em que já havia perdido a maior parte do dinheiro. Sua habilidade no jogo e capacidade matemática eram tantas que frequentemente recebia ofertas para trabalhar nos cassinos, mas as recusava em razão do evidente decréscimo em seus rendimentos financeiros. Embora tenha cedido a vitória a Moss na maratona de pôquer de 1949, Nick continuou sendo um excelente jogador, cujos ganhos ao longo da vida são estimados em mais de US$ 500 milhões. Quando morreu, no Natal de 1966, este apostador lendário não tinha mais um centavo no bolso.

À esquerda: A Série Mundial de Pôquer em ação, com Stu "The Kid" Ungar (ao centro), "Amarillo Slim" Preston (segundo, à direita) e Johnny Moss (à direita), reunidos na mesma mesa. Moss ganhou o título de campeão mundial em três ocasiões – 1970, 1971 e 1974 –, enquanto Ungar conseguiu a mesma façanha, vencendo em 1980, 1981 e 1997. O bracelete de campeão mundial de Preston foi ganho em 1972, quando o torneio era jogado na forma "o vencedor leva tudo".

Brunson, Hellmuth, Smith e Hooks

♠ Doyle "Texas Dolly" Brunson ♣

Sem dúvidas, muitos dos jogadores lendários do pôquer contemporâneo experimentaram vidas dramáticas, e Doyle "Texas Dolly" Brunson não é exceção. Nascido em Longworth, no Texas, em 1933, o fisicamente imponente Brunson foi um atleta completo durante a adolescência, mas seu sonho de se tornar um jogador profissional de basquete foi destruído por um acidente industrial que lhe quebrou uma perna, em dois pontos do osso. Depois de recuperar a saúde, Doyle percebeu que os empregos comuns pagavam muito menos do que ele era capaz de ganhar consistentemente jogando nas mesas de pôquer. Então, em parceria com Thomas "Amarillo Slim" Preston e Brian "Sailor" Roberts, Brunson decidiu ganhar a vida nos salões de jogos de cartas do Texas. Seis anos de trabalho conjunto foram dizimados ignominiosamente na primeira viagem dos três a Las Vegas, quando perderam todos os seis dígitos de seu *bankroll* – expressão que significa o saldo em dinheiro que os jogadores separam estritamente para jogar pôquer. Mais tarde, após superar milagrosamente um câncer que o acometera no início da década de 1960, Brunson reconstruiu seu caminho de volta a Las Vegas, mudando-se permanentemente para lá, em 1973. A recém-estabelecida Série Mundial de Pôquer atraiu sua atenção, e "Texas Dolly" sagrou-se campeão em 1976 e 1977. Ficou famoso o fato de Doyle ter vencido as finais das duas edições anuais com a mesma mão – um *full-house* de uma trinca de dez e um par de dois. Seu livro, *O Super Sistema de Doyle Brunson: Um Curso de Pôquer Agressivo*, foi publicado pela primeira vez em 1978, e ainda é considerado um clássico tratado sobre como jogar pôquer de alto nível. Atualmente, com mais de 70 anos de idade, Brunson continua jogando e vencendo nos circuitos do torneio, e é reconhecido de forma unânime pelos jogadores da atualidade como o homem que mais contribuiu para a popularização do pôquer.

Acima: O veterano Doyle "Texas Dolly" Brunson promovendo um torneio televisionado em Londres, em 2005. Uma carreira no basquete era uma possibilidade para o homem de Longworth, Texas, mas uma séria contusão na perna acabou com as ambições de Brunson de se tornar um esportista profissional. Ele concentrou seus esforços no pôquer e caiu na estrada com "Amarilo Slim" Preston e Brian "Sailor" Roberts, em busca de altas apostas onde quer que as pudessem encontrar. Ainda um participante assíduo de torneios ao redor do mundo, Brunson é um dos mais reconhecidos e respeitados personagens do jogo.

À esquerda: O jovem Doyle Brunson tira uma folga para ler *Sklansky sobre o Razz*, um dos vários livros de pôquer do matemático e jogador David Sklansky, que contribuiu para o livro de Brunson, o *Super Sistema: Um Curso de Pôquer Agressivo.*

Acima: O profissional do pôquer Phil Hellmuth, o auto-intitulado "pivete do pôquer", recordista em número de finais com prêmios em dinheiro na WSOP e corecordista de vitórias em torneios da Série Mundial, tendo assegurado seu décimo título geral em 2006.

Acima: O campeão de xadrez Bobby Fischer se prepara para seu duelo com o grande mestre russo Boris Spassky, em Reykjavic, Islândia, em 1972. Entre os experts que auxiliavam Fischer em sua bem-sucedida campanha pelo título mundial estava Kenny "Tremendo Jogador" Smith, que mais tarde se tornou jogador profissional de pôquer.

♠ Phill Hellmuth ♣

Nascido em Madison, Wisconsin, Phil Hellmuth é considerado por muitos o maior nome do pôquer da atualidade. Tornou-se proeminente quando venceu o grande prêmio da edição de 1989 da WSOP, com apenas 24 anos de idade. Sete anos depois, seus colegas falavam dele como o melhor jogador de pôquer do mundo. Apesar do grande respeito por suas habilidades, Hellmuth nem sempre foi querido por seus oponentes. O título de sua vindoura autobiografia, *Pivete do Pôquer*, sublinha sua tendência, no passado, de expressar muitas emoções durante os jogos, até mesmo criticando grosseiramente os outros jogadores por sua forma de jogar.

Embora a experiência o tenha suavizado um pouco, Hellmuth é suficientemente calculista para perceber que manter sua imagem de jogador irritadiço e combativo sustenta seu sucesso em uma época em que o pôquer é objeto de grande interesse da mídia. Desde a vitória em 1989, Phil coleciona 50 vitórias em torneios e é atualmente o segundo jogador mais bem-sucedido da WSOP em termos de dinheiro faturado em prêmios. Em março de 2005, ele venceu o Campeonato Nacional de Pôquer "mano a mano", em Las Vegas, ganhando US$ 500.000,00 ao longo do percurso, além de ter vencido três edições seguidas do *Late Night Poker*, um torneio televisionado exibido pelo canal 4 britânico. Casado e pai de dois filhos, Hellmuth é autor de três livros sobre pôquer, e produziu um vídeo instrucional sobre o jogo.

♠ Smith versus Hooks ♣

O grau de inovação de uma mão disputada por estes dois jogadores foi suficiente para inscrever a partida no folclore do pôquer. Kenny Smith, famoso por sempre usar uma cartola de seda e por gritar "que tremendo jogador!" ao ganhar uma rodada, foi também um mestre de xadrez, e atuou como assistente de Bobby Fischer na campanha do título mundial de xadrez, em 1972. Seu oponente nesta situação "mano a mano", ocorrida durante uma partida de *Texas Hold'em*, foi Bob Hooks, revelação da edição de 1975 da WSOP. Hooks bancou a aposta no escuro (*blind*) – a aposta compulsória feita pelos dois jogadores à esquerda do carteador –, mas Smith aumentou substancialmente a aposta antes do *flop*, que é o momento em que as primeiras cartas comunitárias são viradas. A aposta pré-*flop* de Smith instigou Hooks, que segurava um par de reis, a ir fundo (*all-in*), isto é, apostar todas as suas fichas. Smith agora estava diante de uma aposta altíssima, mas ficou simplesmente encarando Hooks, não aparentando qualquer intenção de se decidir. Depois de vários minutos, com todos começando a pensar em como se resolveria a situação, Hooks quebrou uma das regras básicas do jogo e calmamente olhou as cartas de Smith. Vendo um par de ases – a única mão superior à sua naquele momento da partida –, Hooks puxou para o centro da mesa as fichas de Smith, jogou a rodada e perdeu.

Ulliott, Pearson e Preston

♠ Dave "Devilfish" Ulliott ♣

O mais famoso jogador britânico em atividade é, provavelmente, Dave "Devilfish" Ulliott, um joalheiro de Hull, no norte da Inglaterra. O sucesso de Dave na edição inaugural do *Late Night Poker*, no canal 4 inglês, renovou o interesse da Inglaterra com relação ao jogo, e levou seu talento a uma audiência bastante significativa. Contudo, seu estilo debochado e seu senso de humor seco disfarçam uma técnica tranquila e calculadamente agressiva de jogar pôquer. Na verdade, alguns observadores consideram que seus comentários autoconfiantes, se interpretados literalmente, beiram a arrogância. Porém, com mais de US$ 3 milhões em prêmios de torneio respaldando seu nome, Ulliott pode, decerto, se considerar um dos melhores jogadores do mundo.

Do outro lado do Atlântico, "Devilfish" Ulliott conquistou grande respeito na edição de 1997 da Série Mundial de Pôquer, quando, ao vencer o torneio de *Texas Hold'em* de US$ 2.000,00 de entrada com apostas limitadas ao total em jogo, tornou-se um dos poucos não-americanos a conquistar um título da WSOP. Pouco antes, naquele mesmo ano, um amigo o havia apelidado de "Devilfish" ("arraia-manta") por ocasião de um jogo de Omaha, "mano a mano", com apostas limitadas ao total em jogo, contra o vencedor de vários torneios Men "The Master" Nguyen, na final de um torneio. Comer uma arraia-manta que não tenha sido cozinhada adequadamente pode ser fatal, e, evidentemente, Nguyen experimentou uma noite de indigestão no pôquer. Desde 1997, Ulliott tem figurado assiduamente nas mesas finais dos torneios e, na edição de 2005 da WSOP, obteve um grande desempenho, conseguindo chegar a três finais premiadas. Atualmente, Ulliott aparece regularmente em torneios televisionados de pôquer.

♠ Walter "Puggy" Pearson ♣

Um personagem notável da cena do pôquer de Las Vegas nas décadas de 1960 e 1970, Walter "Puggy" Pearson, que morreu em abril de 2006, era considerado um dos grandes trapaceiros de sua época. Além de jogar pôquer profissionalmente, Pearson aprendeu também a jogar golfe, ao descobrir que havia oportunidade de apostar também naquele jogo. No campo de golfe, Walter era bastante preciso e conseguia ganhar bastante dinheiro dos golfistas profissionais que desafiava. Ele venceu o torneio de *Texas Hold'em* de apostas de valor ilimitado na edição de 1973 da WSOP, a primeira

À esquerda: Men "The Master" Nguyen em ação na mesa de pôquer. Temido e respeitado por seus colegas de jogo, Nguyen fugiu de sua terra natal, o Vietnam, em 1978, e foi asilado pelos Estados Unidos no mesmo ano, estabelecendo-se em Los Angeles. Sua primeira experiência no pôquer aconteceu em uma viagem a Las Vegas em 1984. Já em 1987, ele havia ganho seu primeiro torneio. Casado e pai de oito filhos, Nguyen foi condecorado como Jogador do Ano pela revista *Card Player Magazine* em quatro ocasiões, sendo a mais recente em 2005.

Abaixo: Dave "Devilfish" Ulliott, o jogador britânico mais bem-sucedido em termos de prêmios em dinheiro. Joalheiro e dono de casa de penhores, Ulliott começou a levar o pôquer a sério no começo dos anos 1990, viajando pelo Reino Unido à procura de jogos com altas apostas. Em sua primeira participação na WSOP, acabou vencendo o torneio de *Texas Hold'em* de US$ 2.000,00 de entrada com apostas limitadas ao total em jogo.

Acima: Walter "Puggy" Pearson (à esquerda) com "Amarillo Slim" Preston antes do jogo final que fez de Pearson campeão mundial, em 1973. Pearson cresceu no Tennessee, em uma grande família, com nove irmãos. Seu apelido, "Puggy" (referência aos pequenos cachorros da raça chinesa "pug"), vem de um acidente na infância que o deixou com o nariz desfigurado.

À esquerda: "Amarillo Slim" no torneio *Pôquer Milionário*, disputado no *Hilton Hotel Casino* na Ilha de Man, em novembro de 2000. Seus quatro títulos na WSOP incluem o campeonato mundial de 1972, após o qual se tornou uma pequena celebridade fora do mundo do pôquer, devido a constantes aparições televisivas. (N. do T.)

a ser televisionada, tendo ficado em segundo lugar no ano anterior, perdendo para"Amarillo Slim" Preston. Seu maior legado talvez tenha sido o conceito do torneio eliminatório (*freeze-out*), cuja inserção nos torneios de Las Vegas é a ele creditada, e que acabou sendo adotado em praticamente todos os grandes torneios de pôquer no mundo. Nesse tipo de evento, os jogadores começam com o mesmo número de fichas, e não podem comprar mais durante o jogo. Aqueles que perdem todas as fichas são automaticamente eliminados da competição.

♠ Thomas "Amarillo Slim" Preston ♣

Se há um nome que é tido como sinônimo de pôquer aos ouvidos do mundo inteiro, é, sem dúvida, "Amarillo Slim", pseudônimo usado por Thomas Austin Preston Jr. Renomado contador de histórias, como se percebe em sua biografia *Amarillo Slim em um Mundo Cheio de Pessoas Gordas*, Preston sempre se sentiu à vontade sob os holofotes, o que ficou evidente em 1972, quando venceu o terceiro campeonato da Série Mundial de Pôquer e imediatamente embarcou em uma turnê de aparições televisivas, principalmente em programas de entrevista. Isso levou o pôquer profissional aos olhos do público e também serviu para apresentar ao resto do mundo um dos mais carismáticos personagens do jogo. Sempre usando seu chapéu de marca Stetson, Preston é, em cada centímetro, o legítimo *cowboy* texano, embora, na verdade, seja natural do Arkansas, tendo se mudado para Amarillo, no Texas, com sua família, ainda na infância. Ele abraçou o pôquer aos 20 anos – uma idade incomumente avançada, em comparação com seus contemporâneos, como Johnny Moss e Doyle Brunson –, e teve a honra de jogar contra os presidentes Lyndon Johnson e Richard Nixon. Um fato curioso foi ter sido sequestrado por engano, quando estava na Colômbia promovendo um cassino recém-inaugurado. Bizarramente, o sequestro acabou resultando num jogo de pôquer entre Preston e o rei do narcotráfico, Pablo Escobar. Hoje, Preston não chama tanta atenção nos torneios. Próximo dos 80 anos de idade, ele se considera "aposentado do pôquer", após 50 anos de intensa competição, que lhe renderam fortuna, fama e nada menos do que quatro braceletes de ouro da WSOP.

Johnny Chan e Stu Ungar

♠ Johnny "Orient Express" Chan ♣

Depois de largar a Universidade de Houston, onde cursava gestão de hotéis e restaurantes, Johnny Chan tornou-se apostador profissional na década de 1970. Natural de Canton, na China, Johnny foi trazido para os Estados Unidos por sua família, em 1968, após passar alguns anos em Hong Kong, e foi em Las Vegas que consumou sua reputação como jogador de pôquer. Inicialmente, seus oponentes subestimavam suas habilidades, sendo que o próprio Chan admite que seu sucesso inicial era, por vezes, contrabalançado por ocasiões em que procurava a própria derrota. Uma vez superada esta falha, seu jogo subiu a um novo patamar e possibilitou que vencesse o campeonato mundial da WSOP em 1987 e 1988, igualando a marca de Doyle Brunson, de dois títulos sucessivos, conquistada uma década antes. O tricampeonato foi impedido por Phil Hellmuth, em 1989, ocasião em que o *pivete do pôquer* venceu Johnny Chan, que teve de se contentar com a segunda colocação. Mas seu lugar nos anais do pôquer já estava assegurado, e Chan participou do filme *Cartas na Mesa* (*Rounders*, 1988), o que reforçou seu status de melhor jogador de pôquer do mundo na época.

Fora do mundo do pôquer, Johnny Chan investiu seu dinheiro em uma franquia de *fast-food* e atua como consultor em vários cassinos, alimentando o sonho de um dia abrir sua própria casa de jogos. Mas é o pôquer a dinheiro alto que revela seu grande talento, o que o "Expresso Oriente" comprovou ao ganhar seu décimo bracelete da WSOP na edição de 2005, no torneio de *Texas Hold'em* de US$ 2.500,00 de entrada, com apostas limitadas ao total em jogo, igualando outra conquista da carreira de Doyle Brunson.

♠ Stu "The Kid" Ungar ♣

Vencedor de três edições da WSOP, Stu Ungar é considerado por muitos como o melhor jogador de pôquer de todos os tempos, embora sua fama de apostador obsessivo seja igualmente lendária. Já na infância, esse nova-iorquino desenvolveu grande

Acima: A *Las Vegas Strip*, formalmente conhecida como *Las Vegas Boulevard South*, um prolongamento de estrada de 6 km que vai do aeroporto *McCarran*, ao sul, até o *Stratosphere Hotel Casino*, ao norte. A maioria dos grandes hotéis, *resorts* e cassinos da cidade está localizada ali.

À esquerda: Johnny "Orient Express" Chan, na edição de 2002 da WSOP. Natural de Canton, na China, Johnny Chan chegou aos Estados Unidos em 1968 e tentou fazer uma carreira no restaurante da família. Uma viagem a Las Vegas mudou tudo, e em 1987, Chan sagrou-se campeão mundial pela WSOP, título que defendeu com sucesso em 1988. Um inédito tricampeonato quase aconteceu em 1989, quando terminou em segundo lugar, derrotado na final por Phil Hellmuth.

À esquerda: Stu Ungar, na mesa final da edição de 1997 do campeonato mundial da WSOP, um torneio que ele venceu e levou o prêmio principal, de US$ 1 milhão. Campeão em 1980 e 1981, sua performance em 1997 surpreendeu muitas pessoas, uma vez que seu estilo hedonista de vida já havia lhe causado grandes estragos e diminuído sua habilidade.

Abaixo: Fotografados na WSOP de 1980 estão, da esquerda para a direita, Doyle Brunson, Stu Ungar e o filho de Benny Binion, Jack. Ungar havia acabado de ganhar o campeonato mundial, e aparece com seu prêmio de US$ 365.000,00, após ter finalmente vencido Brunson, com uma sequência de ás a cinco – conhecida como "roda" (*wheel*) –, que superou os dois pares, de ases e setes, de "Texas Dolly".

talento para as cartas e uma notável habilidade para jogar *gin rummy* (espécie de jogo parecido com o buraco[1]), vencendo seu primeiro torneio aos dez anos de idade. Stu se tornou profissional aos 14 anos, época em que já vencia frequentemente os melhores jogadores de Nova York, tendo deixado a escola pouco depois, quando um *agente de apostas* pagou sua inscrição para um torneio de *gin rummy*, que Ungar venceu sem perder uma só mão. O prêmio de US$ 10.000,00, contudo, foi torrado em uma semana, no hipódromo Aqueduct, inaugurando o vício que seria a tônica do resto de sua vida.

Stu procurou jogos de *gin* a dinheiro alto em Miami, embora sua adição pelas apostas em cavalos e outros esportes fizesse com que estivesse sempre quebrado. Ele se mudou para Las Vegas, em 1976, onde sua capacidade incomum de memorizar cartas durante jogos de vinte-e-um (*Black Jack*) fez com que os cassinos deixassem de promover este jogo usando apenas um baralho.[2] Uma noitada de sucesso no *Caesar's Palace* foi questionada por um gerente desconfiado, e Ungar, ofendido, simplesmente previu as 18 cartas que ainda restavam no baralho naquela jogada. Ele era simplesmente bom demais, e acabou sendo barrado em todos os cassinos de Vegas, mas sua habilidade de contar cartas lhe rendeu US$ 100.000,00 em uma aposta com o dono de cassino Bob Stupak, em 1977. Stupak desafiou Ungar, em particular, a prever o valor de cada carta dos últimos três baralhos restantes em um set de seis baralhos, feito que Stu de fato realizou.

Em 1980, Ungar participou de seu primeiro torneio da Série Mundial de Pôquer e venceu o campeonato, com apenas 24 anos de idade, repetindo o feito no ano seguinte, o que lhe rendeu o apelido de *O Garoto*. Contudo, seu apetite autodestrutivo por cocaína e anfetaminas - que, no final, o levou à morte - contribuiu com seu constante estado de pobreza. Em 1997, sua força já era considerada exaurida, mas Ungar conseguiu participar do torneio principal da WSOP com a ajuda do colega Billy Baxter, que pagou sua taxa de entrada de US$ 10.000,00. A terceira vitória de Stu Ungar lhe rendeu US$ 1 milhão, que ele dividiu com seu patrocinador.

Pouco mais de um ano depois, Ungar foi encontrado morto em um quarto de hotel em Las Vegas, vítima de uma falência cardíaca atribuída ao abuso de drogas ao longo de sua vida. Tendo ganhado e perdido mais de US$ 30 milhões no total, a atitude de Ungar diante da vida é resumida pelo comentário que fez logo após vencer a edição de 1980 da WSOP. Indagado sobre o que faria com o dinheiro que acabar de ganhar, Stu sorriu e respondeu: "vou apostá-lo!". Ungar disputou 30 torneios grandes de *Hold'em* de apostas ilimitadas com taxas de admissão de pelo menos US$ 5.000,00, e venceu todos, uma sequência notável jamais igualada por outro jogador.

1. N. do T.
2. Hoje em dia, é comum a utilização de caixas (shoes) contendo até oito baralhos juntos, para aumentar a vantagem da mesa, diminuindo as probabilidades de sucesso para o jogador (N. do T.).

A Gangue de Hendon

Quatro dos melhores jogadores do Reino Unido, amigos desde o início da década de 1990, são conhecidos como "A Gangue de Hendon". Os irmãos Barny e Ross Boatman começaram a participar regularmente de jogos organizados por Joe Beevers, em Hendon, onde conheceram Ram Vaswani. Os quatro então decidiram se unir e juntar dinheiro para enfrentar os melhores do mundo. Brilhantes, articulados e donos de uma conduta honrada, eles passaram a aparecer com frequência no programa britânico de televisão *Late Poker Night*, o que lhes deu popularidade e os levou a fundar um *website* de pôquer, o www.thehendonmob.com, que traz notícias e informações sobre seus jogos. Assim como Dave Ulliott, os integrantes da "Gangue de Hendon" são altamente engajados em promover o jogo e participar de torneios televisionados montados especificamente para explorar o atual interesse das pessoas pelo pôquer.

♠ Barny "The Humour" Boatman ♣

O irmão mais velho, Barny Boatman, dedicou-se a várias atividades antes de se tornar jogador profissional de pôquer em tempo integral, tendo trabalhado como professor, programador de computadores e assessor jurídico, longe das mesas. O sucesso em torneios de pôquer veio em um evento realizado no *Grosvenor Victoria Casino*, em Londres, quando Barny venceu o pequeno campeonato de pôquer aberto de sete cartas (*7-card stud*), pouco antes de obter um resultado de altíssimo nível, o 16º lugar entre os 512 participantes obtido na edição de 2000 da WSOP. Desde então, Boatman tem participado assiduamente das mesas finais de torneios, além de ser frequentemente convidado para comentar, como *expert*, jogos televisionados de pôquer. Barny também escreve artigos para diversas revistas especializadas em pôquer.

♠ Ross Boatman ♣

Diferentemente dos seus colegas da "Gangue de Hendon", cujo *status* de celebridade decorre unicamente de suas habilidades no pôquer, Ross Boatman é também ator, com uma carreira que o levou de produções teatrais de menor prestígio a aparições em filmes e na televisão. Um papel digno de nota interpretado por Ross foi o de Kevin Medhurst, na popular série dramática britânica *London's Burning*, na década de 1990. Sua melhor performance no *Late Night Poker* ocorreu na segunda edição do programa, quando terminou em segundo lugar, mas seus sucessos incluem também a participação em diversas mesas finais com premiação na Turnê Europeia de Pôquer e na Turnê

Acima: O ator Ross Boatman, um dos dois irmãos Boatman, da "Gangue de Hendon". Conhecido na televisão britânica por seu papel na série *London's Burning*, ele também participou dos filmes *Bring Me The Head Of Mavis Davis* (1997) e *Hard Men* (1996).

À direita: Três membros da "Gangue de Hendon" posam com o comentarista de pôquer Jesse May (à extrema direita), em 2003. Barny Boatman (à esquerda), Ram Vaswani (segundo à esquerda) e Joe Beevers juntamente com Ross Boatman, envidam esforços para popularizar o pôquer no Reino Unido.

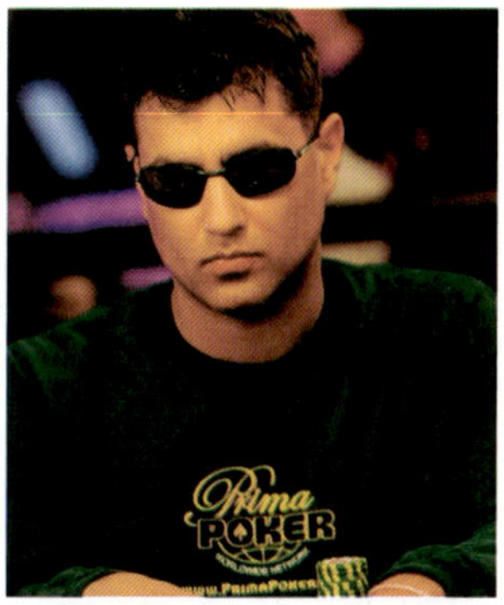

Mundial de Pôquer, além da 34ª colocação obtida na edição de 2002 da WSOP. A paixão principal de Ross Boatman continua sendo sua carreira de ator, embora ele mesmo admita que o pôquer é mais lucrativo – que o digam seus mais de US$ 1 milhão em prêmios, conquistados até agora nos torneios dos quais participou.

Acima, à esquerda: Simon "Aces" Trumper (à esquerda), John Duthie (ao centro) e Barny Boatman no Hilton London Metropole Hotel. Trumper é um rosto conhecido na televisão britânica, tendo vencido a segunda série do *Late Poker Night*, do Canal 4, enquanto John Duthie ganhou o primeiro *Pôquer Milionário*, em 2000. Boatman foi por duas vezes o melhor britânico no campeonato mundial da WSOP.

Canto superior direito: Ram "Crazy Horse" Vaswani, assim chamado por usar tanto o estilo controlado quanto o estilo agressivo de jogo, é o mais jovem dos integrantes da "Gangue de Hendon". Ele poderia ter seguido uma carreira profissional na sinuca, mas optou por ganhar a vida disputando torneios de pôquer; por enquanto, já faturou mais de US$ 2 milhões.

Canto inferior direito: Joe "The Elegance" Beevers, preparado para jogar. Joe competiu em todas as seis edições do torneio *Late Night Poker*, da televisão britânica, e chegou à final em três delas.

♠ Joe "The Elegance" Beevers ♣

Beevers foi apresentado às cartas por seu pai, que o ensinou o suficiente para que suas proezas no vinte-e-um (*Black Jack*) o fizessem ser banido de diversos cassinos de Londres. Depois de se formar em contabilidade e finanças, Joe trabalhou no Citibank, em Londres, antes de concentrar todas as suas atenções ao pôquer, tendo sido o primeiro da "Gangue de Hendon" a ganhar dinheiro na WSOP, em 1996. Tal vitória ocorreu em um evento de *Texas Hold'em* com apostas limitadas ao total em jogo, e abriu caminho para que Beevers aprimorasse suas habilidades e, em 2005, participou da final do campeonato mundial da WSOP. Uma de suas performances mais memoráveis no Reino Unido foi quando terminou em segundo lugar na reedição do torneio *Pôquer Milionário*, em 2003, perdendo para o jogador profissional de sinuca Jimmy White. Em 2006, Beevers terminou entre as colocações premiadas em três torneios da WSOP, igualando o feito do ano anterior. Ao fim da edição de 2005 da WSOP, Joe se casou com sua atual esposa Claire, no Bellagio, em Las Vegas, e eles se tornaram pais em 2006, com o nascimento de suas filhas gêmeas.

♠ Ram "Crazy Horse" Vaswani ♣

O mais jovem dos quatro, Ram Vaswani, abriu mão de uma promissora carreira como jogador profissional de sinuca quando a opção pelo pôquer se apresentou como mais lucrativa. Da mesma forma que os outros integrantes da "Gangue de Hendon", Vaswani sempre jogou de forma consistente e constante nos eventos do programa *Late Night Poker*, e embora não tenha conseguido se tornar campeão, já participou da mesa final de vários torneios do circuito europeu. Em Vegas, Ram conseguiu chegar entre os premiados em dez oportunidades, tendo ficado em segundo lugar em um torneio misto de *Texas Hold'em* e *7-card-stud*. Vaswani segue confiante e tem todas as chances de ser extremamente bem-sucedido – até aqui, ele já contabiliza mais de US$ 2 milhões em prêmios.

Moneymaker, Straus e Tomko

♠ Chris Moneymaker ♣

Contador por profissão, Moneymaker virou notícia ao ganhar a edição de 2003 do campeonato mundial da WSOP após ter entrado na competição por meio de um torneio satélite. Pagando uma taxa de entrada de US$ 40 para participar de um dos torneios preliminares pela Internet, Chris deu início a uma série de outros torneios, maiores, ainda *online*, até ganhar os US$ 10.000,00 necessários para entrar no campeonato mundial propriamente dito. Depois de superar 838 jogadores, ele finalmente voltou pra casa com o prêmio máximo da competição, de US$ 2,5 milhões. Apesar de sua vitória ter anunciado o potencial dos jogadores *online* e alimentado o sonho de um sucesso igual ao seu, Moneymaker enfatiza que é a habilidade no jogo de cartas é o fator determinante para a vitória, e não a sorte. De fato, seu conselho aos profissionais iniciantes é "ter um emprego", já que mesmo os melhores jogadores têm de encarar algumas séries de derrotas. Moneymaker atualmente dirige sua própria companhia, produzindo material relativo ao pôquer, e continua aparecendo nos circuitos da Série Mundial.

♠ Jack "Treetops" Straus ♣

Apelidado de "treetops" (copa de árvore) devido aos seus 1,98m de altura, Jack Straus é considerado um jogador de cartas realizado e dono de um estilo criativo. Assim como Doyle Brunson, Straus também foi jogador de basquete na faculdade, mas foi no pôquer que se sobressaiu, tendo vencido a edição de 1982 do campeonato mundial da WSOP, seis anos antes de morrer de ataque cardíaco durante um jogo de apostas altas. Muito respeitado e visto como uma espécie de "gigante bonzinho", era famoso por contar boas historietas sobre o pôquer, algumas um pouco mais altas que as outras.

Uma das mais notáveis histórias que protagonizou, ocorrida em um jogo de *Texas Hold'em* de apostas altas ilimitadas, mostra a criatividade de Straus na mesa. Jogando bem e se sentindo confiante, ele decidiu, durante uma rodada, apostar antes do *flop* – o momento em que as três primeiras cartas comunitárias são reveladas. Infelizmente, a mão que tinha – um sete e um dois de naipes diferentes – pode ser considerada uma das mais fracas do jogo, e não justificava de forma alguma sua atitude. Um jogador

Acima: Jack "Treetops" Straus vence o campeonato mundial da WSOP em 1982, tendo se recuperado após ficar com uma única ficha de US$ 500,00. O texano é reconhecido e lembrado como um apostador destemido nas corridas de cavalos e outros esportes, e também amplamente respeitado no pôquer por suas habilidades em jogos a dinheiro. Straus morreu de ataque cardíaco no Bicycle Club, em 1988, durante uma partida de pôquer.

À esquerda: Chris Moneymaker joga a mão final do campeonato mundial da WSOP, no Binion's Horseshoe, em maio de 2003. O prêmio de US$ 2,5 milhões, que aparece na foto, foi seu poucos momentos depois, quando conseguiu um *full house* de quatros e cincos e bateu Sam Farha. Em vez de pagar US$ 10.000,00 para ter entrada garantida no torneio, Moneymaker conquistou seu lugar por meio de vários torneios satélite.

igualou a aposta, continuando o jogo, e a situação de Straus pareceu melhorar quando, no *flop*, surgiram 7, 3 e 3, dando-lhe dois pares, porém muito baixos. Straus apostou de novo, e seu oponente cobriu sua aposta e a aumentou em US$ 5.000,00, sugerindo já ter um par mais alto que o de setes. Straus igualou a aposta assim mesmo. A quarta carta comunitária - o *turn* - foi outro 2, e Straus imediatamente apostou US$ 18.000,00, apesar do fato de que a carta não melhorava em nada sua situação. Seu oponente hesitou, dando a Jack a chance de fazer uma proposta. Em troca de uma única ficha de US$ 25, Straus ofereceu revelar uma de suas próprias cartas - que ficam, em geral, viradas pra baixo, longe da visão dos outros jogadores -, após o que seu oponente poderia optar por prosseguir ou correr e lhe ceder a vitória. Após pensar por um momento, seu adversário atirou-lhe uma ficha de US$ 25 e apontou para uma das cartas de Straus, que, desvirada, revelou um 2. Neste momento, o oponente de Jack considerou as consequências do lance pouco ortodoxo, e concluiu que a outra carta, por lógica, deveria ser outro 2, formando um *full house*. Ele pensou o suficiente para se convencer de que estava em desvantagem e com pouquíssimas chances de reverter a situação, e decidiu correr diante da pressão psicológica gerada pelo sutilíssimo blefe de Straus.

♠ Straus versus Tomko ♣

O jogo de torneios não era considerado o ponto forte de Straus, e sua vitória na WSOP de 1982 foi uma surpresa até para ele mesmo, a julgar por sua expressão fascinada após vencer a última mão. O par de quatros de Dewey Tomko lhe dava a vantagem até a penúltima carta comunitária, mas um 10, no *river* - a quinta e última carta comum - deu a Straus um par superior e ele levou o título, junto com um prêmio de US$ 520.000,00.

O que faz o triunfo ainda mais incrível foi o fato de Straus, em dado momento, ter ficado com uma única ficha de US$ 500, que havia sido esquecida embaixo de um guardanapo quando ele empurrou suas fichas para o centro da mesa, em uma aposta. Pensando ter apostado tudo o que tinha, ele perdeu aquela rodada, e encontrou a ficha restante ao se levantar para sair da mesa. Straus foi autorizado a permanecer no jogo, e alguns dias depois, sagrou-se campeão.

À esquerda: "O homem que inventou o pôquer foi brilhante, mas aquele que inventou a ficha foi um gênio". Esta frase de Jules Weintraub, que organizava viagens a Las Vegas para os ricos, reflete o quanto jogar por fichas desprende os jogadores das quantias enormes realmente jogadas.

Acima: Dewey Tomko é um jogador de pôquer multi-talentoso, tendo conquistado títulos da WSOP no *Texas Hold'em* de apostas ilimitadas, no *Omaha* de apostas limitadas ao total em jogo e no pôquer fechado de dois a sete (*deuce-to-seven draw*), uma das populares variações de pôquer "miséria" (*lowball*), na qual Tomko é especialista.

Dewey Tomko

Após ficar em segundo lugar, perdendo para Jack "Treetops" Straus, em 1982, Dewey Tomko repetiu o feito, em 2001, ficando atrás do espanhol Carlos Mortensen. Apesar de não ter conseguido o título principal, Tomko possui três braceletes de ouro da WSOP, em reconhecimento a suas vitórias, que começaram em 1979, com o triunfo no evento de *Texas Hold'em* de US$ 1.000,00 iniciais e apostas ilimitadas. Antes disso, Dewey Tomnko foi professor de jardim-de-infância até descobrir que participar de eventos noturnos de pôquer era uma atividade muito mais lucrativa do que manter um emprego comum. Tornar-se um jogador profissional foi uma consequência natural para um homem que ganhava dinheiro com o pôquer desde os 16 anos de idade. As casas de apostas de Pittsburgh, na terra natal de Tomko, a Pensilvânia, ofereceram oportunidades suficientes para que Dewey pagasse sua faculdade e iniciasse sua bem-sucedida carreira no pôquer. Casado e pai de três filhos, o total de ganhos de Tomko supera a casa dos US$ 3 milhões, o que, considerando o fato de as vitórias em finais lhe serem raras desde 1985, revela sua habilidade em chegar às disputas por prêmios com frequência.

Jogadoras de Pôquer

Embora a maior parte das lendas de mesas de pôquer refira-se a feitos perpetrados por homens, as últimas duas décadas testemunharam um impacto significativo das mulheres sobre o pôquer profissional, o que dissipa alguns mitos sobre suas habilidades inatas para o jogo de alto nível. O sexismo ainda existe, mesmo entre os jogadores mais famosos, mas tem gradualmente cedido espaço ao respeito, à medida que os resultados dos torneios começam a falar por si mesmos.
Nomes da história americana, como Belle Siddons, Annie Oakley, Calamity Jane e "Poker Alice" Iver, todas jogadoras respeitadas, sublinham o fato de que a relação histórica das mulheres com o pôquer vai muito além das funções de distribuir cartas e servir de propaganda. Profissionais como Cyndy Violette, Jennifer Harman e Melissa Hayden são apenas alguns exemplos de mulheres que rapidamente abriram seu caminho para as premiações em torneios, ao passo que a vitória da atriz de Hollywood Jennifer Tilly no torneio feminino de *Texas Hold'em* de US$ 1.000,00 de entrada e apostas ilimitadas da edição de 2005 da WSOP só ajudou a aumentar ainda mais a atratividade do pôquer.

♠ Annie Duke ♣

Uma mulher que figura entre os melhores jogadores de pôquer do mundo na última década é Annie Duke. Ela participou da WSOP pela primeira vez em 1994, ocasião em que obteve a décima terceira colocação, eliminando, no caminho, seu próprio irmão, Howard Lederer. Lederer participava de torneios de pôquer havia alguns anos, e apresentou o jogo a Duke em 1992. Ela tentou a sorte em Las Vegas e, após o sucesso inicial, voltou para a casa, levando ao seu marido um bom dinheiro extra para as despesas da casa. Annie ganhou experiência jogando em alguns dos bares e clubes de alto nível de Billins, em Montana, mas, depois de ganhar US$ 70.000,00 em sua primeira vitória em um torneio em Vegas, seguiu o conselho de seu irmão e passou a juntar dinheiro para construir uma carreira profissional. Ficou claro que esta foi a decisão certa quando, em 2004, ela eliminou várias lendas do pôquer no caminho para a vitória no Torneio dos Campeões de *Texas Hold'em* de apostas ilimitadas da WSOP, faturando US$ 2 milhões. Atuando, hoje, como consultora em um site de pôquer, Annie é altamente requisitada entre os famosos de Hollywood como técnica de pôquer e é a estrela de sua própria série televisiva. Sua autobiografia, *Annie Duke: Como Aumentei, Corri, Blefei, Flertei, Xinguei e Ganhei Milhões de Dólares na Série Mundial de Pôquer*, foi publicada em 2005.

Acima: Annie Oakley (1860-1926), uma respeitada jogadora de pôquer, tornou-se uma celebridade americana devido a sua habilidade como atiradora de rifle. Sua fama aumentou com a participação no show itinerante de "Buffalo Bill" Cody.

À direita: Annie Duke, no torneio da Série Mundial de Pôquer, em 2005. Seu maior sucesso aconteceu na edição de 2004 do Torneio de Campeões da WSOP, quando venceu Chan, Hellmuth, Brunson e vários outros jogadores lendários e conquistou o prêmio de US$ 2 milhões.

♠ Kathy Liebert ♣

Atual líder em faturamento no circuito do torneio, com mais de US$ 3 milhões em prêmios, Kathy Liebert precisa de pouca ajuda nos intrincados detalhes da administração de riscos financeiros. Nascida em 1967, Liebert cresceu em Nova York, formou-se em administração de empresas e finanças, e começou a trabalhar como analista em uma empresa de Nova Jersey. Logo ficou entediada e decidiu viajar, custeando seu passeio pelo país com os lucros de seus bem-sucedidos investimentos em ações. Inicialmente, Kathy satisfez seu interesse pelo pôquer disputando partidas de apostas baixas no Colorado, mas, ao chegar a Las Vegas, resolveu levar o jogo a sério, por recomendação de um amigo.

Desde então, Kathy Liebert tem construído sua reputação como uma das mais impiedosas jogadoras do torneio, e como alguém que gosta de todos os aspectos dos jogos de campeonato. Apesar de seu óbvio talento, Liebert prefere disputar torneios satélite em vez de pagar as caras entradas para os torneios maiores, apenas para economizar. Liebert demonstrou uma mentalidade de campeã temperada com sagacidade nos negócios ao vencer o evento *PartyPoker Millions*, em 2002, vencendo Beri Kecherian e Phil Hellmuth. Kathy fez um acordo com eles, o que reduziu seu prêmio, mas melhorou seus prospectos financeiros em um ponto em que a vitória estava longe de ser certa.

Acima: Betty Carey, descrita por "Amarillo Slim" Preston como a melhor jogadora de pôquer que ele vira na vida. Um confronto "mano a mano" entre os dois terminou em apenas dez minutos, e Carey saiu vencedora.

Acima: Tiffany Williamson, a caminho do 15º lugar no campeonato mundial da WSOP, em 2005, que lhe valeu um prêmio de US$ 400.000,00. A advogada corporativa da Carolina do Sul começara a jogar pôquer apenas um ano antes, quando aprendera as regras do jogo em Londres, onde trabalhava. Sua performance no torneio principal foi a melhor, entre as mulheres, desde o 10º lugar obtido por Annie Duke em 2000.

♠♣♦♠♣♥♦♠♣♥♦ Kathy Liebert ♠♣♥♦♠♣♥♦♠♣♥♦

Acima: Kathy Liebert, que agora reside em Las Vegas, conseguiu cinco prêmios em dinheiro na edição de 2006 da WSOP, até aqui, seu melhor resultado no evento anual de pôquer.

Nascida no Tennessee e criada em Long Island, Nova York, Kathy Liebert deixou sua marca no cenário do pôquer profissional com sua vitória no torneio *PartyPoker Millions*, em 2002. Dois anos depois, venceu um evento de *Texas Hold'em* com apostas de limite fixo na WSOP e levou seu primeiro bracelete de ouro. Seus ganhos ao longo da carreira no pôquer, até agora, já superam a casa dos US$ 3 milhões.

Mitos e Lendas

Dada a natureza combativa do pôquer e as altas apostas pelas quais os jogadores por vezes competem, muitas histórias surgiram ao longo dos tempos, refletindo o melhor e o pior da natureza humana. Sempre que alguém enaltece o jogo, proclama as virtudes da tranquilidade sob pressão, compostura na derrota e modéstia na vitória, e muitos dos contos lendários do pôquer refletem exatamente estas qualidades. Mas outras tantas fábulas falam sobre estratégias drásticas e pouco ortodoxas empregadas na mesa para a mais pura intimidação. Na América do século XIX, jogar pôquer poderia ser uma séria forma de brincar com a morte.

♠ Jim Bowie

O pôquer a bordo dos barcos do rio Mississipi tinha como característica notória a constante presença de trapaceiros que enxergavam o jogo como um meio de ganhar a vida em meio à dura e especulativa cultura americana. De fato, ser um jogador profissional bem-sucedido era sinônimo de ser um golpista, embora nem todos se dessem bem. Um grupo de jogadores profissionais aderiu ao estilo, em 1832, ao convidar um jovem rapaz rico e evidentemente ingênuo para jogar com eles durante uma certa viagem de barco. Depois de perder sua fortuna - como era de se esperar -, o rapaz ficou tão consternado que pretendia cometer suicídio, mas encontrou Jim Bowie, um nobre homem que viria a morrer na batalha do Álamo, uma famosa guerra entre a república do México e forças rebeldes texanas que lutavam pela independência. Suspeitando de que o jovem havia sido trapaceado em um jogo sujo, Bowie observou os jogadores por algum tempo até se convencer de que alguém estava roubando. Sua vigilância foi frutífera, e, certo da trapaça, sacou sua faca e interpelou o suspeito, forçando-o a confessar o embuste, após o que Jim pegou todo o dinheiro que havia na mesa e o dividiu com o rapaz que fora enganado.

♠ "Buffalo Bill" e "Wild Bill" Hickock ♣

Muitos dos mitos envolvendo o Velho Oeste nasceram das atividades de uma de suas figuras mais famosas, William "Buffalo Bill" Cody, cujo show itinerante entreteve o público por 30 anos, com criativas fábulas sobre uma era que em breve chegaria ao fim. Uma das histórias sobre Cody narra uma ocasião em que ele foi desafiado para uma partida de pôquer por um homem que espontaneamente propalava seu desprezo pelo famoso "Buffalo Bill". Cody concordou, mas insistiu que o jogo deveria terminar com um duelo, com o vencedor podendo atirar primeiro, a uma distância de dez jardas.[1] "Buffalo Bill" venceu o jogo, mas seu adversário tentou imediatamente sacar sua pistola, ao que sentiu uma arma encostada à sua cabeça, empunhada por um certo "Wild Bill" Hickock, que o julgou trapaceiro e mandou enforcá-lo.

À direita: James Bowie (1796-1836), conhecido como Jim Bowie, que foi um pioneiro e soldado do século XIX, e ficou imortalizado como um dos mais brilhantes heróis populares da história do Texas. Nascido no Kentucky, ele passou a maior parte da sua juventude na Louisiana, onde ficou famoso por sua coragem. Bowie foi parte importante na Revolução Texana, e foi morto na batalha do Álamo. Também é conhecido pelo estilo da faca que carregava, que passou a ser chamada de "faca Bowie".

Abaixo: "Buffalo Bill" Cody e Annie Oakley fazem uma quadrilha a cavalo durante o *"Wild West Show"*. Extremamente populares na época, esses shows também contribuíram para propagar vários mitos duradouros sobre a vida nas fronteiras.

À esquerda: William "Buffalo Bill" Cody, um ex-patrulheiro e caçador de búfalos que inventou o *Wild West Show* em 1883. Ele ganhou o apelido quando passou a trabalhar para uma companhia de trilhos de ferro, que o empregou para caçar búfalos para a alimentação dos operários das construções. Exímio jogador de pôquer, Cody encontrou tempo para um jogo em seu leito de morte.

Acima e à direita: Quando "Wild Bill" Hickock foi baleado mortalmente, segurava dois pares, oitos e ases, ambos negros, sendo que a carta restante – o *kicker* (desempate) – é objeto de debates. Seu assassino, Jack McCall, afirmou, no julgamento, que a outra carta da mão de Hickock era um valete de ouros, mas o museu de Deadwood apresenta um cinco de ouros, supostamente a verdadeira carta.

Os dois amigos lendários foram exímios jogadores de pôquer, e muitos dizem até que "Buffalo Bill" Cody pediu para jogar uma última partida em seu leito de morte.

♠ A Mão do Homem Morto ♣

Apesar de ter salvado a vida de "Buffalo Bill" Cody em nome do jogo limpo, James Butler Hickock costumava, ele mesmo, ameaçar seus oponentes com sua arma quando perdia um jogo. James Hickock trabalhou como cocheiro e patrulheiro até que sua reputação de exímio atirador e sua natureza intransigente lhe renderam o posto de xerife. Digno de seu apelido, "Wild Bill"[2] é tido como protagonista do primeiro grande tiroteio do Oeste selvagem, quando baleou mortalmente Davis J. Tutt, em 1865. Hickock também era jogador profissional de pôquer, e em um certo jogo de apostas muito altas, ele trapaceou, bêbado, um oponente chamado McDonald. "Wild Bill" disse ter um *full house* para bater a trinca de valetes de McDonald, e como segurava apenas um par de ases e um seis, sacou sua arma e uma faca. Encarando um seis adicional – as seis balas do revólver – e um ás na manga – a faca –, McDonald sabiamente aceitou a derrota.

Ficou famoso o fato de que "Wild Bill" Hickock estava jogando pôquer quando foi assassinado em um bar em Deadwood, Dakota do Sul, em agosto de 1876. Um pastor de gado chamado Jack McCall, que estava bebendo no bar e trazia escondido um revólver, aproximou-se lentamente da mesa e atirou na cabeça de Hickock. As cartas que "Wild Bill" segurava na ocasião – dois pares, oitos e ases, ambos negros – ficou conhecida como "A Mão do Homem Morto".

1. O equivalente a aproximadamente nove metros (N. do T.). 2. A palavra "wild" pode ser traduzida por termos como "selvagem", "brutal", "bárbaro", "arisco" etc. (N. do T.)

♠ É comigo mesmo ♣

O pôquer é considerado tão genuinamente americano que não é surpresa alguma que vários presidentes gostassem de jogá-lo. "Amarillo Slim" revelou ter jogado com o presidente Lyndon Johnson, bem como com seu sucessor texano, Richard Nixon, um homem que se dedicou a aprender tudo sobre o jogo enquanto servia na Marinha americana. Relutante em arriscar qualquer quantia até se sentir confiante em suas habilidades, Nixon jogou por vários meses com um amigo que o ensinava as estratégias vitoriosas. Só então ele passou a se considerar preparado para apostar de verdade, e o treinamento valeu a pena - seus ganhos no pôquer ajudaram a financiar o começo de sua carreira política. Mas talvez o mais famoso dos presidentes jogadores de pôquer tenha sido Harry S. Truman, que cunhou a frase "é comigo mesmo".[1] Esse presidente, que tomou a decisão de usar a bomba atômica contra o Japão em 1945, frequentemente buscava os ritmos familiares do pôquer quando estava sob pressão. De fato, enquanto refletia sobre usar ou não a bomba - uma das decisões mais importantes da História -, Truman passou várias horas relaxando à beira-mar, jogando pôquer com membros da imprensa.

[1] No original, "the buck stops here", uma expressão que significa que a responsabilidade pelos atos não deve ser repassada a ninguém – ou, em português informal, "é comigo mesmo". Num trocadilho com o termo "buck", que também é o nome, em inglês, do botão que designa o carteador no pôquer, o autor brinca com o fato de que Truman jogava pôquer até mesmo em seu gabinete, onde, sobre a mesa, havia uma plaqueta com a mencionada frase, uma das prediletas do presidente (N. do T.).

Errol Flynn perde uma ilha

Errol Flynn foi um ator dos anos 30 e 40 do século XX, famoso por sua avidez por bebida, mulheres e jogo, e por ter perdido uma ilha em um jogo de pôquer. Uma viagem à Jamaica a bordo de seu iate, em 1947, resultou na compra de uma ilha de marinha, um refúgio próximo ao Porto Antonio, que Flynn pretendia transformar em um resort pessoal. Mas no declínio de sua carreira, o amor de Errol pelo pôquer revelou-se uma insaciável ambição, e ele perdeu a propriedade da ilha numa aposta, ocasião que chamou de "uma má noite de pôquer".

♠ O pôquer e as estrelas ♣

A indústria cinematográfica, responsável de várias formas pela popularização do pôquer, é também uma rica fonte de histórias sobre as estrelas das telas e suas aventuras no pôquer. A familiaridade de Steve McQueen com o jogo fez dele a escolha natural para o papel do trapaceiro Eric Stoner, em *A Mesa do Diabo* (*The Cincinnati Kid*, 1965). Parte marcante da cultura americana, o pôquer sempre foi uma tradicional diversão durante as filmagens, tendo McQueen e os outros atores de *Sete Homens e um Destino* (*The Magnificent Seven*, 1960) sido retratados em uma famosa fotografia na qual disputavam uma partida. Charles Bronson, outra estrela dos clássicos de faroeste,

Acima: A mesa de pôquer do presidente Harry S. Truman, completa com cartas e um suporte de fichas, é um dos artefatos exibidos no Little White House Museum. Truman jogou pôquer enquanto decidia se deveria ou não ordenar o lançamento da bomba atômica sobre o Japão, em 1945.

À direita: Errol Flynn, relaxando. O vício do ator pelo pôquer lhe custou seu sonho de criar um resort de temporada exclusivo na Jamaica – a ilha que ele comprou foi apostada e perdida em um jogo de pôquer.

frequentemente passava 24 horas jogando com Lee Marvin e Telly Savalas durante as filmagens de *Os Doze Condenados* (*The Dirty Dozen*, 1967). O diretor e comediante Woody Allen, vencedor do Oscar, que estava em Londres para filmar *Casino Royale*, juntava-se a eles regularmente. A desorganização por trás das cenas deste filme era tanta que Allen preferia as maratonas de pôquer às sessões de filmagem.

Na verdade, Telly Savalas era respeitado pelos profissionais como jogador de pôquer em Los Angeles e Las Vegas, tendo participado da WSOP e obtido, certa vez, a 21ª colocação no torneio principal de *Texas Hold'em* de apostas ilimitadas. Dentre os atores famosos por sua habilidade no pôquer, na atual safra de Hollywood, Tobey Maguire e Ben Affleck já ganharam grandes torneios, tendo este último vencido o prestigiado Torneio Estadual de Pôquer da Califórnia, em 2004. Esta conquista aconteceu depois de Affleck ter tido aulas com a estrela Annie Duke. Seu próximo projeto anunciado será uma comédia sobre o cenário do pôquer, estrelando também David Schwimmer, outro grande ator-jogador. Outras estrelas que têm feito sucesso no alto escalão do pôquer são James Woods e Jennifer Tilly, que já conseguiram levar grandes prêmios na WSOP.

♠♣♥♦♠ John Wayne ganha um cachorro ♠♣♥♦♠

O ícone americano John Wayne não era exceção no que diz respeito a estrelas do cinema que se entregavam ao pôquer durante os intervalos nas filmagens, mas a aposta que ele ganhou em 1953 foi de fato excepcional, mesmo para os padrões de Hollywood. Durante a produção da aventura de faroeste *Caminhos ásperos* (*Hondo*, 1953), uma sessão de pôquer regada a muita bebida culminou com Rudd Weatherwax, dono da lenda canina *hollywoodiana* Lassie, perdendo sua fiel collie para John Wayne, o "Duke". Entretanto, curada a bebedeira, na manhã seguinte, Wayne – que adorava cães – devolveu o animal ao dono. Isto não foi nenhuma surpresa, já que o apelido de John vinha do nome de seu amado cachorro de estimação Duke, que tivera alguns anos antes.

À esquerda: Os sete homens magníficos disputam uma partida de pôquer durante as filmagens, em 1960. Robert Vaughn (à esquerda) observa Yul Brynner (centro) fazer uma jogada. À esquerda de Brynner estão Brad Dexter, Charles Bronson e James Coburn. Jogar pôquer durante os intervalos das filmagens permanece praticamente uma tradição em Hollywood.

O Pôquer no Cinema

Imagens da cultura e da sociedade americanas sempre foram peças-chave ao longo da história dos filmes e, naturalmente, o pôquer foi retratado em muitas de suas cenas. Geralmente, o jogo fornece o contexto para o desenvolvimento dos personagens e do enredo, seja em filmes de faroeste, de gângsters ou em dramas mais atuais. No bangue-bangue *Por Uns Dólares a Mais* (*For a Few Dollars More*), de Sergio Leone, lançado em 1965, por exemplo, a primeira cena de Clint Eastwood, interpretando o caçador de recompensas que usa um poncho sobre os ombros, mostra o protagonista interrompendo um jogo de pôquer em um *saloon-bar* para cumprir seus desígnios. Ele vence a mão, atira em quatro bandidos e embolsa um prêmio de US$ 2.000,00, resumindo as qualidades do chamado "homem sem nome".

Em uma ambientação mais contemporânea, a comédia *Um Estranho Casal* (*The Odd Couple*), de 1968, com Walter Matthau e Jack Lemmon, centra-se na relação de dois amigos que jogam pôquer regularmente. Baseada em uma montagem de teatro de Neil Simon, a história se desenrola durante várias cenas nas quais o pôquer é o elo entre os personagens.

De forma similar, o filme *Uma Rua Chamada Pecado* (*A Streetcar Named Desire*), feito em 1951, foi adaptado de uma peça de Tennessee Williams originalmente feita em um só ato, centrado em um jogo de pôquer. Na cena, a ameaça sombria presente na interpretação de Marlon Brando do personagem Stanley Kowalski revela-se durante alguns jogos com seus amigos, sendo o pôquer exibido como um veículo típico das expressões masculinas de raiva e frustração.

♠ Gângsters e cassinos ♣

Muitos retratos do pôquer como um jogo de homens emanam do gênero de filmes de gângsters, normalmente ligados aos negócios da Máfia em Las Vegas. O filme *Os Bons Companheiros* (*Goodfellas*), de Martin Scorsese, de 1990, traz os personagens principais em uma cena de pôquer, ao passo que em *Cassino* (*Casino*), de 1995, a ênfase está na atividade criminosa das grandes associações de apostas de Vegas. A associação do *Rat Pack* com Las Vegas levou à produção de *Onze Homens e Um Segredo* (*Ocean's Eleven*), em 1960, um famoso filme de trapalhadas com Frank Sinatra, Dean Martin, Sammy Davis Jr. e sua gangue tentando roubar cinco cassinos simultaneamente. Mais tarde, foi lançado um *remake* com George Clooney no papel principal, auxiliado por alguns jogadores argutos e por velhacos, interpretados por Matt Damon, Brad Pitt, Don Cheadle e Elliott Gould. Para Gould, este era um terreno familiar – em 1974, unira-se a George Segal para interpretar uma dupla de apostadores a caminho de um jogo de pôquer tudo-ou-nada, em *California Split* (homônimo), dirigido pelo aclamado Robert Altman. O filme tem uma ponta feita pelo campeão de 1972 da WSOP, "Amarillo Slim", o que serviu para promover este jogador e também o próprio pôquer. Além dos citados, há várias outras produções em que o jogo ou as pessoas que o disputam são importantes para a trama.

♠ Jogada Decisiva (*A Big Hand for the Little Lady*) ♣

Um filme de faroeste *light*, dirigido por Fielder Cook em 1966, estrelando Henry Fonda e Joanne Woodward, versa sobre o

Acima: Robert De Niro como Sam "Ace" Rothstein, o gângster que controla um cassino pela Máfia na Las Vegas da década de 1970, como mostrado em *Cassino* (*Casino*, 1995), de Martin Scorsese.

À esquerda: Enquanto Henry Hill (Ray Liotta, à esquerda) observa, Tommy DeVito (Joe Pesci) segura todos os ases na mesa de pôquer, em uma cena de *Os Bons Companheiros* (*Godfellas*, 1990).

À esquerda: Cena de *Jogada Decisiva* (*A Big Hand for the Little Lady*, 1966), na qual Mary, interpretada por Joanne Woodward, assume a mesa após seu marido morrer de ataque cardíaco durante uma mão crucial. Conforme a aposta sobe, toda a fortuna de Mary passa a depender do resultado do jogo.

Abaixo: Elliot Gould no filme *Califórnia Split* (Homônimo, 1974), dirigido por Robert Altman. Gould e George Segal interpretam uma dupla de apostadores em busca de uma grande vitória. Suas aventuras os levam das pistas de corridas ao cassino, e eles conseguem chegar até Reno para o jogo de pôquer decisivo.

jogo de pôquer, ao qual o personagem de Fonda, Meredith, não consegue resistir. O casal está a caminho da Califórnia para começar uma nova vida com seu filho, mas ao parar em Laredo, Meredith descobre que uma grande partida entre os jogadores mais ricos da redondeza está prestes a começar. Sua esposa fica horrorizada diante da possibilidade de suas economias desaparecerem em questão de segundos, ciente de que seu marido é um péssimo jogador, mas aquiesce com a empreitada. As coisas vão de mal a pior até que, com uma mão vencedora finalmente em seu poder, Meredith morre de ataque cardíaco, e a viúva assume seu lugar. Neste ponto, ela encara uma aposta altíssima, e, numa virada inesperada, corre para o banco para negociar um empréstimo, deixando as próprias cartas como garantia. Isso permite que ela iguale a aposta e leva a trama a um final feliz.

Embora apto a satisfazer as necessidades do drama, este tipo de situação é muito improvável de acontecer na vida real, uma vez que a grande maioria das partidas de pôquer é jogada usando apenas o dinheiro que os jogadores levam à mesa. Esta regra garante que apenas as fichas na mesa possam ser apostadas durante as mãos. Jogadores que não possuem dinheiro suficiente para igualar uma aposta podem investir a quantia que têm, jogando pelo limite da soma da fração das apostas dos outros jogadores correspondente à sua aposta. Se vencem, ganham de seu oponentes apenas a parte correspondente ao valor que apostaram, igualada pelos demais contendores.

Limite da Mesa

A regra do limite de apostas da mesa proíbe que os jogadores apostem, durante uma mão, dinheiro além da quantia que levou à mesa. Um jogador que não tenha fichas suficientes para igualar o valor da aposta de uma mão pode participar desta, "indo fundo" (*all-in*), ou seja, levando ao centro da mesa todas as fichas que possui. Se este jogador perde, ele então pode comprar mais fichas para continuar jogando, mas isso deve ser feito num intervalo entre as rodadas, e não durante uma mão que está sendo jogada.

♠ A Mesa do Diabo (*The Cincinnati Kid*) ♣

Provavelmente o mais icônico de todos os filmes sobre pôquer, *A Mesa do Diabo* (*Cincinnati Kid*), dirigido por Norman Jewison, em 1965, tem Steve McQueen no papel de Eric Stoner, um jovem e ambicioso jogador de pôquer da Nova Orleans da década de 1930. Seguro de ter habilidade suficiente para ser o melhor, Stoner procura um confronto com o temido mestre do jogo - Lancey Howard, ou "The Man" ("*O Cara*") - magistralmente interpretado por Edward G. Robinson. As apostas são altas, embora não seja o dinheiro que atraia o jovem desafiante, mas o *status* de ser aquele que venceu o homem visto por todos como o melhor jogador de pôquer do local e se tornou o novo campeão. Na cena final, os dois jogam uma partida de pôquer aberto de cinco cartas (*five-card stud*) sem limite de valor nas apostas, modalidade que, embora satisfaça a necessidade de tensão dramática, carece um pouco de credibilidade aos olhos de jogadores mais experientes. Stoner aposta, rodada a rodada, com uma mão de três ases e dois dez. No entanto, apesar de parecer em desvantagem, Howard segue aumentando as apostas e vence num espantoso golpe de sorte, com um *straight flush* até a Dama (8, 9, 10, Valete e Dama), de ouros. É então que profere a imortal frase: "tudo se resume a isso, não? Fazer a jogada errada na hora certa".

♠ Kaleidoscope ♣

Um drama romântico leve, dirigido por Jack Smith, feito no auge dos alegres anos 60 ("*Swinging Sixties*"), em 1966. Este elegante filme tem Warren Beaty no papel do gentil Barney Lincoln, um figurão da alta sociedade e jogador de cartas que tem um segredo - ele trapaceia. Em um elaborado esquema, Lincoln invade a fábrica Kaleidoscope e entalha marcas nas placas de metal utilizadas para imprimir as cartas usadas pelos cassinos da Europa continental. Identificando as cartas ainda viradas, através dos padrões adulterados, Barney Lincoln embarca em uma verdadeira farra de apostas lucrativas, sem

Acima: A cena capital de *A Mesa do Diabo* (*Cincinnati Kid*, 1965), em que Steve McQueen (à esquerda) e Edward G. Robinson (à direita) se enfrentam no jogo que determinará qual dos dois sairá com a reputação de melhor jogador do país. Shelley Winters (ao centro) é a carteadora.

À esquerda: O emblemático Steve McQueen, como Eric Stoner, em *A Mesa do Diabo*, montando sua estratégia em outro jogo a dinheiro alto. O filme mostra o personagem pondo à prova suas habilidades na mesa e tendo de lidar com uma complicada vida amorosa envolvendo sua namorada (Tuesday Weld) e a esposa de seu mentor (Ann-Margret).

que ninguém levante qualquer suspeita sobre seu sucesso. Infelizmente, sua namorada é filha de um inspetor da Scotland Yard, e, quando seu truque é finalmente descoberto, ele é chantageado pela polícia e forçado a desafiar um gângster para um jogo de pôquer. Tudo o que tem a fazer é continuar vencendo e pressionando financeiramente o bandido, suspeito de contrabandear drogas. Previsivelmente, as verdadeiras habilidades de Lincoln são testadas ao máximo, uma vez que as cartas utilizadas são de outro fabricante, e não os seus baralhos preferidos, marca Kaleidoscope. O trapaceiro e então agente secreto tem de segurar seus nervos, em uma luta pela redenção.

♠ Cartas na Mesa (*Rounders*) ♣

Este filme, dirigido por John Dahl, em 1998, é tido como responsável por colocar o pôquer "de volta no mapa" e inspirar uma nova geração de jogadores. O campeão da edição de 2003 da Série Mundial de Pôquer, Chris Moneymaker, é um dos jogadores que reconhece ter se interessado muito mais pelo jogo após assistir à película. Matt Damon interpreta um estudante de Direito, Mike McDermott, que abandona o pôquer após perder todo o seu dinheiro para o notório "Teddy KGB", retratado com costumeiro esmero por John Malkovich. Entretanto, quando um amigo de Mike sai da prisão e precisa de ajuda para levantar US$ 15.000,00 para pagar um empréstimo a Teddy, McDermott vai a seu resgate. Ele volta às salas de jogos para colocar suas habilidades à prova, arriscando o relacionamento com sua namorada durante o processo.

Assim como em muitos outros filmes sobre pôquer, algumas cenas são um tanto forçadas, em termos de credibilidade, mesmo interpretadas por Matt Damon – respeitado ator e jogador de cartas – com a participação do bicampeão mundial Johnny Chan. Não obstante, o filme ilumina o mundo dos jogadores profissionais de menor calibre e é notável pelo sábio conselho dado pelo protagonista. "Escute, o negócio é o seguinte. Se você não consegue identificar quem é o 'pato' da mesa na primeira meia hora, então o 'pato' é você".

Acima: Teddy KGB (John Malkovich), assustadoramente confiante na mesa de pôquer, em *Cartas na Mesa* (*Rounders*, 1998). O filme ajudou a rejuvenescer o interesse no jogo e inspirou uma nova geração de jogadores, incluindo o vencedor da campeão mundial da WSOP de 2003, Chris Moneymaker, a levar o jogo a sério.

À direita: Matt Damon como o estudante de Direito Mike McDermott, em *Cartas na Mesa*. Tendo abandonado o pôquer após uma derrota para Teddy KGB (John Malkovich), McDermott volta às mesas para ajudar um amigo a pagar um empréstimo. O filme traz uma ponta feita por Johnny Chan, campeão mundial da WSOP, à época, embora a história se foque principalmente sobre o jogo profissional de baixo nível.

O Pôquer na Televisão

Como já se pôde perceber, a combinação de forças entre televisão e Internet, ao longo da última década, contribuiu sobremaneira para a elevação da popularidade do pôquer a patamares nunca alcançados em sua história. Cada vez mais pessoas aderem ao jogo, e a televisão rapidamente começou a lucrar com isso, providenciando vasta programação sobre pôquer para servir a esta audiência em expansão. Esse desenvolvimento do pôquer televisionado fez com que muitos dos mais bem-sucedidos jogadores de campeonatos se tornassem nomes familiares. Promovido por supermodelos e jogado por estrelas do cinema, o pôquer agora é visto como um respeitável e até mesmo glamouroso meio de aposta, que oferece a todos a chance, ainda que pequena, de ganhar uma fortuna.

♠ Ficção e moralidade ♣

Representações dramáticas de jogos de pôquer na telinha têm sido, naturalmente, um material básico para numerosos seriados ambientados no Velho Oeste, embora o jogo geralmente seja menos visível nas produções mais recentes. Programas famosos de bangue-bangue, como *Bonanza*, *Rawhide*, *The Virginian* e, é claro, *Maverick*, sempre empregaram o pôquer como meio de transmitir alguns conceitos morais, particularmente o de que os trapaceiros nunca se dão bem. Fora dos *Westerns*, um personagem típico certamente identificado com o pôquer é o icônico vigarista do exército americano Sargento Birko, interpretado por Phil Silvers, que preferia depenar seus comandados no jogo a supervisionar suas atividades na frota oficial. Mais recentemente, um episódio da aclamada série *Friends* foi dedicado ao pôquer, e referências de que o jogo permanecerá popular no futuro são feitas frequentemente em episódios de *Jornada nas Estrelas: A Nova Geração*. Além disso, mesmo na versão original de *Jornada nas Estrelas*, o capitão James T. Kirk enfrentou um forte e teimoso oponente em um episódio intitulado *A Manobra Corbomite* (*The Corbomite Maneuver*), e foi obrigado a utilizar um blefe inspirado no pôquer para salvar a nave *Enterprise* da destruição. No embalo da atual popularidade do jogo, o potencial para a elaboração de uma série dramática centrada totalmente no pôquer enfim foi aproveitado, com o lançamento de *Tilt*, escrita pela mesma equipe que elaborou o filme *Cartas na Mesa* (*Rounders*). Michael Madsen interpreta Don "The Matador" Everest, cujo *status* é ameaçado por um grupo de jovens iniciantes, que pretendem derrubá-lo às vésperas do início da Série Mundial de Pôquer. Mas Las Vegas reserva algumas surpresas aos candidatos a campeões.

Acima: Alex Brenes (à esquerda), de Costa Rica, jogando na Copa Mundial de Pôquer, um torneio televisionado, em 2005. Esta competição por equipes inclui jogos "mano a mano", com os jogadores duelando entre si, como mostra a imagem. Costa Rica venceu o evento e manteve o título conquistado na edição inaugural do torneio, um ano antes.

À esquerda: John Duthie, vencedor do primeiro evento *Pôquer Milionário*, em 2000, é a força motora por trás da Turnê Europeia de Pôquer (EPT), estabelecida em 2004. Inspirada pela Turnê Mundial de Pôquer (WPT) da televisão americana, a EPT trouxe seis eventos durante a temporada 2006/2007, com a grande final disputada em Monte Carlo.

Acima: Mike Sexton, apresentador e comentarista da WPT, venceu a competição de *Texas Hold'em* de apostas ilimitadas no Torneio dos Campeões, em Las Vegas, no ano de 2006. O prêmio foi de US$ 1 milhão.

A direita: Andrew Rogers sentado calmamente com um monitor checando seus batimentos cardíacos – canto inferior direito da foto –, durante o *Mansionpoker.net Poker Dome Challenge* no Tropicana Resort & Casino, em Las Vegas, em junho de 2006.

Ainda se espera para ver se o seriado estimulará a produção de outros programas do gênero, mas, de qualquer forma, os fãs de pôquer já estão bem servidos pelo grande número de torneios reais exibidos pela televisão.

♠ Turnê Mundial de Pôquer ♣

Atração consolidada no cenário da televisão a cabo, a Turnê Mundial de Pôquer (WPT) foi impulsionada, em 2002, pelo advogado e produtor televisivo Stephen Lipscomb. O Travel Channel interessou-se e promoveu a realização de diversos torneios sob a marca WPT, com a exibição, em 2003, dos melhores momentos dos diversos jogos disputados. Em fevereiro de 2004, as redes de televisão norte-americanas se impressionaram com os números relativos à audiência, e a NBC transmitiu um evento especial da WPT, a "Batalha dos Campeões". A transmissão foi surpreendentemente bem-sucedida, em concorrência direta com a cobertura da CBS do pré-jogo da final do futebol americano, confirmando o pôquer como verdadeiro espetáculo televisivo. Após quatro temporadas de sucesso, a WPT continua crescendo em popularidade, e sua programação é apresentada pelo vencedor da WSOP Mike Sexton e pela ex-apresentadora de jornal Courtney Friel, que entrou no lugar de Shana Hiatt, em 2005.

♠ Turnê Europeia de Pôquer ♣

No Reino Unido, o surpreendente sucesso do *Late Night Poker*, do Canal 4, exibido pela primeira vez em 1999, gerou muitas variações sobre o tema dos torneios de pôquer, com a audiência espalhada por toda a Europa. Seguindo o exemplo da WPT, o diretor de televisão John Duthie, ele mesmo competidor do *Late Night Poker*, procurou apoio do site PokerStars.com e instigou a criação da Turnê Europeia de Pôquer (EPT), em 2004. A temporada de estreia contou com seis torneios, mas a Turnê cresceu rapidamente e se tornou o mais prestigiado circuito de pôquer da Europa, e é atualmente exibido em mais de 40 países. Além de ser o executivo-chefe da EPT, Duthie também atua como comentarista *expert* ao longo da série, um papel para o qual é perfeitamente gabaritado, uma vez que venceu a edição de 2000 do programa *Pôquer Milionário*. John Duthie também ficou em segundo lugar, perdendo para Mike Sexton, no torneio europeu "mano a mano", realizado em Paris, em 2003.

O Pôquer na Mídia Impressa

Os interessados no pôquer e sua cultura possuem uma rica literatura à disposição para colher informações. O livro *Pôquer Prático*, de R. F. Foster, publicado em 1905, foi a primeira tentativa séria de registrar tudo o que se sabia sobre o pôquer à época, mas os últimos 40 anos assistiram à publicação de muitos outros livros sobre o assunto. A maioria se foca em ensinar os leitores a jogar pôquer e melhorar suas habilidades para vencer constantemente. Muitos profissionais contemporâneos escreveram ou endossaram esses livros, partindo das bases lançadas pelos teóricos do passado. Para aqueles que desejam saber sobre os próprios jogadores, "Amarillo Slim" e Anne Duke são apenas dois dos grandes nomes cujas autobiografias estão disponíveis nas prateleiras das livrarias. Além disso, os jogadores e escritores Al Alvarez, Anthony Holden e James McManus escreveram livros com análises críticas de suas carreiras no mundo do pôquer profissional.

♠ Referências literárias ♣

Talvez o mais famoso escritor que inseriu o pôquer em seus escritos literários tenha sido Mark Twain, um arguto defensor do jogo, que descobriu quando trabalhava como piloto de barco no Mississipi. Com efeito, o criador de *Tom Sawyer* e *Huckleberry Finn* certa vez afirmou: "Existem poucas coisas tão imperdoavelmente negligenciadas em nosso país como o pôquer... é suficiente para fazer corar de vergonha." Em *The Professor's Yarn*, Twain conta a história de um jogador que consegue se dar bem contra trapaceiros, um enredo muito usado em histórias sobre jogos. Seguindo o exemplo de Twain, outros escritores, como Damon Runyon e Dashiel Hammett, incorporaram o pôquer em seu trabalho, ora como parte da vida de personagens, ora como peça do enredo. Mais recentemente, o comentarista e expert em pôquer Jesse May escreveu *Cale-se e Dê as Cartas* (*Shut Up and Deal*), uma obra de ficção que se passa em salões de jogos americanos na década de 1990.

Acima: Damon Runyon, o festejado jornalista e autor, cujos contos ambientados na Nova York da época da proibição do jogo descrevem vividamente um mundo povoado por gângsters, atores e apostadores. O famoso musical *Garotos e Bonecas* (*Guys and Dolls*) foi inspirado em duas de suas histórias.

À direita: *Amigo em Apuros* (*Friend in Need*) – também conhecido como *Passando o Ás por baixo da Mesa* (*Passing the Ace Under the Table*) –, de Cassius Marcellus Coolidge, uma das nove gravuras que retratam cachorros jogando pôquer, para a feitura das quais o artista foi contratado em 1903. Duas das pinturas originais em óleo da amplamente imitada série foram leiloados em 2005 por US$ 590.000,000

À Esquerda: Annie Duke assegurou sua reputação como uma das principais jogadoras profissionais de pôquer no mundo com a vitória do Torneio dos Campeões da WSOP, em 2004, que lhe rendeu um prêmio de US$ 2 milhões.

Abaixo: Mark Twain, nascido Samuel Langhorne Clemens, em 1835, famoso por suas descrições da vida no rio Mississipi, rota pela qual o pôquer se difundiu pela América. Sobre o próprio jogo, Twain escreveu: "Há poucas coisas tão imperdoavelmente negligenciadas em nosso país como o pôquer."

♠ Uma vida de pôquer ♣

Dada a natureza extravagante de seus feitos, não é de surpreender que alguns profissionais do jogo lucrem com sua fama enquanto buscam aumentar a atratividade do jogo. Phil Hellmuth, por exemplo, talvez o melhor jogador de torneio do mundo, planeja lançar sua autobiografia *Pivete do Pôquer* (*Poker Brat*), enquanto *Amarillo Slim em um Mundo de Pessoas Gordas* (*Amarillo Slim in a World of Fat People*), publicado em 2003, conta a carreira movimentada de Thomas Preston no mundo do pôquer. Não surpreendentemente, dada sua abordagem niilista da vida, o saudoso Stu Ungar é retratado em uma biografia escrita por Nolan Dalla e Peter Alson, intitulada *O Único: Ascensão e Queda de Stuey 'The Kid' Ungar, o Maior Jogador de Pôquer do Mundo* (*One Of a Kind: The Rise and Fall of Stuey 'The Kid' Ungar, the World's Greatest Poker Player*). Uma perspectiva diferente do jogo é apresentada na obra crítica de Al Alvarez sobre o torneio de 1981 da WSOP, *O Maior Jogo da Cidade* (*Biggest Game In Town*). Sua análise do torneio, ligada às histórias de jogadores e bastidores, torna leitura da obra praticamente essencial para qualquer pessoa interessada no pôquer. Em uma aproximação similar, *Nação do Pôquer* (*Poker Nation*), de Andy Bellini, e *Grande Cartada: Um Ano como Jogador Profissional de Pôquer* (*Big Deal: One Year as a Professional Poker Player*), de Anthony Holden oferecem outras duas interpretações sobre o pôquer como meio de vida.

♠ Ensino de pôquer ♣

Após o sucesso do livro *Conceitos Avançados de Pôquer* (*Advanced Concept of Poker*), de 1968, os anos 1970 presenciaram um grande crescimento no número de publicações contendo instruções de jogo. As reflexões confiáveis de jogadores de alto nível e teóricos do pôquer revelaram as habilidades analíticas e matemáticas empregadas na mesa pelos mais bem-sucedidos expoentes do pôquer. Uma das obras mais influentes é *Hold'em Poker*, de David Sklansky, publicada pela primeira vez em 1976. O autor escreveu várias obras subsequentes e também contribuiu para *O Super Sistema de Doyle Brunson: Um Curso de Pôquer Agressivo* (*Doyle Brunson's Super System: A Course in Power Poker*), outro clássico dos anos 1970 que trata das mais populares variantes do jogo. Um guia de estratégia para torneios da WSOP surgiu 1995, escrito pelo campeão da edição de 1983 do campeonato, Tom McEvoy, enquanto, em 2003, outro livro foi lançado, *Jogue Pôquer como os Profissionais* (*Play Poker Like the Pros*), de um expoente da geração posterior, Phil Hellmuth, que explica os princípios para um jogo de sucesso. Alguns se focam em uma variante, outros em táticas a serem aplicadas em diversos cenários de pôquer, e representam apenas uma pequena fração da literatura disponível àqueles que procuram aumentar seu conhecimento sobre o jogo.

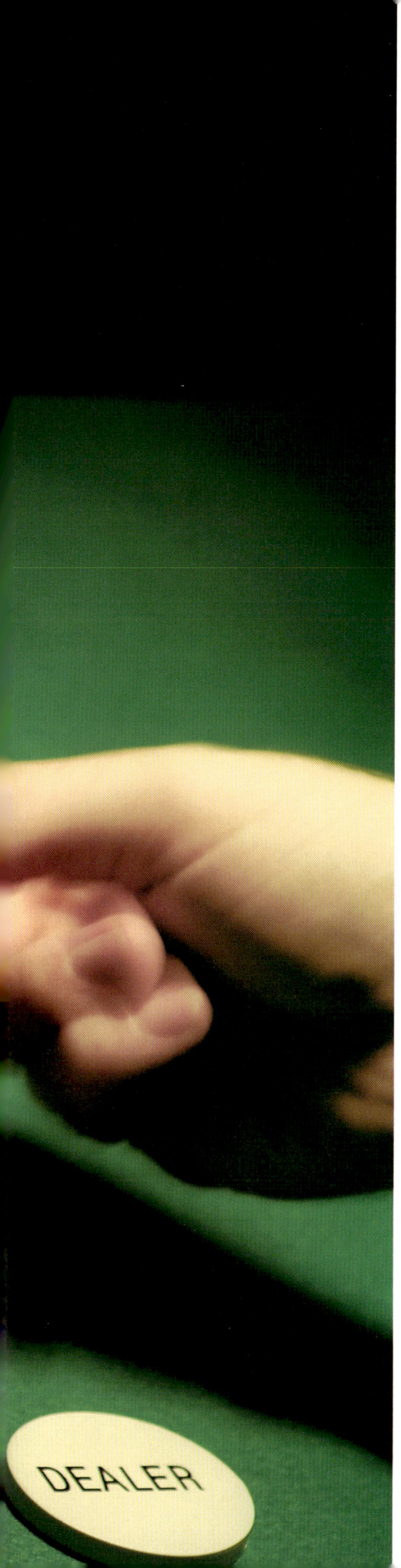

Como Jogar

Existem poucas evidências a respeito das origens do pôquer; o que é certo é que o jogo possui qualidades que o tornam imensamente prazeroso. Muitos especialistas consideram o pôquer um jogo simples de aprender, mas que exige uma vida inteira para que alguém possa se tornar um mestre. Para os novatos, os termos técnicos do pôquer, ao lado da grande variedade de jogos existentes, podem dar à jornada da descoberta uma perspectiva intimidante. O objetivo deste capítulo, dessa forma, é guiar os iniciantes pelos aspectos práticos do jogo, além de apontar elementos que devem ser levados em conta ao se sentar a uma mesa de pôquer.

Outra mão começa conforme as cartas são distribuídas para os jogadores. O número de cartas recebidas por jogador irá depender da variação do pôquer que está sendo jogada, já que a primeira coisa a ser entendida é que pôquer é um termo que se aplica a uma grande família de jogos de cartas. Embora cada variação tenha suas regras básicas e estrutura de aposta próprias, este capítulo engloba todos os elementos comuns aos jogos de pôquer que um novato precisa entender antes de começar a jogar.

Regras do Pôquer

O pôquer compreende uma série de jogos de competição extremamente populares, nos quais os jogadores apostam uns contra os outros, confrontando o valor relativo das cartas que cada um tem em mãos. Todas as mãos de pôquer são formadas necessariamente por cinco cartas, embora, na maioria das variantes do jogo, permita-se que os jogadores selecionem estas cinco entre outras cartas colocadas à sua disposição. O termo "mão" também se refere a cada jogo em si, normalmente com duração de alguns minutos, que vai da distribuição das cartas à sua revelação (*showdown*).

♠ Classificações, naipes e ases ♣

O elo entre as centenas de variações de pôquer é a classificação valorativa das mãos, uma lista hierárquica das 2.598.960 combinações diferentes de cartas possíveis com um baralho normal de 52 cartas. Esse ranking é baseado na probabilidade de cada mão em particular ser distribuída a um jogador, com a combinação mais valiosa - a Sequência Real (*Royal Flush* ou *Royal Straight Flush*) - sendo reconhecidamente a de ocorrência mais rara. Dois outros componentes fundamentais do pôquer são a equivalência de valor entre os naipes e o funcionamento dos ases tanto como maior quanto como menor carta de cada naipe durante o curso do jogo.

Há, porém, um fator um tanto anormal: a aceitação universal da ordem valorativa das mãos é sua única fonte de validade, não existindo regras oficiais concernentes ao pôquer e suas centenas de variantes. Essa situação levanta alguma confusão entre os iniciantes. Diferentemente da maioria dos esportes profissionais organizados, o pôquer não tem nenhuma federação internacional ou conselho dirigente para ratificar as regras, dirimir conflitos e proteger, de modo geral, a integridade do jogo. No pôquer de torneios, porém, tal quadro deve mudar com o passar do tempo. A Associação Mundial de Pôquer (*World Poker Association - WPA*), estabelecida em março de 2006, é uma organização que visa estabelecer códigos uniformes de conduta para reger as regras de jogo e etiqueta no circuito global.

À direita: O botão de carteador (*dealer*), às vezes chamado de "*buck*", é usado para mostrar qual o jogador que está atuando como carteador para cada mão em particular. Os botões são mais comumente usados em salões comerciais de jogos, que usam *croupiers* para controlar os jogos.

Sequência Real (Royal flush ou Royal straight flush): A mão mais valiosa do pôquer, formada por uma sequência (*straight*) de cartas de 10 ao A, do mesmo naipe. Todos os naipes têm o mesmo valor.

Sequência de mesmo naipe (straight flush): A segunda melhor mão do pôquer, formada por quaisquer cinco cartas do mesmo naipe em ordem sequencial. Se dois ou mais jogadores tiverem uma seqüência de mesmo naipe, a maior carta da sequência determina o vencedor.

Quadra (four of a kind): Quatro cartas de mesmo número ou figura suplementadas por uma carta. Se dois ou mais jogadores tiverem uma quadra, vence a composta por cartas de número mais elevado.

Full house[2]: Três cartas de número ou figura equivalentes mais duas cartas de número ou figura equivalentes. O valor da mão é determinado pelas três cartas de mesmo número ou figura, o que significa, por exemplo, que K, K, K, J, J são mais fortes que Q, Q, Q, A, A.

Cor (flush): Cinco cartas do mesmo naipe, porém não-sequenciais. Num confronto entre cores, vence o que tiver a carta de número ou figura mais alta (*high* ou "maior"), e, havendo empate, verifica-se a segunda mais alta e assim sucessivamente. Desta forma, um *flush* de ouros de ás-maior (*ace-high*) compreendendo A, J, 10, 5 e 2 vence um *flush* de ás-maior formado por A, J, 9, 8 e 7, por exemplo.

Seqüência (straight): Cinco cartas de naipes diferentes em ordem sequencial. Uma vez mais, num confronto entre sequências, a maior carta determina o vencedor.

Trinca ou trio (three of a kind): Três cartas de mesmo número ou figura e duas outras cartas aleatórias.

Dois pares (two pairs): Uma mão contendo dois pares de cartas de um mesmo número ou figura e uma carta aleatória, conhecida como carta de desempate (*kicker*). Se dois ou mais jogadores possuírem dois pares, o par mais alto dita o valor da mão, seguido pelo segundo par e, se necessário, o valor da carta de desempate. Então uma mão composta de um A, A, 2, 2 e Q vence uma mão formada por K, K, Q, Q e 5; uma mão formada por um A, A, 10, 10, Q vence uma formada por um A, A, 10, 10, J.

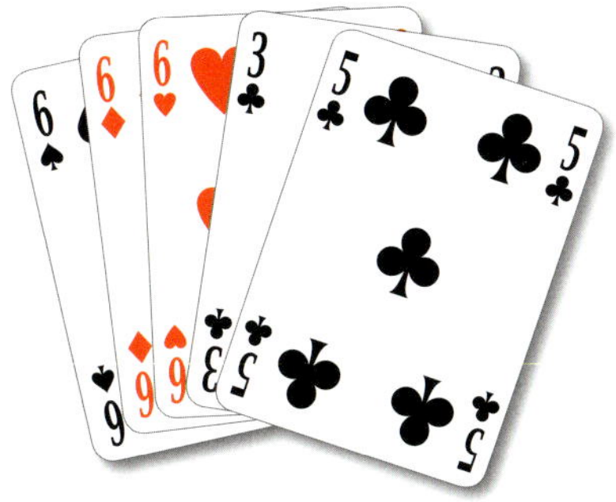

Par (one pair): Duas cartas de mesmo número ou figura mais três cartas aleatórias. O valor do par determina o valor da mão, mas se dois jogadores tiverem pares equivalentes, as outras cartas determinam a vitória, segundo o maior valor. Logo, 5, 5, A, K, 2 vencem 5, 5, A, 10 e 8.

Maior carta (high card): Uma mão composta de cinco cartas aleatórias, de números ou figuras e naipes diferentes, sem ordem sequencial. O valor é determinado pela carta mais alta.

♠ Objetivo do jogo ♣

O pôquer é um jogo de apostas, e o objetivo, claro, é ganhar dinheiro – normalmente representado pelas fichas de jogo – dos outros jogadores. As fichas apostadas em cada mão constituem a *mesa* (*pot*), que é entregue ao vencedor na conclusão daquela mão. O vencedor é determinado por um dos seguintes métodos: um jogador que faz uma aposta que não é coberta (igualada) por qualquer oponente leva o total da mesa sem ter que revelar suas cartas; alternativamente, se dois ou mais jogadores equiparam apostas para a conclusão da mão, eles então revelam suas cartas (*showdown*) e o detentor da melhor combinação de cartas leva o dinheiro total apostado.

♠ O fator risco ♣

Para que uma sessão de pôquer seja significativa e compensadora, ela deve envolver apostas de valor considerável para os jogadores. Escolher entre jogar por centavos na mesa da cozinha ou bancar a taxa de inscrição de US$ 10.000,00 para participar do campeonato da Série Mundial de Pôquer é algo que depende das possibilidades financeiras e motivação de cada um. Tanto jogadores experientes quanto novatos são sempre orientados a escolher jogos nos quais o valor das apostas não seja alto a ponto de os levar à ruína no caso de uma grande derrota. Considerando que um dos fatores-chave para jogar bem o pôquer é a disciplina, saber reconhecer seu próprio nível de habilidade e o patamar de apostas financeiramente suportável é um grande passo na direção certa. Para o iniciante, este conselho é crucial, uma vez que a maioria dos jogadores inevitavelmente perderá dinheiro nos primeiros jogos, pagando, efetivamente, pelas lições iniciais.

♠♣♥♦♠♣♥♦♠♣♥♦ Baralho de jogo ♠♣♥♦♠♣♥♦♠♣♥♦

Qualquer baralho-padrão de 52 cartas serve para um jogo informal de pôquer, mas recomenda-se a utilização de baralhos novos ainda não usados, para garantir a integridade do jogo – prática comum em cassinos e clubes. Em jogos caseiros, ter dois baralhos facilmente distinguíveis para operar ao mesmo tempo é uma boa ideia, pois ajuda a manter um ritmo estável de procedimentos. O baralho extra pode ser embaralhado e cortado durante o andamento de uma mão para estar imediatamente disponível para a próxima rodada. Os jogadores podem pedir, a qualquer tempo, para que o baralho seja trocado, já que, durante o jogo, as cartas podem ficar marcadas não intencionalmente ou mesmo estragarem-se.

1. Ver nota anterior.
2. A expressão, que não tem correspondente em português, significa, literalmente, "casa cheia".

Fichas, Apostas e Entradas

Antes de aprender o procedimento-padrão de jogo de qualquer das variantes do pôquer, o futuro jogador deve se perguntar qual o objetivo que o leva a jogar. Isto significa refletir se jogará pôquer por simples diversão social ou se investirá em uma empreitada séria. O pôquer, por sua natureza, gera competição, o que faz com que seja primordial ao jogador conhecer suas próprias reações diante da vitória e da derrota, já que ambas são consequências naturais do jogo. Envolver-se seriamente em um jogo pode colocar o jogador diante de uma vasta gama de desafios mentais e emocionais. Para quem for sério o suficiente para optar por ganhar a vida com o pôquer, o controle das emoções e uma concentração inabalável no dever a cumprir são habilidades essenciais.

♠ Apostas ♣

A maioria dos jogos de pôquer é disputada em ocasiões sociais evolvendo apostas baixas, o que permite aos jogadores apreciar o aspecto estético do jogo sem temer uma iminente ruína financeira. A essência do pôquer é a aposta, pelo que é importante que os jogadores se mantenham dentro dos limites fornecidos por suas condições de vida. Essa consideração é crucial, pois o montante apostado não deve tirar a atenção dos jogadores da sua tarefa principal, que é avaliar os oponentes, captar as nuances do jogo e decidir quando fazer uma jogada. Perceber a personalidade de um oponente, bem como seu estilo de apostar, é fundamental para o sucesso no pôquer.

♠ Cacife ♣

Todo local que disponibiliza o jogo possui regras da casa para regulamentar as atividades dos jogadores. Elas versam sobre aspectos técnicos da estrutura das apostas nas diversas variantes de pôquer jogadas no estabelecimento, assim como sobre normas de etiqueta e comportamento, definindo o que é aceitável fazer na mesa. Haverá sempre o valor mínimo que alguém tem que pagar para participar de um jogo – a *entrada* (*buy-in*) –, por exemplo, e pode até mesmo existir uma regra proibindo os jogadores de discutir a forma de jogo de uma mão durante sua realização. Essas regras variam de um salão de jogos para outro, e o jogador deve assumir a responsabilidade pessoal de se inteirar sobre elas antes de se sentar à mesa de jogo. Qualquer pessoa que pretenda organizar um jogo de pôquer tem de desenvolver um conjunto básico de regras, regendo assuntos como a duração de cada sessão, as variantes de pôquer que serão jogadas e quaisquer restrições a serem observadas quanto ao valor mínimo e máximo das apostas. Isso ajuda a prevenir brigas desnecessárias e a criar o contexto apropriado ao pôquer, balanceando-se as necessidades competitivas e sociais dos participantes.

Acima: O pôquer atual, amplamente jogado em cassinos, pode ter regras de etiqueta bem diferentes daquelas dos jogos privados, mas ambos são igualmente empolgantes.

À direita: Durante o século XIX, o pôquer era predominantemente uma diversão social privada, embora a coisa pudesse ficar feia em jogos de apostas altas.

À esquerda: As cartas são mantidas na mesa, mesmo que se proteja seu valor da vista dos oponentes, e embolsar sorrateiramente o lucro em fichas é estritamente proibido – as fichas têm de permanecer à mostra e em circulação durante um jogo. Todos os cassinos têm seu conjunto de fichas com design próprio e exclusivo ou, no mínimo, com seu logotipo.

Abaixo: Jogar com fichas em vez de dinheiro ajuda os jogadores a perder a inibição na hora da aposta e mantém o jogo correndo mais solto.

Fichas

As fichas de pôquer são uma representação especial de valores fixos de dinheiro. Especialmente em salões de jogos e cassinos, as fichas também são chamadas de *checks* (ordens de pagamento). Cada cassino possui seu conjunto de fichas próprio, mesmo os integrantes de grandes redes. Isso serve para distinguir as fichas de um cassino das de outros, uma vez que cada ficha disponível para o jogo deve ser lastreada pela quantia equivalente em dinheiro. Fichas de jogo duráveis melhoram qualquer sessão de pôquer, por serem mais limpas e fáceis de manusear do que as cédulas, deixando o jogo mais rápido e dinâmico e aumentando sua credibilidade. O uso de fichas abstrai os jogadores, ao menos conceitualmente, da ideia de estar jogando por quantias reais de dinheiro. Os novatos precisam levar isso em conta quando estão aprendendo a jogar, mas é preciso salientar que tal efeito pode se revelar benéfico. Desprender-se do valor monetário das fichas na mesa ajuda a diminuir a inibição na hora de apostar, o que, dentro do contexto do jogo, é considerado essencial para a tomada de decisões racionais e calculadas.

À direita: Em fichas sem valor visível, este é identificado pela cor. Por exemplo, as de 1 são brancas, as de 50 são laranja, as de 100 são pretas, as de 500 são roxas e as de 1.000 são vinho. O número é geralmente entalhado para não se desgastar ou ser apagado durante o jogo normal.

Os cuidados com as fichas

Uma das convenções básicas do pôquer é a de que os jogadores devem assegurar que suas fichas estejam visíveis para toda a mesa durante o jogo. Tentar escondê-las propositadamente, empilhando as fichas de maior valor atrás de fileiras de fichas menores, por exemplo, é uma quebra de etiqueta. As fichas disputadas devem permanecer em circulação durante todo o jogo, não sendo permitido aos jogadores guardá-las no bolso para se proteger contra derrotas. Além disso, qualquer jogador pode perguntar ao oponente de quantas fichas ele dispõe, ao refletir sobre uma aposta, por exemplo; isto é comum em jogos de torneio, quando um jogador pensa em apostar uma quantia que obrigue o adversário a arriscar tudo o que tem se quiser prosseguir na rodada.

Onde Jogar

O crescimento da popularidade do pôquer tem propiciado tanto a jogadores experientes quanto a iniciantes várias oportunidades para saciar sua paixão pelo jogo. O pôquer *online* é a principal opção para pronto acesso aos jogos, sem sair do conforto de casa. Este fator tem como benefício o fato de os iniciantes poderem aprender rapidamente com sessões particulares, antes de se aventurar a pôr à prova suas habilidades em público. Entretanto, o pôquer no ambiente virtual não dá aos jogadores a chance de captar nuances do modo de jogar de seus oponentes através de sua linguagem corporal, pelo que manter a famosa "cara de pôquer" (*poker face*) – uma expressão facial neutra, fria, que não revela pensamentos ou emoções – torna-se um fator irrelevante. Para quem saboreia as batalhas cara-a-cara inerentes ao jogo, esta falta de interação social reduz sensivelmente a atratividade desta forma de jogar.

♠ Jogos caseiros ♣

A tradição dos jogos caseiros como meio de entretenimento entre amigos ou colegas é uma parte importante do pôquer. A imagem popular do jogo como pretexto dos homens para se reunir periodicamente, longe das distrações do trabalho e da família, tem se tornado cada vez mais anacrônica, dado o crescente número de mulheres que atualmente se dedicam à mesma atividade. De modo geral, os jogos caseiros são tidos como o refúgio do jogador amador, para quem ganhar ou perder dinheiro é menos importante do que participar da ocasião social em si.

A promoção de jogos frequentes e regulares requer planejamento especial com relação às atitudes a serem tomadas diante de possíveis discussões que podem surgir durante a sessão. Preestabelecer a variação de pôquer a ser jogada, a estrutura das apostas e o preço a pagar para participar do jogo é essencial. É também aconselhável fixar um limite de tempo, para que todos os jogadores fiquem cientes de quando a sessão terminará. Espera-se que os jogadores que pretendam deixar o jogo antes do horário combinado deixem claro tal propósito, por questão de cortesia. Uma pessoa que habitualmente se senta para algumas rodadas e sai apressadamente assim que obtém algum lucro logo não será mais convidada para os

Acima: Um jogo caseiro do pôquer, retratando a imagem típica do jogo como um interesse predominantemente masculino. Devido à explosão do pôquer na mídia, a popularidade do jogo é tanta que cada vez mais pessoas estão voltando a desfrutar o prazer de se sentar à mesa para jogar cartas com os amigos.

À esquerda: Adolescentes se divertindo com o pôquer e demonstrando que o jogo possui aspectos que o tornam atraente para pessoas de todas as idades, sem a necessidade de envolver dinheiro. Jogos de cartas sempre foram fonte de diversão entre amigos e familiares, e muitos dos profissionais de hoje adquiriram gosto pelo pôquer muito antes de terminar a escola.

jogos sociais. Assuntos de ordem prática, como o número de assentos disponíveis, os baralhos a serem usados e fichas suficientes para acomodar todos os jogadores também devem ser levados em conta. Por fim, a fixação clara das regras da casa sobre a conduta durante a disputa e as normas de etiqueta manterá a integridade do jogo, deixando-o mais agradável para todos.

♠ Cassinos e clubes ♣

Jogos caseiros serão a escolha natural para jogadores ocasionais; porém, aqueles que desejam levar o pôquer a sério certamente se sentirão mais atraídos pelo jogo oferecido por clubes e cassinos. Obviamente, devido à existência de uma equipe para organizar o jogo, assegurar o cumprimento das regras e até mesmo servir aperitivos, o desfrute desses ambientes custará um pouco mais caro. O pôquer nunca foi considerado um jogo especialmente rentável para os cassinos, como a roleta e o vinte-e-um (*Black Jack*), já que os jogadores competem entre si, e não contra a casa. Por isso, uma taxa, conhecida por *comissão* (*rake*), é geralmente cobrada, optando-se entre duas formas. Em jogos de apostas baixas, o carteador da casa recolhe parte do total apostado em cada mão, numa proporção que varia entre dois e dez por cento. Alternativamente, pode-se estabelecer um preço por hora de permanência e utilização da estrutura da casa, sendo esta a forma mais comum de cobrança em jogos entre os chamados "peixes grandes" (*high-rollers*), jogadores que disputam apostas de alto valor.

♠ Pôquer *online*

A proliferação dos sites de pôquer via Internet na última década deu um indiscutível empurrão na popularidade do jogo. Qualquer pessoa que tenha um computador com acesso à Internet pode se sentar em uma mesa virtual para jogar, em questão de minutos, e é o que milhões de pessoas no mundo inteiro têm sido seduzidas a fazer. Os grandes *sites* como o PartyPoker, o PokerStars e o PokerRoom oferecem diversas variantes de pôquer, com apostas que vão de alguns centavos a milhares de dólares, sendo o dólar americano a moeda corrente na maior parte deles. Também é possível jogar de graça, pois jogos com dinheiro "de mentirinha" (*play money*) também são disponibilizados, especialmente para encorajar os recém-chegados a aprender o jogo sem nenhum custo antes de tentar a sorte com dinheiro de verdade.

Acima: Cenário de uma mesa de pôquer em um cassino em Las Vegas, popularmente considerada a capital mundial do pôquer. Qualquer pessoa que leva o jogo a sério acabará chegando aos clubes ou cassinos para ganhar experiência, aprender com os outros e talvez até fazer de seu passatempo favorito uma fonte fixa de renda.

À direita: O pôquer *online* é uma das histórias de sucesso do século XXI, com milhões de jogadores se beneficiando da Internet para participar dos jogos sem deixar o conforto do lar. Entretanto, nem todos veem um acesso tão conveniente a jogos de apostas como algo pessoal ou socialmente benéfico.

A Escolha do Jogo

As muitas variações do pôquer são a prova da curiosidade e da inventividade dos jogadores do passado na busca por modos de tornar o jogo ainda mais prazeroso. Algumas variações foram introduzidas por jogadores malandros, com grande habilidade matemática, que queriam deixar o pôquer mais lucrativo. Outras derivaram da necessidade de incluir mais jogadores nas partidas. O número de cartas disponíveis para cada jogador, os parâmetros de apostas e a frequência com que essas são feitas são fatores a serem considerados, mas o grau de flexibilidade oferecido pelo pôquer permite que uma pessoa possa formular um jogo para cada ocasião.

♠ O número de jogadores ♣

Em jogos amadores, a escolha da variante a ser jogada é normalmente influenciada pelo número de jogadores dispostos a participar e de seus gostos pessoais. Supondo que apenas um baralho deva ser suficiente e que as cartas descartadas não sejam reutilizadas durante a rodada, a eleição do jogo pode se revelar um desafio. O *Texas Hold'em* pode ser interessante por uma série de razões, mas o fato de que cada jogador recebe apenas duas cartas o torna um jogo mais inclusivo do que as outras modalidades. Podem jogar de duas a vinte pessoas, embora os cassinos, tanto reais quanto virtuais, limitem os participantes ao número máximo de dez por mesa, para facilitar as operações. De modo geral, jogos fechados (*draw games*) comportam até seis

jogadores, jogos abertos (*stud games*) podem incluir até oito e o *Omaha*, assim como o *Texas Hold'em*, pode acomodar até dez jogadores por mesa.

♠ As apostas ♣

A escolha do nível das apostas para um jogo deve se guiar por dois fatores: o valor mínimo da entrada para participar do jogo (*buy-in*) e a estrutura de apostas envolvida. Os jogadores são advertidos a começar com uma quantia pelo menos cem vezes maior que a aposta mínima, e este numerário é comumente o limite máximo estabelecido para a entrada inicial em jogos *online* a dinheiro. Começar voluntariamente com menos fichas do que os oponentes é uma opção desvantajosa já de início, uma vez que o jogador que age assim logo será pressionado pelos outros, que

Acima: O equipamento básico requerido para um jogo de pôquer continua sendo uma mesa, um baralho e algumas fichas. Dependendo da variante jogada, o pôquer pode acomodar de dois a vinte jogadores, embora comumente varie entre seis e dez. Menos de seis jogadores podem deixar o jogo não-competitivo, e mais de dez jogadores em uma mesa podem deixá-lo quase impossível de se controlar.

À esquerda: Uma mão de pôquer fechada termina com a abertura das cartas (*showdown*), em que os jogadores competindo pelas fichas no centro da mesa – a aposta total ou "mesa" (*pot*) – revelam suas cartas para determinar o vencedor. Esta é a variação mais antiga de pôquer e é geralmente a primeira que se aprende a jogar.

dispõem de mais fichas. Igualmente importante é a estrutura de apostas do jogo. O pôquer com "limite fixo" (*fixed-limit*) é provavelmente o mais popular, pois dá aos jogadores meios de estimar os possíveis ganhos e perdas durante cada mão. Isto ocorre, como o termo sugere, porque o valor máximo para as apostas é fixo. Este tipo de jogo é menos arriscado que o pôquer com estruturas de "limite de mesa" (*pot-limit*) ou "sem limite" (*no-limit*), que permitem que os jogadores apostem tudo o que têm durante uma mão. Tais estruturas favorecem o jogador experiente; o estilo de apostas mais difundido entre os jogadores casuais é o que incorpora apostas baixas com limites estritos de valor, porém feitas em diversas rodadas, de modo a formar um total substancial.

♦♣♥♦♠♣♥♦ Escolha do carteador ♠♣♥♦♠♣♥♦♠

Um meio popular de decidir que estilo de pôquer jogar é adotar a chamada "escolha do carteador" (*dealer's choice*), na qual o jogador que dá as cartas em cada mão decide a variante, as regras e os procedimentos que serão utilizados. Predominante em jogos caseiros em que a diversão é mais importante do que o ganho de dinheiro, esta opção é rica em variações envolvendo coringas (*wild cards*) – cartas escolhidas, como o 2, por exemplo, ou o próprio coringa do baralho, que podem ter qualquer valor que ajude a melhorar a mão.

♠ Apostas na mesa (*table stakes*) ♣

O jogo com "apostas na mesa" (*table stakes*) é aquele em que os jogadores só podem apostar as fichas que têm diante de si, durante uma mão de pôquer. Isso impede a compra de fichas durante um confronto de apostas prolongado. Qualquer jogador que queira pagar (*call*) - isto é, igualar em valor - a aposta feita por um oponente, mas não tenha o suficiente em fichas, pode, ainda assim, "ir fundo" (*all-in*), apostando tudo o que tem. O valor excedente e as apostas subsequentes dos outros jogadores passam a ser separados do total original, ou principal (*main pot*), formando um total separado (*side-pot*), ao qual o jogador que inicialmente apostou tudo não tem direito ainda que vença a mão. A regra é universalmente aplicada no pôquer formal e impede que os jogadores sejam eliminados do jogo diante de apostas deliberadamente pesadas e intimidadoras feitas pelos oponentes.

Acima, à direita: As cartas devem ser embaralhadas antes de sua distribuição em cada mão, tomando-se o cuidado de não expor nenhuma delas. O carteador da próxima mão embaralhará as cartas e então pedirá para que o jogador à sua direita corte o baralho. Saber embaralhar rápida e eficientemente é uma habilidade em si e ajuda a manter o ritmo do jogo fluindo.

À direita: A situação após a revelação das três primeiras cartas comunitárias (*flop*), no *Texas Hold'em*, para um jogador sortudo que conseguiu uma sequência real. Os jogadores recebem duas cartas pessoais – cartas da mão (*hole cards*) – para iniciar o jogo. O *flop* é o momento em que as primeiras três das cinco cartas comuns a todos os jogadores são viradas. Uma mão imbatível é conhecida como "chave de mão" (*lock hand*) ou "favorita" (*the nuts*).

Progressão Geral do Jogo

Embora cada variante de pôquer possua seu padrão específico de jogo, há elementos práticos que são comuns a todas elas. Cada mão começa com a distribuição das cartas, passa por uma série de rodadas de apostas e termina com o vencedor levando o total da mesa (*pot*), seja por fazer uma aposta que ninguém pague ou por possuir a melhor mão na rodada final de apostas e abertura das cartas (*showdown*). A aposta, em si, normalmente começa antes mesmo de as cartas serem distribuídas, quando alguns ou todos os jogadores – dependendo da variante jogada – fazem uma aposta compulsória de valor fixo, para garantir que haja uma quantia mínima de dinheiro a ser disputada em cada mão.

♠ A distribuição das cartas (*deal*) ♣

Para começar o jogo, o carteador escolhido tem de embaralhar muito bem as cartas, tomando cuidado para não revelar nenhuma delas durante o procedimento. Geralmente, o jogador sentado imediatamente à direita do carteador corta o baralho, pegando aproximadamente metade das cartas de cima do monte e as colocando sobre a mesa, após o que o carteador coloca as cartas restantes por cima delas formando novamente o monte. O carteador, então, distribui as cartas de cima do baralho, com cada jogador recebendo uma carta por vez, começando com aquele sentado à esquerda do carteador. A distribuição de cartas ocorre em sentido horário, até que cada jogador tenha em mãos o número de cartas correspondente à variante jogada. No pôquer fechado (*draw game*), por exemplo, cada jogador recebe cinco cartas, todas inicialmente viradas para baixo. Já na variante aberta de cinco cartas (*5-card stud*), os jogadores recebem apenas duas cartas, sendo a primeira virada para baixo, e a segunda, já revelada. Esta segunda carta, já exposta (*up card*), da mão de cada jogador, é conhecida como "carta de entrada" (*door card*).

♠ Rodadas de apostas ♣

As rodadas de apostas, ou intervalos de apostas, como às vezes são chamadas, são as ocasiões nas quais os jogadores decidem se continuam envolvidos em uma mão ou não. Dependendo da variante jogada, a aposta pode ser opcional ou obrigatória. No jogo aberto de sete cartas (*7-card stud*), por exemplo, o jogador que tiver a menor carta de entrada após a distribuição das cartas é obrigado a fazer uma aposta inicial chamada de "abertura" (*bring-in*). Quem mais quiser prosseguir naquela mão tem de colocar fichas no centro da mesa. Já no *Texas Hold'em*, após o *flop* (revelação das três primeiras cartas comuns), todos os jogadores podem optar

Acima: Um jogador faz uma aposta em um jogo aberto de cinco cartas (*5-card stud*). Esta variação de pôquer começa com cada jogador recebendo duas cartas, uma virada praa baixo e a outra para cima, antes da rodada inicial de apostas.

À esquerda: Um jogo de pôquer em um cassino, no qual um carteador profissional distribui as cartas em sentido horário. O jogo mostrado é o *Texas Hold'em*. Cada jogador recebe duas cartas antes do começo das rodadas de apostas.

À esquerda: Ao apostar, os jogadores devem esclarecer seus propósitos, dizendo em voz alta "pagar" (*call*) ou "aumentar" (*raise*), por exemplo, uma vez que apenas o ato de colocar fichas em igual ou maior quantidade pode não ser óbvio a todos os oponentes. Além disso, as fichas que formarem a aposta devem ser colocadas na mesa exatamente em frente do jogador, para deixar o jogo limpo e transparente.

Abaixo: Ao vencedor, o prêmio, após a revelação da melhor mão. A abertura das cartas (*showdown*) ocorre quando dois ou mais jogadores igualam o valor das apostas até a rodada final, ocasião em que devem, então, mostrar suas cartas para verificar quem sai vitorioso. O outro modo de vencer e levar o total da mesa é fazer uma aposta que ninguém se disponha a pagar. Neste caso, o apostador recolhe as fichas sem mostrar suas cartas.

por não apostar. Isto é conhecido como "pedir mesa" (*check*), e neste ponto, a quarta carta comunitária, conhecida como "*turn*" é então revelada. Em geral, na evolução do pôquer, os jogadores foram passando a receber mais cartas e a fazer mais rodadas de apostas por três razões principais. Primeiro, para aumentar o potencial valor total da aposta de cada mão (*pot*) e encorajar, assim, mais jogadores a permanecer na disputa; segundo, para compensar a cautela dos jogadores mais conservadores e avessos aos riscos; e terceiro, para aumentar o volume de habilidade, artimanhas e subterfúgios necessários para a vitória.

O papel do carteador

Em cada mão, o carteador é o responsável pela distribuição das cartas e por garantir o cumprimento das regras. Isso envolve o monitoramento do jogo, para assegurar que cada um jogue na sua vez, aposte quando for requerido e se comporte de acordo com as normas de etiqueta do pôquer. Em cassinos e clubes, os carteadores normalmente são disponibilizados pela casa (*croupiers*) e costumam gerenciar o jogo de forma amigável e eficiente. Em jogos caseiros, embora os procedimentos sejam mais informais, o carteador deve igualmente zelar pela ordem no jogo, mesmo que, participando, já tenha saído da mão em que atua nessa função.

♠ A determinação do vencedor ♣

No pôquer, há dois métodos de determinar o vencedor de cada mão. Se, concluídas todas as rodadas de apostas, há dois ou mais jogadores que apostaram quantidades equivalentes, eles têm de mostrar suas cartas, e quem tiver a melhor mão vence e leva o dinheiro da mesa. Isso é chamado de "abertura das cartas" (*showdown*). Em caso de empate, o valor da mesa é dividido ao meio e entregue a cada um dos vencedores. O outro método de vencer consiste em fazer uma aposta que não é igualada (paga) por nenhum oponente. Quando isso acontece, o jogador que fez a aposta leva o dinheiro da mesa sem ter de revelar suas cartas.

Explicação da Terminologia das Apostas

Para obter o máximo do pôquer, é importante entender o significado dos termos referentes às apostas, utilizados durante o jogo. As frases soarão familiares para quem já assistiu a jogos de pôquer pela televisão, mas para aqueles que nunca tiveram nenhum contato com o jogo, os termos principais relativos às apostas ou ações dos jogadores na mesa serão explicados a seguir.

♠ Pingos e escuros ♣

Apostas compulsórias conhecidas como "pingos" (*antes*) são feitas antes da distribuição das cartas em cada mão, para garantir que haja algum dinheiro na mesa para suscitar a disputa. Geralmente, seu valor é baixo, proporcionalmente ao nível de aposta estipulado para a partida, e o número de jogadores compelidos a pagar o pingo, ou "pingar" (*ante-up*), como se diz usualmente, varia de acordo com a variante de pôquer jogada. Em termos gerais, quanto mais rodadas de apostas houver antes da abertura das cartas no final da mão, menor será o valor do pingo. No *Texas Hold'em* e no seu parente próximo, o *Omaha*, as apostas obrigatórias antes da distribuição das cartas são chamadas de "escuros" (*blinds*). Quase sempre, os dois jogadores imediatamente à esquerda do carteador são os que devem pagá-los, antes de ver qualquer carta, isto é, "no escuro", como o termo sugere.

♠ Pagar e correr ♣

Para pagar (*call*) uma aposta, procedimento também chamado de "cobrir", o jogador deve simplesmente igualar o valor apostado pelo jogador anterior. Por exemplo, se o primeiro jogador coloca 50 fichas no centro da mesa, então todos os outros jogadores têm a opção de pagar também 50 fichas cada para prosseguir no jogo. Quem não desejar pagar a aposta, deverá então correr (*fold*) – ou "passar" (*pass*) –, colocando suas cartas no monte e saindo da rodada. Ao fazê-lo, abrem mão de participar da aposta e perdem as fichas que eventualmente já tiverem apostado.

♠ Apostas e repiques ♣

Dois dos elementos-chave do pôquer são as "apostas" (*bets*) e os "repiques" (*raises*), uma vez que aumentam o custo para os

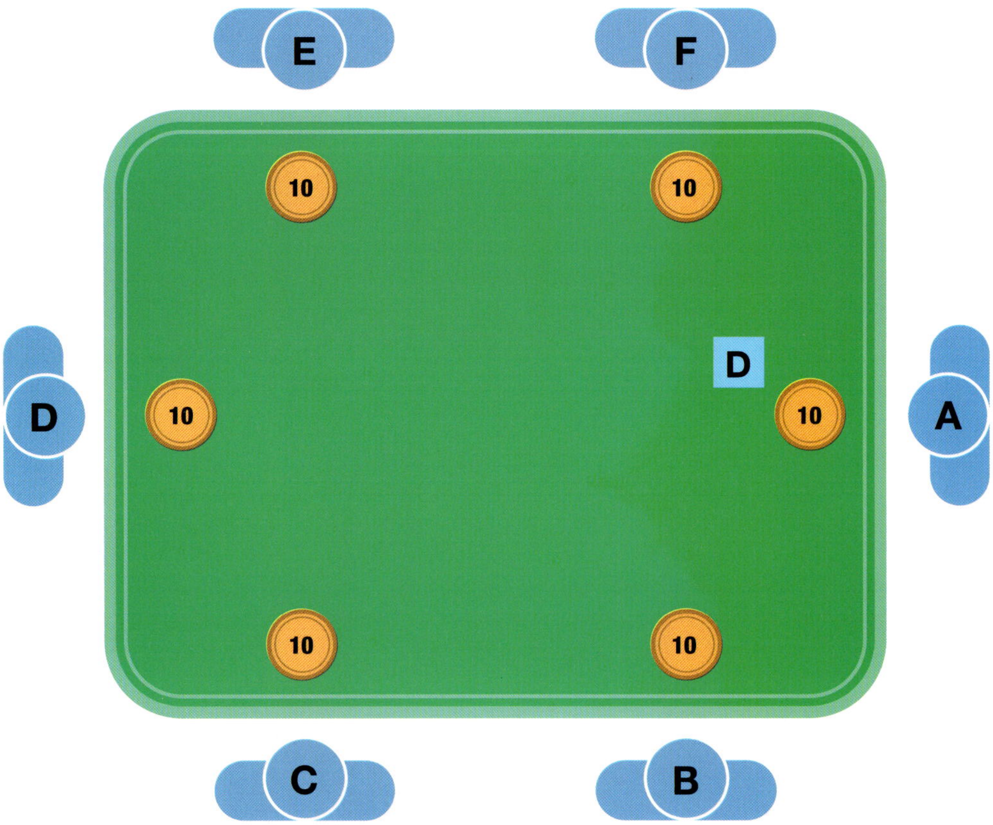

À direita: As variações de pôquer fechado (*draw*) e aberto (*stud*) requerem que todos os jogadores coloquem uma quantia inicial – o pingo – no centro da mesa antes da distribuição das cartas. Aqui, o jogador A é o carteador, conforme indicado pelo botão do carteador (D), e todos já "pingaram" 10 fichas cada para o centro da mesa. O valor do pingo varia conforme o nível de apostas da mesa, mas normalmente é inferior à aposta mínima permitida depois da distribuição das cartas. No caso ilustrado, a aposta mínima na primeira rodada pode ser estabelecida em 25 fichas, por exemplo.

outros jogadores permanecerem na mesa durante uma mão e sugerem que quem os faz possui uma combinação forte de cartas. O termo "aposta" se refere especificamente ao primeiro jogador a colocar fichas no centro da mesa ao longo de cada rodada de apostas. As apostas subsequentes na mesma rodada serão ou pagamentos ou repiques. "Repicar" significa pagar (cobrir) a aposta do jogador anterior e aumentá-la, normalmente dobrando seu valor. Se a aposta está em 50 fichas, por exemplo, o jogador que repica deve apostar no mínimo 100 fichas - 50 para cobrir a aposta anterior e 50 para dobrá-la.

♠ Pedir mesa ♣

Se nenhuma aposta - voluntária ou compulsória - tiver sido feita durante uma rodada, os jogadores podem "pedir mesa" (*check*), em vez de apostar, quando chega sua vez. Ao pedir mesa, o jogador opta por não apostar, mas segue jogando. Se um oponente faz uma aposta em seguida, então, é claro, todos os jogadores que tiverem pedido mesa agirão novamente, cada qual em sua vez, correndo, pagando ou repicando; neste caso, não se pode pedir mesa novamente. Jogos disputados com apostas baixas frequentemente apresentam regras informais que restringem o proíbem que um jogador peça mesa, por ser esta uma tática que favorece os jogadores mais cautelosos.

♠ Expressão das apostas ♣

Ao decidir apostar, os jogadores devem ser claros e precisos a respeito de suas intenções. Assim, anunciar verbalmente que se está correndo, pagando ou repicando deixará claro a todos o que está acontecendo durante o jogo. E ainda mais importante, o anúncio da ação praticada deve ser feito antes de colocar as fichas no centro da mesa. Esta atitude serve para desencorajar as chamadas "esticadas", que são apostas em que o jogador vai lentamente colocando as fichas na mesa sem anunciar o total valor total, para estudar a reação dos oponentes durante o procedimento.

♥♦♠♣♥♦♠♣♥♦ Jogar as cartas no lixo ♠♣♥♦♠♣♥♦♠♣

O "lixo" (*muck*) é a pilha de cartas descartadas que se acumula durante o desenrolar de cada mão. Ao correr, o jogador põe suas cartas "no lixo" (*muck the hand*), colocando-as junto às já descartadas, sem revelá-las. A responsabilidade por assegurar que os jogadores que decidem correr coloquem suas cartas no lugar, junto das outras, é do carteador; apenas quem ainda estiver participando da mão deve conservar suas cartas na mesa, à sua frente.

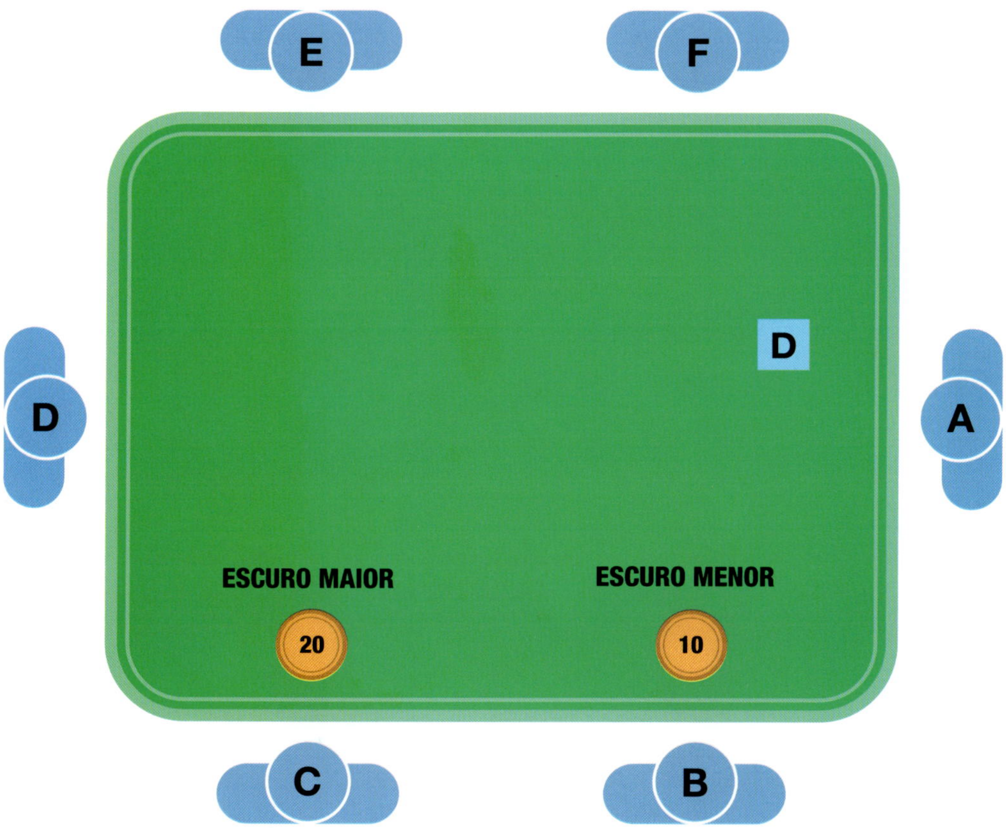

À esquerda: No *Texas Hold'em* e no *Omaha*, os dois jogadores à esquerda do carteador fazem apostas compulsórias antes da distribuição das cartas, conhecidas como "escuros". Aqui, o carteador é novamente o jogador A, o que significa que o jogador B deve pagar o escuro menor – 10 fichas –, enquanto o jogador C é forçado a pagar o escuro maior, normalmente o dobro do menor, 20 fichas, no caso. Após a distribuição das cartas, o jogador D será o primeiro a decidir se prossegue ou não na mão.

Estruturas de Apostas

Entender adequadamente as estruturas de apostas e como elas afetam o estilo de jogo é algo absolutamente imperativo quando se opta por jogar pôquer. Juntamente com a implementação das diversas variantes do jogo, várias estruturas de apostas foram surgindo, ao longo dos anos, para corresponder aos gostos, temperamento e recursos financeiros dos jogadores. Jogadores cautelosos tendem a preferir os jogos de apostas baixas, fixas ou progressivas, nos quais os ganhos são menores, mas as derrotas podem ser mais facilmente administradas. Aqueles que preferem um jogo mais volátil são inexoravelmente atraídos para os jogos de limite da mesa e de apostas ilimitadas, em que as recompensas são potencialmente altas, mas o risco de derrotas pesadas também é maior.

♠ Limite fixo (*fixed-limit*) ♣

Esta estrutura de apostas se aplica tradicionalmente aos jogos caseiros e sociais, e sua popularidade garantiu sua ampla manutenção nos cassinos reais e *online*. Em jogos de limite fixo, todas as apostas são limitadas a um valor preestabelecido, tanto do máximo que é permitido apostar quanto do mínimo. Em geral, este limite pode ser dobrado nas rodadas finais de apostas de cada mão. Em um jogo aberto de cinco cartas (*5-card stud*), por exemplo, as apostas e repiques podem ser restritos a 100 fichas nas duas primeiras rodadas e 200 fichas nas duas finais. Este exemplo seria chamado de jogo de limite fixo 100/200.

♠ Limite progressivo (*spread-limit*) ♣

Este estilo de apostas difere ligeiramente do pôquer de limite fixo, em que as apostas podem ser feitas em qualquer valor compreendido entre os limites máximo e mínimo pré-fixados. Em um jogo de limite progressivo 100/300, um jogador pode apostar qualquer valor entre 100 e 300 fichas. Quaisquer repiques subsequentes se restringem a um máximo de 300 fichas. Jogos com várias rodadas de apostas podem ter um aumento no limite das apostas posteriores. Um jogo de *Texas Hold'em* de 100/300/500/1.000, por exemplo, pode ter as apostas limitadas em 300 fichas nas duas primeiras rodadas

Acima: Fichas alinhadas antes de um torneio. Os torneios de pôquer continuam a crescer em popularidade; neles, cada jogador recebe o mesmo número de fichas antes do início dos jogos.

À direita: Um *close* do momento em que o vencedor recolhe as fichas de uma mesa (pot) com uma aposta alta. Embora os jogadores inexperientes tendam a pensar que o pôquer rentável liga-se necessariamente a vencer várias mãos, a chave do sucesso consiste em vencer regularmente as mãos com apostas realmente grandes. Jogadores que conseguem fazer isso são, em geral, muito mais seletivos no tocante à qualidade das mãos de que dispõem.

de cada mão, enquanto no *turn* e no *river* – respectivamente, a quarta e a quinta cartas comunitárias reveladas na mesa –, o valor pode subir a 500 e 1.000 fichas.

♠ Limite de mesa (*pot-limit*) ♣

Esta é a estrutura preferida entre os jogadores mais experientes, e pode ser difícil de acompanhar e potencialmente dispendiosa aos iniciantes. No pôquer com limite de mesa, as apostas mínimas são prestabelecidas, como no pôquer de limite fixo, mas a aposta máxima se regula pelo valor em jogo, no centro da mesa, no momento da aposta. Considerando, por exemplo, que o pingo totalize 100 fichas, na primeira rodada de apostas de um jogo 100/200, o jogador A, como primeiro a jogar, pode apostar o mínimo, de 100 fichas, elevando o valor da mesa a 200. O jogador B deve então pagar 100 para continuar no jogo, mas se decidir repicar no valor máximo permitido, poderá aumentar a aposta para 300 fichas, ou seja, o valor da mesa, consistente das 100 fichas do pingo, da aposta de 100 do jogador A e de sua própria aposta de 100 fichas. Com a mesa agora em 600 fichas, o jogador C, então, se deparará com o valor mínimo de 400 fichas para pagar, igualando o total apostado por B, aumentando o valor da mesa para 1.000 fichas. Se quiser repicar no máximo permitido, o jogador C pode apostar um adicional de 1.000 fichas, fazendo uma aposta total de 1.400 e aumentando a mesa para 2.000 fichas. Este exemplo ilustra o quão rapidamente o valor da mesa (*pot*) pode aumentar em um jogo agressivo de limite de mesa e enfatiza a necessidade de tranquilidade para fazer julgamentos sob pressão.

♠ Valor ilimitado (*no-limit*) ♣

Este estilo de aposta é aplicado em vários torneios e também tem o limite mínimo de apostas feito da mesma forma que no jogo de limite fixo; contudo, o valor máximo das apostas é limitado tão-somente pela quantidade de fichas de que cada jogador dispõe. Levar a própria pilha de fichas ao centro da mesa e apostar tudo (*all-in*) é uma jogada poderosa quando se está em posição de vantagem, mas transparece desespero quando feita por quem está em desvantagem em fichas. Porém, esta faceta do pôquer ilimitado ajuda a criar oportunidades interessantes de blefe, pela intimidação dos adversários. Por esta razão, tal estrutura de apostas não é aconselhada para jogadores inexperientes, que podem, compreensivelmente, hesitar em apostar todas as suas fichas logo na primeira mão.

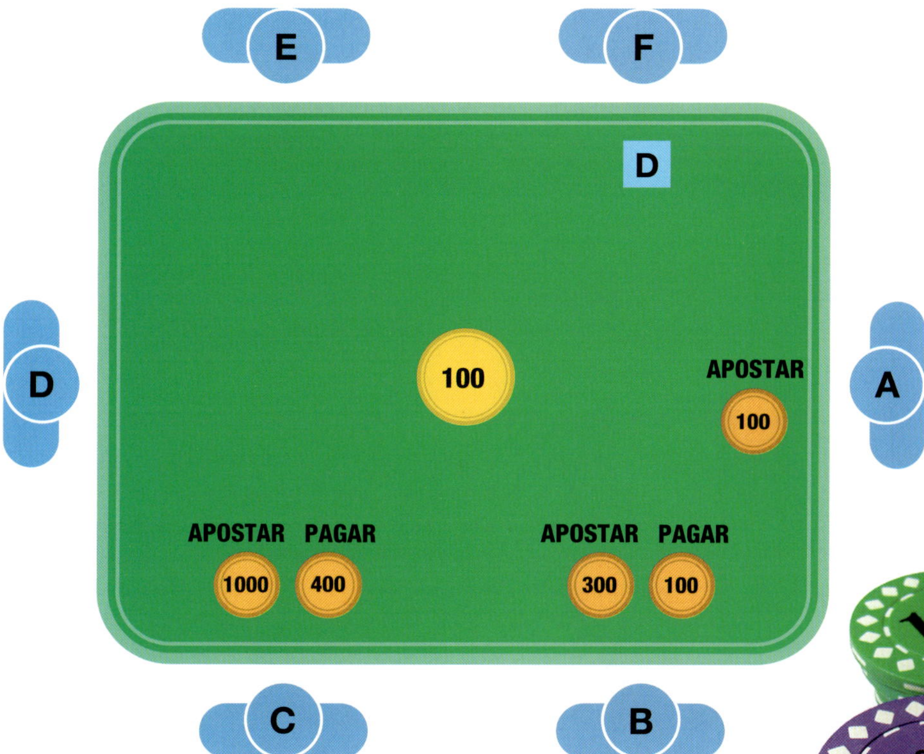

À esquerda: A ilustração mostra o quão voláteis podem ser as apostas em um jogo de limite de mesa. Seguindo a aposta inicial de 100 fichas feita pelo jogador A, o jogador B decide repicar pelo valor da mesa, a aposta máxima permitida. Para isso, são precisas 400 fichas no total para o jogador B: 100 para pagar a aposta de A e mais 300 para fazer uma aposta equivalente ao total em jogo. O jogador C, agora, repica também pelo valor da mesa, apostando 400 fichas para cobrir a aposta do jogador B e outras 1.000 para igualar o total na mesa. A vez, agora, é do jogador D, que terá de investir 1.400 fichas só para pagar e continuar no jogo.

Abaixo: No pôquer ilimitado, os jogadores têm a opção de apostar tudo (*all-in*), colocando todas as suas fichas no centro da mesa, na sua vez de jogar, mas correm o risco de perder todas as suas fichas em uma única mão, se um oponente pagar e vencer.

A Abertura das Cartas (*Showdown*)

No pôquer, há duas formas de vencer uma mão. Se um jogador faz uma aposta que não é coberta por nenhum oponente, leva todas as fichas do centro da mesa (*pot*), sem ser obrigado a mostrar suas cartas. De outro modo, se dois ou mais jogadores ainda estão disputando a mão ao final das rodadas de apostas, então eles devem mostrar suas cartas, simultaneamente, o que é conhecido como abertura das cartas (*showdown*). O jogador que tiver a melhor mão entre as mostradas vence e leva as fichas. Se há empate entre uma ou mais mãos, então as fichas são divididas igualmente entre os vencedores.

Acima: Em meio à excitação do jogo, pode ocorrer de uma mão ser interpretada incorretamente. Esta é apenas uma sequência com ás-maior (*ace high straight*) e não uma sequência real, como pode parecer à primeira vista.

Acima: No *showdown*, é costume que os jogadores ainda envolvidos na disputa pelas apostas da mesa revelem suas cartas, colocando-as viradas para cima sobre o pano. Na ilustração, o jogador que carrega esta sequência real de paus pode ficar confiante na vitória.

Acima: Este *flush* de copas com ás-maior (*ace high flush*) é superior à sequência mostrada no exemplo anterior, o que evidencia a importância da abertura das cartas: ela permite que todos determinem corretamente o vencedor, caso algum dos jogadores interprete equivocadamente uma mão.

♠♣♥♦ Jogando na sua vez ♠♣♥♦

É essencial que os jogadores sempre se lembrem de jogar apenas quando é sua vez de agir. Apostar fora da vez pode parecer uma infração pouco importante, mas ao fazer isso, dá-se, desnecessariamente, aos oponentes uma valorosa dica sobre a força da mão que se tem. Os jogadores que tiveram sua vez atropelada mudarão, obviamente, sua decisão de aposta, com base em tal erro. Correr fora da vez também apresenta inconvenientes. Isto porque um jogador que age primeiro tem poucas informações para se basear ao montar sua estratégia, situação que muda consideravelmente se alguns oponentes se anteciparem e correrem fora de sua vez.

♠ Declarações ♣

Em um *showdown* entre dois jogadores, é bastante comum que aquele que iguala a aposta final do outro peça que o oponente mostre suas cartas primeiro, em vez de os dois revelarem suas mãos simultaneamente. Se isto ocorre e aquele que pagou reconhece que as cartas do oponente são superiores às suas, pode então jogar suas cartas no lixo (*muck*), ocultando o jogo que tinha em mãos. Esse procedimento é comum em partidas entre jogadores experientes, que não têm dificuldade em identificar a mão vencedora.

É possível, porém, principalmente no pôquer com coringas, que um jogador confunda o valor de uma mão e declare que ela é melhor ou pior do que na verdade é. Para evitar esta situação, é interessante utilizar a regra de que vale "o que as cartas dizem" (*cards speak*), pela qual, na abertura, ao final, conta a disposição das cartas, e não a declaração dos jogadores.

♠ Divisão da mesa (*split-pot*) e jogos de alto-baixo (*high-low games*) ♣

Esta variante bastante jogada consiste na divisão do total de apostas na mesa (*pot*) entre os jogadores que detêm a melhor e a pior mão. Idealmente, os jogadores pretendem levar todas as fichas, ou "cavoucar a mesa" (*scoop the pot*), competindo tanto pela melhor mão quanto pela pior, simultaneamente. Quando as apostas terminam, e antes de as mãos serem mostradas, os jogadores devem declarar se competem pela melhor mão, pela pior mão ou por ambas. Esta declaração, que funciona melhor quando feita de uma só vez, geralmente utiliza o seguinte procedimento: os jogadores pegam algumas de suas fichas e escondem suas mãos sob a mesa, para ocultar qualquer atividade; ao sinal do carteador, eles então revelam o número de fichas que têm nas mãos, para indicar sua opção. Ostentar uma mão vazia significa jogar pela pior mão; uma ficha significa jogar pela melhor mão e duas fichas, jogar por ambas. Uma vez mais, para evitar confusão na hora de reconhecer os vencedores, vale a pena utilizar a regra de "o que as cartas dizem".

Acima: Steve McQueen e Robert DoQui discutem o jogo em *A Mesa do Diabo* (*The Cincinnati Kid*). Comentários sobre os procedimentos na mesa e debates sobre uma mão ainda em curso, posturas frequentemente toleradas em jogos informais, são consideradas tabu em jogos oficiais. Comentários críticos ou pejorativos sobre a forma de jogo de um oponente também são desencorajados na maioria dos salões de jogos.

À esquerda: Frank Sinatra, como Frankie Machine, em *O Homem do Braço de Ouro* (*The Man With The Golden Arm*, 1955), da United Artists, em uma maratona de 36 horas de pôquer, uma das célebres cenas da produção do diretor Otto Preminger.

♦♣♠♥♦♠♣♥♦ Tolerância à conversa na mesa ♦♣♥♦♠♣♥♦♠

Debater o curso do jogo durante uma mão é uma atitude que comumente conduz a olhares de desaprovação e cenhos franzidos de desdém, independentemente de o jogador que fala estar ainda no jogo ou à espera de uma nova rodada. Comentários descuidados, sobretudo sobre o valor da mão que se tinha ao correr, podem dar pistas àqueles que ainda estão envolvidos no jogo sobre o nível de força das cartas em combate. Fazer comentários abusivos ou críticas ao modo de jogar do oponente durante uma mão é conhecido como "conversa de cafeteria" (*coffeehousing*). Porém, comentários não são necessariamente desrespeitosos, pelo que nem sempre são considerados quebra de etiqueta. Na América, conversar durante o jogo é tido como parte da cultura do pôquer, ao passo que na Europa, é geralmente visto como uma atitude deselegante, sobretudo em jogos formais. No circuito internacional de torneios, amplamente transmitido pela televisão, o debate sobre o que é aceitável dizer na mesa e o que não é ainda persiste. Alguns dos mais notáveis profissionais que aparecem frequentemente na TV, como Phil Hellmuth, Mike "The Mouth" Matusow e Tony G, são extremamente faladores enquanto jogam. Competidores astutos, eles tendem a usar qualquer tática para levar alguma vantagem sobre os oponentes, o que, embora muitas vezes seja considerado antiético, pode significar diversão garantida para os telespectadores.

Jogos a Dinheiro

Jogos a dinheiro, ou "jogos normais" (*ring games*), como são às vezes chamados, são o suporte principal do pôquer em cassinos reais ou *online*. Caracteristicamente, envolvem jogadores competindo uns contra os outros, em geral durante horas, em jogos com estruturas de apostas constantes. No pôquer de torneio, o valor das apostas vai crescendo progressivamente, para forçar os jogadores a disputar partidas eliminatórias. Ao contrário, nos jogos normais a dinheiro, o nível das apostas compulsórias – os pingos e escuros – permanecem inalterados ao longo da disputa, assim como os limites mínimos e máximos de apostas. Esta diferença influencia imensamente nas estratégias de curto e longo prazo que os jogadores precisam desenvolver para lucrar, mas há outros fatores que devem ser considerados.

♠ A abordagem correta ♣

A maioria dos jogos caseiros a dinheiro tem seus próprios protocolos regendo as variações de pôquer jogadas, os valores mínimos e máximos para a entrada e o nível das apostas. Cassinos e sites de pôquer *online* também têm regulamentos versando sobre estes aspectos do jogo, e oferecem uma gama muito maior de jogos normais para se adequar ao gosto pessoal e aos recursos financeiros de cada jogador. Considerando que esses centros de entretenimento podem funcionar ininterruptamente 24 horas por dia, todas as mesas terão sempre jogadores saindo e levando suas fichas para descontar, enquanto outros farão sua compra para entrar no jogo, substituindo os que deixaram seus assentos.

Diante de todas as escolhas, a primeira decisão de um jogador diz respeito a qual variante pretende jogar, sendo recomendável que se restrinjam as opções somente àquelas que já se sabe jogar melhor. O próximo fator a ser considerado é o parâmetro das apostas, determinado pelo valor dos pingos ou escuros, que ditarão o preço da entrada (*buy-in*) para participar do jogo. A maioria dos experts recomenda que o jogador compre o máximo permitido pela mesa, o que lhe proverá fundos para bancar oportunidades imediatas de ganho e o salvaguardará contra uma possível sucessão de cartas ruins.

O próximo objetivo é encontrar a mesa certa para jogar. Preferências pessoais determinarão se o jogador optará por mesas cheias, com até dez jogadores, ou por outras mais vazias, com apenas dois ou três oponentes. Em uma partida

Acima: "Esparramar a mesa", jogando as fichas descuidadamente no meio daquelas já apostadas pode gerar confusão. Ordinariamente, os jogadores fazem as apostas colocando o número apropriado de fichas em uma pilha organizada diretamente à sua frente.

À direita: Joseph Hachem jogando no campeonato mundial de pôquer da WSOP, em que se sagrou vencedor. Na foto, ele empilha suas fichas durante o evento, no *Binion's Gambling Hall and Hotel*, em julho de 2005.

com muitos participantes, é fundamental ter paciência para esperar por uma mão forte na qual apostar, devido ao número de oponentes e, naturalmente, da maior probabilidade outras mãos potencialmente melhores na mesa. Uma mesa com menos participantes, por outro lado, provavelmente terá um ritmo mais solto de apostas, com os jogadores mais dispostos a apostarem em mãos de pior qualidade.

♠ Conselhos gerais ♣

Além dos aspectos práticos do pôquer a dinheiro, há também uma série de fatores gerais a serem considerados pelos jogadores ávidos pela ação. A maior parte dos profissionais insiste que, para jogar no melhor nível, os jogadores devem conhecer seus pontos fortes e suas fraquezas, sejam físicas, psíquicas ou emocionais. O argumento é de que sem entender a si mesmo e à sua própria motivação, um jogador dificilmente estabelecerá objetivos claros e realistas.

Os profissionais também defendem alguns outros princípios básicos para aperfeiçoar o jogo, sendo os principais: não consumir álcool, evitar jogar cansado ou sob estresse e nunca jogar com dinheiro arriscado - isto é, dinheiro que esteja guardado para outros propósitos. Além disso, embora se permita, normalmente, comprar mais fichas para jogar quando não se tem mais o que apostar, pegar dinheiro emprestado para fazê-lo é raramente - ou nunca - indicado.

O Saldo (*bankroll*)

O saldo de um jogador (*bankroll*) é o dinheiro que ele separa especificamente para jogar pôquer, que, para o jogador sério, pode consistir em um alto capital a ser investido no jogo. Seja proveniente de uma renda estável ou conseguido e ampliado habilmente com o próprio pôquer, o valor deste saldo serve de barômetro para medir a situação dos jogadores na mesa. Jogadores a dinheiro disciplinados adotam um ponto de vista de longo prazo, considerando o resultado de cada sessão em particular como incidental em relação ao objetivo principal de obter um lucro seguro.

Acima: O aumento da popularidade dos torneios de pôquer transmitidos pela TV levou ao crescimento do número de torneios regulares organizados por cassinos e casas de jogos pelo mundo todo. Como os novatos no jogo procuram imitar o que veem na televisão, os cassinos oferecem campeonatos com taxas de entrada baixas, para atrair mais jogadores ávidos pela experiência.

À esquerda: Carlos Mortensen comemora a conquista do campeonato mundial da WSOP em 2001, após sua vitória no torneio de *Texas Hold'em* de US$ 10.000,00 e apostas ilimitadas, no *Binion's Horseshoe Hotel em Cassino*, em Las Vegas. Tradicionalmente, o prêmio do vencedor é trazido à mesa em dinheiro, e os fotógrafos capturam a cena para a posteridade. Mortensen, jogador profissional de 29 anos, venceu Dewey Tomko e faturou US$ 1,5 milhão.

Jogos de Torneio

Jogos de torneio possuem vários atributos que os tornam atraentes, sendo o mais notável deles o fato de que qualquer pessoa com dinheiro suficiente para fazer a entrada inicial (*buy-in*) de um torneio importante pode simplesmente se ver competindo lado a lado com as maiores estrelas do pôquer contemporâneo. Além disso, há uma enorme quantidade de torneios *online* que, em troca de um investimento modesto, oferecem a oportunidade de se conquistar uma cadeira nos eventos principais, incluindo o próprio campeonato mundial de US$ 10.000,00 de entrada, da WSOP. Em um nível mais baixo, o pôquer de torneio dá aos jogadores a opção de participar de jogos competitivos e potencialmente rentáveis, por uma taxa fixa, com perdas mais fáceis de administrar. De fato, há inclusive torneios gratuitos (*freerolls*), para os quais não é necessário qualquer pagamento, embora o prêmio pela vitória consista geralmente em entradas para torneios maiores, e não dinheiro.

♠ Estruturas de torneios ♣

Existem várias estruturas diferentes de torneios, embora todas sejam baseadas no mesmo princípio, o de eliminatórias (*knockout*), pelo qual um jogador acumula todas as fichas e os outros perdem tudo, saindo do evento. Durante o jogo, os pingos ou escuros são elevados em intervalos regulares de tempo, aumentando-se também os limites mínimos das apostas. Este mecanismo compele até os jogadores mais cautelosos à ação, uma vez que, se não apostarem, verão suas fichas serem consumidas pelas apostas compulsórias, sempre crescentes. As variantes mais populares são jogadas em torneios, e o preço para participar de um campeonato não precisa ser de mais do que alguns trocados. Normalmente, um custo adicional de até dez por cento da taxa de entrada é cobrada pelo clube ou cassino que organiza o evento. Quem quiser participar de um torneio de US$ 10,00 contribui com essa quantia para o total do prêmio (*prize pool*), dinheiro que será dividido entre os jogadores mais bem-colocados no campeonato, e paga um adicional de US$ 1,00 para a casa, para cobrir gastos eventuais. Para levar uma fatia do prêmio, um jogador normalmente precisará ficar entre os dez por

Acima: Age Spets (à direita) competindo no Poker Stars World Cup, em 2005, um torneio televisionado de pôquer "mano a mano" (*heads-up*). Este formato envolve apenas dois jogadores se enfrentando na mesa, com o objetivo de ganhar todas as fichas do oponente.

À esquerda: Carteadores fazem uma pausa durante a WSOP de 2005. Embora nem sempre valorizados pelos jogadores, os grandes cassinos de 24 horas de Las Vegas empregam um exército de carteadores, *croupiers* e garçons para atender os clientes. Historicamente, os carteadores de Vegas nunca ganharam grandes salários, e é costume entre os jogadores dar uma pequena gorjeta, conhecida como "agrado" (*toke*), ao carteador quando vencem uma mão.

À esquerda: Competidores no Aberto Britânico esperam o sinal do supervisor para "embaralhar e dar as cartas" (*shuffle and deal*), o que dá início ao torneio. Como se pode ver, um torneio com muitos inscritos pode transformar a sala de eventos em um lugar ligeiramente claustrofóbico, com oponentes e participantes de outras mesas sentados bem próximos uns dos outros.

cento mais bem-colocados entre todos os participantes, o que, em um campo de mil ou mais jogadores que iniciam o torneio, já é um grande teste de habilidade no pôquer.

♠ Eliminações, recompras e adicionais ♣

Em torneios eliminatórios (*freeze-out*), todos os jogadores começam com o mesmo número de fichas e não podem comprar mais durante o torneio. Quem perder todas as suas fichas é eliminado da disputa. Torneios com recompra (*rebuy*), como o termo sugere, são aqueles nos quais é permitido aos jogadores comprar fichas extras depois do início do jogo, seguindo apenas algumas restrições que variam de caso a caso. Tipicamente, as recompras são permitidas na primeira hora ou nas primeiras duas horas de um torneio, e só podem ser feitas se o jogador perdeu um número determinado de fichas. Por exemplo, um jogador que tenha começado com 1.500 fichas pode ser autorizado a comprar mais apenas se já tiver caído a 500 fichas ou menos durante o período especificado para recompra. Ao fim deste período, é comum que se permita, uma única vez, que todos os jogadores comprem mais fichas, independentemente de quantas possuam no momento. É o chamado adicional (*add-on*). Em seguida, o torneio segue nos moldes eliminatórios.

O manuseio das cartas

Uma regra geral de etiqueta que se deve lembrar ao disputar uma partida de pôquer, sobretudo num ambiente formal de competição, é a de que todos os jogadores em atividade durante uma mão devem manter suas cartas na mesa, imediatamente à sua frente. Isto ajuda esclarecer exatamente quem está participando da mão, com as cartas dos que correram devidamente empilhadas no "lixo" (*muck*). No pôquer aberto, a estrutura de jogo fomenta esta situação naturalmente, pois os jogadores recebem tanto cartas viradas para cima quanto para baixo. Mas muitas outras variantes envolvem o recebimento, pelos jogadores, somente de cartas viradas para baixo. O valor destas cartas ocultas, também chamadas de toca (*hole*) ou cartas de bolso (*pocket cards*), é desconhecido aos demais jogadores. Alguns jogadores, por vezes, seguram suas cartas nas mãos para avaliá-las, logo que as recebem, mas é recomendável que tornem a colocá-las sobre a mesa assim que as apostas comecem.

Habilidades Básicas do Pôquer

Compreender as convenções práticas do pôquer, que governam as regras e padrões de jogo, é obviamente o primeiro passo no caminho para se tornar um jogador acima da média. Em outro plano, bem além dos processos mecânicos da distribuição de cartas e das estruturas de apostas, estão os elementos restritos aos iniciados no pôquer, que fazem o jogo tão desafiador. Eles serão o foco de atenção deste capítulo, que enfatiza as diversas habilidades que devem ser empregadas na mesa para ser um contendor competitivo. É claro que muitos jogadores informais de pôquer podem considerar a participação na ocasião social do jogo muito mais importante do que a vitória em si. Estes oponentes são chamados de "peixes" (fish), "pombos" (pigeons) ou "carneirinhos" (sheep) pelo jogador mercenário que adota uma aproximação predatória, empregando as habilidades aqui descritas em detalhe. A maior dentre elas é o conhecimento da teoria das probabilidades aplicada ao pôquer, cujo conhecimento dá imediatamente uma vantagem ao jogador estudioso.

À direita: Reconhecer que o pôquer é um jogo de habilidade, porém complementado pelo acaso, é o primeiro passo para se tornar um bom jogador. Qualquer pessoa que deseja melhorar o seu jogo deve sempre despender algum tempo pensando nas implicações de qualquer decisão de apostar antes de levar as fichas ao centro da mesa. Jogadores de sucesso, embora cientes do elemento fortuito, tomam decisões racionais baseadas nas informações disponíveis na mesa, e esta é uma habilidade adquirida.

Probabilidade no Pôquer: A Teoria

A teoria da probabilidade foi desenvolvida pelos filósofos e matemáticos franceses Pierre de Fermat e Blaise Pascal, no século XVII, em resposta a uma indagação de um cavalheiro sobre apostas em um jogo de dados. Eles perceberam que era possível calcular a chance de ocorrência de um determinado evento aleatório quando o número de possibilidades fosse finito. Para compreender melhor, imagine um par de dados sendo jogado com a intenção de obter uma dupla de 6. Cada dado apresenta seis possíveis resultados; logo, para calcular o número total de possibilidades de um par de dados, é necessário multiplicar as seis chances do primeiro pelas seis do segundo. Portanto, o total de possíveis combinações é 36, das quais apenas uma corresponde ao par de 6, o que faz com que a probabilidade de obter os dois pares seja de 35 contra 1. Considerando um jogo justo, a teoria da probabilidade, então, sugere que em 36 lançamentos dos dados, pode-se esperar que o duplo 6 aconteça uma vez; em 36.000 lançamentos, espera-se 1.000 ocorrências do par. Isso leva a uma importante conclusão a respeito da teoria da probabilidade, segundo a qual quanto maior o número de repetições de um mesmo evento, mais provável que os resultados reflitam com mais exatidão a previsão teórica de sua ocorrência. É possível que em 36.000 lançamentos de um par de dados, o par de seis apareça um número de vezes compreendido entre zero e 36.000, mas é bastante provável que ocorra em 1/36 das ocasiões.

Acima: Uma noção básica de teoria da probabilidade é uma vantagem no pôquer, e um exemplo simples do seu conceito pode ser obtido jogando-se um par de dados. Cada dado apresenta seis resultados possíveis, pelo que o número total de combinações que podem ocorrer ao jogá-los pode ser calculado como 6 x 6. As chances de se obter um par de 6 são, portanto, de 1 em 36; logo, a probabilidade de não obtê-lo é de 35 contra 1.

♠ Conhecimento lucrativo ♣

Entender a importância das chances e probabilidades no pôquer é crucial para quem deseja prosperar no jogo. Possuir esse conhecimento e aplicá-lo criteriosamente na mesa de pôquer dá ao jogador uma vantagem sobre oponentes mais fracos, cujas decisões se baseiam simplesmente no instinto ou na crença profunda na pura sorte. A capacidade de comparar a probabilidade de se deparar com cartas boas com a margem de lucro ao ganhar o valor total da mesa – a chamada perspectiva do prêmio (*pot odds*) – propicia ao jogador a vantagem de analisar e julgar as situações de forma mais clínica, o que é particularmente útil quando as apostas são altas. Isto leva os jogadores ao reino das tomadas de decisão racionais e fundamentadas, que, em longo prazo, costumam se mostrar lucrativas, com a pronta distinção dos valores relativos das mãos de pôquer e a realização das apostas apropriadas.

♠ Aprendizado básico ♣

Embora boas habilidades matemáticas sejam uma vantagem, os elementos-chave da teoria das probabilidades aplicada ao pôquer são simples, podendo ser facilmente aprendidos. Primeiramente, a probabilidade de um evento ocorrer somada à probabilidade deste mesmo evento não ocorrer deve resultar em 1. Por exemplo, uma chance de 1 para 10 de ter a mão vencedora representa uma probabilidade de 0,10 ou dez por cento, pelo que a chance de isso não acontecer é de 0,90 ou 90 por cento. Sempre que um resultado com chance de 1 para 10 se apresenta, é bom lembrar que se pode esperar a derrota nove vezes mais do que a vitória.

Para calcular a probabilidade de múltiplos eventos ocorrerem sucessivamente, o que é frequentemente necessário no pôquer, basta multiplicar a probabilidade do primeiro evento pela probabilidade do segundo, depois pela probabilidade do terceiro e assim por diante. A chance de receber uma mão com par de ases (*pocket aces*) no *Texas Hold'em*, portanto, pode ser expressa pelo produto da operação 4/52 x 3/51. E aqui é crucial ter em mente que a segunda probabilidade é estritamente dependente de a primeira carta ser, de fato, um ás. O produto de 4/52 x 3/51 representa 0,45 por cento, o que equivale a dizer que a probabilidade de se receber o par de ases é de 1 em cada 222 distribuições de cartas. A ocorrência de três ases no *flop* – as primeiras três cartas comunitárias a serem reveladas no centro da mesa de uma só vez – é um evento com probabilidade de 4/52 x 3/51 x 2/50, isto é, 0,018 por cento. Isto significa *uma* ocorrência a cada 5.555 *flops*. Para computar a probabilidade de que um entre dois eventos ocorra, é preciso que a probabilidade de cada um seja *somada* antes de se subtrair a chance de ambos ocorrerem. Então, se for necessário um ás, um 7 ou qualquer carta de copas para uma mão vitoriosa, com duas cartas a

Análise das chances

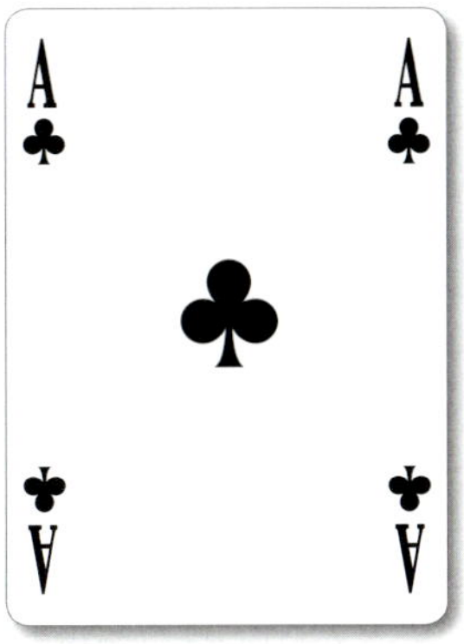

Acima: Em qualquer jogo de pôquer, as chances de que a primeira carta de um jogador seja um ás são de 4/52, ou 0,076.

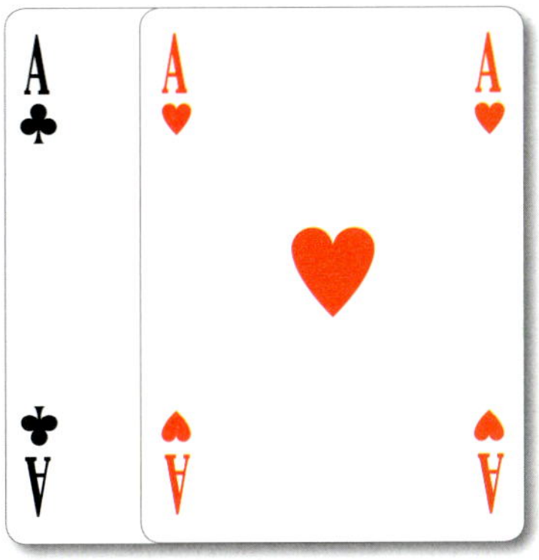

Acima: As chances de um jogador receber um par de ases numa mão de *Texas Hold'em* podem ser expressas pela equação 4/52 x 3/51 = 0,0045.

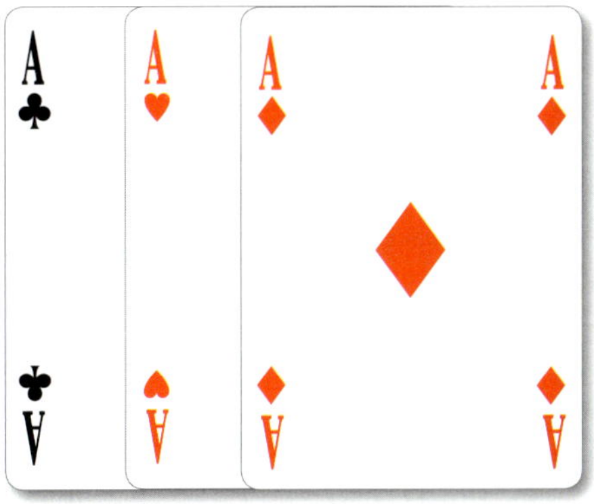

Acima: As chances de três ases formarem o *flop* no *Hold'em* podem ser calculadas com a equação 4/52 x 3/51 x 2/50 = 0,00018, observando-se que esta estatística "crua" não leva em conta as cartas distribuídas aos jogadores.

serem ainda reveladas, a subtração anula a possibilidade de se contar o ás e o 7 de copas duas vezes, se estas cartas estiverem entre as que ainda não apareceram. Embora possa parecer algo assustador aos novatos, a habilidade de fazer estes cálculos melhora rapidamente, com a prática e a experiência.

♠ O cálculo das probabilidades ♣

Como ilustração, imagine um jogo aberto de sete cartas (*7-card-stud*) no qual, após seis cartas terem sido distribuídas, um jogador precise de uma carta de copas para assegurar um *flush* de ás-maior (*ace-high flush*). Se este jogador já viu 17 cartas – suas próprias seis e outras 11 distribuídas viradas para cima para seus oponentes –, das quais seis eram de copas, então há sete cartas desse naipe entre as 35 cartas que não foram reveladas. Isto representa uma chance de 1 em 5 (20 por cento) de que o evento pretendido – o aparecimento de uma carta de copas – ocorra, e uma chance de 4 para 1 de que não ocorra.

JOGADOR A

À direita: Neste exemplo de jogo aberto de sete cartas, uma sexta carta foi dada aos três jogadores que participam da mão. O jogador F tem a melhor mão e é o primeiro a agir, apostando 100 e fazendo o total da mesa chegar a 875. Para vencer, o jogador A precisa de uma carta de copas, para que se forme um *flush* de ás-maior. Com sete cartas de copas restantes entre as 35 cartas não reveladas, ele tem uma chance de 1 para 5 de que isso ocorra. Uma aposta de 100 fichas para faturar pelo menos 875, que faz a margem de lucro praticamente de 9 para 1, deixa a opção de pagar os 100 atraente, pois as perspectivas de lucro são maiores do que as chances contra a ocorrência do *flush*. Se o jogador B também pagar, então o jogador A terá um valor ainda mais compensador para apostar na chance de 5 para 1.

CÁLCULO DE PROBABILIDADES

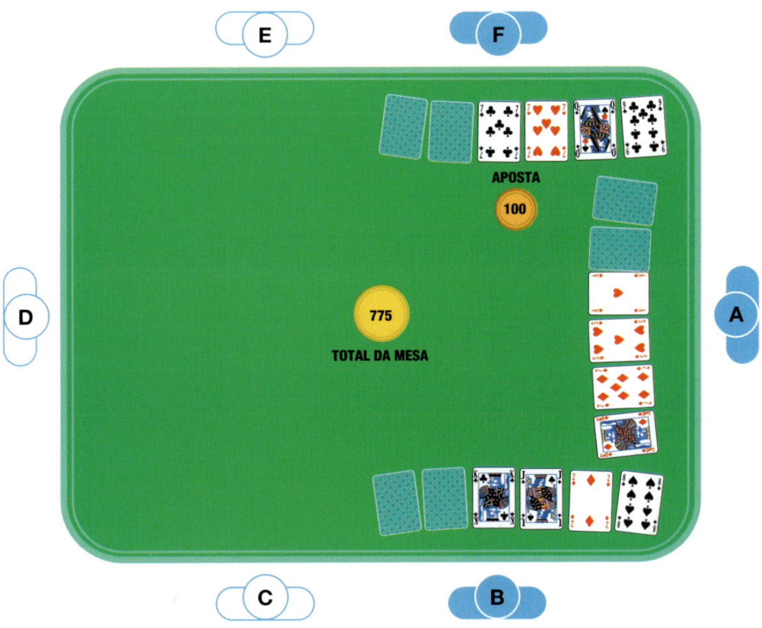

Probabilidade no Pôquer: A Prática

Estimar as probabilidades é algo que requer cálculos rápidos e aproximados, que costumam ser suficientes para guiar as decisões sobre as apostas durante o jogo. A experiência demonstra que temas recorrentes surgem durante uma sessão de pôquer, deixando qualquer jogador com três pontos principais sempre em mente, ao avaliar as chances de vitória. Primeiro: de quantas cartas se precisa para obter ou manter a mão vitoriosa? Segundo: quantas cartas ainda não reveladas e potencialmente disponíveis restam para assegurar tal mão? Terceiro: quais as chances de que as cartas necessárias sejam distribuídas?

♠ Aplicação do conhecimento ♣

Seja qual for a variação de pôquer jogada, os jogadores precisarão de uma ou mais cartas para compor uma mão vencedora, e as chances de não recebê-las diferem de jogo para jogo. No pôquer fechado, um jogador segurando dois pares, um de ases e um de 6, pode já estar com a mão vencedora, mas um terceiro ás ou seis, para formar um *full house*, deixaria a vitória ainda mais provável. Para que isso acontecesse, seria necessário receber uma de quatro cartas – os ases e 6 restantes – dentre as 47 cartas restantes no baralho, isto é, uma probabilidade de 4/47, com chances contrárias de cerca de 11 para 1. Entretanto, segurar a mesma mão em um jogo aberto de cinco cartas (*5-card stud*) com uma carta ainda por vir é uma situação diferente, pois o jogador já terá visto mais cartas viradas pra cima durante a mão. Se 15 cartas de oponentes estão à mostra, e nenhuma delas for um ás ou um seis, então há tem apenas 33 cartas restantes no baralho, das quais pode sair a vencedora. As chances de estas cartas saírem, então, são de 4/33, ou, fracionariamente, mais

Acima: O jogador profissional de pôquer Carl Olson pensa em sua próxima jogada durante uma mão. Neste nível de jogo, os competidores têm muita habilidade em avaliar o número de cartas requeridas para a vitória e se a relação custo-benefício de persegui-las é satisfatória.

APLICANDO O CONHECIMENTO

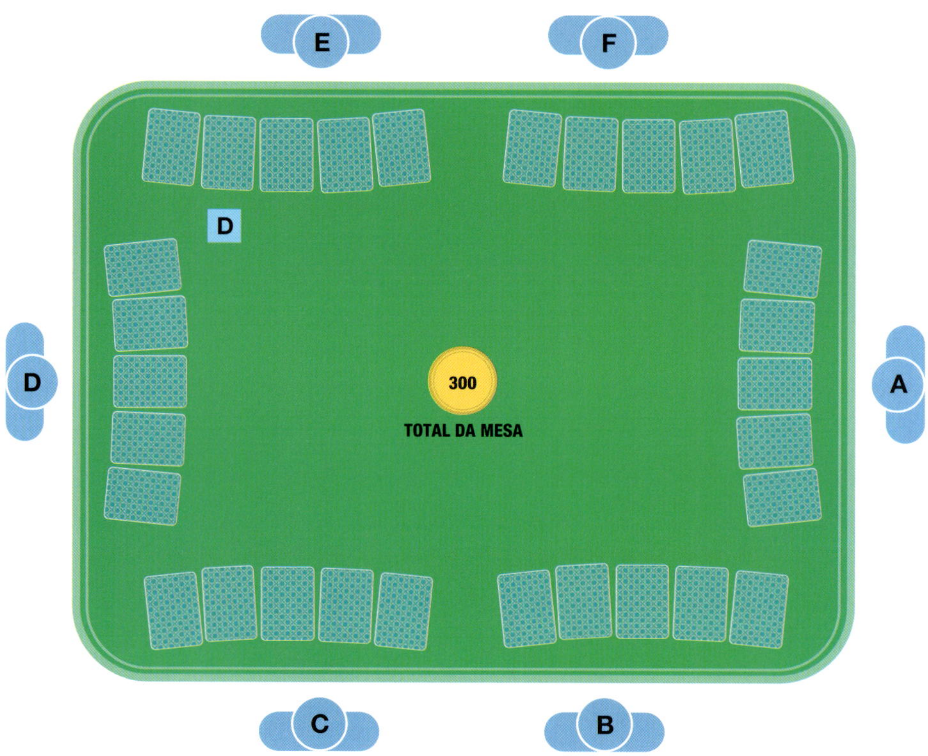

JOGADOR C

Acima e à direita: O jogador C pode já ter a melhor mão, com dois pares, nesse jogo fechado, embora haja 4 chances em 47 de tirar um às ou um 6 para obter um *full house*, refletindo possibilidades contrárias de 11 pra 1.

de 1 para 8, com chances contrárias menores que 7 para 1. Embora as situações imaginárias sejam similares, as chances contra a obtenção do *full house* são sensivelmente menores no exemplo do jogo aberto de cinco cartas, mas é mais provável que o jogador já tenha tido que negociar mais apostas para ficar na posição descrita.

♠ O julgamento das situações ♣

O uso dos conceitos de probabilidades e perspectiva de ganho é fundamental para jogadores sérios de pôquer. Ter uma ideia aproximada das chances contrárias a uma mão vitoriosa é melhor do que apostar às cegas. Crucialmente, os jogadores devem se concentrar não só nas chances de melhorar sua mão, mas também nas de ter a mão eventualmente vencedora. Os oponentes também recebem cartas no decorrer do jogo, e em variantes como o *Texas Hold'em*, uma carta que deixa uma mão mais forte pode também alterar drasticamente a mão de um oponente. Este é um aspecto-chave nos jogos com cartas comunitárias, como o *Hold'em*, nos quais os jogadores combinam as cartas em comum com as suas próprias, para formar a melhor mão possível. Por isso, é importante considerar que uma mão pode melhorar com uma determinada carta e, ainda assim, ser batida por um oponente.

♠ Perspectiva implícita de prêmio ♣

Apostas especulativas às vezes compensam no pôquer, com os jogadores apostando em determinadas ocasiões em que a melhor opção seria correr. Até jogadores de nível mundial às vezes fazem apostas especulativas, após considerar a perspectiva implícita de prêmio em uma rodada. Isto significa que o jogador leva em conta a perspectiva de ganho que pode surgir como resultado de apostas subsequentes durante a mão em jogo. Por exemplo, apostar 100 fichas quando a mesa (*pot*) está em 500 pode parecer desaconselhável quando as chances contra a vitória são de 7 para 1. Entretanto, apenas dois outros jogadores que pagassem já seriam suficientes para aumentar a mesa para 800 e, então, ampliar a perspectiva de ganho para uma fração suficiente para justificar a decisão. Se bem-sucedido, o jogador ganha 700 fichas com uma aposta de 100, o que reflete com rigor as chances contrárias que governavam a situação. Dadas sete situações similares, a probabilidade é de que o jogador tenha sucesso uma vez, o que já é suficiente para cobrir as perdas e nem não ter lucro ou prejuízo. Por outro lado, se os ganhos potenciais em tais situações permanecerem em 500 fichas apenas, o mesmo sucesso esperado causará um prejuízo líquido de 200 fichas. Isso enfatiza que apostar somente com probabilidades favoráveis é a chave para o sucesso.

APLICANDO O CONHECIMENTO

À esquerda: Neste exemplo de pôquer aberto de cinco cartas, o jogador C também tem os dois pares, ases e seis, mas as chances contra a obtenção de um *full house* melhoraram para apenas 7 contra 1. Isso ocorre porque como nenhum ás ou seis é visível entre as mãos dos outros jogadores, o jogador C agora precisa de uma de quatro cartas entre apenas 33 restantes no baralho, para melhorar sua mão.

Interpretação das Cartas

O sucesso no pôquer envolve a interpretação de várias informações interligadas que podem estar ao alcance do jogador. Um pouco de conhecimento sobre a teoria da probabilidade é importante, mas só pode ser implementado com segurança quando o competidor é capaz de ler as cartas disponíveis. Isto significa ter a habilidade de identificar a força de sua própria mão e as chances de melhorá-la, bem como de considerar as cartas que podem estar na posse dos oponentes. Fora o pôquer fechado, a maioria das variantes envolve a revelação de diversas cartas durante a mão, e esta informação, somada às evidências fornecidas pelos padrões de apostas, pode ajudar um jogador a deduzir as cartas que um oponente possui ou a combinação que está tentando obter.

♠ Avaliação das mãos ♣

Ao avaliar as qualidades de qualquer mão de pôquer, os jogadores devem levar em conta, primeiramente, que mão pode ser considerada usualmente boa o bastante para vencer na variante do jogo que estiver sendo disputada, o que, por sua vez, depende do número de jogadores na mesa. Por exemplo, em um jogo de *Texas Hold'em* completo, isto é, que envolva nove ou dez jogadores na mesma mesa, dois pares ou uma trinca são combinações decentes, com boas chances de vitória, já que os jogadores esperando sequências ou *flushes* são normalmente forçados a correr antes de tais combinações se materializarem. Porém, no *Omaha*, cuja estrutura é muito similar à do *Hold'em*, a preponderância de sequências, *flushes* e *full houses* é bem maior, pois os jogadores recebem quatro cartas pessoais, viradas para baixo, no começo do jogo, em vez de

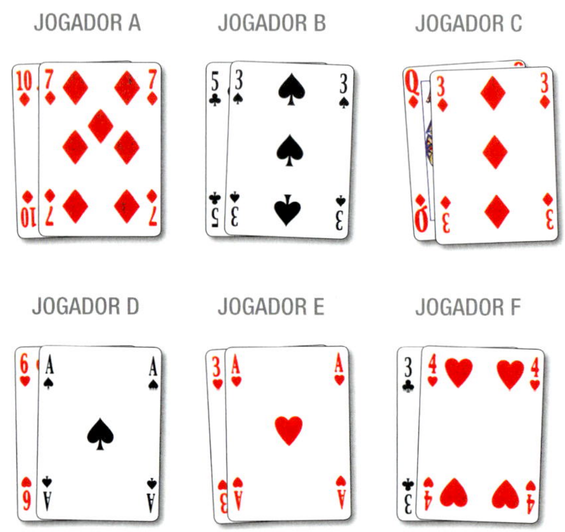

AVALIAÇÃO DAS MÃOS

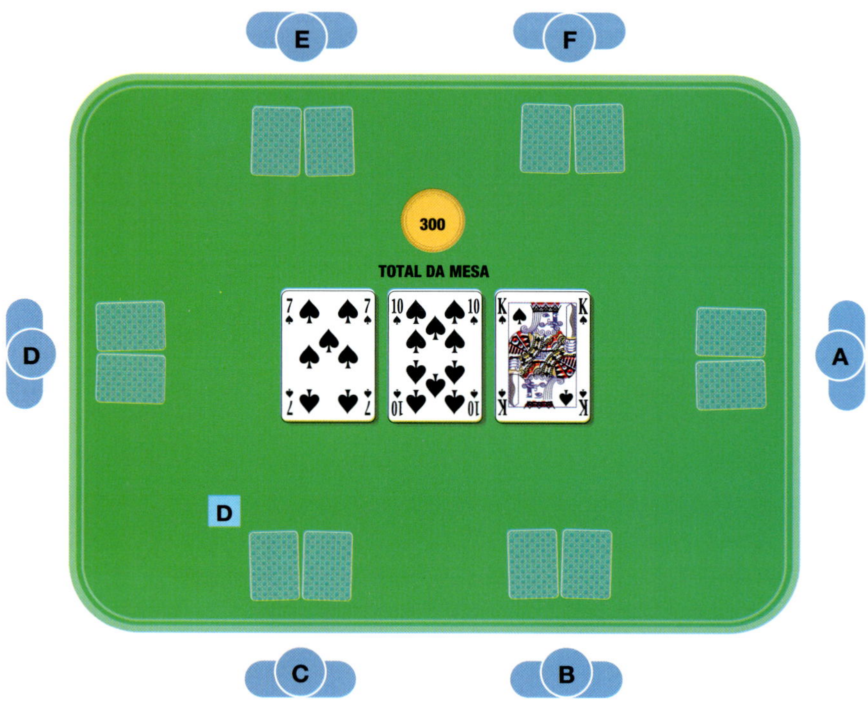

À direita: A leitura das cartas é uma habilidade essencial, como mostra esse exemplo, em que os dois pares do jogador A, ordinariamente uma boa mão no *Texas Hold'em*, estão liderando, mas permanecem vulneráveis a um *fliush*. Uma aposta substancial do jogador D, feita de imediato, sugerindo que já possui o *flush*, pode ser suficiente para encorajar o jogador A a correr, mesmo tendo a melhor mão, em princípio.

duas. Embora seja requerido que os jogadores formem a melhor combinação possível entre duas dessas quatro cartas e três daquelas reveladas para todos em comum, o maior número de possibilidades que se apresentam para cada jogador favorece a formação de mãos mais fortes. Como regra geral, quanto mais jogadores participando de uma mão, maior o valor que as mãos vencedoras tendem naturalmente a apresentar.

♠ Leitura dos oponentes ♣

A combinação da informação dada pelas cartas comuns disponíveis e a análise do modo de jogar de um oponente específico ajuda o jogador a avaliar o significado de alguns eventos que ocorrem na mesa. Para essa finalidade, é importante enfatizar o valor de uma observação cuidadosa, mesmo quando já não se está mais participando da mão em questão. Inferências tecidas a partir dos padrões das apostas feitas por aqueles ainda disputando a mão podem ser testadas, sem qualquer custo, quando a mão é decidida na abertura das cartas (*showdown*). De fato, os experts recomendam que qualquer pessoa que deseje participar de um jogo, em um cassino real ou virtual, observe toda a ação por algum tempo antes de começar a jogar. Isso ajuda a condicionar o jogador ao ritmo do jogo e fornece o tempo necessário para analisar se os competidores e potenciais oponentes são jogadores fracos ou fortes. Da mesma forma, aqueles que jogam agressivamente ou que tendem a blefar com muita frequência podem ser distinguidos dos "jogadores passivos" (*calling stations*), que são jogadores mais tranquilos, que raramente repicam as apostas e costumam apenas pagar aquelas feitas pelos oponentes, sem avaliar criteriosamente as chances de vitória. Os comentários e o comportamento em geral dos jogadores também podem fornecer pistas para seu estado de humor. Por exemplo, se alguém que parece distraído durante o jogo passa, de repente, a se concentrar em uma rodada específica, isto pode indicar a posse de uma boa mão.

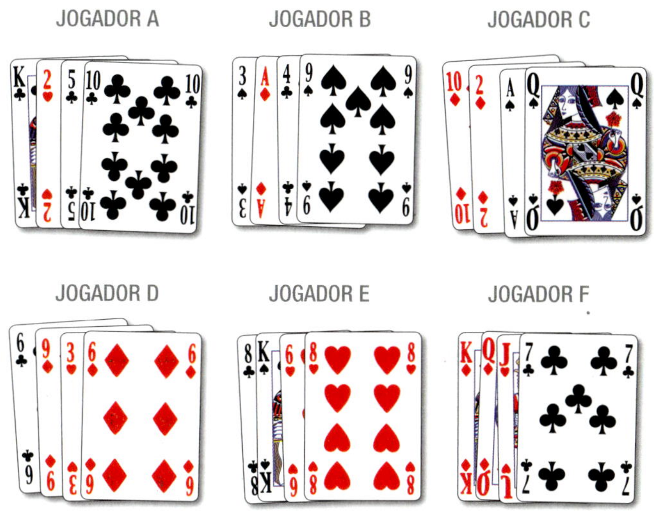

AVALIAÇÃO DAS MÃOS

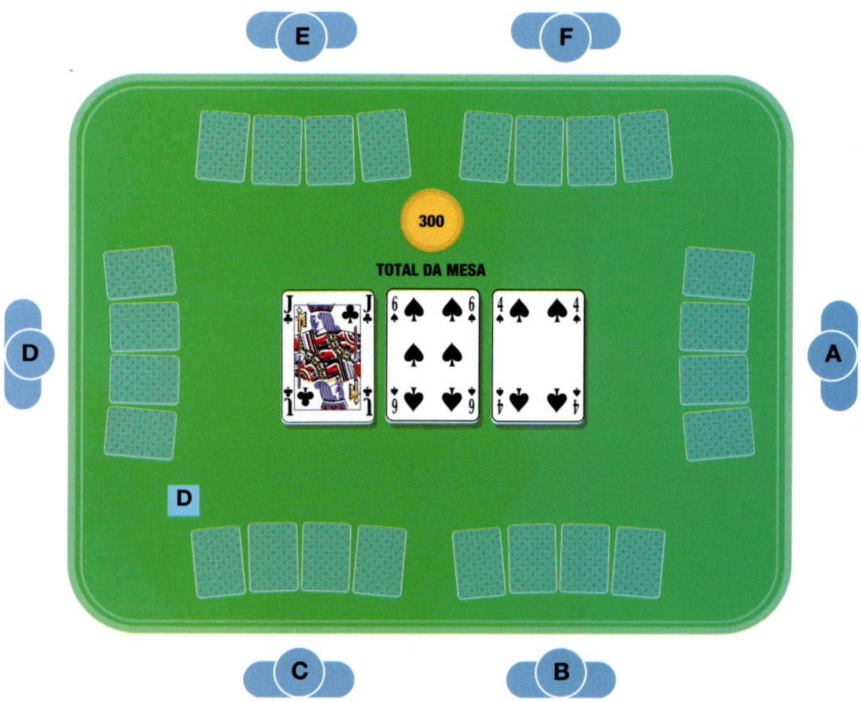

À direita: Esse exemplo de *Omaha* ilustra que, com mais cartas circulando pela mesa, as chances de pelo menos um jogador obter um *flush* com um *flop* como esse aumentam bastante. O jogador C pode contar os ases e Damas para um possível *flush* de ás-maior (*ace-high flush*), mas deve se preocupar com o aparecimento de um par, pois isto poderia dar a um oponente – o jogador D, por exemplo – um *full house* ou até mesmo uma quadra.

Atenção aos Detalhes

A esta altura, já é evidente que manter-se a par dos eventos que ocorrem na mesa de pôquer é um pré-requisito para o sucesso, embora jogos normais em situações sociais incluam, tipicamente, ao menos um jogador que sempre precisa de um empurrão na hora de decidir sobre as apostas. Outros fatores dignos de atenção, particularmente quando se joga em clubes e cassinos, incluem a comissão (*rake*) - a taxa cobrada pelo cassino –, as regras gerais da casa e, é claro, as estruturas de apostas aplicáveis a cada jogo. Infelizmente, como poderia se esperar de um passatempo historicamente conhecido como "jogo de trapaça", é importante lembrar que nem todos jogam honestamente. Várias atitudes desonestas podem ser tomadas por alguns jogadores, desde manipular o valor total na mesa (*pot*) até marcar as cartas. Recomenda-se, portanto, estar sempre alerta, mesmo aos menores incidentes que possam acontecer durante o jogo.

♠ A importância da memória ♣

Muitas das lições a se aprender no pôquer são mais bem absorvidas pela experiência. Beneficiar-se dela, porém, é algo que dependerá de uma boa memória, outra qualidade ostentada pelos melhores jogadores. Ao contrário do que diz o mito popular, é possível treinar e desenvolver a memória, um processo que frequentemente envolve a codificação de informação, pela sua quebra em padrões reconhecíveis. Números de telefone, por exemplo, são comumente lembrados como pequenos grupos de números, em vez de uma longa sequência de dígitos. Da mesma forma, as abreviações são muito usadas como "atalhos" para palavras e frases. Na mesa de pôquer, há vários padrões observáveis durante o jogo que, se lembrados e compreendidos, podem ser utilizados mais tarde no jogo ou em uma sessão subsequente.

Os três primeiros componentes nos quais o competidor deve se concentrar são as cartas, os hábitos de apostas dos oponentes e, o mais importante, o seu próprio estilo de jogo. Embora seja útil saber identificar os vários maneirismos reveladores e "pistas" dadas pelos oponentes, o controle dos próprios gestos e modo de apostar é algo também fundamental ao jogador. Neste particular, adotar uma postura flexível e variar o estilo de jogo ao longo da sessão são atitudes que dificultam aos oponentes a identificação de padrões e hábitos de comportamento.

Acima, à direita: Allan Dyrstad em ação na Poker Stars World Cup, em 2005, um torneio de pôquer mano a mano – batalha de confrontos diretos entre dois jogadores. Nessa modalidade, ambos pagam um pingo ou escuro, investindo algumas fichas em todas as mãos. Isto é suficiente para gerar ação e apostas, pois acaba custando caro esperar por boas cartas. Os jogadores devem assumir riscos com mãos medíocres, o que faz desse combate de um contra um uma forma altamente especializada de pôquer.

À direita: A chave para o sucesso, no pôquer, é a habilidade de decifrar as atitudes de um oponente desde o momento em que as cartas são dadas. Em todos os níveis, quando jogadores correm, pagam ou repicam, há sempre uma razão por trás de sua decisão. Jogadores astutos reconhecem padrões de comportamento que fornecem pistas, o que lhes dá uma vantagem tática sobre os oponentes.

À esquerda: O campeão mundial da WSOP de 2003, Chris Moneymaker, tornou-se o primeiro jogador a vencer o torneio vindo de uma classificação obtida pela Internet. Embora nunca houvesse jogado um torneio ao vivo desta magnitude, Moneymaker fez uma transição de sucesso do pôquer *online* para o real.

Abaixo: O sucesso no pôquer depende, em certo plano, da habilidade de enganar oponentes a respeito da força ou fraqueza de uma mão. Possuir uma neutra "cara de pôquer" (*poker face*) é considerado uma vantagem. Entretanto, muitos jogadores, por precaução, escondem seus olhos da vista dos oponentes quando estudam uma decisão importante.

♠ Avaliação das jogadas ♣

A informação obtida pelas próprias cartas representa apenas uma parte da história quando se disputa uma mão. Outras pistas emanam das ações e maneirismos dos outros jogadores na mesa, e reconhecer o significado dessas atitudes é uma habilidade muito útil. Em círculos habituais de jogo, os jogadores normalmente se familiarizam com os hábitos uns dos outros; porém, ao enfrentar novos oponentes, *online* ou mesmo em um cassino, decifrar as atitudes dos adversários pode levar algum tempo.

Há alguns estilos de jogo que podem ser facilmente identificados em poucos minutos na mesa, normalmente em jogos amadores. Iniciantes dificilmente blefam, por não terem a habilidade necessária para reconhecer o significado implícito de uma aposta ou repique. Mesmo tendo uma possibilidade ínfima de sucesso, tais jogadores frequentemente permanecem na disputa por gostarem de ação e apostas. Da mesma forma, os jogadores conhecidos como passivos (*calling stations*) normalmente insistem em pagar aposta atrás de aposta, seja por superestimar suas chances de vitória ou por serem intrinsecamente céticos por natureza. Ajustar-se, levando em conta estes tipos de jogadores, e adotar uma postura estrita com relação a quais mãos merecem investimento, por exemplo, é uma estratégia sólida. É igualmente importante reconhecer os jogadores cautelosos, as "rochas" (*rocks*), que normalmente correm quando as apostas se tornam sérias, preservando suas fichas para o momento em que possam apostar agressivamente, de posse de uma mão muito forte. Vale a pena ser cuidadoso ao pagar uma aposta feita por um jogador desse estilo, a menos que se tenha uma mão realmente boa.

♠♣♥♦♠♣♥♦♠♣♥♦ Contar cartas ♠♣♥♦♠♣♥♦♠♣♥♦

Esta habilidade é mais prontamente aplicada em jogos abertos (*stud games*), uma vez que estes apresentam como característica a distribuição de várias cartas já reveladas para uso comum dos jogadores. Estas cartas são viradas para baixo, subsequentemente, conforme os jogadores correm. Reter uma noção clara de quantas cartas já foram vistas, e seu valor, é essencial para qualquer jogador que queira calcular a probabilidade de receber a carta ou as cartas necessária(s) para a vitória.

Concentração

A formação de inferências exatas a partir de elementos do jogo requer um alto nível de concentração. Assimilar informações pela memorização das cartas, examinar probabilidades flutuantes e observar as ações dos oponentes são atitudes extremamente benéficas para a tomada de decisões ao longo da contenda. Mas tais atitudes só podem ocorrer se o jogador estiver realmente concentrado. Além dos benefícios estratégicos provenientes da concentração, ela também é imprescindível para que os jogadores não se percam nos procedimentos normais do jogo, como saber quem foi o carteador da rodada, de quem é a vez de apostar e quantos jogadores ainda permanecem ativos nos estágios finais de apostas.

♠ Jogo compassado ♣

O pôquer é muito mais agradável quando jogado de forma compassada, pois não há nada mais frustrante ao jogador comum do que correr em uma mão e ter de esperar vários minutos pelas jogadas de oponentes lentos e distraídos até a conclusão da rodada. Os cassinos procuram um ritmo de 40 ou mais distribuições de cartas por hora, sobretudo se a comissão é cobrada como percentual de cada rodada completa de apostas, o que revela que as mãos, em geral, se completam em alguns poucos minutos. A velocidade inerente do pôquer *online* faz com que médias de mais de 60 mãos por hora não sejam incomuns neste tipo de jogo.

Embora uma conclusão rápida para cada mão seja apreciada pela maioria dos jogadores, também é verdade que a maior parte deles se prepara para sessões que podem durar horas. Para quem ganha a vida com o jogo, este tempo é considerado jornada de trabalho. Mas para o jogador casual e também para o competidor profissional, encarar uma maratona de pôquer é algo que traz algumas formas de pressão. Ajustar-se para enfrentar o desafio físico e mental é tão importante quanto qualquer estratégia. Tirar proveito de erros induzidos pelo cansaço ou estresse é parte do jogo, pelo que, para evitar tais ocasiões, os jogadores devem programar pausas para descansar ou até mesmo sair de um jogo quando seu nível de concentração cai por qualquer razão.

♠ Evitar distrações ♣

Em meio às habilidades empregadas no pôquer, um princípio básico é planejar a melhor forma de minimizar as perdas e maximizar os ganhos, avaliando os riscos, que são um elemento natural do jogo. Para isso, às vezes é necessária uma intensa concentração, o que implica evitar distrações desnecessárias. Em jogos caseiros, a televisão, a música de fundo e as conversas prolongadas entre amigos são elementos comuns nas sessões de pôquer, além de pausas para comer e beber. Tais elementos aumentam a sociabilidade, obviamente, mas desviam

Acima: Jogar bem pôquer requer um alto grau de aplicação e disciplina. A concentração é essencial, o que significa que qualquer distração pode ter um impacto negativo no desempenho. Uma pessoa que esteja seriamente envolvida num jogo certamente não atenderá chamadas corriqueiras de celular, se pretender ser competitiva.

À esquerda: Clonie Gowen transparece apreensão na WSOP em 2004. Como a maioria dos jogadores, até mesmo a campeã do torneio da WPT Ladies Night de 2003 pode ter uma surpresa desagradável ao interpretar errado a mão de um oponente ou ao perder uma mão pela chamada "jogada encontrada" (*bad beat*), que consiste em uma derrota totalmente fortuita e contrária às probabilidades.

Acima, à esquerda: Apesar de sua popularidade geral, o pôquer sempre teve de competir por espaço nos cassinos com outros jogos de apostas, como o vinte-e-um, a roleta, os dados e as máquinas caça-níqueis. Todos estes jogos, ao contrário do pôquer, envolvem pagamentos fixos com base na probabilidade do resultado, o que significa uma margem de lucro garantida para a casa.

Acima: Mike "The Mouth" Matusow faz provocações na mesa, durante a WSOP de 2005. Como sugere seu apelido[1], Matusow fala sem parar durante o jogo, uma característica que divide opiniões, sendo considerado tanto o jogador mais divertido quanto o mais inconveniente do circuito de pôquer.

À esquerda: Os famosos ilusionistas Siegfried e Roy, com um de seus famosos tigres brancos. Em 1990, Siegfried Fischbacher (à esquerda) e Roy Uwe Ludwig Horn receberam uma oferta de mais de US$ 50 milhões por ano para se apresentar no *Mirage Hotel and Casino.*

a atenção das cartas e diminuem a marcha do jogo. As distrações oferecidas em grandes cassinos, por outro lado, são máquinas caça-níqueis, mesas de roleta e o balcão de apostas em esportes, que podem facilmente custar a um jogador todo o seu saldo (*bankroll*) em um momento de fraqueza. Para o sucesso no pôquer, concentrar-se somente no propósito principal é vital, sob pena de se fazer um verdadeiro convite ao fracasso.

Considerações similares se aplicam aos jogos *online* disputados em casa. A familiaridade do ambiente doméstico, aliada à impossibilidade de se deixar distrair fisicamente pelos oponentes na mesa, pode conduzir a um sentimento de tranqüilidade. Surfar na Internet ou escrever e-mails durante uma partida de pôquer *online* é possível para pessoas dotadas de uma genuína habilidade de lidar com várias tarefas ao mesmo tempo, embora possa ter um impacto negativo em seus resultados.

♠ Pressões externas ♣

Assim como ocorre com diversos aspectos da vida, jogar pôquer utilizando suas habilidades ao máximo é, geralmente, bem mais fácil quando não se está sobrecarregado com outras preocupações sérias. Doenças, cansaço e estresse emocional tendem a ter um grande impacto negativo no desempenho de um jogador, seja qual for a fonte do problema. Tais pressões normalmente inibem a concentração, resultando em consequências desastrosas. Problemas no trabalho ou na família podem embotar a competitividade requerida para prosperar na mesa de jogo ou até mesmo diminuir o prazer obtido com o próprio jogo. É claro que enfrentar uma sessão de pôquer em um estado mental positivo e relaxado é uma prática muito aconselhável, mas sempre haverá aqueles que conseguem imergir completamente no jogo exatamente para fugir de outros problemas.

1. "The Mouth", em português literal, significa "A Boca" (N. do T.)

Linguagem Corporal

Muito já se examinou com relação às informações a serem adquiridas por observações perspicazes à mesa, sobretudo no que diz respeito às cartas em jogo e aos padrões de apostas dos oponentes. Mas analisar os oponentes envolve também sondar seu estado mental e emocional, o que pode ter um maior impacto sobre seu desempenho. Tal análise se torna mais fácil conforme a frequência com que os jogadores se reúnem para jogar, no caso de jogos amadores normais. Coisas típicas a perceber são a postura do jogador e seu comportamento em geral ao longo dos diversos estágios do jogo, aspectos propensos a refletir seus sentimentos. Jogadores tristemente tombados em suas cadeiras após uma série de derrotas estarão compreensivelmente frustrados. Embora tais reações sejam comuns em si mesmas, podem, se contextualizadas, servir de pista sobre a presença intrusiva, no jogador, de dúvidas sobre sua própria habilidade, ou mesmo denotar a perda de interesse no jogo, situações que podem ser exploradas facilmente por oponentes agressivos.

Existem também alguns sinais específicos de tensão ou nervosismo que podem denunciar inadvertidamente a força da mão de um oponente. Por exemplo, um jogador que aposta fora da sua vez, na ânsia de se envolver logo na mão em questão, provavelmente segura cartas, no mínimo, decentes. Também aqueles cujas mãos literalmente tremem ao fazer uma aposta substancial podem estar deixando entrever sua excitação diante da perspectiva de vitória. Compreender este tipo de sinal é outra habilidade que pode melhorar sensivelmente as chances de sucesso de um jogador. Juntar todas estas informações quando a adrenalina está fluindo é um sério desafio e, definitivamente, um dos grandes atrativos do pôquer.

♠ Pistas (*poker tells*) ♣

Os jogadores devem enganar uns aos outros se quiserem aumentar suas chances de vitória, mas a prática deste fingimento deliberado por vezes infringe códigos morais aprendidos desde a infância. A pressão interior que esse fator gera pode se manifestar em determinadas atitudes que, se percebidas e interpretadas, podem funcionar como um bom indício sobre a força da mão de um jogador. São as chamadas "pistas" (*tells*). O ex-campeão mundial Doyle Brunson sustenta que a pulsação das veias do pescoço de um jogador é uma ótima fonte de informação. Frequentemente mais saltada e visível quando o coração bate mais forte, a veia do pescoço pode entregar um blefe, pois o coração é mais propenso a acelerar ante a possibilidade de ser descoberto em uma mentira. A ideia é que um jogador que aposta com uma mão forte tem muito menos propensão a temer que alguém pague para ver seu jogo e ficará mais relaxado diante desta possibilidade.

Acima: Paul Wasicka não consegue segurar um bocejo na mesa final de um torneio da WSOP em 2006. O campeonato mundial estende-se por vários dias, e até os profissionais mais experientes estão sujeitos ao cansaço.

À direita: Jac Arama comemora uma vitória no *Grosvenor Victoria Casino*, em Londres. Muitos jogadores usam óculos escuros para esconder seus olhos dos oponentes, uma vez que as pupilas de uma pessoa se dilatam diante da excitação, seja por medo ou prazer.

O valor das fichas usadas nas apostas também pode funcionar como pista sobre a mão de um jogador. Valores baixos casualmente adicionados ao total em jogo (*pot*) podem denotar uma mão fraca ostentada por um jogador que, em verdade, banca relutantemente uma aposta, especulando com alguns trocados. De modo inverso, apostas confiantes feitas com fichas de alto valor normalmente são usadas por jogadores que esperam levar tudo assim que as cartas forem reveladas ao final da mão. Entretanto, algumas das "pistas" mais comuns podem ser simuladas facilmente. Fingir indiferença quando se possui uma mão forte, por exemplo, ou encarar ameaçadoramente o oponente quando se está blefando, esperando intimidá-lo e o fazer correr são atitudes que requerem um mínimo de habilidade de atuação. Além da capacidade de reconhecer as pistas dadas pelos outros jogadores, é extremamente importante, é claro, não fornecer pistas sobre sua própria situação no jogo, o que depende, em boa parte, da manutenção de uma postura constante diante da vitória e da derrota.

Acima: Carl Olson fotografado na pose pensativa clássica com os cotovelos na mesa e a cabeça apoiada nas mãos. A pose de Olson é típica de um jogador que tenta evitar denunciar a qualidade da sua mão.

♠ Pistas no pôquer *online* ♣

Quando não se tem a possibilidade de ver os oponentes, qual ocorre no jogo *online*, a função da identificação de pistas acaba ficando limitada, mas há alguns pontos dignos de nota. Comentários digitados na caixa de bate-papo (*chat box*) podem revelar algo sobre a idade, temperamento ou nível de habilidade de um oponente, embora, é claro, não se deva acreditar piamente nessas informações. Mais significativa é, por exemplo, a velocidade na tomada de decisões de apostas, sobretudo pelo fato de que alguns dos jogadores podem estar jogando em mais de uma mesa simultaneamente. Aqueles que agem sempre atrasados podem estar distraídos com outros afazeres. Ao contrário, jogadores que normalmente jogam rápido e, em uma ocasião particular, demoram mais tempo, podem estar tentando passar a impressão de hesitação quando, na verdade, possuem uma mão vencedora. Uma vez mais, o segredo é manter-se concentrado no que se está fazendo e agir de forma constante, para impedir que os oponentes deduzam significados nas suas ações.

Acima: Allen Cunningham, de Nevada, assopra as mãos durante os estágios finais do campeonato mundial da WSOP de 2006. Ele terminou em quarto lugar, tendo Jamie Gold se sagrado campeão.

À esquerda: Eddie Scharf coça a cabeça enquanto observa a movimentação na mesa. Embora este gesto possa representar que o jogador foi pego de surpresa por uma aposta, é um movimento que pode ser facilmente fingido. Scharf poderia muito bem ter a melhor mão e estar tentando aparentar um ar de indecisão.

A Arte do Blefe

Ordinariamente, um blefe envolve um jogador com cartas ruins que aposta como se possuísse uma mão forte, na tentativa de fazer os oponentes correrem. Obter sucesso numa empreitada desse tipo é indubitavelmente uma das mais emocionantes e recompensadoras facetas de um jogo no qual enganar os oponentes é parte importante para o sucesso. Entretanto, há uma arte do blefe, que varia conforme a modalidade de pôquer escolhida, o valor das apostas em jogo e a qualidade dos jogadores da mesa. Por exemplo, em jogos de limite fixo (*fixed-limit*) e apostas baixas (*low stakes*), é muito difícil conseguir executar várias formas de blefe, porque o custo de cobrir uma aposta raramente é suficiente para forçar todos os oponentes a correr, particularmente quando o valor da mesa (*pot*) é grande em relação ao tamanho das apostas. De outro lado, o pôquer de apostas ilimitadas (*no-limit*) oferece mais oportunidades de blefe, pois os jogadores podem apostar quantias altas o bastante para causar verdadeira preocupação nos jogadores que possuem cartas boas, mas não imbatíveis. A chave para o sucesso no blefe reside na identificação do momento certo para apostar contra oponentes que entenderão a mensagem que o jogador que blefa pretende passar.

♠ A semente da dúvida

Há dois benefícios importantes que se ganha ao blefar no pôquer. De imediato, um blefe bem-sucedido pode converter uma mão fraca em vencedora, permitindo que o jogador obtenha ganhos não previstos, ao aparentar ter cartas fortes quando, na verdade, não tem nada. Obviamente, nem todo blefe dará certo; porém, se um oponente paga para ver uma mão de um jogador que blefa, e este perde, há ainda um lado positivo em um longo prazo, mesmo que a mão fraca do blefe mal-sucedido seja revelada. Isto porque uma vez exposta a tentativa de enganar os oponentes, a dúvida passará a rondar a mente de cada adversário a respeito do significado das apostas subsequentes do jogador que blefa. A segunda razão para blefar, portanto, é aumentar a probabilidade de os oponentes apostarem fichas em mãos nas quais têm pouca ou nenhuma chance de vencer, simplesmente por supor, equivocadamente, que possa estar ocorrendo outro blefe.

A IMPORTÂNCIA DO SENSO DE OPORTUNIDADE

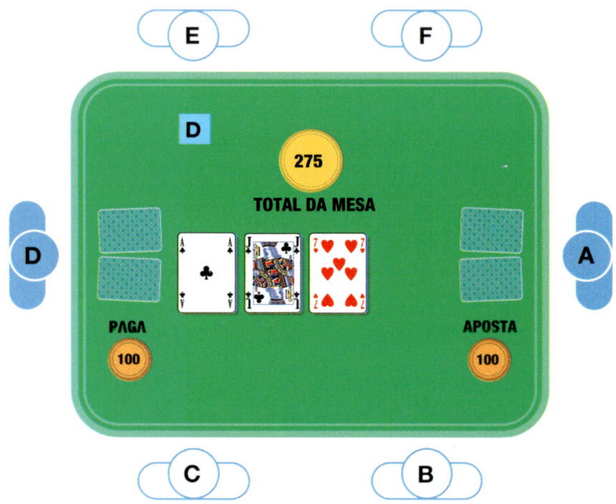

Acima: Neste jogo de *Texas Hold'em*, a aposta do jogador A após o *flop*, amparada no par de ases, é analisada pelo jogador D, que paga, com uma mão inferior – o par de cincos – sabendo que a aposta pode ser interpretada como feita na expectativa da formação de um *flush* de paus. A aparição de outra carta de paus, no *turn*, seguida por uma aposta alta do jogador D pode ser suficiente para convencer o jogador A a correr.

Acima: A carta do *turn* é a dama de paus, o que significa que o jogador A agora tem dois pares, ases e damas. Entretanto, a aposta do jogador A, baseada na mão que, em verdade, é a mais forte no momento, é imediatamente repicada pelo jogador D, para sugerir que obteve um *flush*. Esta situação forma um blefe crível, e pode fazer com que o jogador A corra em vez de tentar obter um *full house* – que pode agora pensar ser necessário para a vitória –, já que as chances contrárias são de 11 para 1, mais do que a perspectiva de ganho (*pot odds*).

À direita: Outro exemplo de Texas Hold 'em mostra o conceito do semiblefe. O jogador D, que precisa de um 4 para um straight, aposta 100 fichas logo de saída na esperança de ganhar a mesa imediatamente. A aposta do jogador E indica posse de uma mão forte, um par de reis, mas ainda que o blefe inicial do jogador D não tenha dado certo, um 4 ainda pode aparecer para completar a mão vitoriosa.

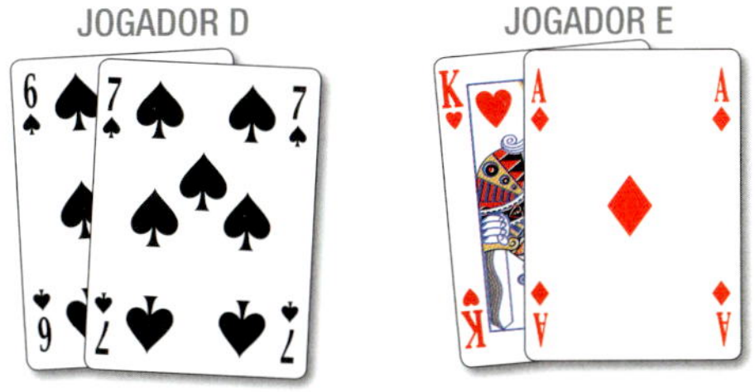

♠ A importância do senso de oportunidade ♣

A maioria das variantes do pôquer envolve várias cartas expostas para todos, exceto no pôquer fechado e suas derivações (*draw poker*). Este fato cria muitos cenários propícios ao blefe, pois os jogadores podem provocar deduções sobre a mão que possuem, por mensagens que são claramente reconhecidas pelos adversários. Mas para obter sucesso nesta arte, é necessário um bom senso de oportunidade (*good timing*). Por exemplo, como mostra o diagrama no topo da página anterior, um jogador com um ás e uma dama de ouros, no *Texas Hold'em*, que vê no *flop* um ás e um valete de paus e um 7 de copas, pode apostar na força do par de ases e ter sua aposta igualada por um oponente. Uma suposição lógica seria que este adversário planeja um *flush* de paus, pelo que, quando o *turn* revela uma dama de paus, o primeiro jogador, mesmo com dois pares (ases e damas), fica diante de um sério problema. Se aposta e o oponente repica imediatamente, aumentando, a inferência clara é de que o *flush* se confirmou, deixando ao primeiro jogador apenas a expectativa de que apareça outro às ou outra dama no *river*, a última carta comunitária a ser revelada, para obter um *full house*. O oponente sequer precisa ter, de fato, o *flush*, nessa situação, para ter boas chances de levar tudo, pois basta apenas que, blefando, finja tê-lo, pagando no *flop*, por exemplo, forçando o primeiro jogador a correr.

À esquerda: Gus Hansen, conhecido como "Great Dane", competindo no torneio de *Hold'em* de apostas ilimitadas no Campeonato Dinamarquês de Pôquer de 2005. Embora tenha ficado apenas em quarto lugar nesta ocasião, Hansen conquistou a reputação de excelente jogador de torneio, desde sua notável vitória no *Five Diamond Poker Classic*, da WPT, em maio de 2002.

Semiblefes

Jogadores que apostam cientes de que sua mão não pode vencer fazem o chamado "blefe descoberto" (*naked bluff*), que só pode funcionar se todos os oponentes correrem. Algo diferentemente ocorre quando um jogador aposta em uma mão fraca que tem chances baixas de melhorar com as cartas ainda por vir. David Sklansky, expert em pôquer e autor de vários livros sobre o jogo, cunhou o termo "semiblefe" para se referir a esta segunda situação. Em outro exemplo de *Texas Hold'em* (acima), um jogador com 6 e 7 de espadas, diante de um *flop* composto por 3 de copas, rei de ouros e 5 de paus, pode blefar e ganhar a mão naquele ponto mesmo, sem ter sequer um par. Contudo, se um oponente pagar, sugerindo imediatamente ter uma mão superior, há ainda duas oportunidades para que apareça um 4, isto é, uma chance de 17 por cento de o jogador que fez o semiblefe sair vitorioso com uma sequencia.

Capacidade de Julgamento

A capacidade de exercer um julgamento seguro obviamente vem com a experiência, mas praticar algumas das habilidades brevemente descritas neste capítulo melhorará o jogo de qualquer pessoa. Essa melhora, em termos quantitativos, dependerá do nível de competitividade e da qualidade das observações feitas pelo jogador na mesa. Aqueles que possuem uma imensa vontade de vencer devem prestar atenção a todos os padrões que surjam ao longo do jogo, para distinguir os bons dos maus jogadores. De fato, um dos fatores-chave para o sucesso é ter a capacidade de identificar o nível do jogo em que se está envolvido, em termos de habilidade dos oponentes e das quantias envolvidas nas apostas. Ser o melhor em jogos normais pode ser suficiente para garantir uma renda extra, algo que pode satisfazer as ambições de muitos jogadores amadores. Por outro lado, nenhum jogador deve sentir vergonha de preservar seu saldo simplesmente saindo de um jogo ao perceber que o nível dos oponentes é evidentemente muito superior ou que o valor das apostas está fora de suas condições. Uma boa capacidade de julgamento, nestas situações, protegerá o jogador contra perdas desnecessárias.

♠ A importância da posição ♣

Embora a importância da posição que se ocupa durante a rodada de apostas varie ligeiramente conforme a variante de pôquer jogada, é amplamente aceita a ideia de que é mais vantajoso agir mais tarde, quando a disponibilidade de informações é maior. Porém, esta ideia comum pode ser utilizada pelos jogadores que jogam antes para trabalhar contra seus oponentes. Como se espera que os primeiros jogadores a agir peçam mesa ou apostem cautelosamente, uma aposta máxima feita logo de cara normalmente será tratada com respeito pelos demais jogadores, que entenderão tratar-se de uma mão realmente forte. Logo, existem boas oportunidades de blefe e semiblefe em tais situações, embora, como qualquer outro movimento tático, não se deva empregar esta ideia indiscriminadamente.

Do mesmo modo, apostar quando se joga depois oferece grandes chances de ganhar apostas dos jogadores que mostraram relutância em se envolver na mão anteriormente. Uma vez que sua reserva sugere, em geral, que possuam mãos fracas, muitas vezes até uma aposta modesta feita pelos jogadores que agem por último pode ser suficiente para forçar os demais a correrem.

A IMPORTÂNCIA DA POSIÇÃO

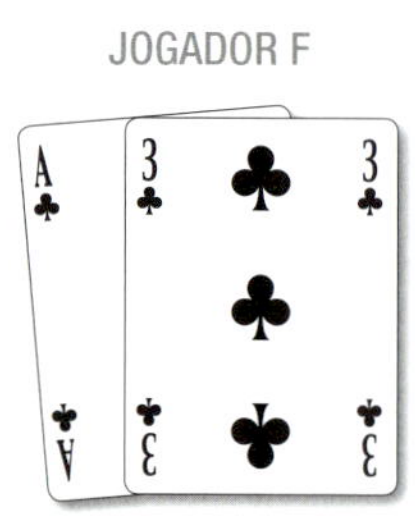

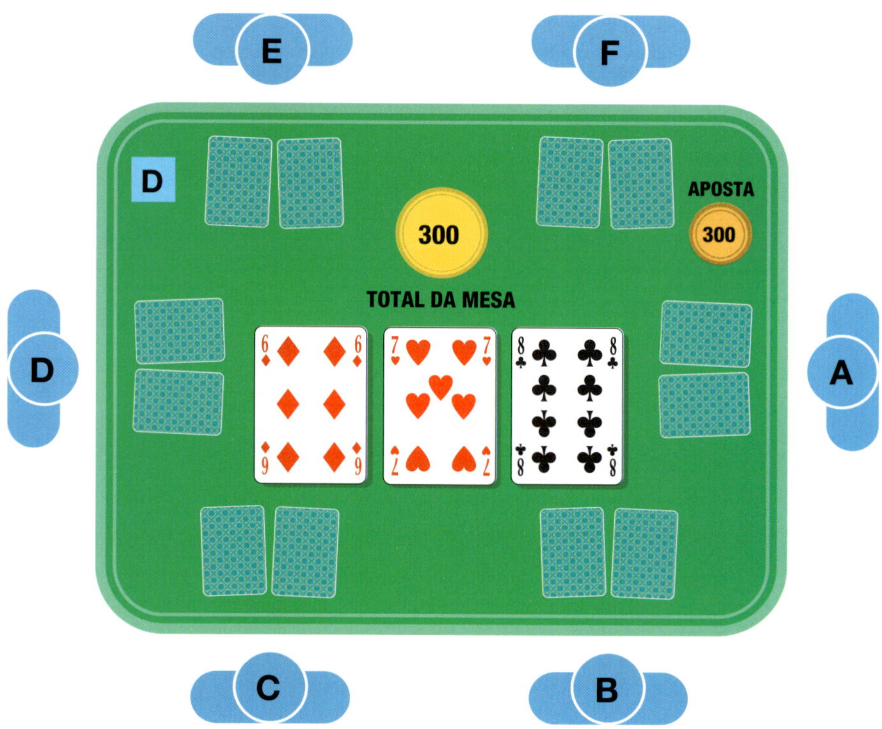

À direita: Neste jogo de *Texas Hold'em* de apostas ilimitadas, cada jogador pagou o mínimo de 50 fichas para ver o *flop*. Na condição de primeiro a jogar depois do *flop*, o jogador F blefa com uma aposta de 300 fichas. Como uma aposta alta nesta situação é geralmente tida como arriscada, o objetivo aqui é sugerir que uma mão forte, como uma sequência ou uma trinca, já tenha se formado, o que pode ser suficiente para intimidar os oponentes e forçá-los a correr.

♠ Avaliação das chances ♣

Analisar as chances de vitória é algo que sempre requer a consideração de três elementos-chave do jogo, a saber: as cartas disponíveis, os padrões de apostas dos outros jogadores e o fator probabilidade. Como cada mão dura apenas alguns minutos, no entanto, a análise apropriada destes fatores oscilantes às vezes pode requer palpites, que devem estar bem treinados. Alguns padrões gerais de jogo aparecem com frequência suficiente para deixar este processo um pouco mais fácil. Por exemplo, no pôquer fechado de cinco cartas (*draw game*), um jogador que troca três cartas provavelmente tem um par, enquanto aquele que troca apenas uma possivelmente espera formar uma sequência ou um *flush*. No *Texas Hold'em*, uma aposta ou repique feito antes do *flop* (revelação das três primeiras cartas comunitárias) é uma prática incomum, a menos que se possua um ás, um rei ou um par alto. Similarmente, ao jogar pôquer aberto (*stud poker*), é prudente considerar que alguém que aposta continuamente, mesmo que as cartas abertas do oponente revelem um par, tenha cartas pessoais (*hole cards*) superiores. Compreender as implicações de tais padrões de aposta permite que o jogador faça análises rápidas, porém consistentes, em vez de simplesmente apostar suas fichas de afobadamente.

♠ Controle das apostas ♣

Um bom controle sobre as apostas envolve tanto medidas de ataque quanto de defesa, que devem ser usadas para acentuar mãos vencedoras e diminuir o impacto negativo das perdedoras. Em termos simples, ter controle das apostas (*pot management*) significa apostar menos nas mãos fracas e cuidar para que as apostas sejam altas quando se tem mãos virtualmente melhores. Estar esperando, por exemplo, uma ou duas cartas determinadas para obter uma sequência ou *flush* é uma situação bastante comum, mas com grandes chances em contrário, diante da qual não compensa pagar apostas significativas feitas pelos oponentes.

A ideia, obviamente, é sustentar a chance de uma vitória improvável da forma mais barata possível, pedindo mesa ou pagando apenas apostas mínimas. Ao contrário, quando as cartas favorecem uma provável vitória, é interessante disfarçar o fato pedindo mesa ou fazendo apostas baixas, para encorajar os oponentes a continuar na mão e aumentar o valor total em disputa. Aumentar o valor das apostas também é viável nesta situação, desde que se possa contar que um ou dois oponentes pagarão para ver. Como alguns dos oponentes correrão, este procedimento oferece o duplo benefício de, ao mesmo tempo, aumentar o possível ganho e eliminar parte da concorrência.

A IMPORTÂNCIA DA POSIÇÃO

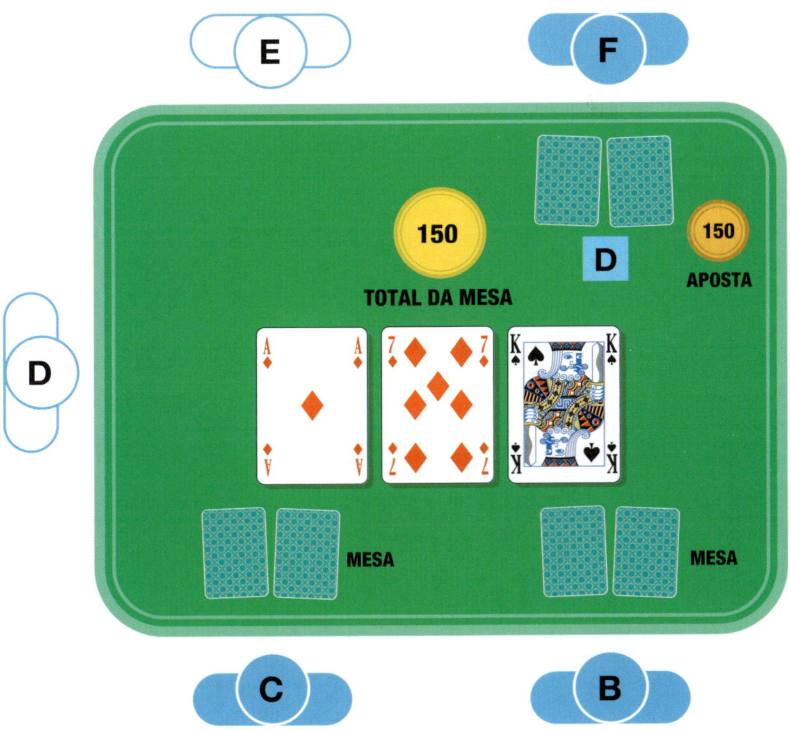

À esquerda: Neste exemplo de *Texas Hold'em* de apostas ilimitadas, três jogadores viram o *flop*, e os jogadores B e C pediram mesa. Sua reserva permite que o jogador F faça uma aposta de 150 fichas, fingindo ter uma mão mais forte do que o par de setes que possui, tentando vencer – ou "roubar" – as fichas pagas pelos demais para ver o *flop*.

Virtudes no Pôquer

Assimilar os conselhos para jogar pôquer de forma lógica e inteligente antes de se aventurar nos jogos é algo raro, uma vez que a maioria dos jogadores só descobre o valor destes conselhos pela experiência. Aprender com os próprios erros, contudo, é certamente uma virtude que se aplica ao pôquer como a qualquer outra empreitada. Independentemente do nível de habilidade de um jogador, o treino da paciência e de um pouco de autodisciplina também traz recompensas na mesa de pôquer. Jogadores que gostam de ter sucesso logo no começo da sessão podem começar a apostar de forma relaxada e acabar torrando todas as suas fichas suadas em um esforço desgovernado para tentar ganhar, com alguma habilidade ou simplesmente por sorte. Isto contradiz uma das máximas do pôquer, que preconiza que não se deve tentar vencer seus oponentes, mas deixar que eles tentem vencê-lo. Quanto mais esse tipo de jogador perde, mais tendem a se desesperar, e o resultado costuma ser uma série de más escolhas e fracassos ao longo do jogo.

♠ Paciência ♣

A necessidade de paciência torna-se inevitável quando se considera cada sessão de pôquer como parte de um jogo que dura a vida inteira. Embora seja desejável estar à frente ao fim de cada sessão, é muito improvável que isso aconteça sempre. Nada obstante, este fato simples não impede alguns jogadores de apostar relaxadamente e arriscar mais do que o necessário para continuar sempre em ação. Muito frequentemente, isso decorre da crença equivocada de que disputar o maior número possível de mãos aumenta a chance de sucesso, o que é raramente o caso.

No final das contas, a realidade é que a maior parte dos jogadores bem-sucedidos disputa poucas mãos e guarda suas fichas para aqueles confrontos de apostas em que têm alguma vantagem. Isso ajuda a assegurar que as mãos que eles de fato vencem normalmente envolvam apostas muito maiores do que a média, o que significa que precisam vencer menos para se manter à frente. Tal estratégia é empregada pelos jogadores chamados seguros e agressivos (*tight-agressive*), tipos predatórios que aguardam a oportunidade certa para atacar jogadores descuidados ou impulsivos.

♠ Disciplina ♣

Ter disciplina para manter a paciência, até mesmo correndo com uma mão forte diante de uma aposta muito alta, pode ser um grande teste. Da mesma forma, quando as anotações no caderno de resultados insistem em não registrar o resultado desejado, é fácil perder a esperança e tomar decisões questionáveis de apostas para tentar recuperar perdas de curto prazo. Isso

À direita: Uma olhada no jogo de *pinball* "Dama de Copas" (*Queen Of Hearts*), da década de 1950. Sacudir a máquina de *pinball* repetidas vezes, para manter a bolinha em jogo, frequentemente causa o "tilt", que trava os mecanismos de controle. O jogador, então, é penalizado com o fim do jogo. Esse termo foi adotado pelos jogadores de pôquer para descrever os momentos em que perdem a disciplina e começam a apostar imprudentemente, um comportamento que geralmente anuncia uma derrota severa.

À direita: Ter a disciplina necessária para jogar bem é um grande teste para a habilidade do jogador. Uma sucessão de derrotas azaradas pode facilmente fazer um jogador perder o controle e realizar erros de julgamento ainda mais custosos sob pressão. Nesse exemplo de Texas Hold'em, o jogador com cartas 8 e 9 que não combinam tem a chance de formar um straight com um 7 ou uma dama, mas levar essa mão contra a aposta de um oponente deve ser evitado. Qualquer dama irá simplesmente fornecer alguém com um ás com um straight maior (ás, rei, valete, 10), além de também ser possível que um oponente já tenha um ás ou dama.

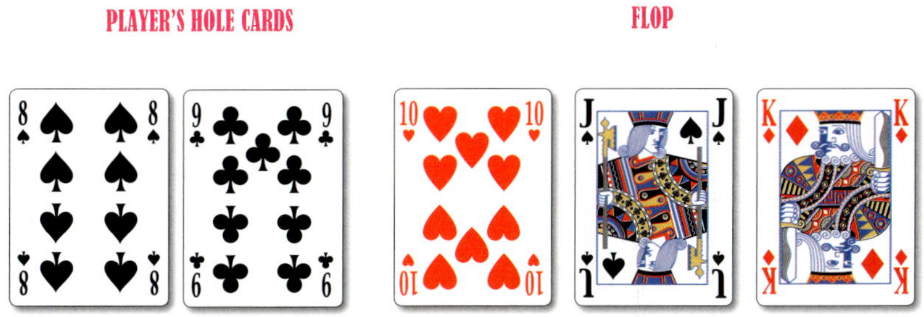

normalmente é o prelúdio de um "tilt", um termo emprestado dos antigos jogos de fliperama bola-e-estaca (*pinball*)[1], que se refere a ocasiões em que a máquina trava e para de funcionar. No pôquer, diz respeito à deterioração da qualidade de jogo de um jogador, até chegar ao ponto em que derrotas cada vez mais frequentes levam a decisões de apostas irracionais e de alto custo. Sob esse tipo de pressão, é muito mais provável que um jogador julgue mal as situações que o confrontam. Por exemplo, um jogador com um 8 de espadas e um nove de paus, no *Texas Hold'em*, diante de um *flop* que revela um 10 de copas, um valete de espadas e um rei de ouros, pode facilmente apostar de forma cega na esperança de um 7 ou uma dama, que formariam uma sequência. Entretanto, uma dama no *turn* ou no *river* daria também uma sequência maior a qualquer jogador que tivesse um ás, um detalhe facilmente negligenciável quando não se está totalmente concentrado no jogo.

Ter uma personalidade forte o bastante para sair de uma sessão em que se está perdendo, em vez de tentar prosseguir e acabar jogando dinheiro fora é outro aspecto essencial no pôquer. Durante qualquer sessão em si, a chave para manter uma estratégia sólida é estabelecer critérios estritos sobre em quais mãos investir, confiar no conhecimento das probabilidades e dar a cada mão o mérito correto no decorrer do jogo. Ao adotar tal postura disciplinada, pode-se esperar minimizar as derrotas e continuar competitivo, embora o senso de humor seja também uma vantagem, para lidar com uma imprevista série de "jogadas encontradas" (*bad beats*) – ocasiões em que os oponentes seguidamente revertem as probabilidades por pura sorte, obtendo exatamente as cartas de que precisam.

1. A palavra "tilt", muito famosa, pode ser traduzida como "inclinar", "curvar", "declinar" ou mesmo "decair".

Um jogo de longo prazo

Aprender as habilidades básicas do pôquer é uma oportunidade de ganhar um prazer para a vida inteira, seja como um amador ou como um profissional em potencial. A maioria dos jogadores gastará mais de sua renda disponível do que será capaz de recuperar, mas a adoção de uma postura paciente, disciplinada e objetiva tenderá a ajudar a minimizar o custo deste deleite.

Acima: Assim como ocorre em vários outros jogos de cartas, as habilidades aprendidas jogando pôquer podem ser mantidas durante uma vida inteira, ao se participar regularmente dos jogos. Para obter o máximo de uma sessão, o jogador precisa ter um desejo de competitividade, uma qualidade que não precisa diminuir com a idade.

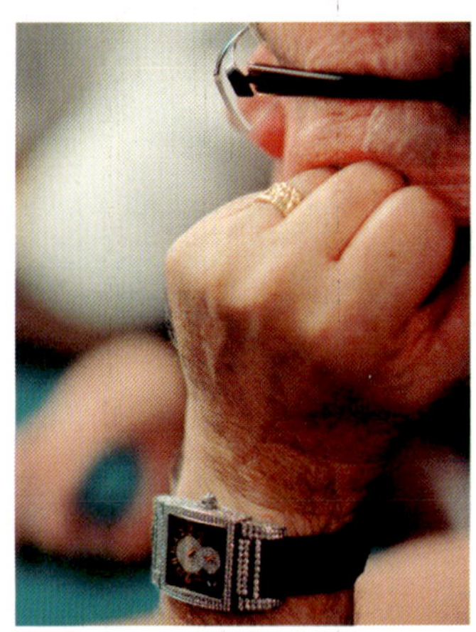

À direita: Um jogador no WSOP de 2004 espera pacientemente pelo momento certo de fazer uma jogada. O pôquer de torneio de mais alto nível é às vezes caracterizado por horas de inação pontuadas por momentos de extrema excitação. Longos períodos de tempo podem ser consumidos na espera por uma boa chance de se envolver em uma mão. Um erro de julgamento pode custar a eliminação do evento.

A Prática Leva à Perfeição

Tornar-se habilidoso em qualquer atividade é algo que exige, obviamente, prática e experiência. Felizmente, para as legiões de novos jogadores de pôquer, existem muitas oportunidades para estudar o jogo e colocar em prática os conhecimentos adquiridos, seja ao vivo ou *online*. O benefício dos sites de pôquer pela internet é que eles oferecem mesas a "dinheiro de brincadeira" (*play money*), o que possibilita que os jogadores pratiquem suas habilidades sem custos antes de colocá-las à prova arriscando dinheiro de verdade. Os iniciantes utilizam essas mesas para ganhar experiência, e, ao mesmo tempo, adaptar-se ao formato do jogo *online* promovido pelo site. As estratégias de apostas empregadas nesses jogos podem ser defeituosas, uma vez que não há dinheiro de verdade envolvido, mas o cenário oferecido ajuda o jogador a se sintonizar com os conceitos gerais do jogo. Seja ao vivo ou *online*, sempre vale a pena jogar algumas mãos sem apostas, como "aquecimento", antes de investir pra valer, simplesmente para lembrar a grande gama de possibilidades diferentes que podem surgir ao longo do jogo.

♠ Fontes disponíveis ♣

Tirar proveito do vasto material disponível sobre pôquer, escrito ou gravado, é obviamente uma atitude benéfica para melhorar o jogo de qualquer um, independentemente do nível de experiência. Tanto a Turnê Mundial quanto a Turnê Européia de Pôquer foram criadas para atender ao interesse sobre o jogo, suplementando os vários outros eventos já mostrados na TV. O jogo mais mostrado é o *Texas Hold'em* de apostas ilimitadas (*no-limit*), pelo que os estudantes dessa modalidade estão muito bem servidos; porém, os interessados em outras variantes de pôquer podem sempre recorrer às prateleiras das livrarias e à Internet para achar informação. A maioria dos profissionais que escreveram sobre o pôquer oferece várias dicas sobre como jogar pôquer fechado (*draw*), aberto (*stud*), Omaha e suas muitas variantes de alto-baixo (*high-low*), bem como sobre o *Texas Hold'em*. Campeões mundiais como Doyle Brunson, Phill Hellmuth e Tom McEvoy ofereceram seus pontos de vista sobre como ter um modo de jogo vencedor, ao passo que o apostador profissional David Sklansky e o expert em pôquer John Scarne são outros autores respeitados cujas obras abrangem mais aspectos do jogo.

À direita: Assim como todo objetivo, tornar-se mais habilidoso no pôquer requer o estudo do jogo e a obtenção de experiência na mesa. O conceito de "escola de pôquer" vem da reunião de jogadores para, informalmente, praticar o jogo e analisar as formas de jogo empregadas pelos outros. Embora isso possa ser suficiente para alguns jogadores, outros preferem também aprender com livros e sites de pôquer.

Acima: Manter anotações de ganhos e perdas no pôquer é aconselhável a quem queira aprimorar suas habilidades. Um simples registro de vitórias e derrotas, complementado com anotações sobre as variações jogadas e o nível das apostas, pode ajudar o jogador a identificar seus pontos fortes e fraquezas.

♠ Análise de jogo ♣

Todo jogador tem diferentes motivações para jogar pôquer, mas aqueles que levam o jogo suficientemente a sério para querer melhorar sua técnica também podem fazê-lo através da análise de seus desempenhos anteriores. Lembrar cada mão disputada é extremamente difícil, mas sempre há mãos principais, geralmente envolvendo apostas altas, que podem ser lembradas mais tarde para avaliar por que uma determinada tática funcionou ou não. Se, apesar de ganhar várias apostas altas durante uma sessão, o jogador ainda assim termina com prejuízo, uma revisão objetiva pode revelar que muitas fichas podem ter sido desperdiçadas em mãos que ofereciam poucas chances de vitória. Perceber isto é um passo positivo para erradicar as estratégias fracas e dispendiosas. Uma análise geral do jogo é a idéia central do conceito de "escolas de pôquer" (*poker schools*), que consistem em grupos de jogadores que se reúnem regularmente, não só para jogar uns contra os outros, mas para discutir as partidas e ajudar a aprimorar seus conhecimentos sobre o jogo.

♠ Manutenção de registros ♣

O pôquer é primeira e especialmente um jogo de apostas com fichas e, por extensão, dinheiro, sendo o estudo deste o meio óbvio para a avaliação das habilidades e dos resultados na mesa. É relativamente pequeno o número de pessoas que conseguem uma grande fonte de renda através do pôquer, mas isso não nega o valor do monitoramento da própria performance, por competidores de nível menor, através de anotações de seus jogos e finanças. Esta prática ajuda os jogadores a analisar seu jogo e estimar suas virtudes ou fraquezas. Anotar as variantes jogadas e o resultado obtido em cada uma delas para determinar em qual se obteve melhor desempenho é evidentemente útil na hora de escolher os jogos a participar no futuro. Da mesma forma, manter registros de desempenho em jogos de torneios e jogos simples a dinheiro pode determinar qual das duas modalidades se encaixa melhor ao temperamento e estilo de jogo de cada um. Acima de tudo, manter registros de jogo promove uma visão objetiva e assegura que o pôquer esteja sempre entre as prioridades do jogador.

♦♠♣♥♦♠♣♥♦ O poder da observação ♠♣♥♦♠♣♥♦♠

Na mesa de pôquer, há sempre muita informação disponível, que, se observada e interpretada corretamente, pode dar vantagem ao jogador durante o jogo. Além das cartas à mostra, os padrões de apostas dos oponentes e a forma como jogam determinadas mãos devem ser mentalmente anotados. E, mais importante, o jogador deve sempre estar atento ao jogo o tempo todo, mesmo que não esteja participando da mão em disputa. Assistir ao desenrolar dos eventos até a abertura das cartas (*showdown*) possibilita a obtenção de *insights* sobre o estilo de jogo dos oponentes, em que tipo de mãos eles costumam investir e se seu jogo favorece apostas seguras ou relaxadas.

Acima: Antes de entrar em um jogo, pode valer a pena disputar algumas mãos de aquecimento. Se a sessão promete envolver muitas variantes, então um jogador acostumado ao *Texas Hold'em* pode querer refrescar a memória sobre as diferenças sutis entre esta variante e o Omaha. As mãos vitoriosas no Omaha costumam ser de valor maior, razão pela qual uma breve revisão do impacto deste fator no modo de jogar pode salvaguardar um jogador contra erros dispendiosos.

Variantes Comuns do Pôquer

Na sua forma mais primitiva, o pôquer era jogado com um baralho de 20 cartas, e era limitado a quatro jogadores, que recebiam cinco cartas e apostavam conforme a força de suas mãos. Com a introdução do baralho de 52 cartas, o jogo passou por um período de grande evolução, e a natureza simplista do "jogo de blefe" (*bluffing game*) cedeu espaço para centenas de variações do jogo inicial. A proposta deste capítulo é apresentar as cinco variantes mais populares do pôquer - pôquer fechado (*draw poker*), pôquer aberto de cinco cartas (*5-card-stud*), pôquer aberto de sete cartas (*7-card stud*), *Texas Hold'em* e *Omaha* - e explicar as regras básicas e padrões de jogo para cada uma, começando pela mais antiga, o pôquer fechado.

À direita: Uma típica mão após a distribuição das cartas no pôquer fechado, a mais antiga variante do jogo. Os jogadores recebem cinco cartas cada um, e podem esperar ver um par – como o de seis da ilustração – em duas a cada cinco mãos.

O Pôquer Fechado

De todas as variantes do pôquer, esta é provavelmente a mais conhecida para qualquer pessoa que já tenha passado algum tempo jogando cartas com amigos ou em família, e se adequa ao tipo de jogo comumente referido como pôquer de "mesa de cozinha" (*kitchen-table*) ou de apostas de valor ínfimo (*penny-ante*). Este é o jogo tradicional que vem sendo passado de geração em geração pelos últimos 150 anos. Historicamente, é, também, o ponto de partida dos jogadores mais habilidosos para a descoberta das muitas outras variantes que surgiram desde o século XIX.

♠ Origens ♣

O pôquer fechado (*draw game*) tornou-se amplamente reconhecido logo depois da Guerra Civil americana (1861 a 1865), e continua popular até hoje, embora seja visto mais como um passatempo de salas-de-estar, jogado a pouco ou nenhum dinheiro, do que como um meio sério de apostas. Antes da introdução do mecanismo da troca de cartas (*draw*), esta modalidade era comumente praticada como um jogo de apostas e repiques de valor ilimitado. Isto fazia dela muito mais um teste para os nervos do que um jogo de discernimento e estratégia, já que um jogador praticamente não tinha pista alguma sobre as cartas dos demais, e, consequentemente, havia poucas chances de blefe. A adoção gradual da troca de cartas – dando aos jogadores a opção de descartar aquelas que não lhes interessavam e receber outras, durante a mão – e a aceitação de limites para as apostas mudaram suficientemente o pôquer, entre 1850 e 1900, e asseguraram seu futuro como jogo de habilidade. Estes aprimoramentos tornaram o pôquer fechado muito mais atraente aos jogadores cautelosos que desejavam apostar sem imprudência. Outra modificação foi adicionada ao jogo, com uma restrição que, acredita-se, surgiu em Toledo, no estado de Ohio. De acordo com essa nova regra, um jogador só poderia dar início às apostas se tivesse um par de valetes ou qualquer combinação superior a esta (*jacks or higher*). Os jogadores que apostavam alto nas suas primeiras cinco cartas, independentemente de terem ou não uma mão forte, perderam o direito de intimidar os oponentes com

Acima: O grande jogo de pôquer. Essa ilustração, de 1884, mostra quatro jogadores na mesa e um quinto assistindo. Naquela época, o pôquer fechado já estava bem estabelecido como um passatempo popular, *status* que se acelerou durante a Guerra Civil americana, que terminou em 1865.

Probabilidades das mãos no pôquer

O pôquer fechado começa com a distribuição de cinco cartas para cada jogador e embora, na maioria dos casos, os jogadores lancem mão da troca (*draw*) para melhorar suas cartas, as chances de receber combinações de valor já na distribuição de cartas seguem detalhadas abaixo.

Mão	Chance
Sequencia real	1 chance em cada 649.790 distribuições de cartas
Straight Flush	1 em 72.193
Quadra	1 em 4.165
Full House	1 em 694
Flush	1 em 509
Sequência	1 em 255
Trinca	1 em 47
Dois Pares	1 em 21
Um Par	1 em 2,5
Nenhum par	1 em 2

À direita: Sequência Real – há uma chance em cada 649.740 distribuições de cartas de que um jogador receba esta combinação nas suas primeiras cinco cartas.

À esquerda: Dois jovens casais jogando pôquer, um jogo claramente competitivo. Diz-se que o verdadeiro caráter de um jogador se revela na mesa de pôquer, o que sugere que este ambiente aparentemente amistoso pode se transformar em uma séria batalha de personalidades. É certo que nem todo mundo gosta de pôquer, mas também se pode dizer que, na verdade, ninguém gosta de perder.

estratégias de apostas relaxadas e imprevisíveis. O jogo que adotava esta regra ficou conhecido como *jackpot*[1], e logo foi adotado como a variante predileta da maioria dos jogadores. Com efeito, o pôquer fechado com a regra dos valetes testa as habilidades matemáticas e observacionais dos jogadores em um nível mais alto, e será a variação analisada neste capítulo.

♠ Número de jogadores ♣

De modo geral, o pôquer fechado é melhor quando jogado por no máximo seis jogadores, que é o número comportado por um baralho de 52 cartas. Para evitar a eventual necessidade de se reciclar cartas já descartadas, a troca de cartas é normalmente limitada a três por jogador, para melhorar a mão carteada inicialmente. Devido à inexistência de muitas regras para esta variante do jogo, há escolas de pôquer e salas de jogo *online* que permitem que um jogador troque até mesmo todas as cinco cartas, se quiser, sobretudo quando há cinco ou menos jogadores na mesa. Esta, porém, é uma tática questionável, e se o jogador possui uma mão fraca a ponto de querer trocar todas as cartas, é melhor desistir do valor "pingado" (*ante*), correr e esperar a próxima mão.

♣♥♦♠♣♥♦ Valor das fichas ♠♣♥♦♠♣♥

O valor das fichas coloridas usadas no pôquer varia de um estabelecimento para outro, mas os apontados abaixo são os mais comuns nos cassinos e sites de pôquer *online*.

Valor	Cor
1	Branca
2	Amarela
5	Vermelha
10	Azul
20	Cinza
25	Verde
50	Laranja
100	Preta
250	Rosa
500	Roxa
1.000	Vinho
2.000	Azul claro
5.000	Marrom

1. O termo "jack", em inglês, significa "valete", e o "pot" se refere ao total das apostas em jogo. Posteriormente, o termo "jackpot" tomou a conotação de "sorte grande", "prêmio", e em alguns lugares, é usado para denominar as máquinas caça-níqueis (slot machines) ou suas combinações rentáveis (N. do T.).

Sequência do Jogo

Uma vez feitas as apostas compulsórias, normalmente com todos adicionando um "pingo" (*ante*) à mesa, o carteador distribui cinco cartas para cada jogador, todas viradas para baixo. Começa a rodada de apostas, desde que um jogador possua um par de valetes ou combinação superior. Depois da rodada de apostas, os jogadores que permanecem na briga pelo total na mesa podem trocar as cartas indesejadas - cujo número é previamente limitado - por outras restantes no baralho. Depois do descarte, há uma segunda rodada de apostas, e então a mão se conclui. Um jogador que faz uma aposta que não é bancada por nenhum oponente, seja na primeira ou na segunda rodada de apostas, vence a mão, e não precisa mostrar suas cartas. Se dois ou mais jogadores igualam apostas até o final, eles abrem suas cartas no *showdown*, e a melhor mão vence.

♠ Pingos ♣

O pôquer fechado requer que todos os jogadores "pinguem" um valor simbólico para que haja um valor mínimo a ser disputado na mesa, correspondendo a contribuição de cada, em geral, a um valor entre 10 e 20 por cento da aposta mínima permitida. Em um jogo de apostas de valor fixo de 25/50, por exemplo, no qual a aposta mínima é de 25 fichas na primeira rodada e 50 na segunda, um pingo usual seria de 5 fichas.

Uma alternativa ao sistema de pingos para instigar a criação de um valor em disputa a cada mão é fazer com que o carteador (*dealer*) contribua com uma quantia determinada, em vez de todos os jogadores, desde que a função de carteador varie de forma fixa e regular, sem oscilação do valor estipulado e com cada jogador atuando como carteador o mesmo número de vezes que os demais durante a sessão. Essas convenções se aplicam ao jogo ao vivo, ao passo que, na versão *online* do pôquer fechado, o usual é o sistema de "escuros" (*blinds*), pelo qual os dois jogadores imediatamente à esquerda do carteador fazem apostas compulsórias, às cegas, antes da distribuição das cartas, conhecidas como "escuro menor" (*small blind*) e "escuro maior" (*big blind*), respectivamente.

O PINGO

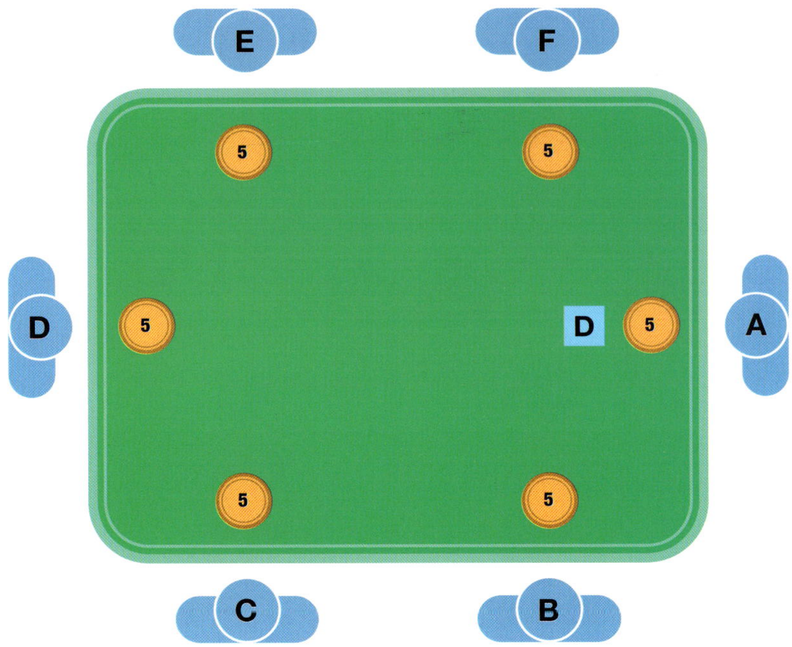

Acima: Neste exemplo de jogo fechado de limite fixo 25/50, cada jogador deve "pingar" 5 fichas para que haja algum valor a ser disputado (*pot*). Depois da distribuição das cartas, os jogadores podem apostar e repicar em 25 fichas, sempre. Durante a segunda rodada, as apostas e repiques passam a ser de 50 fichas.

♠ A distribuição das cartas (*deal*)

Depois que as cartas são embaralhadas e cortadas, o carteador designado descarta ou "queima" (*burn*) a primeira carta e então distribui as cartas a cada jogador, uma por vez, do topo do monte, em sentido horário, até que cada um fique com cinco. O restante das cartas é colocado num monte e fica pronto para ser usado na troca (*draw*) após a primeira rodada de apostas.

Em todos os jogos de pôquer, é responsabilidade do carteador (*dealer*) dirigir os procedimentos ao longo do jogo, assegurando que todos os jogadores

O descarte

Se dois ou mais jogadores igualarem apostas ao final da primeira rodada, eles então podem trocar cartas para melhorar sua mão. No sentido horário, cada jogador pode trocar até três cartas, viradas para baixo, pedindo ao carteador o número equivalente para substituir as descartadas; este deve, então, queimar a primeira carta do monte antes de começar a distribuir as novas cartas, para evitar que alguém tire proveito do reconhecimento da primeira carta, por qualquer motivo. Feito o descarte pelo primeiro jogador, o próximo que ainda estiver no jogo fará a sua opção de troca. Este processo continua até que todos os jogadores competindo troquem suas cartas, e então a segunda rodada de apostas pode se iniciar.

atuem na sua vez, apostem as quantias corretas e tenham ciência das regras. E como acidentes acontecem, se qualquer carta é revelada sem querer, durante a distribuição das cartas, é comum declarar a mão anulada (*dead*). Ocorrido qualquer incidente na distribuição, as cartas devem ser recolhidas pelo carteador, embaralhadas e cortadas novamente, sendo então redistribuídas, sem "pingos" ou "escuros" adicionais.

♠ Início as apostas ♣

A oportunidade de apostar passa pela mesa no sentido horário, começando com o jogador à esquerda do carteador. Todos os jogadores que não preencherem o requisito do par de valetes devem pedir mesa (*check*), mas aquele que tiver tal par ou combinação superior (*jacks or higher*) pode escolher entre pedir mesa ou fazer a primeira aposta. No jogo original do sistema *jackpot*, o primeiro jogador a declarar ter o par de valetes ou uma mão melhor era obrigado a fazer a aposta inicial, mas esta regra logo caiu em desuso e é raramente aplicada. Uma vez feita a aposta inicial, os demais jogadores podem decidir entre correr (*fold*), pagar (*call*) ou repicar (*raise*). Se ninguém faz a aposta inicial, a mão é cancelada e o valor da mesa continua no centro, devendo os jogadores somar a ele novos pingos, para a distribuição de outra mão. Evidentemente, se não houver a iniciativa nas apostas, mesmo com o requisito dos valetes ou mão melhor preenchido por um dos jogadores, um jogo entre pessoas por demasiado cautelosas pode ser sufocante e sem ação.

A DISTRIBUIÇÃO DAS CARTAS

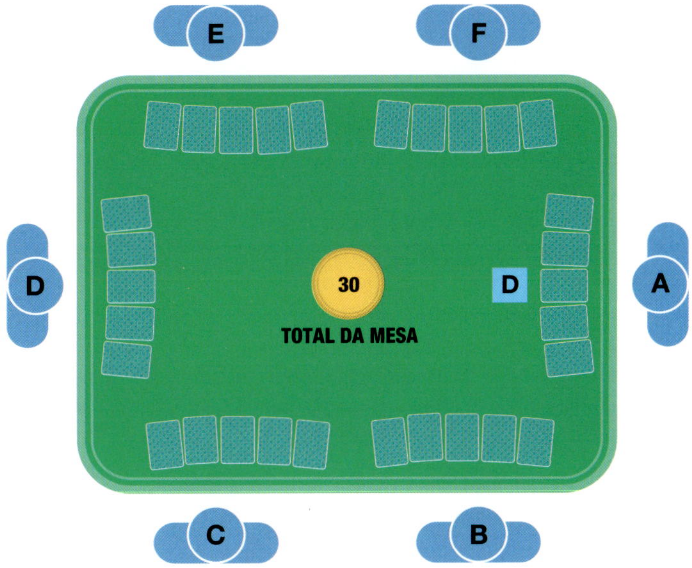

INICIO DAS APOSTAS

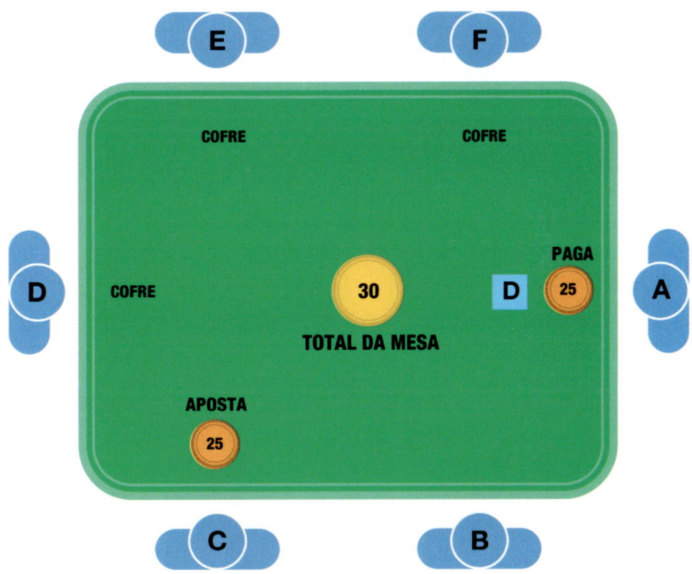

À direita, acima: Depois do pagamento dos pingos, o carteador descarta ou "queima" (*Burns*) a primeira carta do monte antes de distribuir as cartas, viradas para baixo e uma por vez, para cada jogador, até que todos tenham cinco.

À direita: Depois da distribuição das cartas, o jogador à esquerda do carteador – jogador B – é o primeiro a agir, mas tem de pedir mesa, porque não tem um par de valetes ou combinação superior. A opção então passa ao jogador C, que, com um par de reis, inicia as apostas, com 25 fichas. Os jogadores D, E e F correm, mas o carteador, o jogador A, iguala a aposta. A vez agora é do jogador B, que decide correr.

JOGADOR A

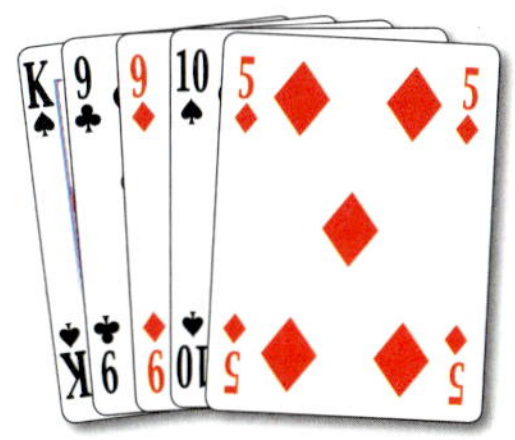

JOGADOR B

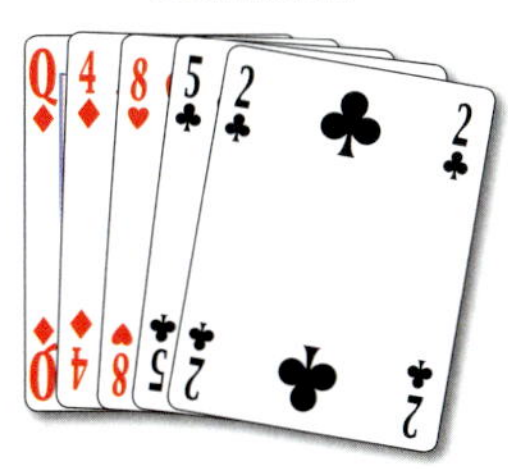

JOGADOR C

A Rodada Final de Apostas

O jogador que tiver feito a aposta inicial será o primeiro a agir na segunda rodada e terá a opção de correr (*fold*), pedir mesa (*check*) ou apostar (*bet*). Se todos os jogadores pedirem mesa, então cada um revela sua mão para que se determine o vencedor. Se um jogador aposta, os outros devem decidir se correm, pagam (*call*) ou repicam (*raise*); quando nenhum dos oponentes iguala ou aumenta a aposta, aquele que apostou vence a mão, e não precisa revelar suas cartas. Mas se um ou mais oponentes pagarem a aposta, então todos os que o fizerem devem mostrar suas cartas para ver quem tem a melhor mão.

♠ A abertura das cartas (*showdown*) ♣

Há algumas convenções tipicamente aplicadas à abertura das cartas (*showdown*), após a segunda rodada de apostas de cada mão. Se nenhum jogador aposta, e todos pedem mesa (*check*), então os participantes deverão, um a um, mostrar suas cartas, começando pelo jogador que abriu a primeira rodada de apostas (*opener*). Em sentido horário, ao redor da mesa, todas as mãos são, então, reveladas, uma por vez, e a mão vencedora é prontamente identificada. Se houver acontecido alguma ação durante a segunda rodada, e uma aposta ou repique tiverem sido feitos e pagos, então aquele que apostou ou repicou nesta rodada é quem deve

JOGADOR A JOGADOR C

À direita: O jogador C não consegue melhorar seu par de reis e faz a aposta mínima de 50 fichas, que é paga pelo jogador A, cuja mão melhorou, apresentando agora uma trinca de noves. O jogador A poderia ter repicado (*raised*), pois uma trinca é uma mão forte no pôquer fechado, mas pagar é uma opção mais segura. O jogador C foi quem abriu a aposta e tem um par superior ao de noves que o jogador A tinha originalmente, que poderia ter sido melhorado com uma trinca, o que não ocorreu.

O DESCARTE

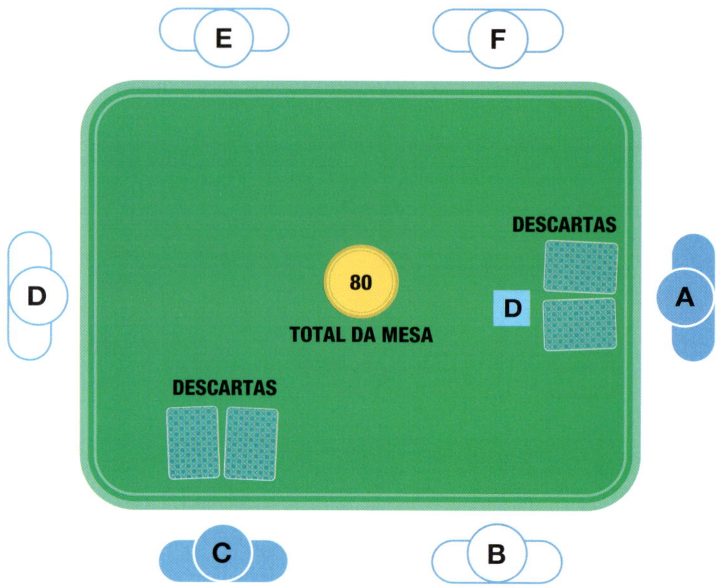

JOGADOR A JOGADOR C

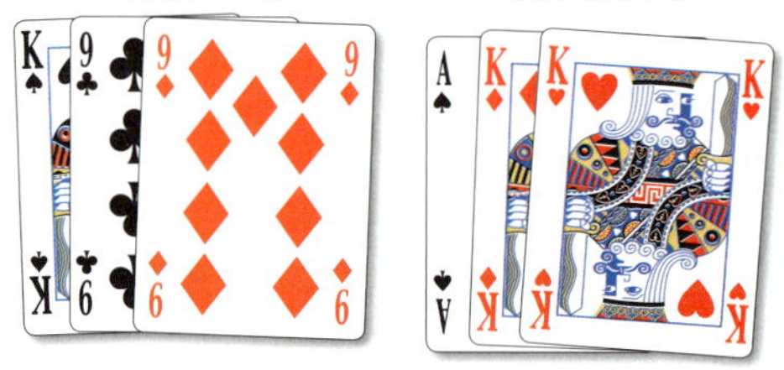

Acima: Como o jogador A é o carteador (*dealer*), o jogador C é o primeiro a trocar cartas. Conservando o par de reis e o ás como desempate (*kicker*), ele troca as duas cartas remanescentes e recebe duas cartas novas. O jogador A faz a mesma coisa, segurando o par de noves e o rei.

RODADA FINAL DE APOSTAS

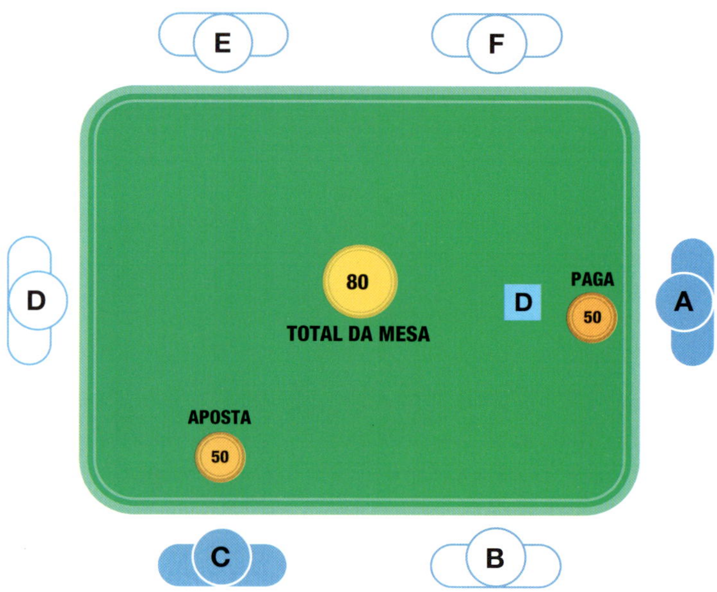

revelar suas cartas primeiro. Nesta situação, muitos dos jogadores que bancaram a aposta relutam em revelar suas cartas quando sabem que perderam, o que priva os oponentes de qualquer dica ou pista sobre as estratégias de aposta empregadas ou a qualidade das mãos em que se basearam. Embora este seja um procedimento legítimo, a maioria dos guias de pôquer sugere que todas as mãos competindo pela mesa devem ser reveladas no *showdown*, se qualquer um dos jogadores envolvidos assim requisitar. Para evitar discussões, os jogadores podem combinar de mostrar suas mãos simultaneamente. Finalmente, vale a regra do que as cartas mostram (*cards speak*), pois, embora os jogadores, em geral, anunciem o que têm em mãos, tal regra restringe a possibilidade de que alguém vença – ou perca – por declarar de modo equivocado o valor de sua combinação de cartas.

♠ Variantes similares ♣

Embora a variante *jackpot* seja como a forma mais praticada de pôquer fechado, há inúmeras outras variações jogadas ao redor do mundo. Na Califórnia, por exemplo, muitos jogadores adicionam ao jogo um coringa (*joker*), comumente chamado de "*bug*", para fazer um baralho de 53 cartas. O coringa pode valer como um ás ou uma quinta carta para formar uma sequência, um *flush* ou um *straight flush*, pelo que tem um valor limitado. É possível também obter com o coringa um quinteto de ases (*five of a kind, aces*), que, nesta variante, vale mais que a sequência real; esta mão especial, porém, vale apenas com ases, não sendo possível tentar formá-la com outras cartas.

Fora da Califórnia, há outras variantes de jogo fechado de cinco cartas com coringas, nas quais este não tem restrições, podendo representar qualquer carta. De forma similar, há variantes que utilizam os 2 (*deuces*) como coringas, de modo que as quatro cartas deste valor se tornam especiais, com os quintetos (*Five of a kind*) se transformando na combinação mais forte possível. O uso de múltiplos coringas (*wild cards*) em um jogo pode melhorar as chances de combinações possíveis, o que, por sua vez, aumenta a atividade das apostas.

♠♣♥♦♠♣♥♦♠♣♥♦ Mão mantida (*pat hand*) ♠♣♥♦♠♣♥♦♠♣♥♦

Diz-se, do jogador que não se utiliza do descarte, que este tem uma "mão imutável" (*pat hand*), sendo a decisão de não trocar cartas conhecida como "manter a mão" (*stand pat*). Evidentemente, os jogadores que tomam esta decisão fazem pressupor que possuem uma mão muito forte, desencorajando as apostas dos oponentes. Mãos muito boas, portanto, podem, de certa forma, significar um ganho baixo. Entretanto, manter a mão pode se apresentar como uma opção viável de blefe, que pode permitir que se vençam algumas mãos com cartas fracas. Ou, melhor ainda, se um jogador é pego utilizando este blefe, aumenta a possibilidade de que os oponentes paguem para ver uma nova mão mantida, que, se de fato for poderosa, será paga por mais oponentes e renderá mais.

À esquerda: Um jogador deve esperar receber uma mão como esta sequência de valete maior (*J-high straight*) apenas em uma a cada 255 distribuições de cartas. Embora não seja a melhor mão possível, é forte o bastante para que um jogador a mantenha (*stand Pat*), recusando-se a trocar cartas, ficando com sua "mão imutável" (*pat hand*).

Acima: Considerando que o jogador A pagou a aposta do jogador C, a mão é concluída com ambos revelando suas cartas no *showdown*. O jogador A leva o total da mesa, 180 fichas, com três noves, batendo o par de reis do jogador C. Vale a pena notar que ambos conservaram seus pares e trocaram apenas duas cartas, e não três, mesmo tendo tal oportunidade. Manter apenas duas cartas revelaria claramente aos oponentes a posse de um simples par.

Pôquer Aberto de Cinco Cartas

Apesar do sucesso do pôquer fechado (*draw poker*) como um popular jogo de apostas ao longo do século XIX, não demorou muito para que os jogadores elaborassem uma variação para aumentar sua atratividade. O jogo aberto de cinco cartas (*5-card-stud*) surgiu para compensar as deficiências apontadas no pôquer fechado por aqueles que consideravam que o jogo original oferecia muito poucas informações para sustentar estratégias de apostas. O pôquer aberto, no qual os jogadores recebem a maioria de suas cartas visíveis para todos, resolvia este problema. Além disso, o jogo envolvia quatro, e não duas rodadas de apostas, o que representava a possibilidade do investimento de quantias cada vez maiores, uma vez que os jogadores poderiam avaliar melhor o valor relativo das mãos dos oponentes ao longo das partidas.

♠ Origens do jogo ♣

A primeira menção ao jogo aberto de cinco cartas aparece na versão de 1864 do famoso guia de jogos de carta de Hoyle, o que leva a crer que tenha surgido praticamente junto com o pôquer fechado, durante a Guerra Civil americana. Originária dos estados de Ohio, Illinois e Indiana, esta variante cresceu em popularidade entre os jogadores que consideravam o pôquer fechado sufocante demais e pouco propício à implementação de estratégias sutis de apostas. O aumento do número de rodadas de apostas e a exposição das cartas durante o jogo deram origem a uma modalidade que encorajava os jogadores a permanecer envolvidos, o que levava a apostas totais (*pots*) mais altas, pelas quais compensava competir. No pôquer fechado, apostas totais altas demandavam, em geral, que os "pingos" (*antes*) fossem maiores, um fator desencorajador para os jogadores que não desejavam arriscar seu dinheiro antes de ver suas cartas.

Apesar das inovações apresentadas pela nova variante, para implementar estratégias viáveis de apostas e blefes, o jogo aberto de cinco cartas começou a declinar em popularidade após uma decisão do procurador-geral da Califórnia, em 1910. Ele declarou o *5-card-stud* um jogo de azar, e, portanto, ilegal, enquanto o pôquer fechado era tido como um jogo de habilidade, e não teve problemas com as amplas restrições aos jogos de apostas. Embora o jogo aberto de cinco cartas continuasse a ser praticado, começou a ser visto como um jogo mecânico, ao qual faltava dinamismo, pelos jogadores que já haviam absorvido as estratégias básicas e conservadoras requeridas para diminuir as possibilidades de

Abaixo: Três jogadores de pôquer em Ohio, em meados de 1870. O pôquer fechado havia se tornado um jogo diferente de suas origens europeias da metade do século XIX, porém, na época em que a fotografia foi tirada, o pôquer aberto de cinco cartas também crescia em popularidade.

♦♠♣♥♦ "A Mesa do Diabo" (*The Cincinnati Kid*) ♠♣♥♦♠

O famoso *showdown* retratado em *A Mesa do Diabo* (*The Cincinnati Kid*, 1965) ocorre em um jogo aberto de cinco cartas com apostas altas, estrutura que se presta à construção da atmosfera dramática requerida pela cena, requisito que o pôquer fechado não poderia oferecer. Eric Stoner, interpretado por Steve McQueen, tem um ás como carta pessoal oculta (*hole card*) e um par de 10 à mostra, quando aposta US$ 1.000,00, ao que seu oponente imediatamente aumenta em outros US$ 1.000,00, possuindo, à mostra, uma dama e um 8 de ouros. Lancey Howard, interpretado por Edward G. Robinson, também tem um valete de ouros, mas está tão atrás no jogo, que, segundo a maioria dos comentaristas, deveria ter corrido. Stoner paga, e o total da mesa chega a US$ 25.000,00; então, no *showdown*, Stoner, o ávido novato da vizinhança, exibe um *Full House*. Mas de forma notável, a sorte do mestre do pôquer entra em cena, e Howard mostra um *straight flush* de dama-maior (Q, J, 10, 9 e 8 de ouros), levando o prêmio, mantendo seu *status* de "O Cara" e destruindo as ambições do jovem desafiante.

derrota. Foi só a partir da década de 1950 que o pôquer aberto retomou sua popularidade, superando o pôquer fechado, mas já era a variante de sete cartas (*7-card-stud*) a mais prestigiada, e não a tradicional versão de cinco cartas.

♠ Número de jogadores ♣

Como não há possibilidade de troca de cartas, e pode-se esperar que muitos jogadores corram antes das rodadas posteriores de apostas, o pôquer aberto de cinco cartas comporta até dez jogadores, com um único baralho. O jogo é caracterizado pela qualidade médio-baixa das mãos vencedoras, que, aliada a uma estratégia de apostas disciplinada, pode levar a partidas tediosas e maçantes, se houver cinco ou menos jogadores. Por esta razão, os jogadores mais experientes de *5-card-stud poker* preferem jogos envolvendo entre oito e dez participantes, pois, com mais cartas em jogo, melhores mãos podem se formar, o que em geral aumenta o valor dos confrontos de apostas, que são a essência do pôquer.

Acima à direita: Karl Malden (ao centro) dá as cartas, enquanto Steve McQueen e Edward G. Robinson se enfrentam num jogo “mano a mano” (*heads-up*) de pôquer aberto de cinco cartas, em *A Mesa do Diabo* (*The Cincinnati Kid*). Embora dois jogadores possam jogar, há mais ação e competitividade quando disputam de oito a dez participantes em uma mesa.

À direita abaixo: *Uma Mão Vitoriosa* (*A Winning Hand*), uma gravura sobre pôquer datada do final do século XIX, quando o jogo aberto de cinco cartas começava a rivalizar com o pôquer fechado pelo status de jogo mais popular. A variante aberta é menos comumente jogada hoje, como se depreende da sua ausência em torneios da WSOP, embora uma variação específica deste jogo, chamada Sökö, seja muito popular na Finlândia. O termo deriva da expressão “Mina Sökötan”, que significa, em finlandês, “peço mesa” (*I check*).

Ao lado: Estas antigas fichas de pôquer, feitas em marfim, podem não ser do gosto de todos, mas a popularidade do jogo levou a um *boom* nas vendas de conjuntos de fichas que, junto com um baralho, constituem o equipamento básico requerido para o jogo. Hoje em dia, as fichas de maior qualidade são feitas de cerâmica ou, mais usualmente, de plástico pesado e durável.

Sequência do Jogo

Assim como em todas as outras variantes, o pôquer aberto de cinco cartas (*5-card-stud*) começa com o carteador embaralhando e cortando as cartas, e então, tipicamente, todos os jogadores "pingam" (*ante up*) um valor simbólico para garantir o prêmio mínimo da mesa. Os jogadores recebem uma carta cada um, virada para baixo, que é sua primeira carta pessoal (*hole card*), e depois uma outra, virada para cima, antes do início da primeira rodada de apostas. Aqueles que pagam para permanecer no jogo recebem uma terceira carta, também virada para cima, e então ocorre nova rodada de apostas. Se ainda houver competidores, uma quarta carta é distribuída a cada um deles, também virada para cima, antes do início de uma nova rodada de apostas, na qual o valor mínimo, geralmente, dobra. Se uma quinta carta é necessária para decidir a mão, cada um dos competidores a recebe, também virada para cima, ao que tem lugar a rodada final de apostas. A mão é vencida por qualquer jogador que faça uma aposta que não seja igualada por nenhum outro, em qualquer uma das rodadas de apostas, ou, havendo um *showdown*, sai vitorioso aquele que tiver a melhor combinação de cartas, incluindo sua carta oculta. Importante mencionar que cada jogador que corre, ao longo da mão, deve virar suas cartas todas para baixo para indicar que elas não estão mais valendo para a disputa do *pot*.

♠ O pingo e a distribuição das cartas ♣

Antes da distribuição das cartas (*deal*), é costumeiro que cada jogador "case" ou "pingue" um valor simbólico (*ante*) para garantir um valor mínimo a ser disputado e confirmar sua intenção de participar da mão. Em um jogo aberto de cinco cartas com apostas fixas em 25/50, o pingo é normalmente de 5 ou 10 fichas, para gerar um *pot* inicial digno, sobretudo se há muitos jogadores competindo, como oito ou dez. Para

OS PINGOS

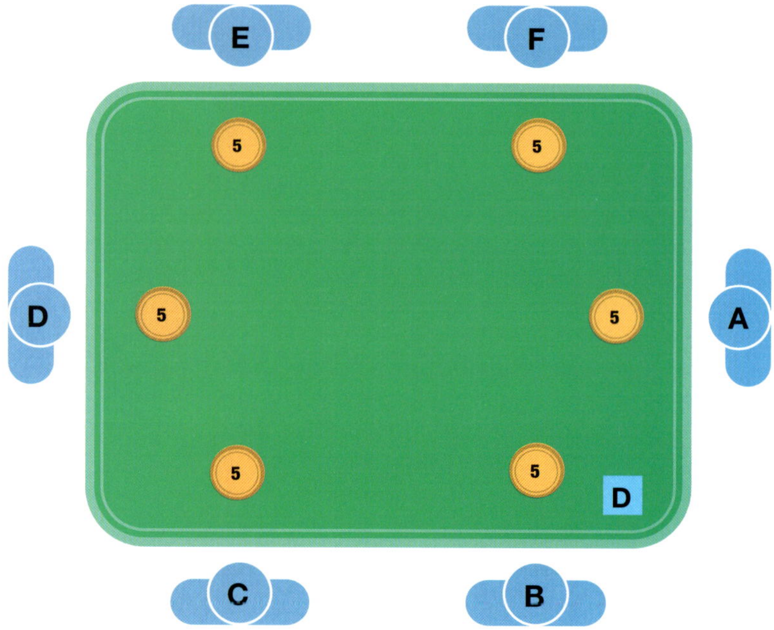

Acima: Neste exemplo, as apostas para as duas primeiras rodadas são de 25 fichas e as das duas últimas, de 50 fichas. Antes, porém, todos os jogadores devem pingar, a um valor simbólico ajustado, aqui, em 5 fichas, para participar do jogo. Só então o carteador (*dealer*), jogador B, pode distribuir as cartas.

A DISTRIBUIÇÃO DAS CARTAS

À direita: Uma vez que os pingos tiverem sido pagos, o carteador queima – descarta – a primeira carta do monte, e então distribui uma carta virada para baixo para cada jogador, um por vez, seguida por uma outra, virada para cima, conhecida como "carta de entrada". O jogador E, que tem uma dama, é compelido a fazer a aposta compulsória, por ser o detentor da maior carta à mostra.

iniciantes, indicam-se jogos de apostas baixas e limites de aposta fixos até que se compreendam todas as nuances do pôquer aberto. Entretanto, como bons jogadores assimilam logo as regras e as estratégias sólidas dessa variante de jogo, logo os jogos de apostas baixas e fixas pode se tornar monótono. Reconhece-se, então, que o jogo aberto de cinco cartas é muito melhor que outras variantes quando jogados com apostas ilimitadas ou de limites altos. Tais estruturas de apostas oferecem aos jogadores a oportunidade de fazer apostas maiores, em relação ao valor total da mesa (*pot*), estimulando um jogo criativo. Estratégias de apostas agressivas e blefes costumam funcionar melhor quando os oponentes percebem que, para pagá-los, têm de apostar tudo o que têm (*all-in*).

♠ O início das apostas ♣

Após a distribuição das primeiras duas cartas, o jogador que possui a maior carta virada para cima, conhecida como "carta de entrada" (*door card*), tem de fazer uma aposta inicial, compulsoriamente. Esta pode ser fixada no limite mínimo de apostas ou, assim como o "pingo", ter um valor simbólico, abaixo da aposta mínima. Usando, uma vez mais, o exemplo do jogo de apostas limitadas em 25/50, isto significa que a aposta inicial deve ser de 25 fichas ou, para facilitar para o primeiro apostador, reduzida a 10 fichas. Em seguida, começando com o jogador imediatamente à esquerda do apostador inicial, os outros jogadores devem decidir entre correr (*fold*), pagar (*call*) ou aumentar (*raise*) a aposta. Se a aposta inicial compulsória – a "abertura" (*bring-in*) – for de 10 fichas, é possível que os jogadores paguem essa quantia ou aumentem para o valor mínimo da mesa, de 25 fichas, o que é conhecido como "completar a aposta" (*completing the bet*), conforme as vezes se alternam ao redor da mesa. Se dois ou mais jogadores possuírem cartas de entrada de igual valor, a abertura será feita pelo primeiro à esquerda do carteador.

Acima: A proposta do pingo, no pôquer, é criar um valor mínimo da mesa (*minimum pot*) pelo qual os jogadores podem competir, para estimular seu interesse em participar da mão, garantindo que já há um pequeno investimento feito por todos. É também um mecanismo útil para garantir que jogadores cautelosos e relutantes em arriscar suas fichas as vejam diminuir aos poucos até terminarem, a menos que tentem ativamente vencer uma rodada vez ou outra.

INÍCIO DAS APOSTAS

A direita: Na condição de jogador com a maior carta de entrada, o jogador E aposta 25 fichas com sua dama. Os demais jogadores, começando pelo jogador F, devem decidir se correm, pagam os 25 ou aumentam a aposta, colocando 50 fichas no centro da mesa. O jogador F corre, o jogador A paga, e então os jogadores B e C correm. Por fim, o jogador D paga as 25 fichas e a primeira rodada de apostas está concluída.

A Terceira Carta (*Third Street*)

Ao final da primeira rodada de apostas, os jogadores que permanecerem envolvidos na disputa recebem sua terceira carta, também virada para cima. Com a "terceira rua" (*third street*), como é conhecida esta carta, já há informação suficiente para os jogadores começarem a avaliar suas chances de vitória. Considerando um jogo entre seis competidores, no qual todos estejam ainda participando neste ponto da partida, cada jogador terá visto 13 das 52 cartas, o que representa um quarto do baralho. São as 12 cartas distribuídas viradas para cima e mais a carta pessoal (*hole card*), virada para baixo, que só é conhecida pelo jogador que a detém. Possuir um par alto, neste estágio do jogo, normalmente é vantajoso, sobretudo se a carta pessoal é que completa o par com uma das cartas viradas para cima. Se o par é formado pelas duas cartas viradas pra cima, então a força da mão está totalmente à vista. A aposta inicial dessa rodada é feita pelo jogador que possui a melhor combinação de cartas expostas, e, uma vez mais, havendo empate entre um ou mais jogadores, a honra recai sobre o primeiro deles à esquerda do carteador (*dealer*). Diferentemente do que acontece na primeira rodada, a partir da *third street*, nenhum jogador é compelido a apostar, podendo todos os competidores pedir mesa, se lhes for conveniente, antes de receber a quarta carta. Na maioria dos jogos de pôquer aberto com limite fixo de apostas, a aposta mínima dobra nas duas últimas rodadas de aposta, com relação ao valor das duas primeiras. Contudo, se um par aparece, na *third street*, formado pelas cartas abertas de um jogador, esse pode, desde logo, dobrar o valor da aposta mínima, protegendo sua mão vantajosa contra jogadas meramente especulativas, ao fazer com que fique mais caro prosseguir jogando.

♠ A quarta e a quinta cartas (*fourth and fifth streets*) ♣

Completada a rodada de apostas na *third street*, uma quarta carta é distribuída a cada jogador ainda envolvido na mão, virada para cima, após a qual o jogador que possua a melhor combinação de cartas visível ganha a opção de apostar antes. A rodada final de apostas ocorre quando a quinta carta é distribuída, momento em que todos os jogadores terão cinco cartas – quatro abertas e uma virada para baixo, conhecida somente por seu detentor. A iniciativa da aposta, uma vez mais, é

TERCEIRA CARTA

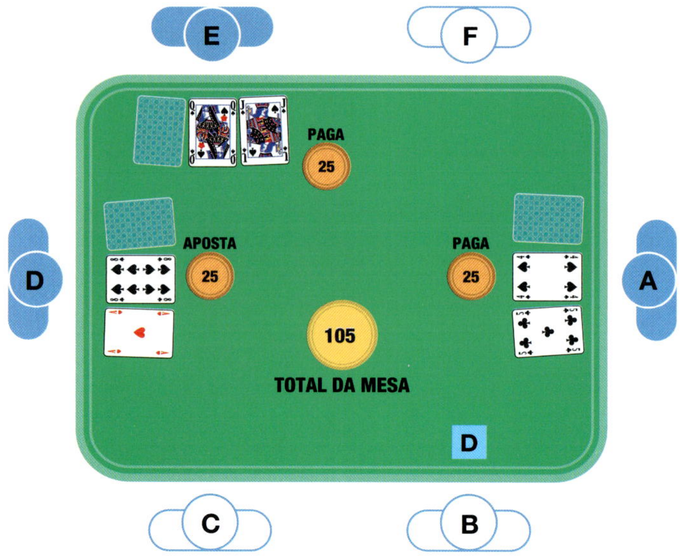

Acima: Os três jogadores restantes agora recebem uma terceira carta, virada para cima, antes da próxima rodada de apostas. Com um ás de copas à mostra, o jogador D é o primeiro a jogar nesta rodada, mas qualquer aposta é opcional, pelo que ele pode decidir pedir mesa (*check*). Porém, no exemplo, o jogador D aposta 25 fichas e ambos os oponentes igualam a aposta.

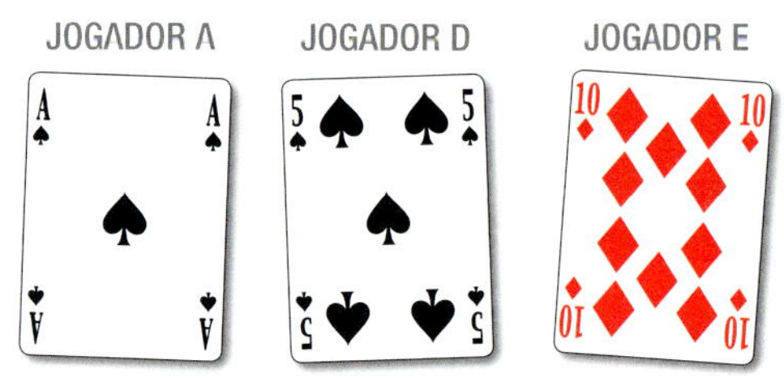

QUARTA CARTA

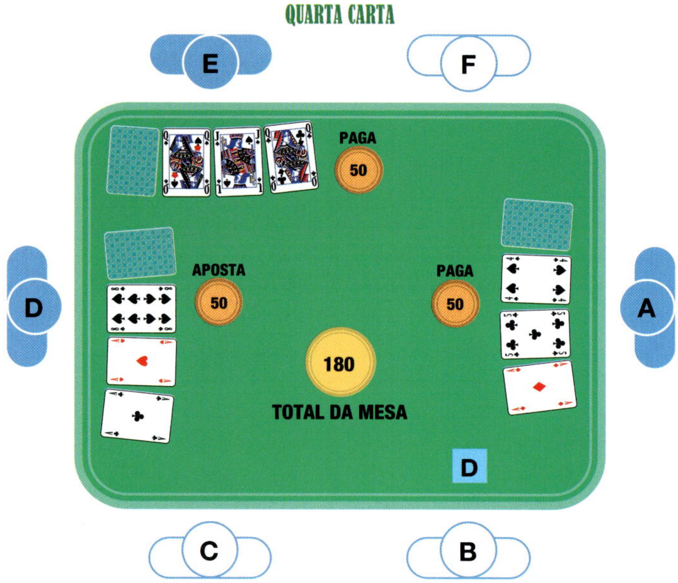

Acima: Na quarta carta (*fourth street*), o valor das apostas agora dobra, e o jogador D tem à mostra um par de ases, superior ao par de damas do jogador E, e, portanto, novamente é o primeiro a jogar. Ele aposta 50 fichas, confiantes de que seu par de ases lidera, mas tanto o jogador E quanto o A pagam, com um par de damas e ases, respectivamente.

do jogador com a melhor combinação de cartas à mostra. Obviamente, inferências feitas a partir das apostas feitas, analisadas em conjunto com as cartas à mostra, darão ao jogador uma ideia relativamente clara do que seus oponentes têm ou tentam fazer supor que têm ao longo da rodada conclusiva.

♠ A regra de ouro (*the golden rule*) ♣

Uma das razões pelas quais o pôquer aberto de cinco cartas (*5-card-stud*) sucumbiu ante a popularidade das outras variações do pôquer é o fato de que a aplicação de algumas regras estratégicas simples reduzem as chances de um grande valor total (*pot*) ser disputado no *showdown*. Em muitas ocasiões, as mãos não vão além da terceira carta, uma vez que a perspectiva de ganho (*pot odds*) raramente justifica que os jogadores prossigam em busca de uma carta de que precisam, sobretudo quando confrontados por um par aberto pertencente a um oponente.

Está é a primeira regra para um jogo sensato: raramente compensa pagar para seguir jogando quando as duas cartas abertas de um oponente, por si sós, já são mais fortes do que as três que se tem em mãos. Jogar na expectativa de obter um *flush* ou uma sequência, com duas cartas por vir, por exemplo, é raramente aconselhável, e pode ser até mesmo estúpido se um oponente aposta com um par visível. As chances contra a obtenção do *flush* ou da sequência são normalmente muito altas, o que praticamente proíbe que se pague para continuar em um jogo de grandes apostas, sobretudo se estiver combinado que o valor das apostas mínimas dobrará nas duas últimas rodadas. Similarmente, é perigoso continuar apostando em um par aberto se um oponente com uma carta aberta de um valor maior iguala a aposta. Um jogador que tenha um par de 10 visível e uma dama como carta pessoal, por exemplo, deve ser extremamente cauteloso se, ao apostar na *third street*, um oponente que exiba um rei e um ás como cartas abertas pague ou aumente a aposta. A inferência clara é de que a carta pessoal deste jogador seja outro rei ou outro ás, e que, portanto, o par de 10 apresenta pouco perigo. Como uma aplicação disciplinada destas regras estratégicas pode ajudar um jogador a manter suas fichas, uma vez que são rapidamente assimiladas com a experiência, elas podem tornar uma sessão de pôquer aberto de cinco cartas algo mecânico e, de certa forma, pouco propício a sérios confrontos de apostas.

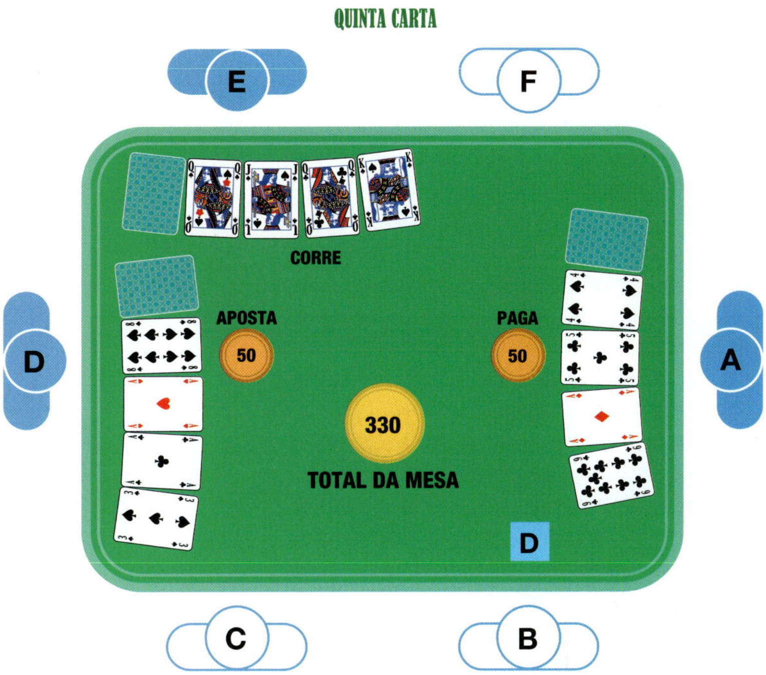

Acima: Os jogadores agora recebem a carta final (*fifth street*) e passam a ter quatro cartas abertas e uma – a carta pessoal (*hole card*) – virada para baixo, pelo que cada um pode julgar a potencial força das mãos dos oponentes. O jogador D ainda mostra a melhor mão e aposta; o jogador E, sabendo que suas damas não são suficientes, corre. O jogador A, que também tem um par de ases, paga e vence a mão no *showdown*, porque seu nove de paus é um desempate (*kicker*) maior que o oito de espadas do jogador D.

Acima: Com um ás de paus como carta de entrada (*door card*), este jogador vê que sua carta pessoal é outro ás, formando o maior par e a melhor mão inicial possível. As chances contra uma mão inicial assim são de mais de 220 contra 1, embora, no jogo aberto de cinco cartas, esta combinação represente uma forte oportunidade de vencer a mão.

Pôquer Aberto de Sete Cartas

Uma vez aprendida pelos jogadores todas as nuances do pôquer aberto de cinco cartas, não demorou para que surgisse uma versão de sete cartas (*7-card-stud*). Mais cartas e mais rodadas de apostas geraram mais interesse nesta variação de jogo aberto, que logo deixou para trás sua precursora de cinco cartas, em termos de popularidade. Do começo do século XX até o fim da Segunda Guerra Mundial, durante a qual o jogo era amplamente difundido entre os soldados americanos, o *7-card-stud* logo ganhou a reputação de uma variante de pôquer altamente desafiadora, porém lucrativa. Depois da guerra, os jogadores de Las Vegas também foram cativados pela nova modalidade, e, desde então, até a década de 1980, ela era jogada duas vezes mais do que todas as outras variações juntas, nos cassinos de Nevada. Somente nos últimos 30 anos o *Texas Hold'em* conseguiu desafiar o *7-card-stud* como principal variante de pôquer.

♠ Desenvolvimento do jogo ♣

O jogo aberto de sete cartas, também conhecido por "Pedro sete-dedos" (*seven-toed Pete*) ou "rio abaixo" (*down the river*), é considerado por muitos como a variação quintessencial do pôquer. Com cada jogador recebendo sete cartas no total, para formar uma mão com as cinco melhores, sendo quatro viradas para cima e três viradas para baixo, o jogo combina aspectos do pôquer aberto e fechado. Há cartas visíveis suficientes em circulação para dar aos jogadores ideias claras sobre as mãos dos oponentes, o que favorece aqueles que relutam em apostar às cegas. Entretanto, como cada jogador recebe três cartas pessoais viradas para baixo, há espaço também para táticas e para a formação de mãos verdadeiramente fortes, longe dos olhos atentos dos demais competidores. Além disso, há cinco rodadas de apostas para negociações, pelo que até mesmo um jogo de apostas baixas entre jogadores conservadores pode gerar bastante ação nas apostas e dinheiro alto. A chave para jogar bem o *7-card-stud* é, como sempre, monitorar as probabilidades em constante modificação de se receber a carta ou as cartas necessárias para melhorar sua própria mão e vigiar de

Acima: Soldados americanos tiram um tempo para jogar pôquer, um passatempo que naturalmente se infiltrou na cultura militar desde a época da Guerra Civil Americana. No período da Segunda Guerra Mundial, o *7-card stud* era o jogo preferido da maioria dos recrutas, o que contribuiu para a construção do seu status de variante mais popular no período pós-guerra.

O NÚMERO DE JOGADORES

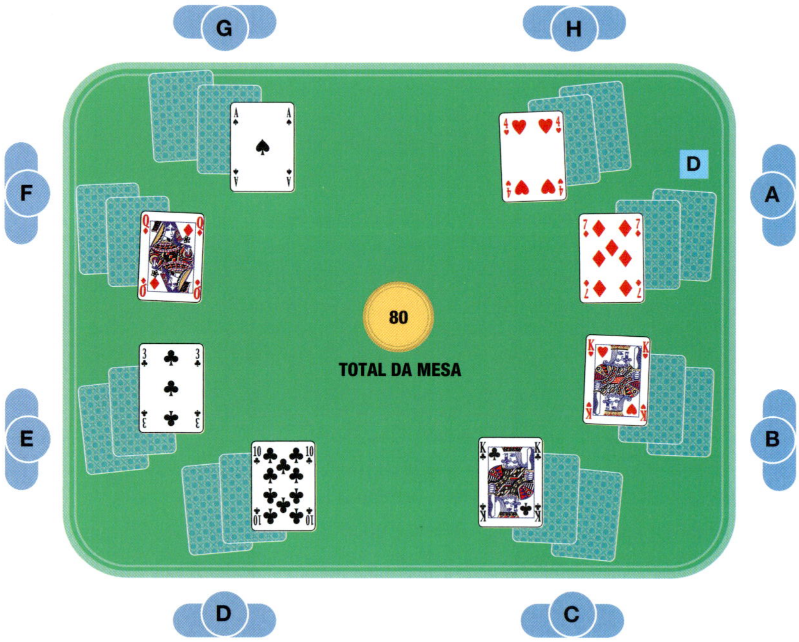

Acima: Até oito jogadores podem jogar o pôquer aberto de sete cartas, e é comum que os cassinos e salões de jogos cuidem para que esse seja o limite de competidores por mesa. Em um jogo típico, vários jogadores já terão desistido de suas mãos quando da realização das rodadas de apostas posteriores, o que faz com que o baralho simples raramente corra o risco de não ser suficiente para que se complete uma partida. Esta ilustração representa a posição após a distribuição inicial de cartas, quando os jogadores recebem três delas, sendo duas viradas para baixo e uma virada pra cima. Cada um "pingou" (*anted*) 10 fichas para formar a mesa, e a aposta de abertura (*bring-in bet*) deverá ser feita pelo jogador E, que possui a carta de entrada (*door card*) mais baixa.

perto as cartas à vista, memorizando também as pertencentes aos jogadores que já saíram da rodada. Embora seja difícil de dominar, o pôquer aberto de sete cartas é muito atraente, por ser um jogo bastante desafiador e que recompensa a aplicação de todas as habilidades do pôquer em um nível impossível no jogo fechado (*draw poker*) ou aberto de cinco cartas (*5-card-stud*).

♠ Número de jogadores ♣

O *7-card-stud* é um jogo que acomoda entre dois e oito jogadores, sendo esse o limite usado nos cassinos e clubes, por ser o máximo de competidores que um só baralho pode comportar. Embora os jogadores possam receber até sete cartas, a possibilidade de o baralho se esgotar durante uma mão é remota, pois se pode esperar que vários jogadores corram bem antes de a sétima e última carta – a carta do *river* – ser distribuída. Em jogos caseiros de apostas baixas, é provável que mais jogadores mantenham interesse na mão por mais tempo. Por isso, se há possibilidade de o baralho simples não ser suficiente para o jogo, é aconselhável limitá-lo a sete participantes.

Acima: Um jogador observa suas cartas pessoais (*hole cards*) após a distribuição de cartas, em um jogo de cassino. Note o cuidado tomado para evitar qualquer possibilidade de que um oponente as veja e ganhe informação de graça. Os jogadores frequentemente se sentam bastante perto uns dos outros, pelo que cobrir suas cartas desta maneira é recomendável.

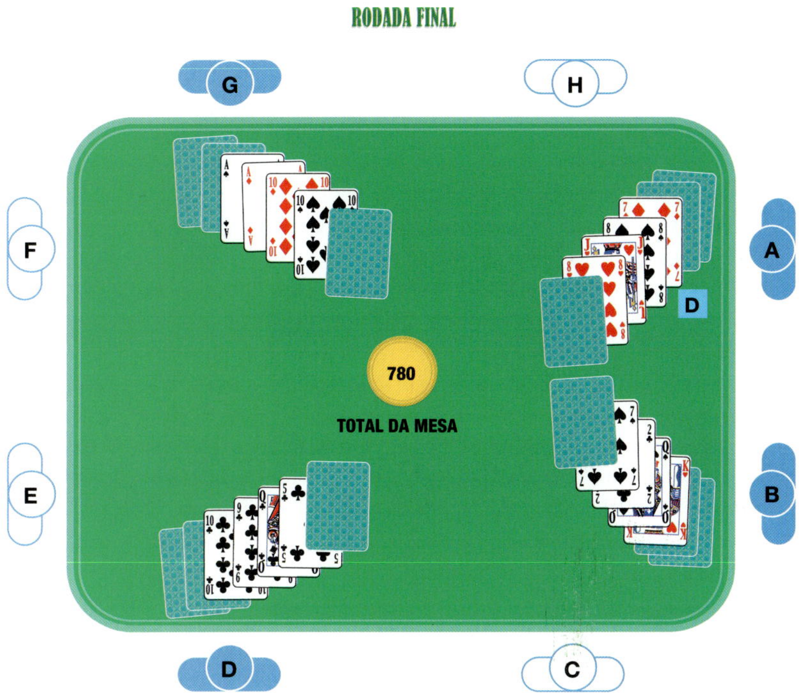

Acima: Uma cena típica logo antes da rodada final de aposta de um jogo de limite fixo 25/50, com quarto jogadores na posse de mãos completas, de sete cartas. Evidentemente, estimar o que cada jogador tem, nesta fase, com base nas cartas visíveis e no seu comportamento quanto às apostas anteriores, é um grande teste de habilidade e observação. O jogador A, por exemplo, pode ter qualquer mão forte entre um par de oitos e um *straight flush* de damas maior (*Queen-high*) de copas. O potencial das mãos dos jogadores D e G é mais facilmente reconhecível.

♠♣♦♠♣♥♦♠♣♥♦ Estruturas populares de apostas ♠♣♦♠♣♥♦♠♣♥♦

Assim como a maioria das outras variantes de pôquer, o jogo aberto de sete cartas comporta a adoção de diversas estruturas diferentes de apostas. Apostas de limite fixo (*fixed-limit*) ou limite progressivo (*spread-limit*) são as mais usadas, com os repiques (*raises*) normalmente limitados a três ou quatro por rodada de apostas, mas a estrutura de limite da mesa (*pot-limit*) também costuma ser adotada, por jogadores mais agressivos e também em jogos de torneio. A escolha da estrutura mais adequada é importante para a dinâmica do jogo, embora seja dependente das preferências e condições financeiras dos jogadores. Quanto mais baixos os limites das apostas maior a probabilidade de que mais jogadores prossigam em cada mão até o *showdown*. Limites baixos são comuns em jogos caseiros, em que a competitividade é secundária, em detrimento do entretenimento inerente ao ato de jogar. Jogadores sérios procurarão, é claro, jogos com limites muito mais altos, e os cassinos, tanto reais quanto *online*, em geral apresentam uma gama de jogos com limites diferentes, para atender a todos os gostos e temperamentos.

Sequência do Jogo

Considerando um jogo de limite fixo, todos os jogadores tipicamente contribuem com um valor simbólico, após o que o carteador distribui as cartas, uma a uma, para cada jogador, um por vez, até que todos tenham três cartas - duas viradas para baixo e uma virada para cima. Após a primeira rodada de apostas, aqueles que continuam jogando recebem uma quarta carta, virada para cima, que antecede a segunda rodada de apostas. As rodadas de apostas subsequentes seguem a quinta e a sexta cartas, que também são distribuídas viradas para cima, e, por fim, a sétima e última carta é dada, virada para baixo, para cada jogador que ainda estiver competindo. Todos os que seguirem no jogo até a abertura das cartas (*showdown*) terão, portanto, sete cartas, das quais cinco formarão a mão, sendo quatro viradas para cima e três viradas para baixo. O vencedor, como sempre, é aquele que faz uma aposta que não seja coberta por nenhum outro jogador ou aquele que exibe a melhor combinação de cinco cartas no *showdown* após a conclusão da quinta e última rodada de apostas.

Acima: As três primeiras cartas recebidas em um jogo aberto de sete cartas oferecem uma variedade de mãos iniciais que dá chances plausíveis de se tornar vencedoras. Qualquer trinca, como a de 10 vista na ilustração, representa um começo muito forte, que pode se mostrar suficiente até para vencer sem qualquer melhora posterior.

À direita: Nesse exemplo de *7-card-stud* de limite fixo, as apostas para as duas primeiras rodadas são de 50 fichas, e sobem para 100 fichas nas três rodadas finais de apostas. Mas primeiro, os jogadores devem pingar 10 fichas cada antes da distribuição das cartas. Isto lhes dá imediatamente algum prêmio pelo qual competir, que, inicialmente pequeno, pode aumentar significativamente ao longo das cinco rodadas até um eventual *showdown*.

♠ O pingo e a distribuição de cartas ♣

O valor do pingo (*ante*) dependerá dos limites estabelecidos pela casa para as apostas, mas uma quantia em torno de 20 por cento do preço da aposta mínima é a mais usual. Em um jogo de apostas fixas de 50/100, o *ante* a ser pago por jogador será, portanto, de 10 fichas. Se o pôquer aberto de sete cartas será a variante jogada ao longo de toda a sessão, é recomendado que o carteador (*dealer*) pague o total dos pingos correspondente à soma do valor que seria dado por jogador. Isso ajuda a acelerar o jogo e ninguém ficará em desvantagem, pois a função de carteador circula pela mesa a cada nova mão. Depois que o pingo está no centro da mesa, o carteador queima a primeira carta do monte e distribui uma carta por vez a cada jogador até que todos tenham três, sendo as primeiras duas viradas para baixo e a terceira, a "carta de entrada" (*door card*), virada para cima. A primeira rodada de apostas pode, então, começar.

♠ As primeiras rodadas de apostas ♣

No *7-card stud*, o jogador com a carta à mostra (a chamada entrada) mais baixa é obrigado a fazer uma aposta inicial, conhecida como "abertura" (*bring-in*). Se dois ou mais jogadores possuírem cartas baixas de mesmo valor, os naipes entram em cena, na única ocasião em que são relevantes no pôquer, com o naipe de paus sendo o mais baixo, seguido por ouros, copas e espadas. Um 2 de paus é menor que um 2 de ouros, que, por sua vez, é menor que um de copas. O valor da aposta de abertura varia de um salão de jogos para outro,

O PINGO

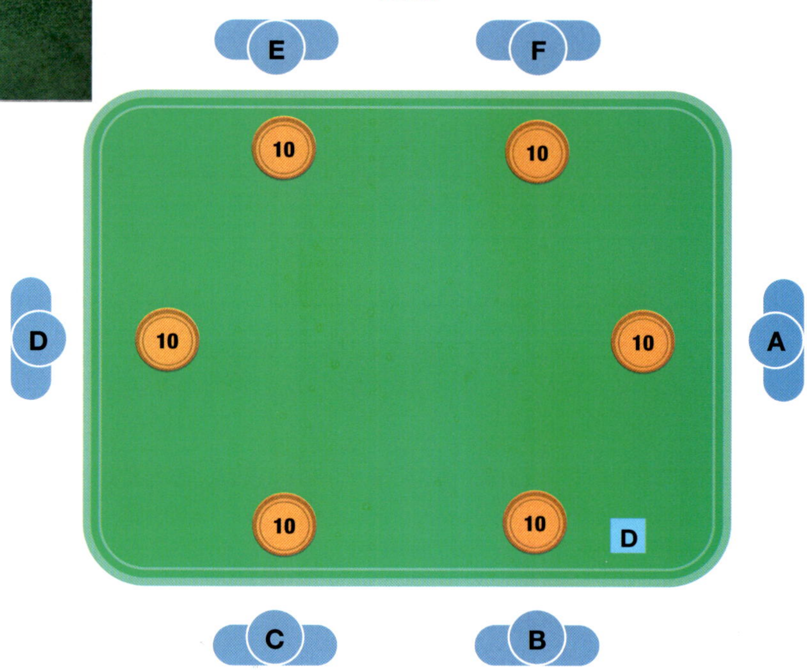

mas o normal é que corresponda ao dobro do preço do pingo. Se o pingo é de 10 fichas, a primeira aposta será de 20 fichas, ainda abaixo do valor mínimo das apostas. Estas continuam, em sentido horário, a partir do jogador sentado à esquerda daquele que pagou o *bring-in*. Tal jogador terá a opção de correr (*fold*), pagar (*call*) a entrada ou aumentar (*raise*) a aposta para o valor mínimo estipulado para as duas primeiras rodadas, que, continuando com o exemplo de jogo fixo de 50/100, será de 50 fichas. Quando isto ocorre, costuma-se dizer que o jogador "completou a aposta" (*completing the bet*), e as próximas apostas e repiques da rodada deverão ser sempre de 50 em 50 fichas. Da quarta carta (*fourth street*) em diante, o primeiro a apostar será o jogador que tiver a melhor combinação visível a todos, e a opção de pedir mesa (*check*) fica disponível a todos, se ninguém apostar. Assim como no jogo aberto de cinco cartas (*5-stud*), se um jogador possui um par revelado, por ocasião da distribuição da quarta carta, então as apostas ao longo desta rodada poderão ser dobradas para o limite máximo - 100 fichas, no exemplo dado - por qualquer jogador que ainda esteja competindo. Ter as melhores cartas à mostra, neste ponto do jogo, nem sempre implica possuir a melhor mão, mas o número de cartas visível a todos já ajuda os jogadores a estimar a força de sua própria mão e das de seus oponentes. Uma vez que os jogadores que correm virarão suas cartas abertas para baixo para confirmar sua decisão, a capacidade de lembrar as cartas que já foram distribuídas é uma habilidade que ajudará bastante o processo de avaliação das combinações possíveis ao longo da mão.

Boas cartas iniciais

Para vencer uma mão em um jogo aberto de sete cartas com oito participantes, é necessário, em geral, ter pelo menos dois pares, sendo a ocorrência de sequências, *flushes* e *full houses* comum o bastante para que seja compensador buscar tais combinações. É interessante que o jogador faça uma rápida análise de suas primeiras três cartas, para avaliar a possibilidade de ocorrência de uma mão forte o bastante para vencer. Ter uma trinca é, obviamente, benéfico, pois esta combinação pode ser suficiente para ganhar sem qualquer melhora nas cartas seguintes. Ela também pode levar oponentes segurando cartas com potencial para formar sequências e *flushes* a correr, mediante uma estratégia de apostas confiante e agressiva. Vale a pena, também, investir quando se tem pares altos (duas cartas de mesmo valor) como cartas pessoais fechadas (*pocket cards*), bem como na ocorrência de *flushes* parciais de três cartas ou sequências parciais, como 8, 9 e 10, por exemplo. É possível que quaisquer cartas venham a melhorar e possam formar uma mão vencedora, mas os exemplos dados oferecem, de longe, as melhores chances de sucesso.

A DISTRIBUIÇÃO DAS CARTAS

À esquerda: A figura mostra a posição após a distribuição das cartas (*deal*), com cada jogador tendo recebido duas cartas viradas pra baixo e uma – a carta de entrada – virada para cima. O jogador com a carta de entrada mais baixa é obrigado a fazer a aposta compulsória conhecida como "abertura" (*bring-in*), que, neste caso, é de 20 fichas – o dobro do pingo. O jogador F, que tem um 3 de copas, é, portanto, compelido a inaugurar as apostas, com as 20 fichas. Depois disso, a ação se move em sentido horário pela mesa, começando com o jogador A. Os competidores podem fugir, pagar a abertura de 20 fichas ou aumentar para o mínimo estipulado, de 50 fichas, ato conhecido como "completar a aposta".

A Quinta Carta (*Fifth Street*)

O ponto crucial no *7-card-stud* para aqueles ainda envolvidos em uma mão, é a quinta carta (*fifth street*), que é dada a cada jogador, virada para cima, iniciando a terceira rodada de apostas. Com apenas duas cartas ainda por vir, todos já devem ter uma ideia clara sobre a composição das mãos dos oponentes e se vale ou não a pena continuar apostando contra elas. Esta decisão é fundamental porque o valor da aposta, em geral, aumenta na *fifth street*, com o mínimo, para as três rodadas finais, passando a ser o dobro do aplicado nas duas iniciais. Em geral, qualquer jogador que já tem uma sequência alta ou combinação melhor na quinta casa, provavelmente, apostará modestamente, para manter os oponentes interessados. O momento para uma aposta maior, que aumentará o total em jogo (*pot*), chega na sexta carta (*sixth street*), momento em que aqueles que precisam da última carta para fazer uma mão forte ficam propensos a pagar (*call*).

♠ Aumento dos limites ♣

De um ponto de vista estratégico, este é o último momento, em um jogo de limites fixos, em que uma aposta alta pode induzir os oponentes a correr (*fold*), embora isso seja difícil de conseguir em um jogo contido, de apostas baixas. Embora o valor mínimo das apostas dobre após a quinta carta, qualquer jogador com chances realistas de compor uma boa mão dificilmente correrá diante de uma aposta, exceto se houver um ou dois repiques (*raises*) indicando que um oponente já formou uma mão extraordinariamente forte. No pôquer aberto de apostas fixas, os jogadores tendem a tentar diminuir a concorrência, através de uma aposta alta na quinta carta, em relação ao valor total em jogo. Blefes e semiblefes são bem propensos a ocorrer, sobretudo se um jogador

♠♣♥♦♠♣♥♦♠♣♥♦ Jogo de liderança ♠♣♥♦♠♣♥♦♠♣♥♦

Uma vez que as mãos no jogo aberto de sete cartas não se formam totalmente antes, pelo menos, da sexta carta, já ter uma combinação formada após a quinta carta é, obviamente, uma vantagem. Uma sequência alta ou algo melhor vencerá por volta de metade das mãos levadas até o *showdown*. Possuir uma mão assim, portanto, é tido como um momento em que é preciso ter inteligência, para esperar até a quarta rodada de apostas antes de aumentar uma aposta (*raise*), pois aqueles que ainda restarem no jogo neste momento, provavelmente, pagarão para ver a última carta, tanto por expectativa quanto por esperança. A chave para qualquer jogador em uma posição vantajosa, evidentemente, é fazer com que os oponentes paguem caro para tentar obter a carta de que precisam. Ter senso de oportunidade (*timing*) quanto ao momento certo de apostar é muito importante para maximizar os ganhos. Um jogador que tenha uma mão vantajosa, porém vulnerável, como dois pares ou uma sequência baixa, deve considerar a hipótese de apostar na quinta carta, para eliminar parte da oposição e reduzir o risco de ser vencido por mãos com potencial maior que de fato consigam as cartas esperadas. Se esta jogada não funcionar para afastar a concorrência, é aconselhável continuar jogando as rodadas seguintes, mas da forma mais econômica possível.

A PRIMEIRA RODADA DE APOSTAS

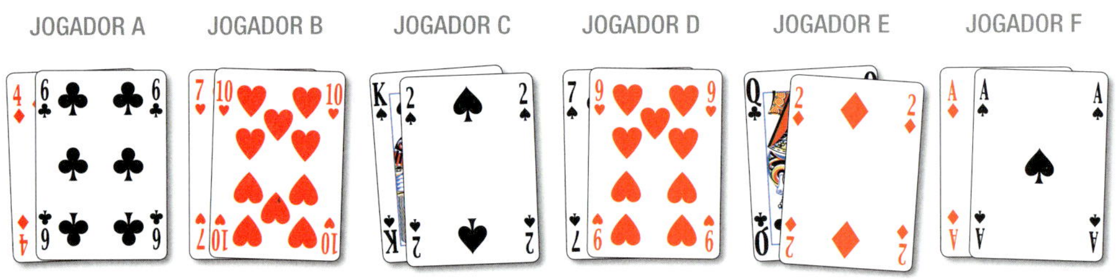

À direita e acima: depois da aposta de abertura (*bring-in*), o jogador A paga 20 fichas, e o jogador B, com um par de 10, completa a aposta, colocando 50 fichas. Os jogadores podem pagar ou aumentar, sempre em 50 fichas. Com o ás de paus à mostra, o jogador C paga, assim como o jogador D; o jogador E corre. Se os jogadores F e A pagarem, adicionando mais 30 fichas para igualar as apostas, a primeira rodada termina.

tem três cartas de uma sequência ou *flush* altos à mostra. Uma aposta alta na *fifth street* feita por alguém nestas condições pode levar os oponentes a correr com mãos potencialmente melhores, por não estarem dispostos a se arriscar em apostas subsequentes ainda mais altas quando puderem pensar já estar vencidos. Compreensivelmente, quando as apostas são altas, os jogadores tendem a ser muito mais criteriosos ao escolher que mãos devem sustentar após a quinta carta.

♠ Controle das apostas ♣

Assim como em todas as outras formas de pôquer, o controle das apostas (*pot management*) quando se tem uma mão forte, no *7-card-stud*, faz necessário que se tenha uma avaliação clara sobre as cartas visíveis e padrões de apostas dos oponentes. O estilo de jogo é importante, pois os jogadores são mais propensos a apostar até o *showdown* com mãos meramente especulativas em jogos de apostas com limite fixo do que nos jogos com limite de mesa (*pot limit*), uma modalidade caracterizada por apostas bastante elevadas nas rodadas finais. Geralmente, quanto mais jogadores continuam depois da quinta carta mais a forte terá de ser a mão vencedora. Um jogador com uma trinca ou dois pares altos normalmente apostará o máximo possível, para tentar forçar os jogadores que esperam por uma sequência ou *flush* a correr. Na posse de uma "chave de mão" (*lock hand*) – uma mão praticamente invencível – ou uma combinação quase tão forte, a estratégia a aplicar, em regra, é apostar o mínimo possível para manter os outros jogadores na disputa. Isto ajuda a, gradualmente, construir um total da mesa alto, impedindo que os jogadores recebam cartas sem ter de pagar, e, ao mesmo tempo, oferecendo aos oponentes oportunidades aparentemente baratas de melhorar suas mãos, mesmo continuando em desvantagem. Se eles de fato melhoram suas mãos, estarão mais predispostos a pagar apostas e repiques maiores subsequentes, dando ao jogador com a mão imbatível a chance de ganhar um prêmio bem maior.

QUARTA CARTA

JOGADOR E

cima: Os jogadores F e A pagam a aposta da primeira rodada, dicionando 30 fichas cada um antes da distribuição da quarta carta. O gador C, mostrando as cartas mais altas entre as viradas para cima, abre segunda rodada, pedindo mesa, com uma mão fraca. Com um par de etes, o jogador D aposta 50; o jogador F aumenta, dobrando a aposta ara 100 fichas. O jogador A, que precisa de duas cartas para um *flush* ou *traight*, paga as 100, juntamente com o jogador B, que tem um vulnerável ar de 10. O jogador C corre, o jogador D paga e a rodada termina.

QUINTA CARTA

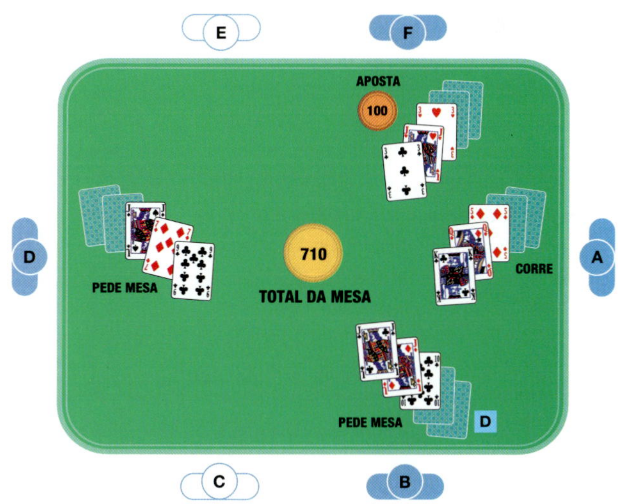

JOGADOR C

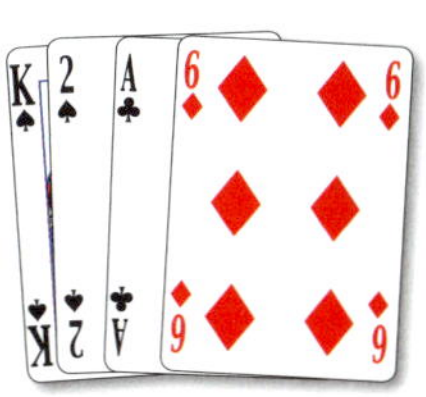

Acima: Com a distribuição da quinta carta, o jogador B joga primeiro, por ter um par de valetes, mas pede mesa, pois não tem uma mão forte o suficiente para fazer com que os demais corram, porque os outros dois valetes do baralho já estão na mesa. O jogador D, com dois pares baixos, também pede mesa; o jogador F, liderando com dois pares, ases e 3, aplica pressão, apostando 100 fichas. O jogador A, sem sequer um par, corre. Os jogadores B e D decidem pagar as 100 fichas.

As Rodadas Finais

Após o final da terceira rodada de apostas, que segue a quinta carta, cada jogador recebe uma sexta, virada para cima, e a vez de jogar é de quem tiver a melhor combinação de quatro cartas à mostra. Não é incomum que metade dos jogadores que compõem uma mesa cheia, em um jogo de apostas fixas (*fixed limit*), ainda esteja participando da disputa neste estágio, e com a intenção de permanecer até o final. Concluída a rodada de apostas, o carteador distribui a sétima e última carta, virada para baixo, para os que ainda estiverem no jogo. A última rodada de apostas tem início, agindo primeiro, uma vez mais, o jogador com a melhor combinação visível de quatro cartas.

♠ A sexta carta (*sixth street*) ♣

As apostas após a sexta carta dependerão da natureza do jogo e dos competidores envolvidos. Em um jogo agressivo de limite de mesa (*pot limit*), é raro que mais de dois jogadores ainda estejam competindo após a sexta carta, enquanto em um jogo de limite fixo (*fixed limit*), é provável que se vejam três ou quatro contendores. Neste momento, cada jogador tem quatro de suas sete cartas viradas para cima. Juntamente com a estrutura de apostas exibidas nas rodadas anteriores, há bastante informação à disposição, de modo

À direita: O jogador F recebe um 5 de espadas, virado para baixo, o que não melhora seu *full house* de 3 e ases. Importa, aqui, que os jogadores B e D pagaram quando os três 3 apareceram; logo, pela perspectiva do jogador F, o jogador B pode ter um *full house* melhor, se tiver alguns 10 escondidos, assim como o jogador D. O jogador F abre a rodada de aposta e o jogador B aumenta, mas não pode vencer as cartas visíveis do jogador F, só podendo vencer com um blefe. O jogador D corre.

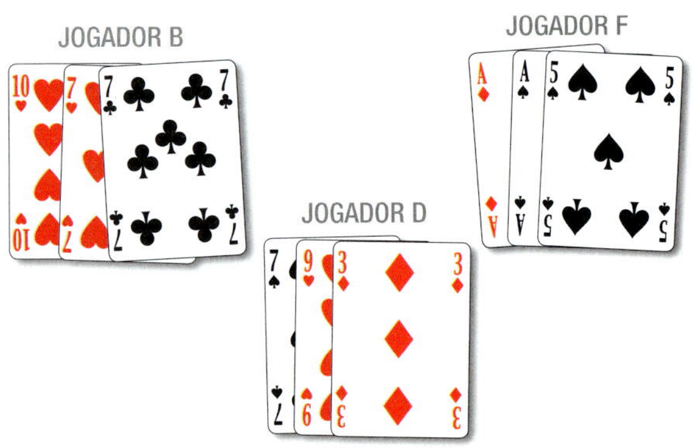

SEXTA CARTA

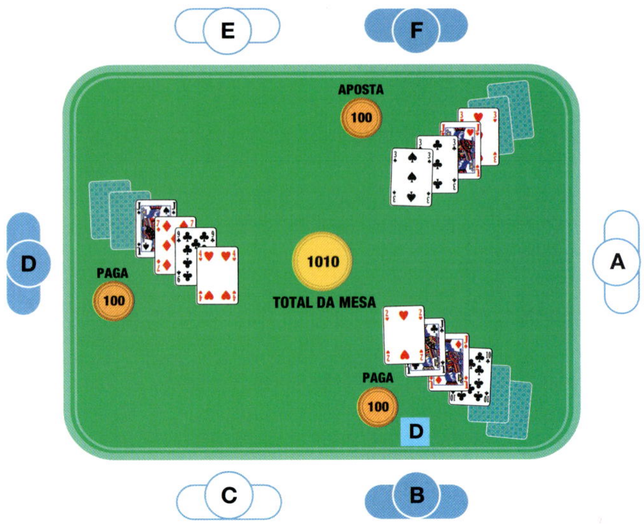

Acima: A mesa tem 1.010 fichas, que, com a aposta mínima de 100, oferece perspectiva de ganho (*pot odds*) de 10 para 1. O jogador F é o primeiro a jogar, pois possui uma trinca de 3, e aposta 100 fichas. Os jogadores B e D sabem que o jogador F não pode ter outro valete para completar um *full house*, mas devem temer que o 3 restante esteja entre as cartas pessoais do oponente. Se deduzirem que o jogador F, em vez disso, tem um par em suas cartas viradas para baixo, com um *full house* pronto, ambos perceberão que ainda tem uma carta por vir, para ficar com uma mão melhor. Um dos dois 10 que ainda não saíram ajudará o jogador B, enquanto o jogador D precisa de um 7 ou de um 9 para um *full house*.

SÉTIMA CARTA

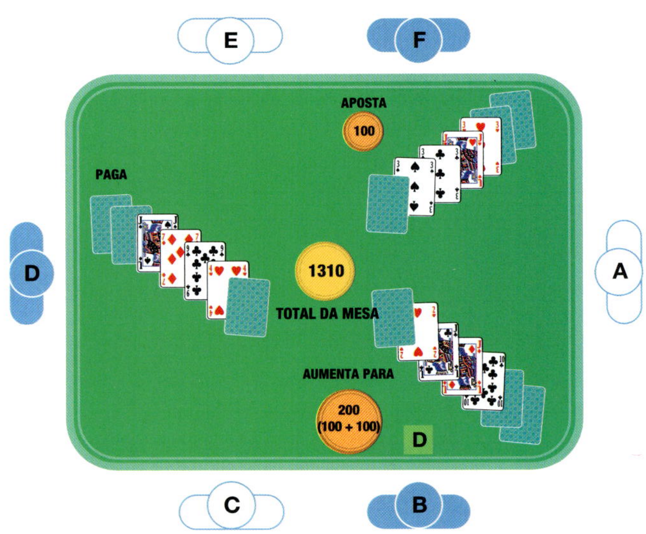

que os jogadores podem ter fortes indícios das mãos que seus oponentes têm ou pretendem conseguir. Três ou quatro cartas do mesmo naipe sugerem um *flush*, enquanto alguém apostando com uma sequência parcial de quatro cartas faz crer que possua a carta complementar entre as suas cartas pessoais (*pocket cards*), viradas para baixo. Conseguir discernir a força das mãos dos oponentes, sobretudo contando com uma carta ainda por vir, é uma habilidade essencial.

♠ A sétima carta (*seventh street*) ♣

A sétima e última carta é dada virada para baixo para cada jogador, após o término da quarta rodada de apostas, dando aos jogadores ainda envolvidos na mão, sete cartas, sendo três viradas para baixo e quatro viradas para cima. Em termos estratégicos, algumas linhas gerais aplicam-se durante a rodada final de apostas, uma vez que certas situações costumam se dar recorrentemente. Jogadores que possuam uma mão claramente vitoriosa devem apostar, particularmente, se a combinação envolver duas ou três das cartas viradas para baixo. Os oponentes tendem a pagar, com mãos que melhoraram ao longo do jogo, mas permanecem inferiores.

Ao contrário, quando a força de uma possível mão vencedora é claramente visível com base nas cartas à mostra, então é raramente aconselhável que se aposte. Um oponente que não pode vencer a aquela mão em um *showdown* correrá, deixando o *pot* inalterado. Alguém que possua uma mão prontamente identificável como superior provavelmente aumentará uma eventual aposta, talvez levando aquele que tem a mão forte à mostra a pagar caro, com certa relutância, apenas para confirmar que sua mão não é suficiente. O problema, aqui, é que é fácil que o jogador sinta que o total em disputa compensa o gasto, devido ao tamanho do *pot*. Além disso, mesmo que se pague para ver já na expectativa da derrota, pode parecer um preço baixo a se pagar para confirmar que um oponente que repica uma aposta na última carta não está blefando.

♠ Variantes similares ♣

A enorme popularidade do jogo aberto de sete cartas deu origem à criação de diversas variações do jogo, tão desafiadoras quanto a original. O jogo aberto inglês segue a estrutura do *7-card-stud* até a quinta carta. Para as duas rodadas finais, porém, os jogadores podem trocar uma carta virada para cima e uma virada para baixo por outras do monte. Mais popular ainda é a versão "miséria", conhecida como *razz* e a versão alto-baixo (*high-low*), jogos em que o *pot* é dividido, dos quais há vários tipos. Em todos os casos, os *flushes* e sequência são desconsiderados quando formam uma combinação de A, 2, 3, 4 e 5 - a "roda" (*Wheel*) - a mão mais baixa que se pode obter. Na variante de prêmio dividido, essa mão pode vencer tanto por ser a maior quanto a menor, levando o *pot* inteiro.

Tentativas de mão

Uma "tentativa de mão" (*drawing hand*), no pôquer, é aquela em que o jogador precisa de uma carta específica para montar uma combinação – *flushes* e seqüências parciais de quatro cartas são exemplos típicos. Um jogador nessa situação, com duas cartas ainda por vir, no *7-card stud*, tentará pagar o mínimo possível para receber as cartas finais. Com duas rodadas de apostas para serem negociadas, isso será um severo teste de habilidade. Em jogos de apostas limitadas, os jogadores pedirão mesa ou pagarão as apostas dos oponentes, raramente tomando a iniciativa de apostas, em um cenário como este. É essencial evitar a "tentativa perdida" (*drawing dead*), que ocorre quando o jogador possui uma tentativa de mão que, mesmo obtida, não será suficiente para vencer.

ABERTURA DAS CARTAS

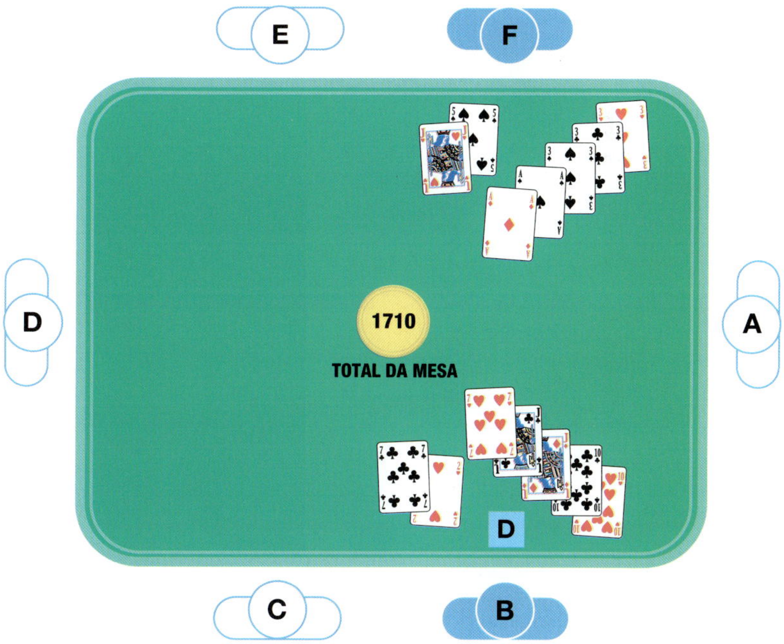

Acima: A tentativa de blefe do jogador B falha, pois o jogador F paga o repique de 100 fichas extra após o jogador D, com apenas dois pares, ter fugido. Com as apostas já concluídas, os jogadores B e F expõem suas sete cartas e montam suas combinações de cinco cartas, com o *full house* de 3 e ases do jogador F superando os dois pares – valetes e 10 – do jogador B, dando a ele o total de 1.710 fichas.

Texas Hold'em

O *Texas Hold'em*, também conhecido simplesmente como *Hold'em*, é atualmente a variante mais jogada de pôquer, tendo ultrapassado o jogo aberto de sete cartas (*7-card -stud*) como a escolha número um dos jogadores. Esta situação decorre diretamente da exposição do jogo na televisão, com a exploração do fator entretenimento apresentado pelos torneios envolvendo os melhores jogadores do mundo. Quase invariavelmente, a televisão mostra jogos de *Hold'em* de apostas ilimitadas (*no-limit*), que se encaixa perfeitamente neste meio, sendo considerado pelos profissionais como a variante mais difícil do pôquer. Em um nível mais baixo, o *Texas Hold'em* é jogado com limites fixos de apostas (*fixed-limit*) e valores baixos (*low stakes*), o que, naturalmente, ajuda a manter o interesse dos amadores pelo jogo, tido como fácil de aprender e difícil de dominar.

♠ Origem do jogo ♣

Seguindo a linha inaugurada pelo pôquer aberto (*stud poker*), o *Texas Hold'em* foi um dos inúmeros jogos que surgiram, utilizando o conceito das cartas comunitárias, que, colocadas viradas para cima na mesa, podem ser usadas por todos os jogadores para compor suas combinações. Um dos primeiros destes jogos de cartas comunitárias foi o *Wild Widow* ("Viúva Indomada"), que deu origem à utilização do termo *widow* (viúva) para designar as cartas em comum, dispostas na mesa para o uso de todos. Uma vez que, ao final, os jogadores têm sete cartas, das quais podem escolher as cinco melhores para compor uma mão, é aceita a teoria de que o *Hold'em* tenha derivado do *7-card-stud*. O jogo provém dos estados do sudeste americano, sendo possivelmente originário de Robstown, no Texas, na virada do século XX, antes de chegar a Dallas, por volta de 1925. Imensamente popular entre os profissionais do sudeste, o *Texas Hold'em* naturalmente chegou a Las Vegas, onde, na modalidade de limite fixo de apostas (*fixed limit*), era superado, em popularidade, pelo jogo aberto de sete cartas. Então, em 1971, Benny Binion decidiu que o campeonato mundial da WSOP deveria ser um torneio eliminatório, e, com a aprovação dos jogadores experientes que dele participaram, escolheu o *Hold'em* para ser jogado no evento principal. A partir daquele momento, a expansão nos jogos de torneio, aliada à característica volátil do jogo, garantiu que a modalidade permanecesse sempre sob o olhar do público.

Acima: Um valor considerável está em jogo nesta partida de *Texas Hold'em*, e o *showdown* revela que o carteador fez a melhor mão possível – a favorita (*the nuts*) – no *river*, pois o 10 lhe dá uma sequência real. Esta mão é extremamente improvável, mas pode ocorrer em algum estágio de uma longa carreira de pôquer.

Abaixo: Reconhecer a melhor mão disponível é crucial para organizar uma estratégia viável no *Hold'em*. Aqui, com todas as cartas comunitárias reveladas, uma sequência de 5-maior (*5-high straight*) constituiria a "favorita", o que significa que um jogador que tivesse um 4 e um 5 como cartas pessoais (*pocket cards*) poderia apostar seguro de que a mão é imbatível.

DETERMINAÇÃO DA MÃO FAVORITA

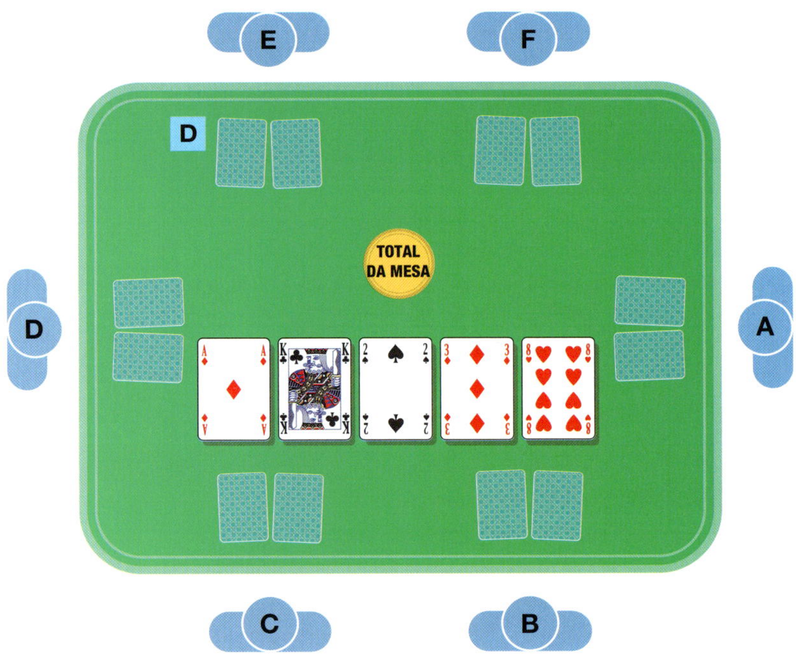

♠ Número de jogadores ♣

Considerando que cada jogador recebe apenas duas cartas, é possível acomodar até 20 jogadores em uma partida. Porém, um número tão grande de participantes deixa o jogo quase impossível de se controlar. Os clubes e cassinos, em geral, limitam as mesas a dez jogadores, número que, mesmo se composto por jogadores seguros e cautelosos, pode garantir bastante ação e apostas. Um jogo competitivo pode ser desfrutado por dois a dez jogadores. Como em todas as outras modalidades de pôquer, a força da mão necessária para vencer é menor conforme o jogo tenha menos participantes. Consequentemente, em uma mesa completa (*full handed game*), ou seja, aquela composta por nove a dez jogadores, uma abordagem paciente e cuidadosa é recomendável. Este é o caso particularmente em jogos simples a dinheiro (*cash games*), nos quais é normal que um jogador corra (*fold*) em bem mais do que metade das mãos disputadas, antes mesmo do *flop*. Quando o jogo envolve menos pessoas (*short-handed*), com cinco ou menos jogadores competindo, é mais provável que as apostas sejam mais relaxadas, com os jogadores apostando mais livremente em mãos de baixa qualidade ou blefes.

Abaixo: Os jogadores recebem apenas duas cartas, no *Texas Hold'em*, o que não é muito para basear a primeira decisão de aposta séria. Um par, nesta situação, representa uma das 169 mais fortes combinações possíveis de duas cartas, sendo a melhor o par de ases. De modo oposto, receber um 7 e um 2 *offsuit* (de naipes diferentes) é usualmente motivo para correr (*fold*) na primeira oportunidade.

A favorita

Um jogador que tem uma mão invencível durante uma mão de pôquer tem a chamada "favorita" (*the nuts*) ou uma "chave de mão" (*lock hand*). Isto é vantajoso, pois permite que o jogador se concentre em aumentar o total das apostas em jogo sem ter que se preocupar com a vitória. Nas várias modalidades de pôquer que incluem cartas expostas, determinar a mão favorita e a possibilidade de se segurar a melhor mão possível é um fator crucial ao decidir sobre apostar ou não. De acordo com o folclore, o termo "the nuts"[1] vem da época do Velho Oeste, quando os jogadores chegavam a apostar suas carroças e cavalos. Para salientar a integridade da aposta, e a força por trás dela, as porcas das rodas das carroças eram colocadas na mesa, uma tática considerada inconcebível sem a posse de uma mão imbatível.

1. Do inglês, significa, no contexto, "porca" – peça de montagem com parafuso (N. do T.)

DETERMINAÇÃO DA MÃO FAVORITA

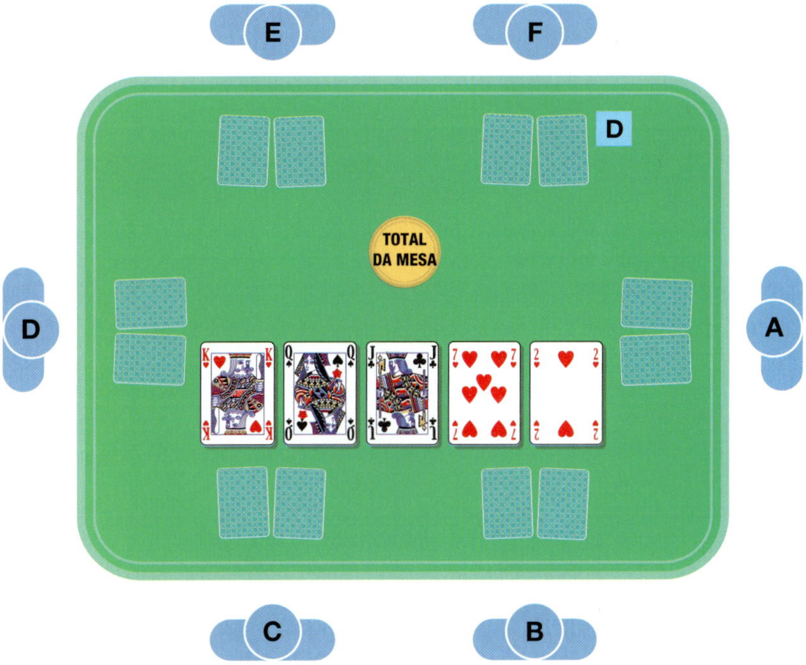

Acima: O valor da mão favorita muda em cada mão, com um *flush* de ás maior (*ace-high flush*) figurando como melhor mão possível neste exemplo. Alguém que tivesse um ás e um 10 deveria se preocupar com a possibilidade de um oponente ter um *flush*. Sem pares na mesa, um *full house* é impossível.

Sequência do Jogo

Para dar início ao jogo, cada jogador recebe duas cartas viradas para baixo, as chamadas cartas pessoais (*hole/pocket cards*). Uma rodada inicial de apostas tem lugar, antes de o carteador (*dealer*) revelar as três primeiras cartas na mesa. Isto é chamado de *flop*. Depois do *flop*, há uma segunda rodada de apostas, após a qual a quarta carta - o *turn* - é revelada na mesa, com subsequente rodada de apostas. A quinta e última carta, conhecida como *river*, é revelada pelo carteador, antes da última rodada de apostas. O objetivo é montar a melhor combinação de cinco cartas possível a partir das duas cartas pessoais e das cinco cartas comunitárias na mesa. Os jogadores podem desconsiderar suas duas cartas pessoais, usando apenas as cinco comunitárias, o que é conhecido como "disputar com a mesa" (*playing the board*).

♠ A distribuição das cartas e os escuros ♣

Antes da distribuição das cartas (*deal*), os dois jogadores à esquerda do carteador (*dealer*) devem fazer apostas compulsórias, o que é conhecido como "pagar os escuros" (*posting the blinds*). O primeiro jogador paga o escuro menor (*small blind*), normalmente correspondente à metade do valor da aposta mínima da rodada de abertura, enquanto o segundo jogador paga o escuro menor (*big blind*).

Conforme a distribuição das cartas vai prosseguindo em sentido horário pela mesa, cada jogador tem a oportunidade de pagar estas apostas obrigatórias. A distribuição das cartas, em si, consiste em cada jogador receber suas duas cartas, antes de tomar qualquer atitude com relação a apostas. Após os escuros, o próximo competidor a jogar pode correr (*fold*), pagar o escuro maior (*call the big blind*) ou aumentar a aposta (*raise*). Os jogadores não podem pedir mesa (*check*) nesta rodada, uma vez que a rodada de apostas já foi iniciada, com os escuros. Se a aposta não tiver sido aumentada quando voltar a vez dos que pagaram os escuros, estes podem repicar (*raise*) se quiserem. Embora aqueles que paguem os escuros tenham uma posição vantajosa por serem os últimos a agir na rodada anterior ao *flop*, eles perdem esse benefício depois do *flop*, pois serão os primeiros a agir.

O COMEÇO DO JOGO

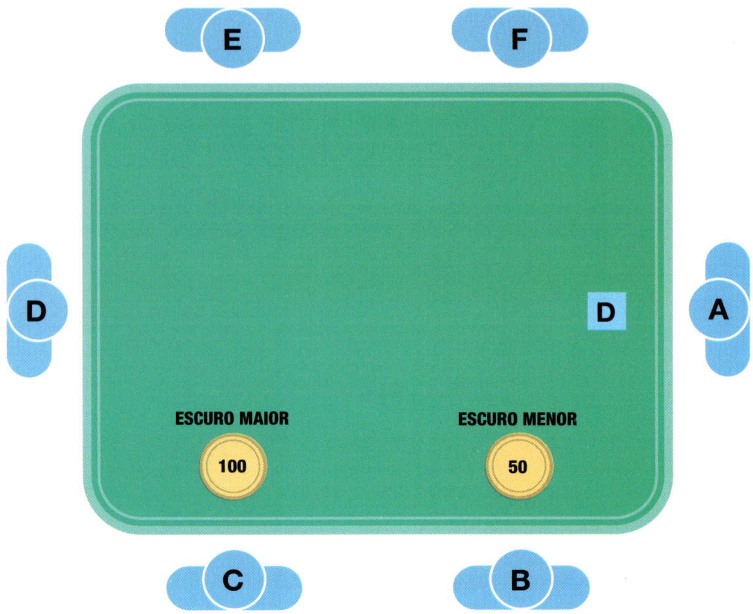

Acima: Para começar o jogo, os jogadores imediatamente à esquerda do carteador devem pagar os escuros. Aqui, o escuro menor é de 50 fichas, enquanto o escuro maior é de 100 fichas, correspondente ao valor da aposta nas duas primeiras rodadas deste exemplo, um jogo de apostas fixas 100/200. O carteador é indicado pelo botão do *dealer* (D), que se move um lugar à esquerda a cada mão.

À esquerda: Um botão usado para indicar que jogador é obrigado a pagar o escuro menor (*small blind*), uma aposta compulsória que é bancada pelo primeiro jogador à esquerda do carteador. Como primeiro a agir em todas as rodadas depois do *flop*, o jogador na posição de *small blind* deve ser cauteloso ao escolher pagar qualquer aposta substancial feita por oponentes antes do *flop*. Para que o faça, deve ter uma mão inicial bastante forte.

A importância da posição

No *Texas Hold'em*, a posição de um jogador em relação ao carteador (*dealer*) é um fator crucial na hora de tomar decisões sobre apostas, já que quanto antes o jogador atua, menos informações ele dispõe para se pautar na decisão. O carteador, na condição de último a jogar, tem uma vantagem distinta, pois os pedidos de mesa (*checks*), apostas (*bets*) ou repiques (*raises*) feitos pelos oponentes podem ser examinados como fonte de informação na hora de fazer sua jogada. Tipicamente, os jogadores que agem primeiro devem, preferencialmente, apostar apenas em mãos muito fortes, enquanto aqueles que agem depois podem arriscar mais com mãos de pior qualidade, sobretudo se as apostas são baixas.

♠ Mãos iniciais (*starting hands*) ♣

Decidir em que mãos investir no *Texas Hold'em* é crucial, já que cada jogador recebe, inicialmente, apenas duas cartas. Pares altos, formados por ases, reis e damas são cartas iniciais suficientes para vencer, muitas vezes sem ajuda da mesa. Não são mãos imbatíveis, então os jogadores que as têm normalmente aumentam as apostas antes do *flop* para eliminar os jogadores com mãos mais fracas e manter condições de melhorar suas mãos e vencer.

♠ Aposta pré-*flop* ♣

As estratégias de apostas antes do *flop* variam. Em um jogo de apostas fixas (*fixed limit*) por valores pequenos (*small stakes*), muitos jogadores pagarão para ver o *flop*, independentemente de suas cartas pessoais, na expectativa de melhorar suas mãos. No outro extremo, o *Texas Hold'em* de apostas altas (*high stakes*), caracteristicamente, tem mais jogadores que correm antes do *flop*, sobretudo quando há uma aposta substancial. Um jogador que aumenta substancialmente faz pressupor que tenha uma mão muito forte. Pagar tais apostas, em jogos de valores altos, é bastante arriscado, a menos que o jogador que o faz também possua cartas fortes, com boas perspectivas de melhora.

♦♣♥♦♠♣♥♦ Mãos iniciais ♠♣♥♦♠♣♥♦♠

Há 169 combinações possíveis para a mão inicial no *Hold'em:* as mais valiosas são os pares altos, de ases, reis e damas. Também são mãos fortes aquelas compostas por cartas altas que não formam pares, como A e K, A e Q e A e J, especialmente se forem do mesmo naipe. Jogadores com essas mãos normalmente apostam antes do *flop* para forçar os jogadores com mãos mais fracas a correr, eliminando parte da concorrência pelo prêmio.

À direita: Dadas as cartas, o jogador D corre (*folds*) antes de o jogador E aumentar a aposta, na posse de uma mão forte, dobrando para 200 fichas. O jogador F corre, com outra mão fraca, e o carteador banca (*calls*), com rei e dama de naipes diferentes. Após o jogador B sacrificar o escuro menor de 50 fichas, correndo, o jogador C, no escuro maior, paga o repique, aumentando 100 fichas.

A DISTRIBUIÇÃO DAS CARTAS

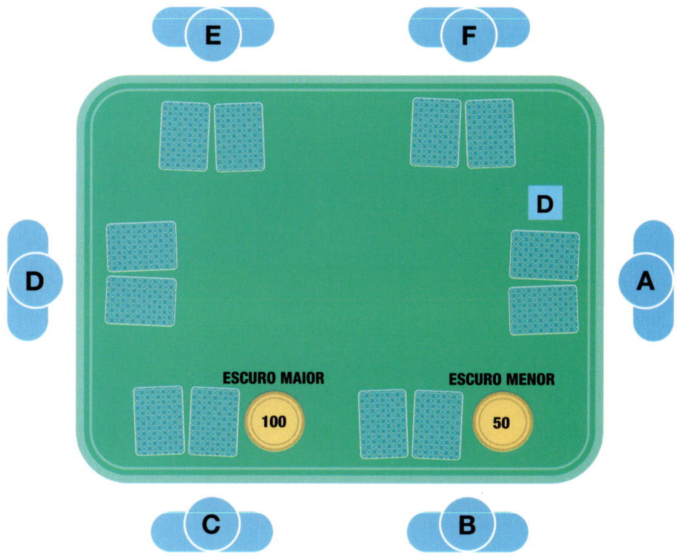

Acima: Os jogadores recebem duas cartas cada, do carteador, e devem basear suas decisões iniciais de apostas somente nelas. Estimar o valor de uma mão inicial com base na probabilidade de ela se tornar vencedora é essencial. Aqui, o par de 10 do jogador E e o ás e a dama do jogador C, de mesmo naipe, são mãos fortes, nas quais vale a pena investir. O rei e a dama de naipes diferentes do jogador A não são tão valiosos como podem parecer, e as outras mãos são uniformemente fracas.

APOSTAS PRÉ-FLOP

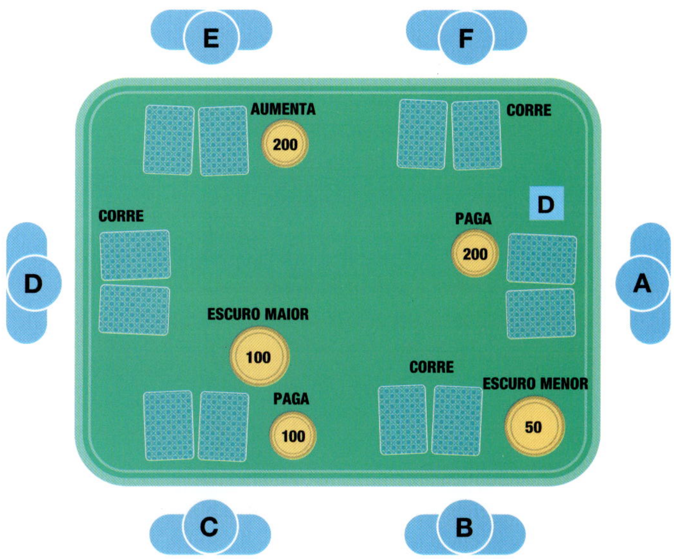

O Flop

Após o *flop*, cada jogador pode ver cinco das sete cartas das quais, ao fim, escolherão sua combinação, sendo estas as suas duas cartas pessoais (*hole cards*) e as três cartas comunitárias na mesa. Este é o ponto chave do jogo, pois os jogadores podem visualizar a melhor mão que poderão obter se participarem até o *showdown* e, mais importante, avaliar se tal mão tem condições de vencer. A decisão de continuar no jogo após o *flop*, porém, não depende somente do valor das cartas, mas de toda a ação ocorrendo na mesa no decorrer das apostas.

♠ Apostas no *flop* ♣

O jogador à esquerda do carteador (*dealer*) é o primeiro a jogar, e pode correr (*fold*), pedir mesa (*check*) ou apostar (*bet*). Se todos os jogadores pedirem mesa, a carta do *turn* é revelada, sendo chamada de carta "grátis" (*free card*), pois ninguém pagou para vê-la. Qualquer estratégia posterior ao *flop* deve levar em conta diversos fatores, incluindo a posição do jogador, a estrutura de apostas escolhida e o número de oponentes ainda lutando pelo *pot*. A amplitude das apostas feitas antes do *flop* também deve ser considerada. Um repique (*raise*) normalmente indica duas cartas fortes na mão, sobretudo se advindo de um dos primeiros jogadores a agir. Por exemplo, se o *flop* é constituído de um ás de espadas, um ás de ouros e um rei de paus, e alguém que já tinha apostado antes do *flop* aposta ou aumenta novamente, é de se presumir que tenha na mão um ás, um rei ou ambos. Até mesmo um oponente que tenha um par de reis, para um *full house* de reis e ases – uma mão muito poderosa – deve ter cuidado ao pagar, pois o jogador que fez as outras apostas pode ter um *full house* ainda maior, de ases e reis, ou até uma quadra de ases.

♠ Mãos mais fortes ♣

É raro, no *Hold'em*, que o *flop* traga a um jogador uma mão imbatível; porém o *flop* normalmente

À direita: Após o *flop*, o jogador A, na condição de último a jogar, pode estar confiante com seu par de reis. O *flop* oferece uma chance de progresso ao jogador C, com uma chance maior que o custo da aposta de que uma sequência ou *flush* se formem com as próximas duas cartas. O jogador E está em vantagem, com uma trinca de 10.

O FLOP

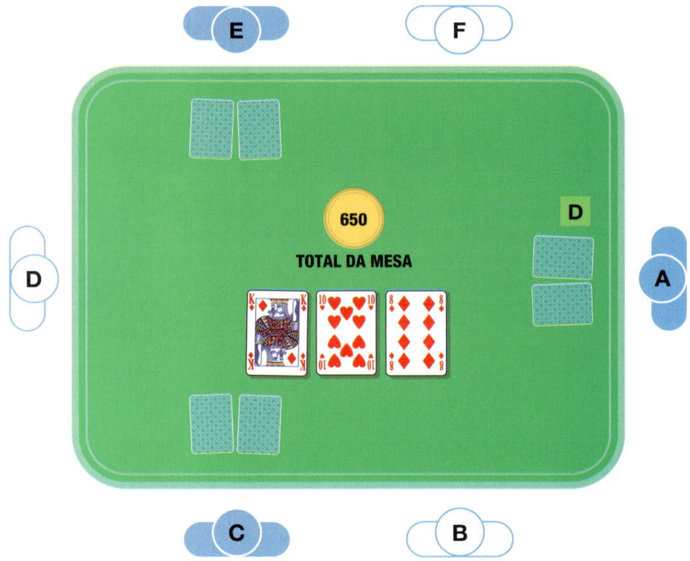

Acima: Uma vez que o jogador C tem uma grande chance de formar uma seqüência de ás maior (*ace-high straight*), uma aposta de 100 fichas testa a força dos oponentes. O jogador E está em vantagem e paga, embora um repique pudesse ser feito para enfatizar a mão forte. O jogador A se contenta simplesmente em pagar.

APOSTAS APÓS O FLOP

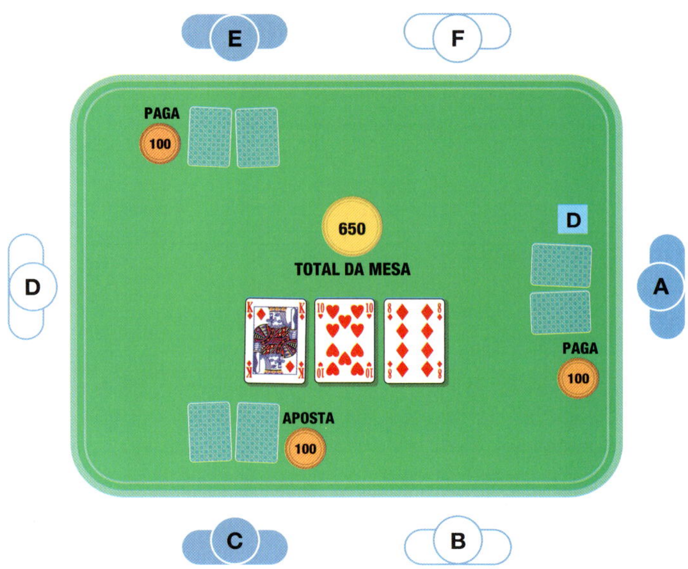

deixará claro se alguém possui uma mão que é a mais forte no momento. Um jogador com um rei de ouros e um rei de copas, ao se deparar com rei de paus, dama de espadas e 6 de copas no *flop*, estará em uma posição de superioridade, com uma trinca, provavelmente a mão vencedora, mas ainda pode haver perigo se um oponente possuir um valete e um 10, ambos de espadas. Precisando de um ás ou um 9 para uma sequência, ou, ainda, com perspectivas de fazer um *flush* de espadas, tal mão é uma grande tentação para o investimento. Sob tais condições, portanto, faz sentido que o jogador com a mão que lidera no momento (trinca de reis) aposte, no intuito de forçar aqueles com "tentativas de mãos" (*drawing hands*) - dependentes de uma ou duas cartas específicas por vir - a pagar caro por sua próxima carta. Por outro lado, se um jogador possui uma mão predominante após o *flop*, e que parece pouco provável de ser batida, geralmente compensa apostar baixo, para manter os oponentes na disputa. Esta atitude disfarça a força da mão e ajuda a aumentar o *pot*, e, com isso, o ganho esperado.

♠ Tentativas de mãos (*drawing hands*) ♣

Mãos em que o jogador precisa de uma, no *river* ou no *turn*, para montar uma combinação vencedora são chamadas "tentativas de mãos" (*drawing hands*). Tipicamente, consiste em jogadores buscando sequências e *flushes*, que são mãos frequentemente vencedoras no *Hold'em*. Para adotar a estratégia correta nesta posição, deve-se analisar a probabilidade de aparecimento da carta relevante e o custo para permanecer no jogo, invocando-se novamente o conceito de perspectiva de ganho (*pot odds*). Quando as chances contra a obtenção da carta almejada são maiores do que a proporção entre o *pot* e o preço da aposta (perspectiva de ganho), é prudente correr; mas se ocorre o contrário, é aconselhável permanecer no jogo. De modo geral, vale a pena perseguir tentativas de mãos apenas quando o custo é relativamente baixo.

À direita: Em termos estratégicos, quando se possui uma mão vantajosa, como a trinca de 10 do jogador E, é geralmente indicado que se aposte, forçando os jogadores com tentativas de mãos a pagar pelo privilégio de ver mais cartas. Por outro lado, na condição do jogador C, a estratégia usual é manter o jogo o mais barato possível até que ao menos que uma carta favorável apareça no *turn* ou no *river*.

O significado da perspectiva de ganho

A capacidade de calcular o número de cartas que podem melhorar uma tentativa de mão ou estragar uma mão forte é uma habilidade essencial do pôquer. É de grande valia estimar se as perspectivas de ganho são justificadas ou não. Por exemplo, um jogador que está em desvantagem após o *flop* pode reconhecer que se conseguir qualquer uma entre cinco cartas no *turn* ou no *river* pode garantir uma mão vencedora. As chances contra este acontecimento são de 4 para 1, portanto, nesta situação, uma aposta só deverá ser cogitada se a relação entre seu valor e o total em jogo seja do quádruplo ou superior.

À direita: Um jogador com um par de ases na mão espia suas cartas uma vez mais, após o *flop*, para confirmar a posse de quatro ases. A mão está definitivamente garantida, o que significa que este jogador pode se concentrar em tentar manter tantos oponentes quantos for possível, para inchar o *pot* e obter mais lucro.

MÃOS EM VANTAGEM E TENTATIVAS DE MÃOS

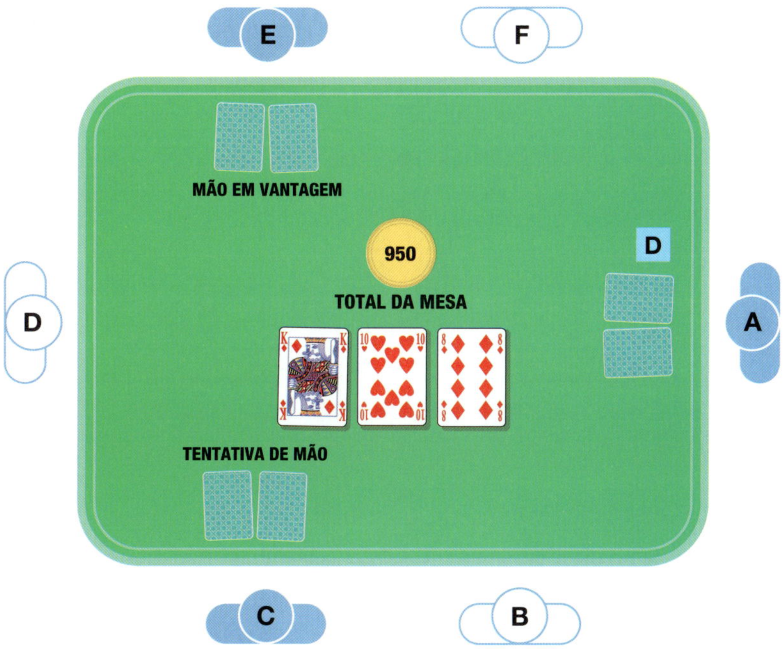

O *Turn* e o *River*

Em um jogo típico de *Texas Hold'em*, o valor mínimo das apostas dobra após o *turn* – a revelação quarta carta comunitária. Aqueles que continuam no jogo após o *flop* dão a entender que possuem alguma chance de vitória, já que o preço para continuar jogando subirá a partir dali. Com apenas uma última carta por vir, a próxima tarefa é clara: identificar a melhor mão possível de formar com as cartas em jogo e estimar as prováveis mãos dos oponentes. O jogador precisa ser realista ao avaliar as chances de obter a melhor mão. Este é particularmente o caso nos jogos de apostas com limite de mesa (*pot-limit*) ou ilimitadas (*no limit*), nos quais o valor das apostas tende a subir acentuadamente nas últimas duas rodadas, fazendo com que seja caro pagar para ver as cartas quando se está na posse de uma mão de pouca força. Se dois ou mais jogadores igualarem apostas após o *turn*, então o carteador (*dealer*) revelará o *river*, que é a quinta e última carta comunitária a ser exposta, dando início à rodada final de apostas.

♠ A rodada final de apostas ♣

Neste estágio do jogo, todos os jogadores podem escolher as cinco melhores dentre as sete cartas à sua disposição. O primeiro a jogar é, uma vez mais, o jogador imediatamente à

♣♥♦♠♣♥♦ Controle das apostas ♠♣♥♦♠♣

De todas as habilidades comuns aos bons jogadores de pôquer, uma das mais cruciais é ser adepto ao controle das apostas (*pot management*). Este termo significa apostar de modo tal que as vitórias sejam sempre altas e lucrativas e as derrotas sejam baratas. No *Hold'em*, quando se tem um par formado pelas cartas pessoais, por exemplo, e uma terceira carta de igual valor surge, formando uma trinca, apostar alto pode levar os adversários a correr. Considerando que esta é uma mão vencedora na maioria das ocasiões, o ideal é construir, pouco a pouco, um bom total em jogo (*pot*), com apostas baixas ou repiques mínimos, para manter os oponentes envolvidos na mão.

O TURN

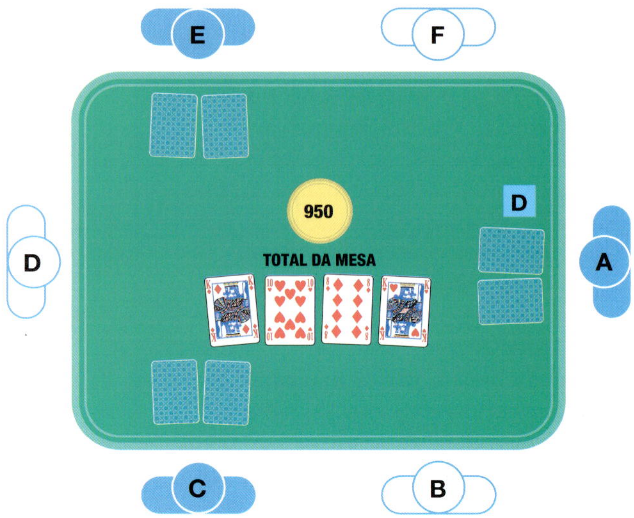

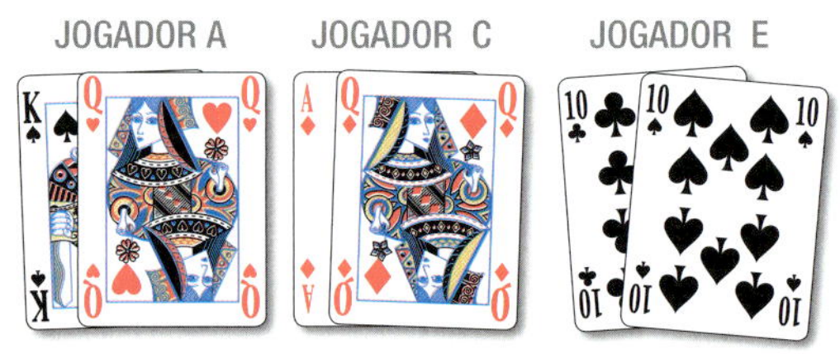

Acima: A carta do *turn* (rei de copas) foi revelada, e, com um *pot* já de 950 fichas, as apostas e repiques neste jogo de limite fixo passaram a ser de 200 fichas. O jogador E lidera com um *full house* de 10 e reis, enquanto o jogador A melhorou sua mão, com a obtenção de uma trinca de reis, que ainda é inferior.

APOSTAS NO TURN

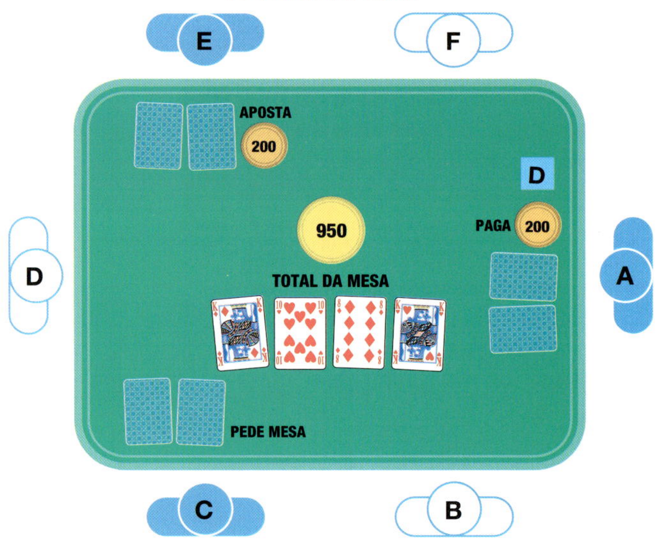

Acima: Não tendo conseguido fazer uma sequência ou um *flush*, o jogador C pede mesa. O jogador E aposta 200 fichas, indicando que os dois reis na mesa não parecem uma ameaça, e o jogador A paga, porque uma trinca de reis é, normalmente, uma mão muito forte no *Texas Hold'em*. Diante disso, o jogador C corre, já que nem uma sequência e nem um *flush* vencem o *full house* que os jogadores E e A podem possuir.

esquerda do carteador, que poderá optar por correr (*fold*), pedir mesa (*check*) ou apostar (*bet*), logo após a revelação da quinta carta. Se todos os jogadores pedirem mesa, o vencedor é determinado no *showdown*, o que também ocorre se alguém faz uma aposta que é bancada por um ou mais oponentes. Em termos estratégicos, as decisões a tomar na última rodada de apostas são poucas. Um jogador com uma mão poderosa, ou mesmo com a favorita (*the nuts*), deve tentar tirar o máximo de dinheiro possível dos oponentes, que, tendo chegado ao *river*, provavelmente possuem cartas boas o suficiente para fazê-los pagar para ver a abertura das cartas. Se a carta mostrada no *river* não melhora em nada a mão de um jogador, e um oponente, logo em seguida, faz uma aposta máxima, é prudente correr, independentemente de quantas fichas este jogador já tenha colocado no centro da mesa. Acima de tudo, o fator mais importante a manter em mente em jogos de cartas comunitárias, como o *Hold'em*, é que uma carta que favorece um jogador pode favorecer ainda mais um oponente.

♠ Disputar "com a mesa" ♣

Ocasionalmente, um jogador que apostou até chegar ao *river* acabará percebendo que a melhor combinação possível para ele mesmo é aquela formada pelas próprias cinco cartas da mesa, com suas cartas pessoais (*hole cards*) se revelando dispensáveis. Neste caso, diz-se que o jogador está "disputando com a mesa" (*playing the board*). Esta é, normalmente, uma posição fraca, contudo, uma vez que as cartas pessoais do jogador são desconhecidas para os oponentes, ainda é possível blefar, se houver oportunidade. Com efeito, para os jogadores que acabam se encontrando nesta situação, o blefe é normalmente a única forma de ganhar o *pot*, embora deva ser usado somente se o jogador houver detectado alguma fraqueza na mão do oponente.

O RIVER

Acima: Infelizmente, para o jogador E, uma das únicas quatro cartas do baralho que poderiam ajudar o jogador A a melhorar e obter uma posição vencedora sai no *river*, a dama de paus, dando ao jogador A um *full house* superior, de reis e damas. Isso mostra como as mãos podem mudar de valor num piscar de olhos, no *Hold'em*, e explica o motivo de os jogadores em vantagem após o *flop* frequentemente apostarem agressivamente para tentar impedir que ocorram situações como essa.

A ABERTURA DAS CARTAS (SHOWDOWN)

À direita: O jogador E aposta 200 fichas, acreditando que o jogador A possa ter três reis, mas não um *full house*. Porém, o jogador A tem uma mão superior, e paga, ganhando o *pot* de 1.750 fichas no *showdown*. Contudo, ao pagar em vez de aumentar (*raise*), o jogador A perdeu a oportunidade de explorar uma mão imbatível, pois um eventual repique poderia ter feito o jogador E pagar, perdendo ainda mais fichas.

Omaha

Esta variante de pôquer é um dos mais recentes frutos da imaginação dos jogadores, sendo que não há qualquer referência à modalidade anteriormente a 1980, quando começou a aparecer nos salões de jogos de Las Vegas. Atualmente, é um dos jogos mais populares dos sites de pôquer *online*, considerado como ideal para jogadores descompromissados, que gostam de apostas soltas e mãos vencedoras de valores altos. Muito embora seja similar ao *Texas Hold'em* em termos de estrutura de aposta e padrões de jogo, o Omaha difere de seu "parente" em pelo menos dois aspectos fundamentais. Os jogadores recebem quatro cartas no começo do jogo, em vez de duas, e devem usar duas - e somente duas - dessas cartas para, juntamente com outras três das cinco colocadas na mesa, formarem a combinação para competir. Essas diferenças exercem um profundo efeito sobre a natureza do jogo. Jogadores acostumados ao *Texas Hold'em*, no qual a mão vencedora, em geral, não precisa ser tão boa, algumas vezes levam algum tempo para se ajustar às regras e elaborar seu pensamento estratégico.

♠ Origens do jogo ♣

Ocasionalmente chamado de Omaha Hold'em, o jogo, nada surpreendentemente, vem do estado de Nebraska. De acordo com Bob Ciaffone, autor de *O Jogo de Pôquer de Omaha* (*Omaha Hold'em Poker*), era normal que os jogadores, em Omaha, insistissem que uma mão legítima de *Texas Hold'em* deveria ser composta necessariamente pelas duas cartas pessoais do jogador e apenas três dentre as cinco da mesa. Este conceito foi incorporado à nova variante, na qual os participantes recebem quatro cartas pessoais (*hole cards*), das quais duas devem necessariamente compor a mão que valerá para o jogo. O jogo apareceu na WSOP pela primeira vez em 1983, quando o apostador profissional e teórico do jogo David Sklansky venceu o torneio de Omaha de US$ 1.000,00 de entrada, ganhando um prêmio de US$ 25.500,00. Desde então, o Omaha se estabeleceu como parte importante do cenário do pôquer, tendo sido desenvolvidas também variantes de alto-baixo (*high-low*) e de prêmio dividido (*split pot*).

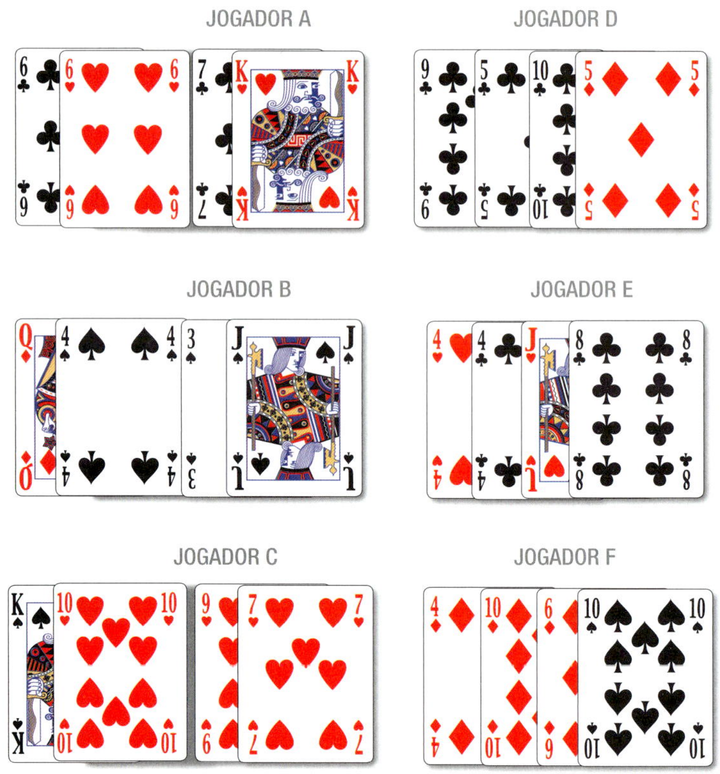

DUAS DA MÃO, TRÊS DA MESA

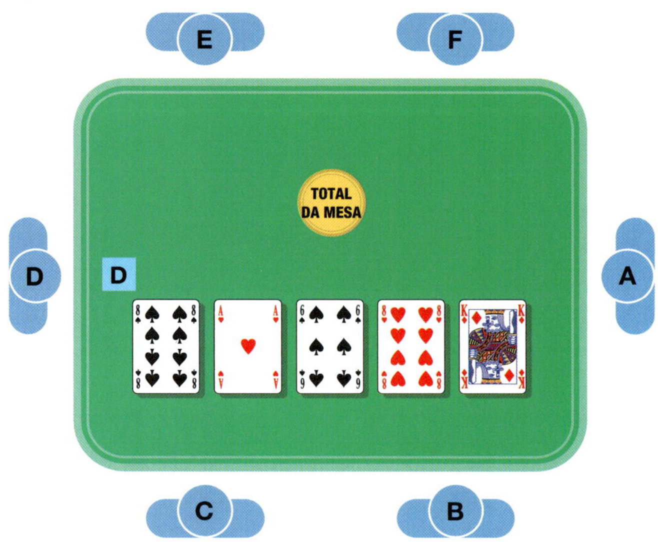

Acima: Para formar uma mão viável, no Omaha, o jogador precisa usar duas de suas cartas pessoais (*pocket cards*) e três das cartas comunitárias dispostas na mesa. Neste exemplo, o jogador A tem a mão vencedora, um *full house*, seis e oitos, combinando seus par de 6 com o 6 e o par de 8 da mesa. O aparente *full house* de seis e reis não é permitido, pois implicaria o uso de três cartas pessoais e só duas da mesa. O jogador B tem apenas uma par de oitos, uma vez que o flush de valete-maior (*J-high flush*) de espadas também requereria três cartas pessoais, enquanto o jogador C também não pode fazer uma sequência válida ou um *flush* com as cartas que pode usar.

♠ Número de jogadores ♣

Podem jogar entre duas e dez pessoas, sendo que os cassinos e clubes tendem a permitir o número máximo em cada mesa. Alguns cálculos aritméticos simples confirmam que um jogo lotado (*full-handed*), com dez competidores, poderá demandar o uso do baralho inteiro em cada mão. Uma vez que o jogo é caracterizado por muitas apostas pagas (*calls*) e poucos repiques (*raises*) antes do *flop*, sobretudo em jogos com estruturas de apostas de limite fixo, o número de cartas em circulação praticamente garante que as mãos vencedoras serão bem fortes. Sequências ou combinações superiores vencem na maioria dos casos, e os jogadores podem pressupor que, se as cartas comunitárias possibilitam uma mão superior à que possuem, algum oponente provavelmente já a tem. Os teóricos defendem que o sucesso, no Omaha, é um mero caso de receber a mão favorita (*the nuts/lock hand*). Apenas de posse da melhor mão possível, ou diante da possibilidade concreta de conseguir formá-la, um jogador deve pensar em apostar.

♠ Mãos válidas ♣

A diferença crucial entre o Omaha e o *Texas Hold'em* é que, naquele, os jogadores têm de combinar duas de suas quatro cartas pessoais com três das comunitárias para formar a mão que valerá no jogo. Jogadores experientes de *Hold'em* que não são familiarizados com o Omaha às vezes se esquecem desta regra. Uma das maiores implicações é que receber uma trinca ou uma quadra é contraprodutivo, pois apenas duas delas valerão para compor a mão. Da mesma forma, receber quatro cartas de mesmo naipe não melhora as chances de *flush*, pois duas delas acabam sendo redundantes, e a chance de ver três cartas desse mesmo naipe na mesa diminui consideravelmente em razão das duas sobressalentes que já estão na mão do jogador.

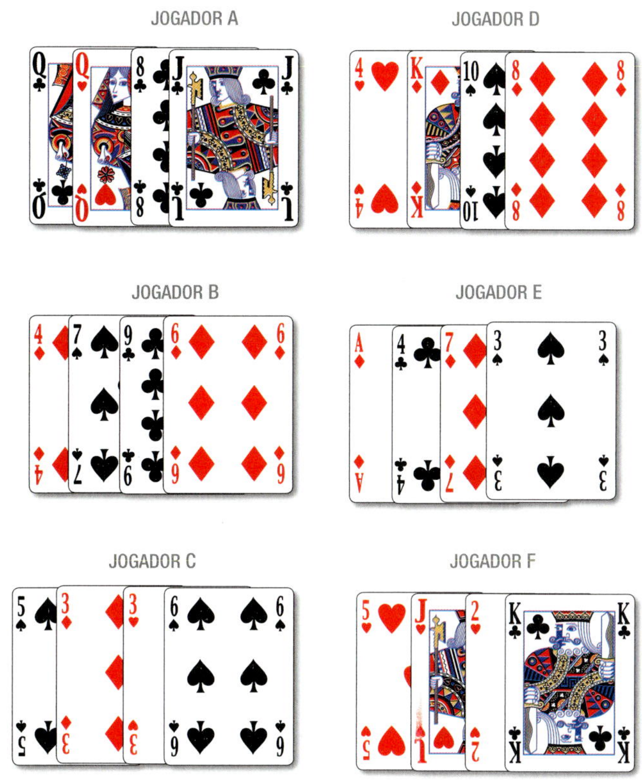

DUAS DA MÃO, TRÊS DA MESA

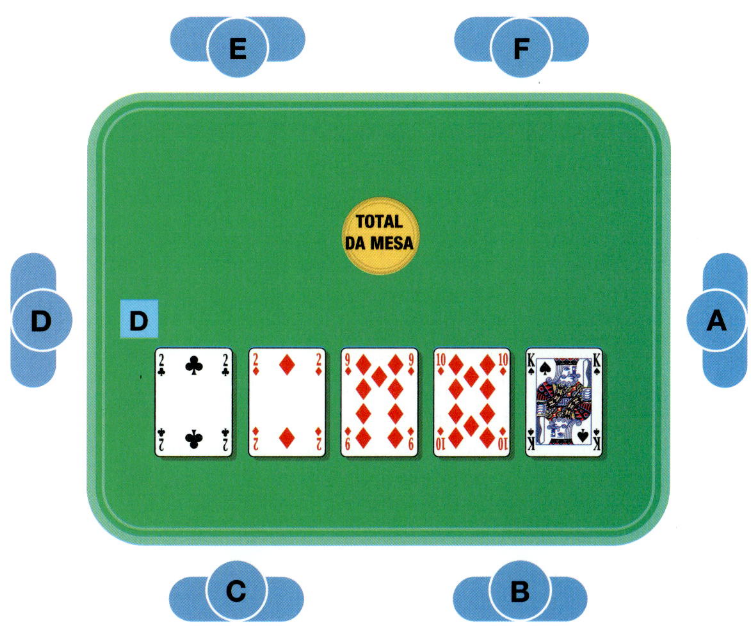

À direita: Neste exemplo, o jogador C tem a mão mais fraca, com apenas dois pares, três e dois, enquanto a sequência de rei-maior (*king-high straight*) do jogador A é apenas a quinta melhor. Os jogadores B, D e E podem, todos, usar as três cartas de ouros da mesa, com duas de suas mãos, fazendo *flushes*, mas o jogador E tem A e 7 de ouros, a melhor de todas. Entretanto, para sublinhar o valor tipicamente alto da mão que vence no Omaha, o *full house* de dois e reis, do jogador F, é a melhor das cinco mãos.

Sequência do Jogo

No Omaha, a ação começa com o escuro menor (*small blind*) e o escuro maior (*big blind*) sendo postados pelos dois jogadores imediatamente à esquerda do carteador, como no *Texas Hold'em*. O carteador (*dealer*) então distribui uma carta para cada jogador, no sentido horário, até que cada um tenha quatro cartas pessoais viradas pra baixo, antes do começo das apostas. O carteador então revela o *flop*: três cartas viradas para cima na mesa, que todos os jogadores podem utilizar para formar suas mãos. Uma segunda rodada de apostas acontece, após a qual é revelada a carta do *turn*. Neste ponto, o limite de apostas geralmente dobra e, após uma terceira rodada de apostas, revela-se a quinta e última carta comunitária, o *river*. É o prelúdio da rodada final de apostas. O vencedor é o competidor que faz uma aposta que não é bancada por nenhum outro durante o jogo ou apresenta a melhor mão no *showdown*, formada por duas cartas pessoais e três da mesa, necessariamente.

♠ Os escuros e a distribuição das cartas ♣

Em vez de exigir que todos os jogadores sejam obrigados a pingar uma quantia simbólica antes da distribuição das cartas, no Omaha, tal como no *Texas Hold'em*, os dois jogadores sentados imediatamente à esquerda do carteador (*dealer*) pagam as apostas compulsórias. O primeiro paga o escuro menor (*small blind*), normalmente na metade do valor da aposta mínima da mesa para as primeiras rodadas, enquanto o jogador seguinte paga o escuro maior (*big blind*), no valor de uma aposta mínima. Em um jogo de apostas de limite fixo em 50/100, o *small blind* normalmente será de 25 fichas e o *big blind*, 50. O carteador, então, queima a primeira carta do monte e distribui quatro cartas para cada

OS ESCUROS E A DISTRIBUIÇÃO DAS CARTAS

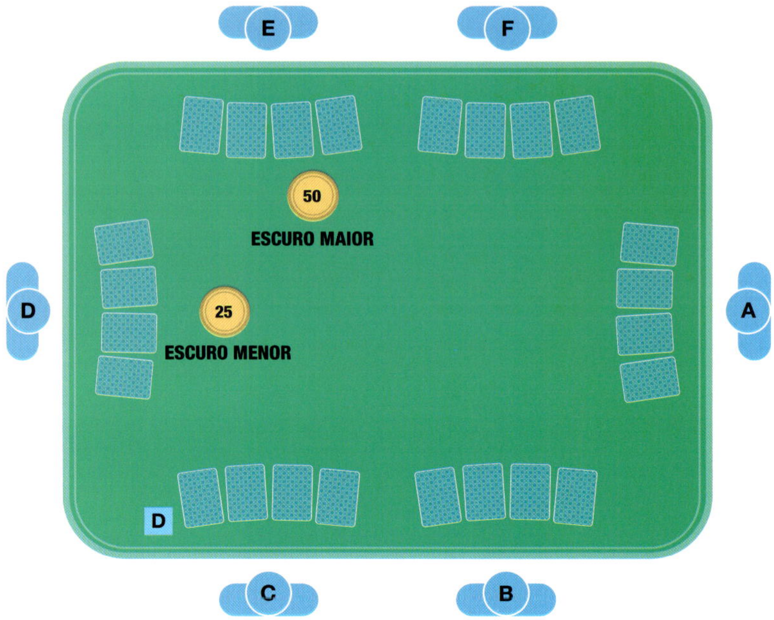

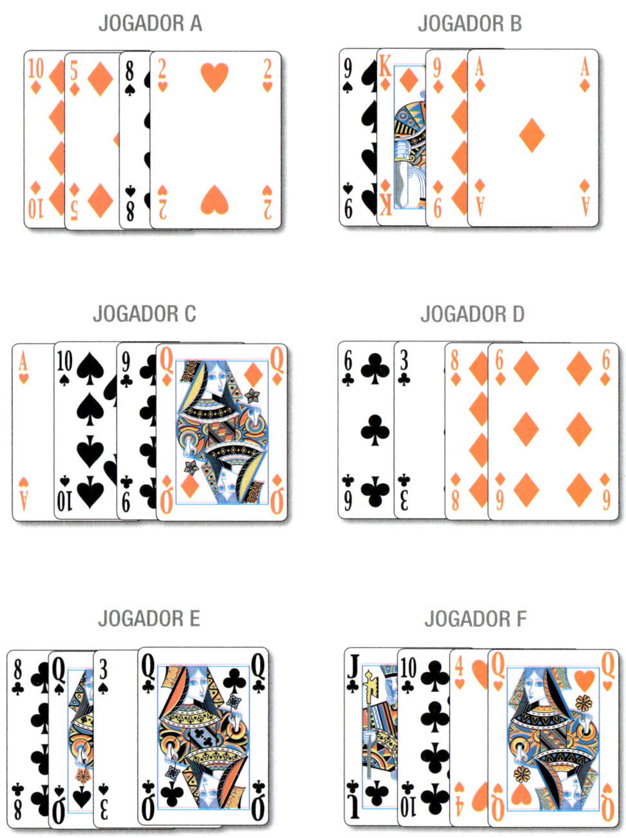

Acima: Como o jogador C é o carteador (*dealer*), os jogadores D e E têm de pagar o escuro menor (*small blind*) e o escuro maior (*big blind*), por serem os dois jogadores imediatamente à esquerda do jogador C. Este exemplo mostra um jogo de Omaha de apostas de limite fixo de 50/100, então os *blinds* são fixados em 25 e 50 fichas, respectivamente. Após o pagamento dos escuros, as cartas são distribuídas, uma de cada vez, para cada jogador, no sentido horário ao redor da mesa, começando com o jogador D, até que todos tenham quatro cartas viradas para baixo. Estas são suas cartas pessoais (*hole* ou *pocket cards*), e devem ser protegidas da visão dos oponentes.

jogador, uma por vez, até o total de quatro, todas viradas para baixo. Estas cartas, chamadas de "cartas pessoais" (*hole/pocket cards*), devem ser mantidas longe das vistas dos oponentes ao longo do jogo.

♠ Mãos iniciais ♣

Como sempre, o primeiro elemento crucial do jogo ocorre quando os jogadores recebem suas primeiras quatro cartas. Apenas duas delas podem ser usadas para formar a mão, mas estas quatro cartas oferecem seis combinações diferentes de duas cartas. A chave para jogar bem o Omaha é identificar quando uma dessas seis combinações de duas cartas se completa com as cartas da mesa para formar uma mão vencedora. Por exemplo, enquanto receber um par alto é muito menos vantajoso do que no *Hold'em*, receber uma combinação de dois reis e duas damas, de ouros e paus, é extremamente benéfico, por várias razões. Se um ás ou rei aparecer na mesa após o *flop*, as chances de atingir um *full house* aumentam bastante, pois é de 50 por cento a probabilidade de um par baixo aparecer entre as cinco cartas comunitárias. Se a mesa apresentar três cartas de ouros ou de espadas, ter-se-á garantido o melhor *flush*, e se qualquer dama, valete e 10 aparecer, o jogador terá uma sequência alta. O segredo, portanto, é investir apenas nas mãos nas quais quatro, cinco ou as seis combinações possam aparecer com as cartas da mesa, garantindo uma mão fortíssima.

♠ O *flop* ♣

Uma vez completada a rodada de apostas anterior ao *flop*, o carteador queima a primeira carta do monte e revela as próximas três cartas do baralho, viradas para cima, no centro da mesa. Considerando que os jogadores, neste momento, já possuem sete cartas para combinar, já devem possuir uma ideia clara da melhor mão que poderão formar, bem como se esta será suficiente para levá-los à vitória. O primeiro a agir após o *flop* é o jogador à esquerda do carteador, cujas opções são pedir mesa (*check*), apostar (*bet*) ou correr (*fold*). A ação então continua, em sentido horário, da maneira tradicional, e cada jogador decide se permanece na mão ou sai. Se todos os jogadores pedirem mesa, o carteador revela o *turn*, e então começa a próxima rodada de apostas.

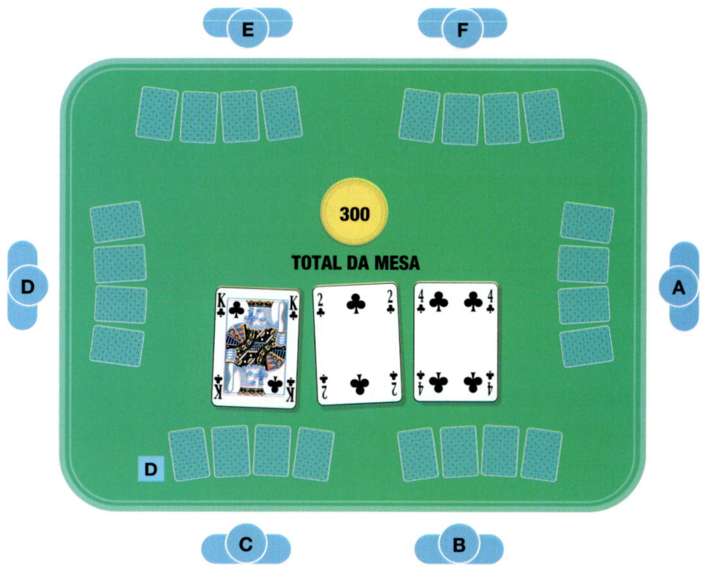

Acima: Todos os seis jogadores pagaram a aposta de 50 fichas para ver o *flop*, gerando um total da mesa de 300 fichas. O *flop*, em si, mostra um rei, 2 e 4 de paus, fazendo *flushes* de rei-maior (*king-high*) para os jogadores D, E e F. Os três têm duas cartas de paus entre suas cartas pessoais, e o jogador E é o melhor no momento, por causa da dama de paus. Os jogadores A e C têm pouca ou nenhuma chance de montar um *flush*, reconhecendo suas perspectivas de vitória como remotas. O jogador B, no entanto, tem uma chance latente de obter um *full house*.

À esquerda: Um botão para ajudar a indicar que o segundo jogador à esquerda do carteador será obrigado a pagar o escuro maior (*big blind*). No Omaha, assim como no *Texas Hold'em*, o valor do escuro maior corresponde à aposta mínima permitida para as primeiras rodadas de aposta. Em um jogo de 50/100, portanto, o *big blind* será uma aposta compulsória de 50 fichas.

Apostas pré-*flop*

Em um jogo de mesa cheia (*full-handed*), é incomum que os jogadores apostem agressivamente antes do *flop*, para diminuir a concorrência. Poucas mãos iniciais são fortes o suficiente para justificar um repique pré-*flop*, o que é, de qualquer modo, pouco propício a afastar um número satisfatório de oponentes. Até a combinação inicial menos promissora pode se combinar com as cartas da mesa e formar uma mão bastante forte, o que é uma das características mais atraentes do jogo. Consequentemente, apostas pré-*flop* costumam ser restritas, e, quando ocorrem, a maioria dos competidores paga para ver o que acontecerá. O resultado em cadeia decorrente deste fenômeno é o aumento do total em jogo (*pot*), o que melhora as perspectivas de ganho para os jogadores que permanecem envolvidos na mão ao longo do jogo.

O *Turn* e o *River*

Após a segunda rodada de apostas, o carteador revela a carta do *turn*, após ter descartado – ou "queimado" – novamente a primeira carta do monte. Tipicamente, os limites de apostas dobram nesse estágio do jogo, pelo que os jogadores que não têm boas mãos já formadas ou têm mãos com baixas perspectivas de vitórias devem correr. Entretanto, o jogo fica mais fácil de analisar, porque os jogadores podem prontamente identificar a provável mão vencedora e avaliar se têm chances de obtê-la. No Omaha com apostas de limite fixo (*fixed-limit*), apostar no *turn* para tentar espantar os jogadores com tentativas de mãos (*drawing hands*) é raramente uma boa tática, enquanto que em jogos de limite de mesa (*pot limit*), este é o momento em que aqueles que já têm mãos fortes, embora não imbatíveis, farão pressão com apostas muito altas. Concluída a terceira rodada de apostas, o carteador revela o *river*, a quinta e última carta comunitária da mesa, e então tem lugar a rodada final de apostas e o *showdown*, se for o caso. O jogador com a melhor mão formada por duas de suas quatro cartas pessoais e três das cartas comunitárias leva o total em jogo (*pot*). De outro modo, o prêmio pode ser ganho antes, se um jogador fizer uma aposta que não for igualada pelos oponentes.

O TURN

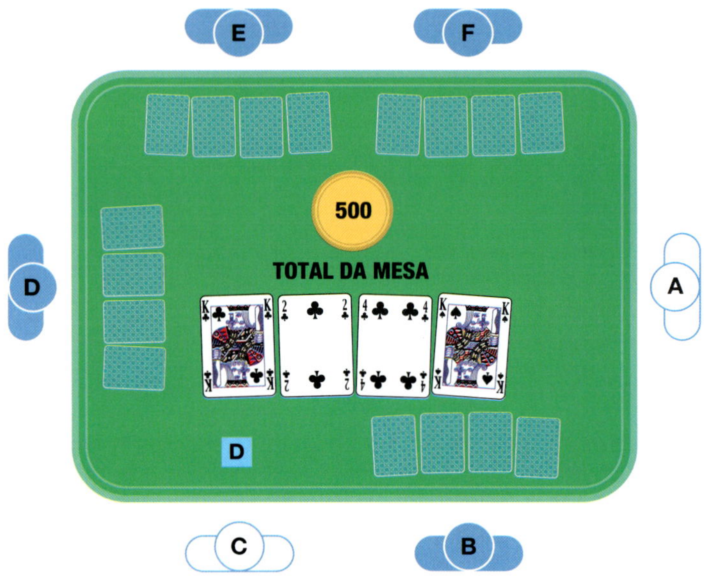

Acima: Após o jogador D apostar 50 fichas em seu *flush*, os jogadores E, F e B pagam, para elevar o *pot* a 500 fichas. Os jogadores A e C correm. O *turn* é revelado, um rei de espadas, dando ao jogador B uma trinca e uma chance de *full house* se aparecer um ás ou um 9. O *flush* do jogador E está em vantagem até o momento.

O RIVER

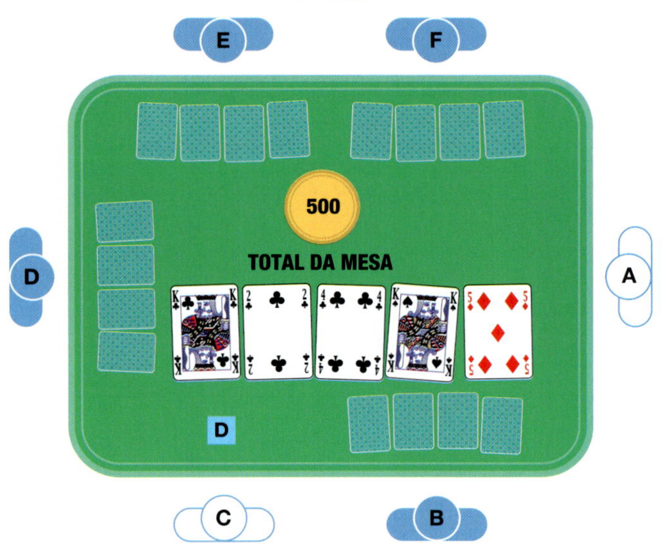

À direita: Após o *turn*, todos os jogadores decidem pedir mesa, e então o *river* é revelado pelo carteador (*dealer*), um 5 de ouros, com o total das apostas permanecendo em 500 fichas. O jogador D prontamente suspeita que o *flush* baixo de rei, 6, 4, 3 e 2 de paus pode ser vencido por um *flush* maior ou por um *full house*, e pede mesa. O jogador E tem a melhor mão, mas sabe que não é a melhor possível (*the nuts*), e também pede mesa. O jogador F aposta 100 fichas, a aposta mínima, que aumentou para as últimos duas rodadas, após o que os jogadores B e D correm.

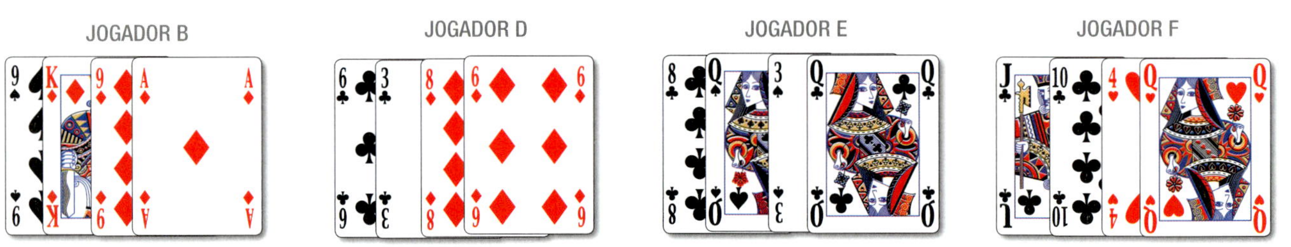

Identificação da mão favorita (*the nuts*) ♣

Como já se disse antes, jogadores experientes consideram que o Omaha se vence com mãos imbatíveis. Com isso em mente, saber reconhecer a melhor mão possível em cada estágio do jogo é uma habilidade que pode ajudar o jogador a se proteger contra o custoso erro de pagar com uma mão mediana. Por exemplo, quando um par aparece no *flop*, é muito provável que um ou mais *full houses* já tenham se formado. Tentar um *flush*, nessa situação é completamente sem sentido, e tentar obter o melhor *full house* possível - conhecido como o *full house* imbatível (*nut full house*) é uma empreitada com apenas 50 por cento de chance de sucesso. Se nenhum par se forma no *flop*, mas aparecem duas ou três cartas do mesmo naipe, então o *flush* será provavelmente a mão vencedora, o que torna completamente inútil tentar obter uma sequência (*straight*).

Omaha alto-baixo (*high-low*) de oito-limite (*eight or better*) ♣

Outra evidência da flexibilidade do pôquer e do entusiasmo dos jogadores em criar novas variações do jogo é a existência do Omaha alto-baixo (*high-low*) de oito-limite (*eight or better*), uma variante de prêmio dividido (*split pot*) que talvez seja mais popular que o Omaha tradicional. O padrão de jogo é o mesmo, e aplica-se qualquer das estruturas de apostas possíveis no pôquer, mas a mesa (*pot*) é dividida entre a melhor e a pior mão, porém, com o detalhe de que a mão mais baixa válida tem que ser composta por cartas de valor inferior ao oito. Ao compor a mão, os jogadores podem desconsiderar as sequências e os *flushes*, fazendo a melhor mão baixa possível (*nut low hand*) a sequência de A, 2, 3, 4 e 5, conhecida no jogo por "roda" (*Wheel*) ou "bicicleta" (*bycicle*). Um *straight flush* de ás até 5, portanto, pode dar ao jogador tanto a melhor quanto a pior mão simultaneamente. Esta é a situação ideal, pois permite que o jogador leve o *pot* todo, como detentor da melhor e da pior mão. Se nenhuma mão for baixa o suficiente para ser considerada válida, então apenas a melhor mão leva o prêmio todo. Um dos fatores que deixa esta modalidade tão atraente é que, com jogadores jogando pela melhor mão e jogadores competindo pela pior mão, o total das apostas pode ser tão alto a ponto de fazer com que ganhar sua metade já seja lucrativo. Contudo, os jogadores devem evitar o "esquartejamento" (*quartering*) do *pot*, que ocorre com o empate entre mãos, altas ou baixas, que faz com que o prêmio seja dividido novamente, levando cada vencedor empatado apenas um quarto do total.

Sequências, *flushes* e *full houses*

A razão pela qual o Omaha é considerado um jogo de sequências, *flushes* e *full houses* se torna clara quando se examinam dados estatísticos sobre a composição provável das cartas da mesa (*widows*). Em metade das ocasiões, pelo menos um par ocorrerá e, quando isto se dá, um *full house* ou combinação superior será obtido por alguém em duas entre três ocasiões, em um jogo de mesa cheia (*full-handed*), com dez jogadores. Da mesma forma, a mesa trará três ou mais cartas para um *flush* em 40 por cento das vezes, o que resulta na aparição dessa combinação em nove entre dez ocasiões. Três cartas na mesa que podem ajudar a formar uma sequência têm uma ocorrência de 80 por cento, o que, considerando o número de combinações possíveis entre as tantas cartas seguradas pelos jogadores, faz com que o índice de aparição dessa combinação seja quase o mesmo – 80 por cento.

THE SHOWDOWN

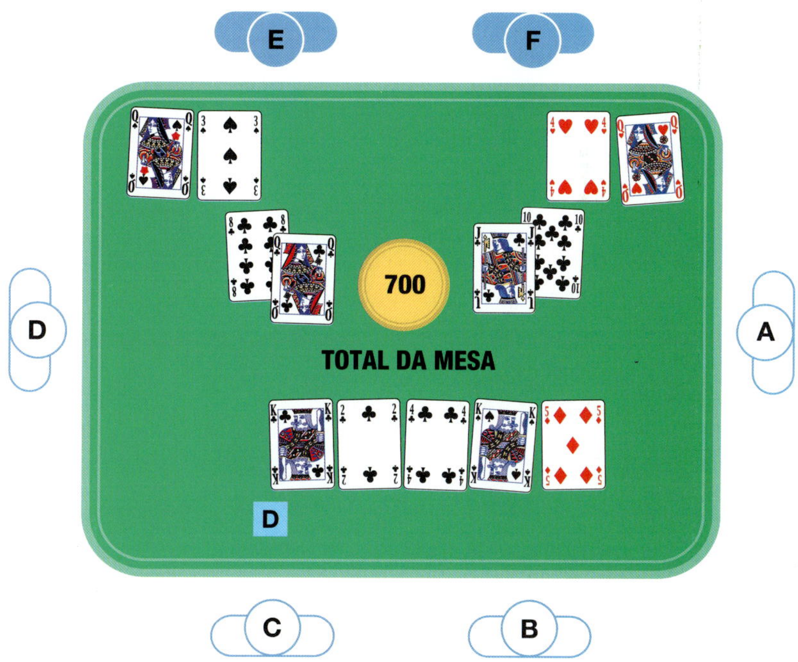

Acima: Após a aposta do jogador F, o jogador E relutantemente paga as 100 fichas, mesmo sabendo que sua mão pode ser batida por um *flush* superior, um *full house* ou mesmo uma quadra de reis. No *showdown*, os jogadores mostram suas cartas, e a dama de paus do jogador E se mostra decisiva, assegurando o *pot* de 700 fichas, com um *flush* de rei-maior (*king-high*) de valor mais alto do que aquele conseguido pelo jogador F.

ESTRATÉGIAS DE PÔQUER

As inúmeras variantes de pôquer que se desenvolveram ao longo dos dois últimos séculos possibilitaram o surgimento de várias teorias a respeito das estratégias no pôquer. Por vezes, muitas delas são extrapolações da matemática existente por trás do jogo, uma vez que, com apenas um baralho em uso, há sempre um número finito de possibilidades com as quais trabalhar, embora este seja imenso. De qualquer forma, o pôquer é jogado contra pessoas, o que faz com que vários outros fatores devam ser levados em conta quando se analisa as chances de uma mão vitoriosa, a obtenção de uma temporada lucrativa ou mesmo o triunfo em um torneio. O estilo do jogo praticado, a estrutura de apostas escolhida e o nível das apostas feitas influenciarão as decisões dos jogadores, assim como o farão, também, as características dos oponentes. Este capítulo se concentra nas cinco formas mais comuns de pôquer, apenas em jogos vencidos pela melhor mão (high only), e esboça alguns dos fatores-chave que os iniciantes e jogadores amadores experientes devem considerar para melhorar suas habilidades no pôquer.

À **direita:** Um jogador aposta todas as suas fichas (all-in). Esta jogada é familiar para aqueles que já viram o pôquer pela televisão, em que normalmente são exibidos jogos de Texas Hold'em com apostas ilimitadas (no-limit), um jogo no qual os contendores podem arriscar todas as suas fichas em uma única mão, a qualquer momento em que seja sua vez de jogar.

Pôquer Fechado

O jogo fechado (draw poker) começa com todos os jogadores pagando o pingo (ante). No sentido horário, o carteador (dealer) dá uma carta de cada vez, virada pra baixo, a cada jogador, até que todos completem cinco cartas. A opção de abrir a rodada de apostas é do jogador à esquerda do carteador, mas só pode fazê-lo se tiver um par de valetes ou combinação superior (jacks or better). Caso não tenha, a vez é passada em adiante, no sentido do horário, até que algum dos contendores preencha o requisito do par de valetes. Após a primeira rodada de apostas, os jogadores podem descartar até três cartas indesejadas e substituí-las por novas cartas do monte. Após a troca de cartas (draw), tem lugar uma segunda rodada de apostas, iniciada pelo jogador que primeiro abriu a primeira rodada. Se dois ou mais jogadores igualarem apostas nesta rodada, o jogo vai para o showdown, com a abertura das cartas, que revelará o vencedor. O total em jogo (pot) também pode ser amealhado pelo jogador que faz uma aposta – na primeira ou segunda rodada – que não é paga por nenhum outro.

Como variação original do pôquer, o jogo fechado era, inicialmente, disputado com apostas ilimitadas (no limit), o que o tornava ideal para jogadores ricos ou para aqueles que tinham uma enorme habilidade de blefe. A imposição de limites de aposta aumentou a atratividade do jogo, enquanto a adoção de regras concernentes a quem poderia iniciar as apostas modificou bastante o pôquer fechado. Com o advento do jackpot – a variação na qual só pode fazer a primeira aposta aquele que tiver uma mão igual ou superior a um par de valetes –, o jogo fechado tornou-se uma variante mais mecânica, que premiava estratégias sólidas. Embora ainda seja popular nas casas de jogo da Califórnia, onde foi, por quase um século, a única modalidade permitida pela lei, o draw poker teve sua importância diminuída em comparação a outras variantes, como o Texas Hold'em e o jogo aberto de sete cartas (7 card stud). Entretanto, o jogo oferece uma base sólida sobre a qual o iniciante pode começar a edificar gradualmente suas habilidades no pôquer, sendo a modalidade que, em geral, primeiro se aprende a jogar. Sites de pôquer pela Internet que oferecem esta variante em geral não aplicam a regra do jackpot. Deste modo, os jogadores são privados de um dos principais elementos na elaboração de estratégias, qual seja, o conhecimento de que um dos oponentes tem ao menos um par de valetes. Por essa razão, as atenções serão dirigidas, aqui, ao pôquer fechado com jackpot, com o descarte limitado a três cartas.

JOGADOR A

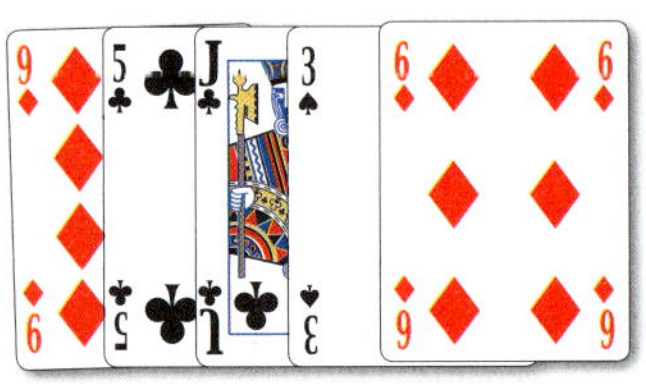

JOGADOR B

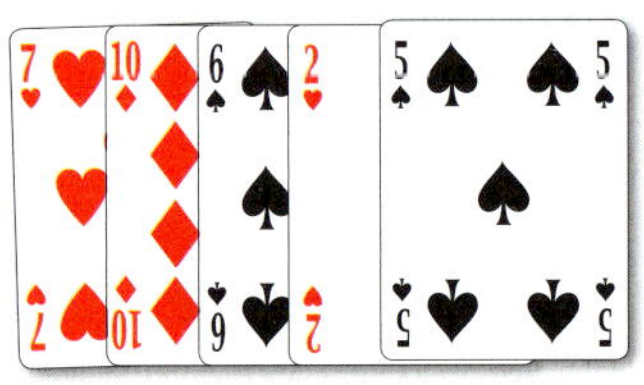

JOGADOR C

JOGADOR D

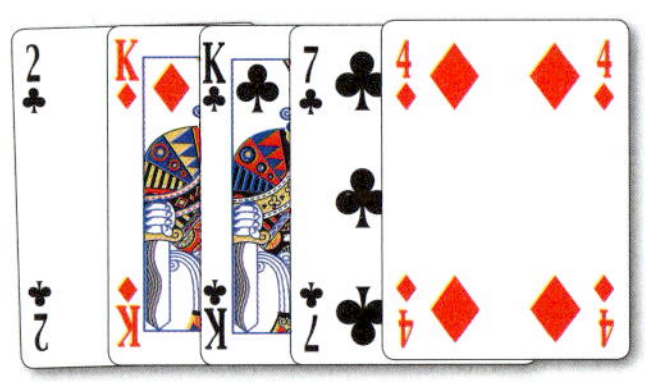

JOGADOR E

JOGADOR F

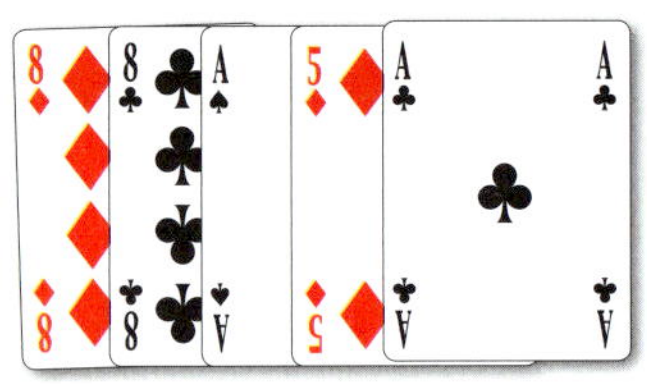

Acima: Um conjunto típico de mãos em um jogo de seis jogadores, com o jogador A atuando como carteador (dealer). Os jogadores B e C não podem abrir a rodada de apostas, porque suas mãos não são suficientes, mas o jogador D pode, com seu par de reis. Uma troca de duas cartas para a obtenção de um flush provavelmente não será bem sucedida, pelo que o jogador D deve manter seu par de reis e descartar as outras três cartas, que não são suficientemente altas. O jogador E não tem nenhum par, e deve correr (fold). O jogador F pode repicar (raise) qualquer aposta inicial e vencer, com dois pares, sendo um de ases. Pagar (call) é seguro, mas há poucas chances de algum outro jogador melhorar suficientemente para vencer. As apostas devem levar os jogadores A e B a correr, mas o jogador C pode pagar e tentar trocar uma carta e obter uma sequência (straight), com um A ou um 9.

♠ Mãos iniciais ♣

Para obter um conceito claro do que seja uma boa mão inicial (starting hand), é necessário observar que tipo de mão costuma vencer em um jogo completo (full-handed game), com seis ou até mais jogadores. Aquele que receber dois pares ou combinação superior nas suas cinco primeiras cartas passa imediatamente a ostentar a mão com grandes chances de vitória independente de eventual melhora. Dois pares baixos podem ser suficientes, mas é preferível que um dos pares seja de ases. Isto porque as chances de a mão melhorar para um full house são de 11 contra 1, se o jogador trocar uma só carta, pelo que aquele que tiver dois pares mas sem ases fica vulnerável a jogadores que troquem duas cartas e recebam um ás como desempate (kicker) – a maior carta das que não compõem os pares apresentados. Os oponentes têm uma chance de 4 contra 1 de conseguir dois pares – com ases – ou combinação melhor, o que faz com que uma mão de dois pares baixos possa liderar antes da troca de cartas (draw) e ser superada depois dela. Segurar um par de ases traz uma chance de 3 contra 1 de melhorar a mão ao trocar três cartas, e vence frequentemente mesmo sem qualquer melhora, sobretudo em jogos de apostas menores. Pares mais baixos que o de valetes fazem com que seja arriscado pagar (call) uma aposta, já que tal mão estará em desvantagem desde o começo. Qualquer um segurando um par alto tem as mesmas chances de melhora que um jogador segurando um par menor ou um par baixo. Portanto, uma troca de três cartas para quem tem um par de noves, por exemplo, tem uma chance de 3 contra 1 de melhorar, em geral, e uma chance de 7 contra 1 de conseguir uma trinca (trips). Mesmo esta melhora pode se revelar inócua no showdown, um prospecto bastante plausível, pois o oponente ocasionalmente terá uma combinação muito mais forte do que um par de valetes.

♠ A procura de informações ♣

Jogadores com um entendimento mais avançado de pôquer logo começam a reconhecer as inferências a serem feitas a partir das apostas de seus oponentes. Embora em até um quinto das distribuições de cartas não surja uma combinação igual ou superior ao par de valetes, quando um jogador de fato a possui, é bastante provável que outra combinação destas também esteja em circulação. Se o jogador à esquerda do dealer, na condição de primeiro a agir, "na mira da arma" (under the gun), como tal posição é chamada, decide fazer a aposta de abertura, então se pode inferir que segura um par de ases ou reis, no mínimo. Jogadores que apostem com uma mão inferior a essa, jogando primeiro, dificilmente pagam um repique (raise) posterior, uma vez que normalmente estão na dependência de uma melhora em suas mãos. Em posições intermediárias ou mais ao final, os jogadores costumam abrir as apostas na posse de pares de valetes ou damas, embora fiquem de sobreaviso quanto a possíveis raises. O repique, neste caso, normalmente indica que o jogador que o faz possui pelo menos um par de ases, ou, mais provavelmente, dois pares ou uma trinca. Em um jogo de apostas com limite fixo (fixed-limit), repicar (raise) a aposta de abertura com uma mão inferior a um par de dez raramente compensa, pois não se pode apostar um valor suficiente para intimidar o jogador que abriu as apostas, que, por definição, possui uma mão superior – valetes ou combinação superior. Apenas um jogador muito controlado, que seja conhecido por só apostar quando tem mãos realmente boas, poderia ter sucesso em um blefe nessas circunstâncias, o que sublinha a importância de se conhecer os oponentes e seus estilos de jogo.

Acima: Quando recebe dois pares, como o de valetes e oitos mostrados aqui, um jogador tem uma chance compensadora de vencer, mesmo que sua mão não melhore. Descartar o 6 de ouros, na tentativa de obter um valete ou 8 extra para um full house é uma jogada lógica, embora as chances sejam baixas.

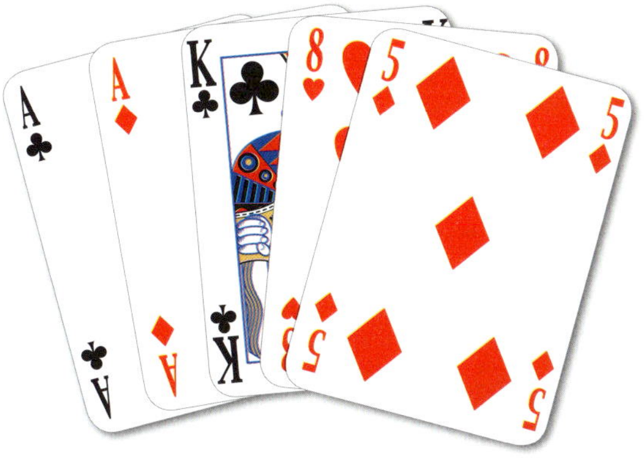

Acima: Receber um par de ases oferece ao jogador a chance de abrir a rodada de apostas estando em qualquer posição na mesa, mesmo que seja o primeiro a jogar. Mas se um oponente repica (raise) a aposta, provavelmente é porque tem dois pares ou combinação melhor. Portanto, se decidir bancar o aumento, o jogador com esta mão provavelmente descartará o 8 de copas e o 5 de ouros e torcer para obter um rei ou outro A, para continuar com chances. Há também a possibilidade de que a troca de cartas traga outro par, formando uma mão bastante forte com os ases.

Acima: Jogar ou não com um par de damas dependerá da posição do jogador na mesa. Se a opção de abrir é dada para um jogador em uma das últimas posições, com esta mão, é aconselhável apostar, mesmo que só pra receber o dinheiro dos pingos (antes). Se um oponente aumenta (raise), o jogador que tem as damas deve esperar estar em desvantagem. Pois o oponente provavelmente tem ao menos um par mais alto, ou combinação melhor. Pagar (call), somente, mesmo quando se tem uma mão boa é um lance consistente neste jogo.

♠ Análise das apostas ♣

Antes da troca de cartas (draw), as únicas pistas disponíveis sobre as mãos dos jogadores são suas apostas. Quem tem vantagem normalmente aposta, de modo a enfatizá-la, exceto quando um detentor de uma "mão irretocável" (pat hand) - uma combinação de cartas tão forte que dispensa qualquer descarte - paga (calls) a aposta de abertura, em vez de aumentá-la (raise), para encorajar os demais a fazer o mesmo e aumentar o total em disputa (pot). Porém, como são apenas duas rodadas de apostas por mão, é normalmente melhor, para o detentor de alguma vantagem, pressionar os adversários, forçando-os a sair (fold) ou a pagar caro para continuar no jogo. Em um jogo de apostas com limite fixo (fixed-limit), portanto, embora um jogador com uma mão mediana - um par baixo, por exemplo - possa pagar (call) a aposta de abertura e confiar na sorte, qualquer repique subsequente provavelmente não será indicativo de blefe. Pedir raise com menos do que um par alto - que pode, ele mesmo, ser bastante inferior à mão do jogador que fez a aposta de abertura - é um convite desnecessário ao desastre, sendo que basta pagar a aposta para trocar as cartas. Utilizar essa estratégia virtualmente garantirá derrotas pesadas, a longo prazo, pois a perspectiva de prêmio (pot odds) raramente equivalerá às chances contrárias a se segurar uma mão vitoriosa. Em outras palavras, mesmo quando bem-sucedido o plano, as fichas ganhas não vão compensar aquelas perdidas nas frequentes e inevitáveis derrotas. Jogadores que preferem o pôquer fechado com apostas limitadas ao total em jogo (pot-limit draw poker) têm uma ligeira tendência a jogadas especulativas e blefes ocasionais, mas para ter chances, precisam "ler" seus oponentes excepcionalmente bem.

♠ O descarte ♣

A decisão do número de cartas a ser trocado após a primeira rodada de apostas é uma análise de risco, sobretudo se as apostas trouxeram poucas pistas sobre a potencial força das mãos dos oponentes.

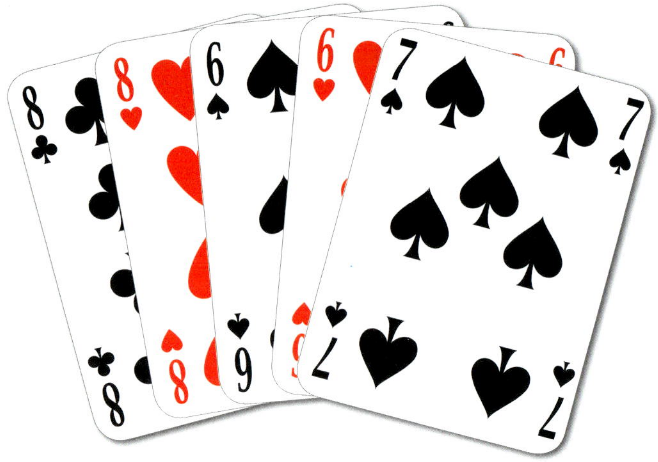

FIGURA A

Acima: Ao pensar em quantas cartas trocar, os jogadores devem contrabalancear a probabilidade de melhorar suficientemente para vencer com o custo de obter mais cartas. Dois pares médios antes do descarte colocam o jogador em uma posição de provável vitória, mas as chances contra a obtenção de um full house são de 11 para 1.

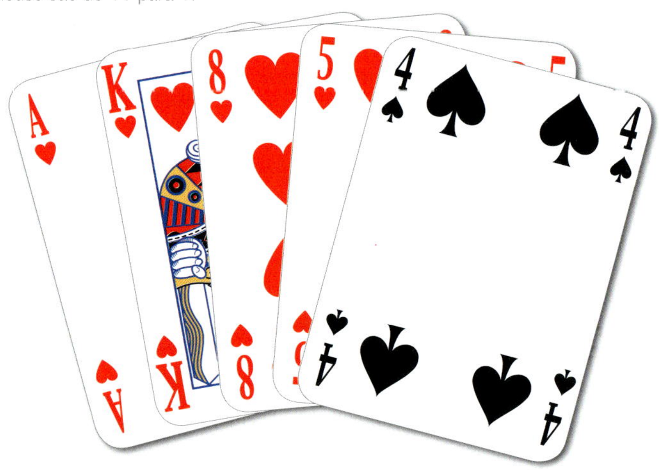

FIGURA B

Acima: Jogadores com flushes de quatro cartas têm uma chance de 5 contra 1 de completar a mão, mas a troca de apenas uma carta deve ser considerada apenas quando há vários jogadores pagando uma aposta não repicada (unraised bet).

FIGURA C

Acima: Um jogador à espera de duas cartas para completar uma sequência estará tentando bater chances contrárias de 22 para 1, fazendo desta uma jogada, no máximo, especulativa.

Compreensivelmente, é apropriado trocar o número de cartas necessário para maximizar as chances de obter uma boa mão, com exceção de quando o jogador sai com uma trinca (trips), que normalmente representa uma mão vitoriosa independentemente de descartes. Trocar duas cartas para tentar flushes ou sequências (straights) raramente compensa, seja no jogo com apostas fixas (fixed-limit) ou limitadas ao total em jogo (pot limit), enquanto trocar uma carta, apenas, para tentar essas combinações é algo que vale a pena quando se joga contra muitos oponentes, em mãos "baratas". A possibilidade de aumentos vigorosos na segunda rodada de apostas deixa as perspectivas implícitas de prêmio mais atraentes nesta situação, sobretudo se a mão é uma provável vencedora, se concretizada. Contra apenas um oponente, entretanto, trocar uma carta para obter um straight flush é uma jogada muito menos atraente, uma vez que as chances de concretização raramente compensam o risco. Melhorar uma mão de dois pares requer a troca de apenas uma carta, mas as chances de contra a obtenção de um full house são de 11 contra 1. É por isso que jogadores que saem com dois pares normalmente apostam alto na primeira rodada, afastando as mãos mais fracas e a concorrência pelo pot.

Como mencionado antes, um jogador com uma trinca deve trocar apenas uma carta, em vez de duas, mesmo que isso diminua as chances de se obter um full house. Tal jogada disfarça o valor da mão e deixa mais provável que o oponente pague uma aposta, inferindo erradamente que o detentor da trinca tenha dois pares ou esteja blefando sobre uma tentativa frustrada de flush ou sequência. Se um oponente decide não trocar cartas e manter a mão (stand pat), então aquele que tiver uma trinca trocará duas cartas, pois um full house poderá ser necessário para vencer. Jogadores que recebem "mãos imutáveis" (pat hands) de sequência ou combinação melhor podem, normalmente, presumir que vencerão, concentrando-se em jogar para aumentar o pot.

Mãos fortes

Um par de ases é uma mão forte no pôquer fechado, uma vez que poderá ser suficiente para vencer, independentemente do descarte. Uma troca de três cartas oferece uma chance de 3 pra 1 de melhora na mão, enquanto é de 8 para 1 a chance contra a formação de uma trinca de ases. Qualquer jogador que recebe uma trinca, portanto, certamente espera vencer. Em uma partida com seis jogadores, aquele que possui uma trinca tem uma chance de 87 por cento de ter a melhor mão após a distribuição de cartas, e tem as mesmas chances de melhorar sua mão que um jogador que tem um par e troca três cartas. Receber qualquer combinação superior a uma trinca é receber uma mão que vencerá na grande maioria dos casos.

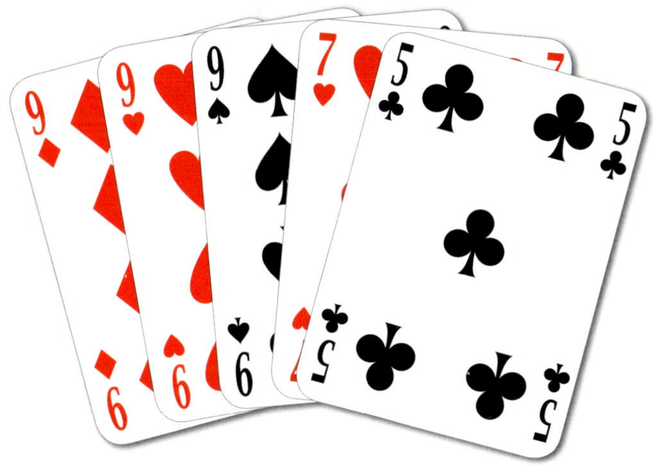

FIGURA D

Acima: Conseguir trincas na distribuição de cartas é algo pouco comum, e esta mão é constantemente vitoriosa. Em vez de descartar as duas cartas restantes para tentar melhorar a mão, é normalmente mais indicado que o jogador segure uma delas, para ajudar a disfarçar o real valor da mão. Os oponentes podem interpretar a troca de uma carta como um indicativo de tentativa de sequência ou flush, ou mesmo de que o jogador tem, no máximo, dois pares.

FIGURA E

Acima: Enquanto ter uma trinca é benéfico, receber uma mão irretocável (pat hand), como uma sequência de 10 maior (10-high straight), em regra, dá ao jogador a vitória, instantaneamente, pelo que deve trabalhar para tirar o máximo possível de fichas de seus oponentes, numa questão de técnica de controle de apostas (pot management).

♠ Observação dos oponentes ♣

Além da informação a ser colhida a partir das apostas feitas na primeira rodada, a troca de cartas (draw) é o único outro ponto do jogo em que os jogadores podem ter uma aposta sobre as mãos dos adversários. Lembrar quantas cartas foram trocadas por cada jogador pode ser útil para se inferir a força das mãos envolvidas na disputa pelo pot. Exceto no caso de um blefe total, um jogador que escolhe não trocar cartas (stand pat) está evidentemente confiante de que vencerá com suas cinco cartas originais. Nos outros casos, os jogadores normalmente trocam quantas cartas forem necessárias para completar uma combinação forte. Aqueles que trocam três cartas quase sempre possuem um par, deixando a força de sua mão razoavelmente fácil de analisar. Trocas de duas cartas sugerem uma trinca ou um par com uma boa carta de desempate (high kicker) – a carta mais alta que não faz parte do par –, uma vez que tentar trocar duas cartas para obter um flush ou sequência será uma tentativa bem-sucedida em apenas uma a cada 20 ocasiões, o que torna tal jogada pouquíssimo atraente para a maioria dos jogadores. Por fim, quando um jogador troca apenas uma carta, tem-se talvez a situação mais difícil de inferir, já que pode se tratar desde uma até então inútil sequência de quatro cartas à procura da quinta até uma virtualmente imbatível quadra. Em geral, é melhor considerar que um jogador que abre ou aumenta as apostas e depois troca uma só carta tem ao menos dois pares, ou mesmo uma trinca. Quando as apostas são baixas e não foram aumentadas, um jogador que troca uma carta pode estar procurando formar uma sequência ou um flush sem muitas despesas.

À direita: Após a aposta de abertura, os jogadores A e D correm (fold), e todos os remanescentes pagam (call). O fato de nenhum oponente ter aumentado (raise) poderia indicar diversas coisas: que cada um tem um par que não era alto o suficiente para abrir as apostas, o que lhes dá uma chance de 4 para 1 de melhorar e superar o par de ases; podem também ter sequências ou flushes de quatro cartas, que esperam completar. Pelo menos um oponente pode ter uma mão poderosa e estar tentando aumentar o pot.

A DISTRIBUIÇÃO DAS CARTAS

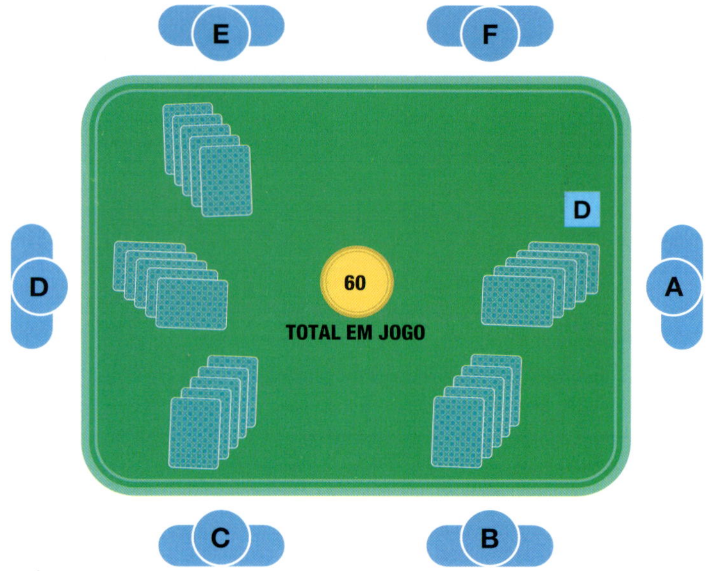

JOGADOR F

Acima: Este exemplo de jogo de limite fixo de 25/50 mostra alguns dos processos de análise mais comuns que um jogador encontrará em um jogo típico. Após a distribuição de cartas, a opção de abrir a aposta é passada (checked) pela mesa até a vez do jogador F, que, com um par de ases, aposta 25 fichas. Considerando que ninguém esteja ocultando uma mão mais forte, este par pode ser até mesmo suficiente para vencer sem qualquer melhora no descarte.

AS APOSTAS

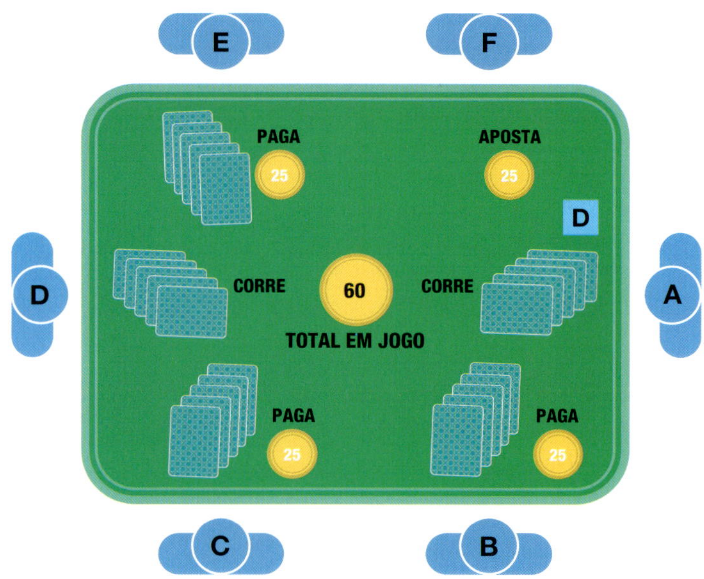

Mãos incompletas

Um jogador que necessita de uma carta para compor uma combinação sem ter nenhuma já formada possui a chamada "mão incompleta" (on the come). O termo também se aplica a jogadores que possuem dois pares e querem uma quinta carta para formar um full house, porém, em uma variante de pôquer em que dois pares normalmente são suficientes para a vitória, pode-se dizer, neste caso, que já há uma combinação formada (made hand). Usualmente, associa-se o termo a flushes ou sequências de quatro cartas, que precisam de uma quinta para adquirir algum valor. Nas melhores dessas ocasiões, que seriam, por exemplo, uma sequência "aberta" – que se completa com a primeira ou a última carta – ou um flush incompleto, as chances de se obter a carta faltante são de 2 para 1. No outro extremo, quando se precisa de uma carta do meio da sequência (como ao segurar, por exemplo, 8, 9, J e Q), as chances são de 11 contra 1, o que demanda uma aproximação cautelosa em termos de apostas.

♠ Probabilidades ♣

Jogadores de sucesso normalmente são bem versados na teoria das probabilidades aplicável à distribuição das cartas (deal) e antes do descarte (draw). As chances de receber um par de ases ou combinação melhor, por exemplo, é de 1 para 8, o que enfatiza a necessidade de se ter paciência até receber uma mão jogável, já que até mesmo pares de valetes e outras combinações de valor aparecerão, em geral, uma vez a cada cinco distribuições de cartas. Contra cinco oponentes, um par de ases tem uma boa chance de liderar, o que faz com que valha a pena jogar, na maioria dos casos. No outro extremo, receber uma sequência diretamente do carteador é algo que acontecerá uma vez a cada 132 ocasiões, o que sublinha a raridade de uma verdadeira mão irretocável (pat hand). Falando em termos práticos, um jogo de seis participantes pode ver até 22 distribuições de cartas até que alguém receba uma sequência ou combinação melhor. Dentre as outras combinações que compõem boas mãos iniciais, a formação de dois pares ou algo melhor tem uma incidência de 1 para 13 distribuições de cartas, enquanto uma mão contendo ao menos uma trinca ocorrerá provavelmente uma vez a cada 35.

O DESCARTE

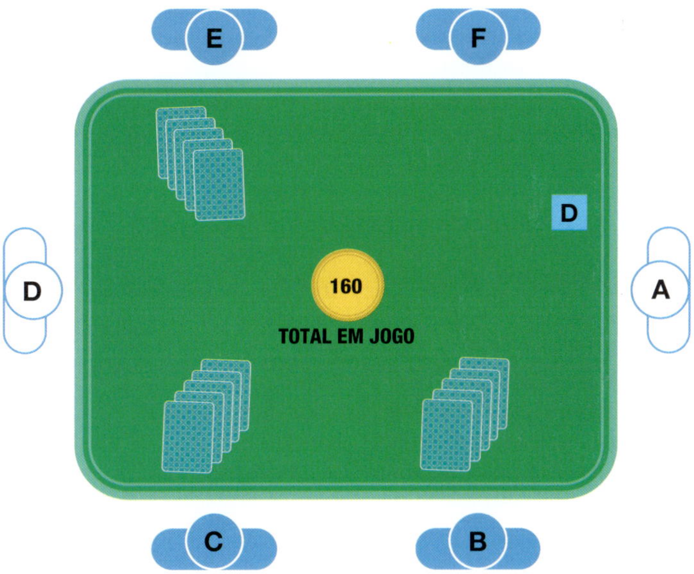

JOGADOR F

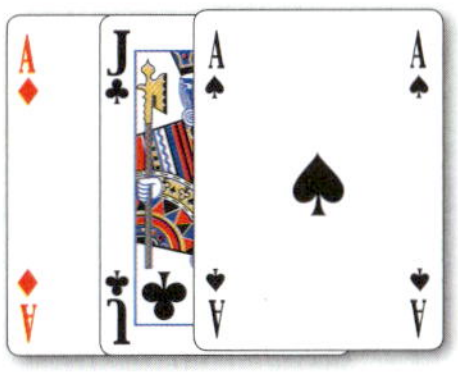

Acima: O jogador B troca duas cartas, enquanto os jogadores C e E trocam apenas uma cada. Os dois últimos, considerando sua posição e a relutância em aumentar a aposta antes, podem estar tentando formar sequências ou flushes, mas a troca (draw) do jogador B é difícil de interpretar. Se estivesse disfarçando uma trinca, seria pouco provável que este jogador trocasse duas cartas, pois descartar apenas uma seria uma forma melhor de dissimular sua mão. Como tentar trocar duas cartas para obter uma sequência ou flush é uma jogada improvável, é possível que o jogador B tenha um par médio ou alto e uma boa carta de desempate (high kicker). Se for este o caso, o jogador F está bem no jogo, e descarta apenas duas.

♠ Cálculos ♣

Somente pela comparação entre as perspectivas de prêmio (pot odds) e as chances de melhora da mão para uma combinação vencedora é que pode um jogador certificar-se de apostar somente em situações compensadoras. Em jogos de apostas fixas (fixed-limit games), a perspectiva de prêmio envolvida antes da troca de cartas (draw) raramente excede 3 para 1, isto é, menos que a chance de um jogador com um par baixo melhorar e vencer um oponente com um par de ases. Oportunidades de apostas quando as perspectivas de prêmio são favoráveis à tentativa de uma mão são, portanto, raras em um jogo em que jogadores com mãos fracas geralmente correm (fold), deixando a disputa pelo pot entre dois ou três jogadores. Jogadores com sequências ou flushes de quatro cartas serão, portanto, azarões, contra um número reduzido de oponentes, o que, em regra, fará com que os totais disputados (pots) não sejam altos o suficiente para justificar o risco. A situação muda quando um jogador faz a aposta inicial e vários pagam (call), pois mais apostas poderão ocorrer na segunda rodada, o que aumenta a perspectiva de ganho. Uma mão com uma carta faltando para um flush ou uma sequência aberta (open-ended straight) tem uma chance de 5 para 1 de dar certo, o que faz essa opção muito mais atraente quando há vários jogadores envolvidos na rodada.

♠ Jogo pós-descarte ♣

As estratégias de apostas depois da troca de cartas (draw) dependem de vários fatores, já que os jogadores tentarão assimilar as diversas redes de informações já obtidas até então. Um jogador que tenha feito a aposta de abertura jogando primeiro deverá apostar de novo somente se houver melhorado sua mão; do contrário, é recomendado apenas pedir mesa (check). Aqueles que já não tiverem chances não pagarão uma aposta, ao passo que os competidores cujas mãos tiverem melhorado pagarão (call) ou até mesmo aumentarão (raise) a aposta, buscando que o autor da aposta de abertura (opener) pague, para engrossar o total em jogo (pot). No pôquer com apostas de limite fixo, o preço de se pagar uma aposta normalmente é suficientemente alto para fazer com que tentativas de blefe

A TROCA DE CARTAS (SEGUNDA RODADA DE APOSTAS)

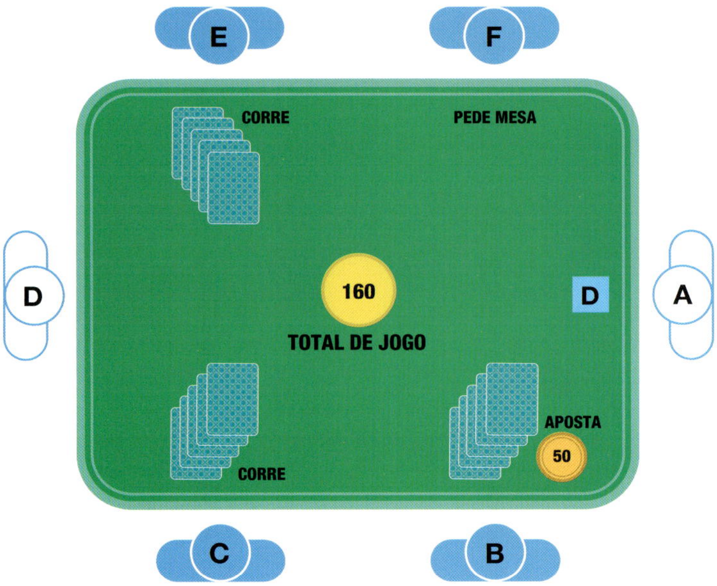

JOGADOR F

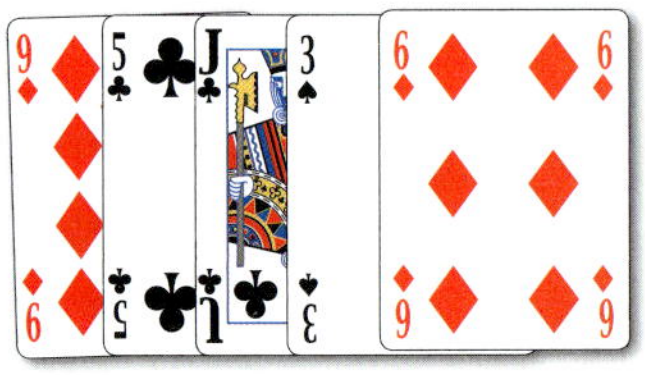

Acima: Por ter aberto as apostas, o jogador F tem a opção de jogar primeiro na segunda rodada, porém, não tendo melhorado em nada após a troca de cartas, a única opção plausível é pedir mesa (check). Quando o jogador B aposta 50 fichas, o jogador F imediatamente começa a duvidar que seu par de ases ainda seja suficientemente forte para vencer, uma vez que, se a leitura da mão do jogador B estiver correta, a chance é de apenas 3 para 1 contra a melhora de um par médio para dois pares ou combinação superior. Isto faria a aposta justificável em termos de perspectiva de prêmio (pot odds), e um blefe nesta situação é improvável.

À direita: Um jogador atira, teatralmente, suas cartas para longe, para indicar que está correndo, embora haja uma grande quantia em jogo. As mãos em que se corre devem ser sempre colocadas viradas pra baixo no "lixo" (muck), que é a pilha de cartas descartadas que se forma durante cada mão, e que é de responsabilidade do carteador (dealer).

após o descarte raramente sejam levadas ao cabo. Os blefes que funcionam tendem a ser realizados com apostas altas feitas antes da troca de cartas, jogadas que podem ser completadas com a manutenção das cartas originais (stand pat). Outra regra geral é não apostar com nada inferior a uma boa mão, como um flush de ás-maior (ace-high flush) ou combinação melhor, quando um ou mais jogadores houverem trocado apenas uma carta sem aumentar a aposta inicial. Aquele que completar uma sequência ou combinação superior aumentará uma eventual aposta pós-descarte, enquanto quem não conseguir a carta de que precisava para compor a mão inevitavelmente correrá (fold).

♠ Sequências e flushes ♣

Ter uma sequência ou um flush, sobretudo aquelas com ases (ace-high), deixa o jogador em uma posição superior, pois tais combinações normalmente vencem. O modo de jogar a mão após o descarte dependerá das circunstâncias anteriores.

Se um flush completo é distribuído a um jogador, que então abre as apostas, então, outra aposta após a troca de cartas é praticamente obrigatória. Jogadores que melhoraram suas mãos para trincas, por exemplo, podem pagar apenas para conferir se o jogador que abriu as apostas não está blefando. Pedir mesa permite com que os jogadores que não melhoraram também peçam, o que diminui o valor total envolvido na mão, e os ganhos potenciais.

Se um oponente fez a aposta de abertura, há outras possibilidades para o jogador que recebeu uma sequência ou um flush. Pagar provavelmente vai manter os demais jogadores envolvidos na mão, mas aumentar (raise) pode ser uma opção se o jogo é solto, com bastante ação. Quando um jogador consegue obter uma sequência ou flush com a troca de cartas, pagar a aposta que abre a segunda rodada é, em geral, uma prática sólida. Jogadores cujas mãos melhoraram, mas não o suficiente, se sentirão tentados a também pagar, ou mesmo aumentar a aposta, pensando ter detectado fraquezas por parte dos primeiros a jogar. Aumentar a aposta nesta situação, portanto, provavelmente eliminará jogadores que, de outro modo, teriam pagado, e, uma vez mais, reduzirá os ganhos potenciais.

Acima: Um jogador aumenta uma aposta, adicionando mais fichas ao centro da mesa. O repique (raise) é uma jogada agressiva, é claro, e usualmente indica a posse de uma mão forte, embora tal noção permita que os jogadores o utilizem como uma técnica de blefe. Ao optar por aumentar uma aposta, o jogador deve anunciar claramente sua intenção antes de empurrar suas fichas ao centro. Colocar fichas de valor igual à aposta e depois anunciar o aumento é conhecido como "aposta amarrada", e não é permitido.

A ABERTURA DAS CARTAS

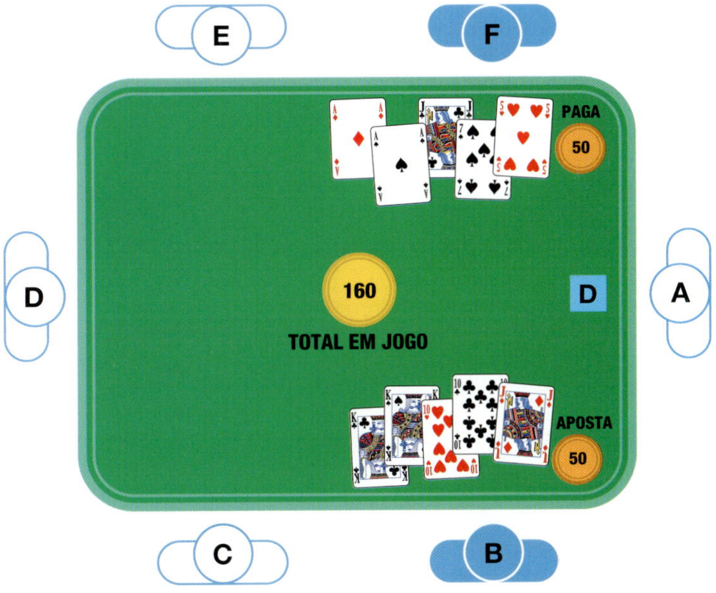

Acima: O fato de que os jogadores C e E rapidamente correram sugere que sua troca de cartas foi improdutiva, deixando o jogador F decidir se as perspectivas de prêmio, agora de 4 para 1, justificam que pague a aposta do jogador B. No exemplo mostrado, o jogador F paga, suspeitando que o jogador B possa ter um par inferior ao de ases, que não tenha melhorado. Na abertura das cartas (showdown), o jogador B sai vencedor, mas o pedido de mesa anterior do jogador F é justificado. Uma aposta certamente teria sido aumentada pelo jogador B, o que significaria uma contribuição de mais 50 fichas, pelo jogador F, apenas para confirmar a derrota.

JOGO ABERTO DE CINCO CARTAS (5-CARD STUD)

O padrão de jogo da variante aberta de cinco cartas (5-card stud) permite que dois a dez jogadores participem das partidas, que começam com cada jogador contribuindo com o "pingo" (ante), uma quantia fixa destinada a assegurar um valor mínimo em disputa (pot), após o que cada um recebe duas cartas, sendo a primeira virada para baixo e a segunda, para cima. O jogador com a maior carta virada para cima, também conhecida como "carta de entrada" (door card), abre a primeira rodada de apostas, com uma aposta obrigatória chamada de "abertura" (bring-in), em face da qual os jogadores podem pagar (call), aumentar (raise) ou correr (fold). Ao término da primeira rodada de apostas, aqueles ainda envolvidos no jogo recebem uma terceira carta, também virada para cima, e então se segue uma segunda rodada de apostas. Uma vez mais, o jogador com as melhores cartas à vista inicia as apostas, de modo que tal honra frequentemente recai sobre jogadores diversos, conforme mais cartas vão aparecendo no jogo. O jogo continua com a distribuição de uma quarta carta, virada para cima, seguida de nova rodada de apostas ao fim da qual, se necessário, os jogadores recebem a quinta carta cada um, também virada para cima, como prelúdio da última rodada de apostas. Como sempre, o vencedor é apontado ou no showdown, quando os contendores ainda jogando mostram suas cartas, ou quando um jogador faz uma aposta, em qualquer momento do jogo, que não é bancada por nenhum dos demais.

O jogo aberto de cinco cartas levou praticamente ao abandono da prática do jogo fechado (draw ame), que fora a primeira forma reconhecida do jogo. Embora a introdução de limites de apostas e a adoção de restrições sobre qual jogador poderia iniciar as apostas tenham expandido a popularidade da variante fechada, a pobreza de informações sobre as quais basear as jogadas levou ao desenvolvimento do conceito de pôquer aberto, do qual o 5-card stud é a mais antiga variante ainda jogada. Jogos abertos de pôquer (open poker games) são aqueles nos quais algumas das cartas que compõem a mão dos jogadores ficam à mostra para todos. No jogo aberto de cinco cartas, cada jogador recebe uma carta virada para baixo e quatro viradas para cima, se participar da quarta e última rodada de apostas. A estrutura do jogo, portanto, permite que

Abaixo: Esta é uma cena típica após a distribuição da última carta. Três jogadores sobreviveram às primeiras três rodadas de apostas, e a vez é do jogador F, que ostenta a melhor mão visível, um par de ases. Poderia ser suficiente para vencer, mas como o jogador A pagou na quarta carta, quando ambos os oponentes já tinham pares visíveis, é possível que tenha um 9 oculto e, portanto, uma sequência de valete-maior (Jack-high straight). Isto seria suficiente para vencer os demais, que só poderiam ter, no máximo, trincas.

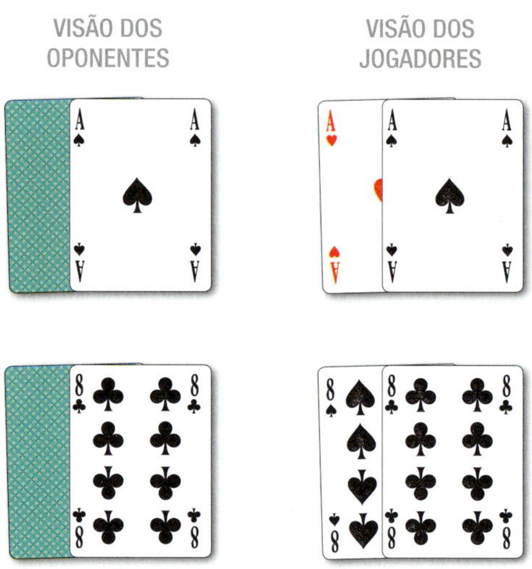

Acima: Receber um par nas primeiras duas cartas normalmente dá uma vantagem imediata ao jogador, embora pares altos sejam mais valiosos, pois têm mais chances de vitória sem qualquer melhora posterior. As chances contra receber qualquer par são de 16 para 1, e receber damas ou combinação melhor nas primeiras duas cartas é algo que ocorrerá provavelmente uma vez a cada 74 distribuições de cartas; para um par de ases, as chances contrárias são de 220 para 1.

CENÁRIO TÍPICO DA RODADA FINAL

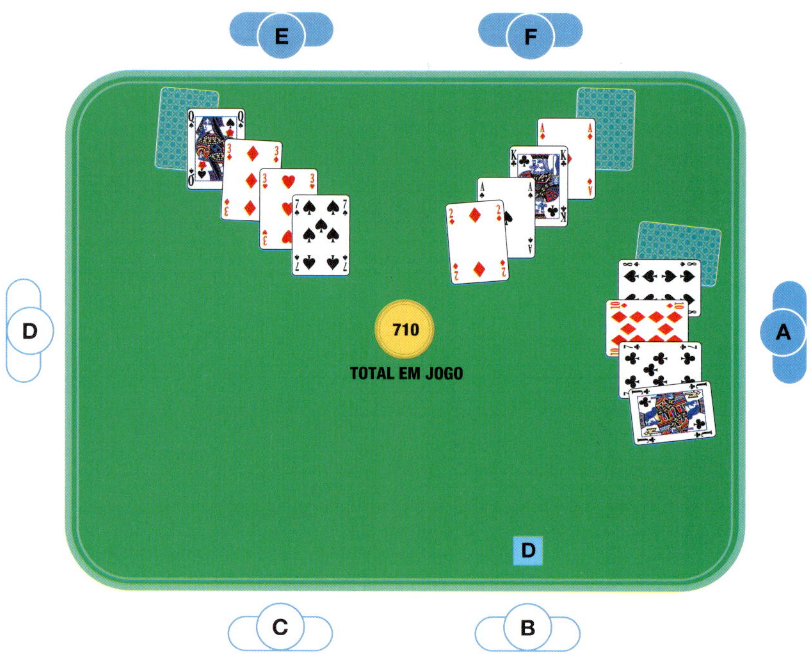

os jogadores modifiquem sua abordagem estratégica após cada rodada, à medida que mais cartas vão aparecendo e as inferências por trás dos padrões de apostas dos oponentes se tornam mais aparentes. Além disso, por não haver troca de cartas para sobrecarregar o baralho, o 5-card stud pode acomodar até dez jogadores, que é o número de participantes considerado ideal por jogadores experientes e profissionais do pôquer. Com esse número de participantes, acaba ficando mais provável a ocorrência de confrontos de apostas, que deixam o jogo mais interessante. A adoção de diferentes estruturas de aposta - limites restritos ao total em jogo (pot limit) ou apostas ilimitadas (no-limit) - também ajuda a escapar da rigidez e mecanicidade que prevalecem nos jogos de apostas fixas (fixed-limit). O blefe se torna um expediente mais atraente quando apostas maiores são permitidas, e o valor total em jogo pode aumentar suficientemente para fazer com que jogadores permaneçam envolvidos em mãos mesmo com cartas que os fariam correr em jogos de apostas fixas.

♠ Mãos iniciais ♣

Assim como ocorre em todas as outras variantes de pôquer, avaliar as mãos que merecem ser sustentadas e as que devem ser abandonadas é o primeiro elemento importante do jogo aberto de cinco cartas. Após a distribuição das cartas (deal), esta decisão se baseia nas duas cartas recebidas, das quais uma é visível a todos os oponentes. Em princípio, pode parecer que o jogador tem pouca informação em que se basear para decidir se continua jogando ou abandona a mão, mas uma compreensão das possibilidades envolvidas enfatiza a importância da decisão. Qualquer jogador que permaneça até o showdown possui chances de meio a meio de obter um par. Em um jogo com seis participantes, portanto, se todos os jogadores permanecerem envolvidos até receberem as cinco cartas, é provável que ao menos três deles tenham pares, sendo um deles de damas ou combinação superior. Possuir um par de ases ou reis dá a qualquer competidor uma vantagem, e quanto mais cedo este par aparecer, melhor. A situação ideal é receber o par alto já nas duas primeiras cartas, pois um jogador nesta posição possui grande controle sobre as apostas. Ao receber duas cartas que não formem par, o conselho geral é que se corra (fold), a menos que ambas as cartas sejam 10 ou maiores. A única exceção a esta regra é quando o jogador tem uma carta pessoal (hole card) - aquela que recebe virada para baixo - mais alta do que todas as cartas visíveis dos oponentes. Um par de ases provavelmente ocorrerá uma vez a cada seis distribuições de cartas, o que faz com que um ás como carta pessoal e um 7 como carta de entrada (door card), por exemplo, seja uma combinação passível de ser completada com outro ás, formando o par mais alto. Se isto ocorrer e não houver mais nenhum ás à vista na mesa, então esta mão terá uma boa chance de vencer no showdown, supondo que o jogador não consiga forçar os demais a correrem antes disso, através de uma abordagem agressiva nas apostas.

Acima: Um par de damas, também conhecido como "senhoras" (ladies), é uma boa mão de abertura no jogo aberto de cinco cartas. Após a distribuição de cartas (deal), um jogador com um par de damas normalmente lidera, pois somente um par de ases ou reis supera esta combinação nesta altura do jogo. Se não há cartas de entrada maiores do que uma dama à vista, então o jogador saberá que tem uma vantagem imediata.

O valor dos pares

O valor de um par obtido logo na distribuição de cartas, no jogo aberto de cinco cartas, é difícil de ser °estimado. Embora ter um ás ou um rei oculto e outro como carta de entrada seja fortemente desejável, mesmo pares menores podem ser valiosos de certa forma. Em um jogo amarrado, com jogadores cautelosos, um repique (raise) feito por um jogador que tem como carta aberta um 7 de paus, por exemplo, pode levar jogadores com door cards maiores a correr (fold), intimidados pela possibilidade de um par já estar formado. Após a distribuição das cartas, um jogo com seis participantes dá a cada jogador uma chance de 3 para 1 contra a obtenção da segunda carta para formar um par alto, que é boa, exceto se tal carta for dada a um oponente. Esta situação infeliz poderá levar jogadores mais conservadores a correr. Independentemente de ter recebido um par alto ou não, em um jogo de apostas altas (high stakes) ou de apostas ilimitadas, blefar com uma aposta alta na primeira rodada para sugerir um par é uma tática plausível. Contudo, raramente é utilizada por jogadores que não tenham pares e possuam uma ou duas cartas menores que um 10.

♠ Cartas de entrada ♣

Antes da primeira rodada de apostas, a primeira carta exposta ou virada para cima (up card) de cada jogador – a carta de entrada (door card) – é a única pista referente ao potencial de cada mão. O jogador com a melhor carta de entrada abre a rodada de apostas, e este será, por vezes, o detentor de um 7 ou de um 8, por exemplo, ocasiões em que vários jogadores pagarão para seguir. Se as cartas de entrada são baixas, maiores as chances de os jogadores terem cartas pessoais – aquelas viradas pra baixo, ocultas dos oponentes – altas, o que poderia encorajá-los a permanecer no jogo para uma segunda rodada. Um aumento (raise) de um jogador com uma carta de abertura baixa normalmente indica um par, e uma suposição similar pode ser feita mesmo que o jogador apenas pague (call).

Jogadores recreacionais nem sempre conhecem a atuaçao das probabilidades, o que faz com que a força dos oponentes deva ser considerada quando se procura uma ligação entre as cartas à mostra e as apostas. O pôquer é um jogo de aposta, e muitos jogadores se preparam para pagar com chances menores, apenas pela emoção de tentar fazer uma mão forte, sobretudo se pouco provável.

♠ Mãos potencialmente vencedoras ♣

Como se pôde entrever, as mãos que costumam vencer no 5-card stud são muito mais baixas do que em outras variações de pôquer, sendo um par alto, em geral, suficiente para levar o pot. Obter um par alto nas três primeiras cartas é uma vantagem, sobretudo se o par é formado com a carta pessoal (hole card), o que oferece a chance de se aumentar as apostas e eliminar concorrentes. Quando se consegue fazer isso, muitos jogadores desistirão de mãos com potencial para vencer antes poder completá-las. Jogadores com flushes ou sequências (straights) de três cartas, por exemplo, dificilmente encontrarão perspectivas de prêmio (pot odds) compensadoras com relação ao risco que enfrentam ao investir nessas mãos, sobretudo se o oponente tem um par à mostra. Tais combinações, portanto, são raramente vistas, ao passo que as chances contra a formação de trincas são de 35 para 1 na distribuição de cinco cartas.

PARES ABERTOS

À esquerda: Três exemplos de mãos após a terceira carta virada para cima – third street –, todas com "pares abertos". Tipicamente, a aposta mínima, no 5-card stud, para as duas primeiras rodadas, é a metade do valor da aposta mínima das duas rodadas finais de apostas. Um jogador com um "par aberto" na third street, entretanto, tem direito a protegê-lo, dobrando a aposta mínima e deixando mais caro para os oponentes a opção de prosseguir. Se o detentor do par optar por não dobrar, qualquer outro jogador pode se valer da prerrogativa.

Abaixo: Trabalhadores em um jogo de pôquer, em 1940, no sítio Fort Blanding, utilizado pelo exército norte-americano como centro de treinamento de infantaria durante a Segunda Guerra Mundial. No mínimo oito jogadores estão participando, o que leva a crer que o pôquer 5-card stud era um dos jogos escolhidos para o entretenimento noturno. Com mais cartas em circulação, a chance de os jogadores formarem boas mãos aumenta, fazendo a ação das apostas muito mais competitiva.

Em virtude de uma mão deste potencial raramente se materializar antes da quinta carta (fifth street), o prospecto de ter que sobreviver a três rodadas de apostas flutuantes para tentar obtê-la sublinha o porquê da raridade de mãos dessa magnitude. De outro lado, é difícil lucrar alto em trincas obtidas nas primeiras três cartas, pois o par exposto compromete as chances de se manterem os oponentes envolvidos na disputa até que as apostas sejam significativamente altas.

♠ A terceira carta (third street) ♣

O recebimento da terceira carta – a third street – marca o ponto decisivo para a maioria das mãos no jogo aberto de cinco cartas. Bons jogadores raramente considerarão a opção de ir além desse estágio se suas mãos são inferiores pelas cartas visíveis ostentadas por um oponente. É a regra fundamental de que qualquer jogador que não possa vencer as cartas que estão na mesa deve obviamente correr (fold). Um exemplo que pode ser citado é quando um jogador obtém um par na mesa (open pair), ocasião em que os jogadores que não tiverem ao menos um par devem fugir. Quando se tem cartas mais altas que aquelas à mostra ostentadas por um oponente – ou tem overcards –, normalmente se deve jogar, mas quando duas das cartas do oponente formam um par, isto se torna temerário, sobretudo se vários jogadores permanecerem envolvidos. Às vezes, o oponente com um par à mostra já tem uma trinca, e qualquer um nesta posição receberá de bom grado as fichas que, especulativamente, forem apostadas pelos adversários descuidados.

Para um jogo sólido na terceira carta, jamais se deve apostar em mãos que já possam estar perdidas. Isso se aplica a combinações como sequências e flushes de três cartas, que, na prática, não valem nada. Desta forma, um jogador com um ás, um dez e um oito de espadas deve estar ciente de que tem uma chance modesta de completar o flush, em uma disputa com seis competidores. Tal chance, contudo, aplica-se somente se todos os jogadores permanecerem até o showdown e nenhuma outra carta de espadas apareça entre suas cartas, o que tornaria irrealista a tentativa de sucesso mesmo num jogo bem pouco competitivo.

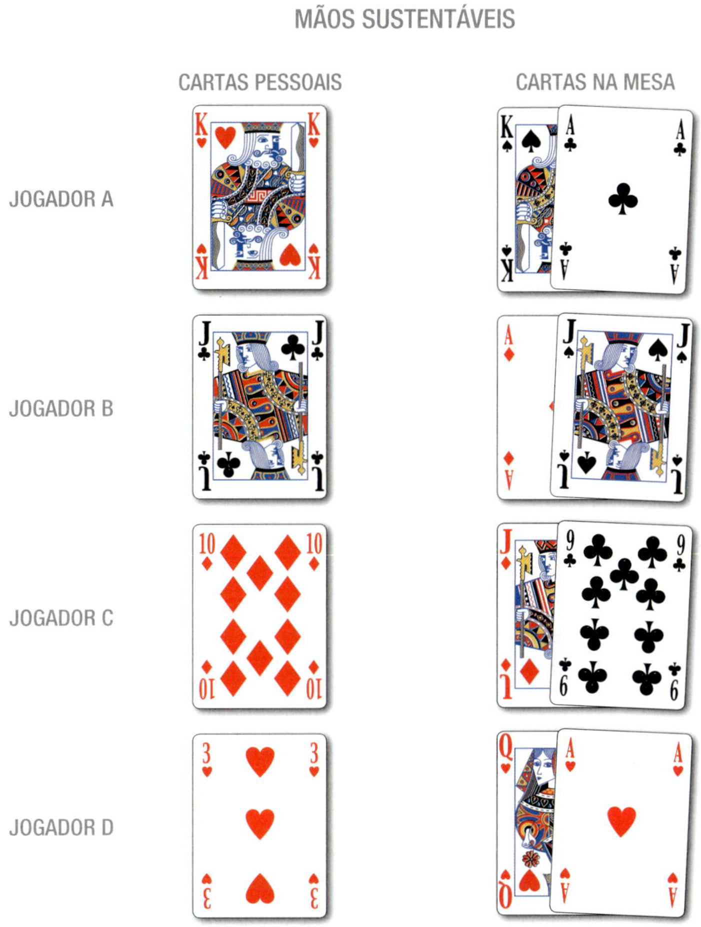

Acima: É crucial saber que mãos jogar e quais abandonar na terceira carta. Um jogador com um par de reis e um ás como desempate (a carta mais alta fora do par) tem uma boa mão. Se nenhum par está visível, esta mão abrirá as apostas na third street. Da mesma forma, ter um ás para ajudar um par de valetes ocultos intimidará até os adversários que detiverem um rei ou uma dama. Mesmo que tenham um par oculto, o ás fará com que desconfiem ao pagar uma aposta. Jogadores com sequências ou flushes de três cartas devem correr na third street se um oponente apostar, pois as chances de completar a mão são remotas.

À direita: Um jogador confere sua carta pessoal (hole card) para confirmar que tem uma trinca de reis, agora que a carta final foi distribuída. A ocorrência de uma trinca em cinco cartas será, em média, de uma a cada 35 mãos carteadas. Como neste exemplo, porém, o jogador poderá ter que esperar até a carta final para completar a mão, pelo que terá de negociar três rodadas de apostas possivelmente bastante caras.

♠ Estratégias efetivas ♣

O fato de que a maioria das dicas para se jogar o 5-card stud tende para a cautela mostra o quanto é difícil, sobretudo em jogos de limite fixo, controlar as apostas e obter grandes lucros. Em muitas ocasiões, a força da mão de um jogador será claramente visível pelas cartas abertas na mesa, tornando improvável que algum oponente pague uma aposta mais alta. Um jogador com um par "aberto" pode dobrar a aposta mínima na terceira carta (third street) para proteger sua mão, opção que apresenta duas consequências prováveis: oponentes com pouca chance de bater a mão em questão correrão (fold), ao passo que aqueles que pagarem (call) ou mesmo aumentarem a aposta (raise) provavelmente já estarão em vantagem. Se um oponente aposta na segunda rodada, mesmo tendo apenas uma das cartas expostas mais alta do que as que formam o par aberto, é melhor presumir que tem uma mão superior ao par.

Formar um par baixo com a carta pessoal (hole card) não é muito mais vantajoso nesta situação. Um jogador com um 9 aberto e um outro 9 oculto como carta pessoal, por exemplo, se sentirá bastante vulnerável se houver várias cartas mais altas na mesa. Qualquer aposta vinda de um oponente que tenha um ás ou uma dama o levará a acreditar que necessite de um terceiro 9 para a vitória. Em um jogo com seis participantes, cada jogador terá visto no máximo 13 cartas nesta altura do jogo – suas três mais as outras dez cartas viradas para cima, se ninguém tiver desistido. Se nenhum outro nove tiver aparecido ainda, a chance de se conseguir uma trinca nas duas próximas rodadas nunca será melhor do que 8 para 1. Esta probabilidade baixa, aliada ao fato de que os oponentes também podem melhorar suas mãos, fará com que a maioria dos jogadores corra nesta posição, para evitar desperdiçar mais fichas nas rodadas seguintes, quando as apostas mínimas aumentam de valor.

A DISTRIBUIÇÃO DAS CARTAS (DEAL)

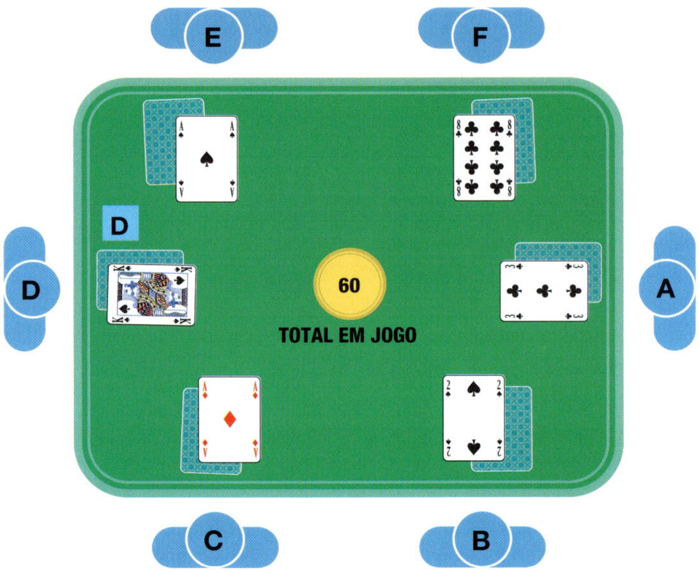

JOGADOR A
Carta pessoal

Acima: Neste exemplo de jogo de apostas fixas em 25/50, o jogador A recebeu um par de 3, que é, no máximo, útil, mas não extraordinário, considerando as cartas altas na mesa. Contudo, como as chances contra um jogador receber um par nas primeiras duas cartas são de 16 para 1, há uma boa chance de que o par de 3 lidere momentaneamente.

PRIMEIRA RODADA DE APOSTAS

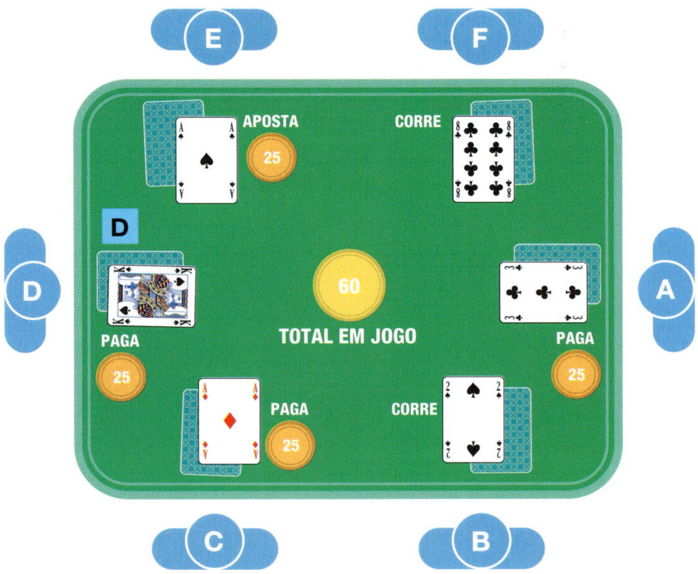

À direita: O jogador A, com cautela, paga a aposta de abertura do jogador E, pois, com dois ases já na mesa, as chances de que os jogadores C ou E estejam com um par deles são pequenas. O fato de os jogadores C e D também só pagarem, em vez de aumentar a aposta (raise), indica que nenhum dos dois tem um par ainda.

♠ O blefe ♣

Oportunidades de blefe no jogo aberto de cinco cartas não são muito frequentes em partidas com apostas fixas (fixed-limit games), uma vez que o preço a se pagar para prosseguir no jogo raramente será alto o suficiente para obrigar todos os oponentes a correr. Para que um verdadeiro blefe dê certo, todos os adversários devem renunciar sua pretensão ao pot. Em jogos envolvendo dez jogadores, há, geralmente, muitas cartas em circulação, o que faz do blefe com cartas fracas na third street uma jogada muito arriscada, em qualquer caso. Um jogador conhecido por só apostar ao ter ampla vantagem pode se fiar na sua reputação para fazer um ou outro blefe ocasional, mas jogadores experientes utilizam deste recurso raramente, e com extrema cautela. Ao jogar contra um oponente deste tipo, um blefe na terceira carta pode ser suficiente para levar o pot com as apostas baixas, mas tal manobra deve ser reservada para jogos com cinco ou menos jogadores. Para quem gosta de blefar, sugerem-se, nesta variante do pôquer, os jogos com apostas limitadas ao total em jogo (pot limit) ou ilimitadas (no limit). Quanto mais altas as apostas permitidas, maior o seu potencial para intimidar o oponente, elemento chave para viabilizar o blefe.

TERCEIRA CARTA (THIRD STREET)

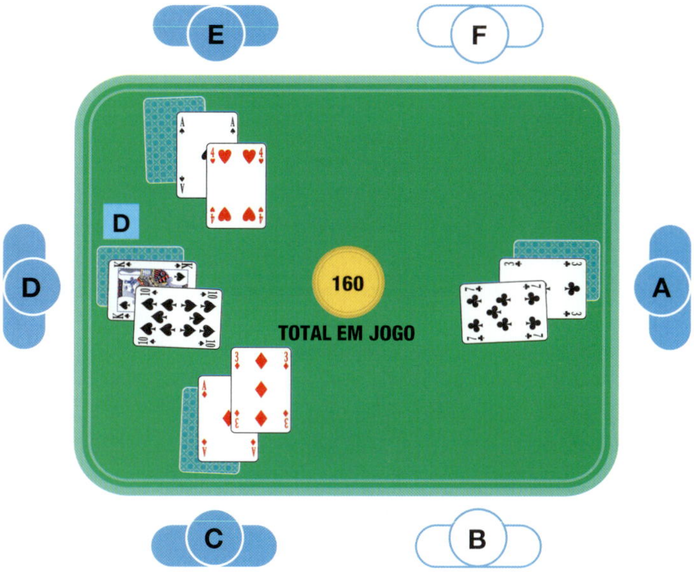

Acima: A terceira carta de cada jogador não traz nenhum par aberto, mas as chances de o jogador A receber outro 3 diminuem drasticamente quando o jogador C recebe o 3 de ouros, deixando somente outro 3 no monte. Se, como parece, os jogadores C e E não tiverem ases como cartas pessoais, podem relutar em pagar uma aposta. Mas o jogador D ainda tem mais duas overcards – cartas mais altas que os 3 do jogador A – e provavelmente representa o maior perigo, dada a possibilidade de ter um rei ou 10 como carta pessoal, fazendo um par mais alto.

À direita: O blefe, no jogo aberto de cinco cartas, tem mais chances de dar certo em jogos com apostas limitadas ao total em jogo ou ilimitadas. Quanto maiores as apostas permitidas, maior a possibilidade de se conseguir intimidar os oponentes com a mão exibida na foto.

O momento de blefar

O blefe acontece mais em jogos com apostas limitadas ao total em jogo (pot limit) ou ilimitadas (no limit) por causa da maior liberdade que propiciam aos jogadores para apostar alto. Isto aumenta o risco de sacrifício de fichas em blefes que não dão certo, o que torna imprescindível saber o momento certo de agir para dar credibilidade ao artifício. Se o jogador que inicia as apostas tem um ás, logo após a distribuição das cartas (deal), por exemplo, e um outro jogador faz um repique (raise) com um 6 à mostra, a aposta sugere que este segundo jogador já tenha um par. Se o aumento da aposta for grande o suficiente, ele pode levar o pot imediatamente; porém, se não for, qualquer melhora na mão – idealmente, receber um outro 6 – reforçará o blefe e poderá persuadir um oponente que tenha um par alto a fugir (fold), meadiante uma nova aposta alta. Entretanto, se um oponente receber qualquer um dos outros 6, a integridade da jogada poderá se desfazer. O jogador que blefa, portanto, deve estar atento às cartas abertas em cada estágio do jogo, para avaliar se o estratagema pode ou não ser desmascarado por outros eventos na mesa.

♠ A quarta carta (fourth street) ♣

Um jogo típico entre seis ou mais jogadores razoáveis normalmente tem apenas três ou quatro competindo na quarta carta (fourth street), dos quais geralmente dois continuarão até a rodada final. Independentemente da estrutura de apostas utilizada, a paciência e a devida cautela continuam sendo as principais características recomendadas ao jogar. Jogadores com poucas chances de vitória em regra correm (fold) antes da fourth street, quando a aposta mínima geralmente dobra para as duas rodadas finais. Aqueles que permanecem jogando muito provavelmente terão uma boa mão ou uma combinação com boas chances de melhorar. Cada um deles terá três cartas viradas para cima nesta altura do jogo, o que deixa simples a avaliação da mão que terão ao final.

Em termos estratégicos, um jogador que esteja claramente em vantagem deve aumentar seus lucros através de apostas. Se os oponentes correm, ele ganha o pot, e se um oponente paga, evidentemente, o faz acreditando que uma ou mais cartas do baralho ainda possam ajudá-lo a vencer. Oferecer cartas "de graça" ao pedir mesa (check) quando se tem vantagem é jogar errado, não importando o quão remotas sejam as chances de vitória do oponente.

De outro lado, o jogador em desvantagem deve fazer uma comparação realista entre as perspectivas de ganho (pot odds) com as chances contrárias à obtenção das cartas que deseja. Se o risco não se justifica, o que é comumente o caso, ele deve correr adiante de qualquer aposta, lembrando que a mão do adversário pode também melhorar. Quando se tem qualquer dúvida sobre o valor de sua mão após quatro cartas, deve-se pedir mesa (check) quando possível, jogando primeiro ou não. A adoção de uma jogada cuidadosa como essa, porém, dá aos competidores que jogam depois a oportunidade de levar o pot com um blefe.

♠ Interpretação das cartas ♣

Interpretar corretamente as cartas é crucial para se construir qualquer estratégia de apostas na quarta carta. Ao lembrar as cartas que possuíam os adversários que correram, bem como as apostas feitas pelos oponentes

APOSTAS NA TERCEIRA CARTA

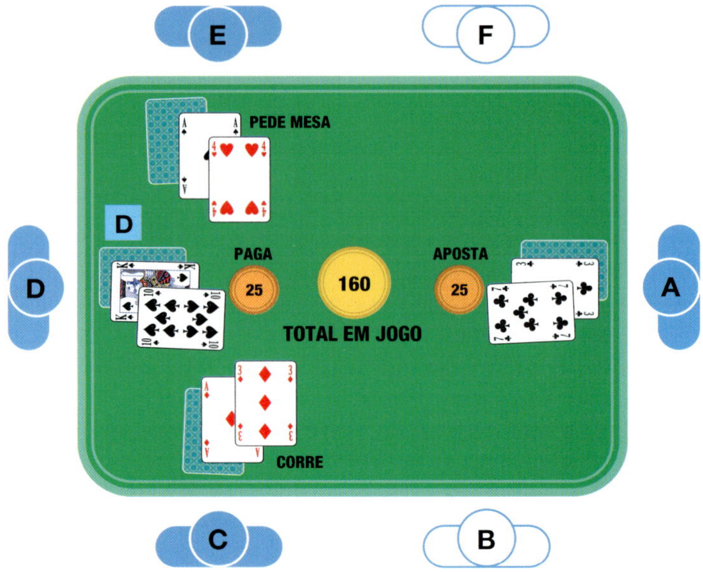

JOGADOR A
Carta pessoal

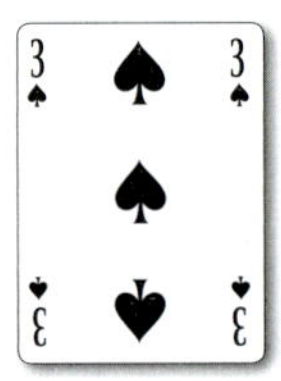

Acima: Quando o jogador E pede mesa, o jogador A entende esta atitude como um sinal de fraqueza e aposta, para testar a força das mãos dos adversários. O jogador C corre, obviamente por não ter nem um par, mas o jogador D, com duas cartas mais altas, paga a aposta, talvez escondendo um par maior.

QUARTA CARTA

Acima: Após o jogador E pagar (call) a segunda rodada de apostas, a quarta carta dá ao jogador A uma trinca de 3 e a opção de apostar primeiro, com o par de 3 à mostra. Sabendo que está em vantagem, o jogador A corretamente aposta, forçando os oponentes a pagar para ver a carta final. O jogador D pode fazer trincas mais altas se já tiver um par, mas não deu nenhum indício de ter um rei ou um 10. Pode-se inferir, contudo, que a carta pessoal do jogador D seja outra carta alta de espadas. O jogador E corre (folds), por não ter nenhum par e nenhuma chance de sequência, como descobre o jogador A.

nas rodadas anteriores, o jogador tem toda a informação de que precisa para avaliar a força atual e potencial das mãos adversárias. Um jogador com um A de paus, J de ouros e 9 de copas, por exemplo, pode ter um par de ases, com a chance de formar uma trinca se outro ás aparecer na quinta carta. Porém, se um ás já tiver aparecido entre as cartas reveladas pelos jogadores que correram anteriormente, as chances de todos os ases aparecerem é obviamente menor. Além disso, qualquer oponente que tenha, de fato, um ás como carta pessoal saberá com certeza que, com apenas outro ás restando no baralho, ninguém poderá ter mais do que um par de ases. Se este for o caso, então dois pares é a melhor combinação que aquele jogador pode obter, se um valete ou um nove aparecerem na quinta carta. Se não for o caso, então a melhor mão possível para o jogador com A de paus, J de ouros e 9 de copas é uma trinca de valetes, caso o valete de ouros tenha sido o único a aparecer durante o jogo. Raciocínios dedutivos desta natureza servem de guia para as decisões de apostas nesse estágio da partida.

♠ A quinta carta (fifth street) ♣

Distribuída a última carta, haverá pouco mistério envolvendo as mãos em competição, pois, com apenas as cartas pessoais ainda ocultas, seu valor potencial pode ser estimado rapidamente. Geralmente, é raro que mais de dois jogadores cheguem à fifth street, o que reduz a estratégia para a rodada final a umas poucas regras simples. Um jogador com a mão em vantagem deve sempre apostar na primeira oportunidade, torcendo para que o adversário pague (call) ou repique (raise), aumentando o valor total em jogo. Pedir mesa (check) nessa situação é um convite para que o oponente faça o mesmo, diminuindo a margem de lucro. Mas se o jogador não tiver certeza sobre sua vantagem, então o mais prudente é pedir mesa. Se, na dúvida, apostar, jogando antes ou depois, poderá levar o adversário a aumentar a aposta, e então será obrigado a abrir mão das fichas desnecessariamente colocadas em jogo ou a pagar o repique e correr o risco de, desconfortavelmente, exibir uma mão inferior e perder.

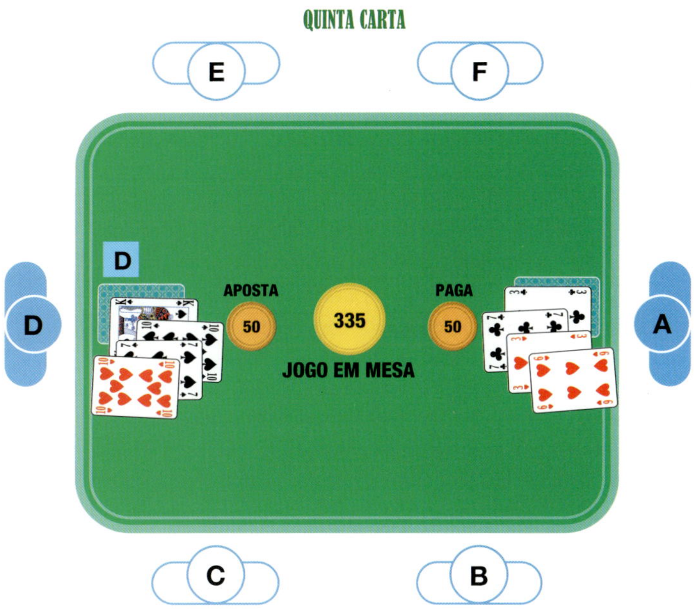

Acima: Na quinta carta, o jogador D aposta em seu par de 10, dando a entender que conseguiu dois pares ou, mais plausivelmente, uma trinca de 10, que seria suficiente para a vitória. É uma decisão difícil para o jogador A, que pode perder, mas ele se fia no raciocínio de que se o jogador D tivesse um 10 oculto, teria repicado a aposta na terceira carta, em vista da hesitação dos oponentes que tinham ases. Além disso, se o jogador D tem um flush frustrado, somente com um blefe poderia se salvar. O jogador A, então, paga e vence com a trinca de 3, revelando o blefe do jogador D, que tem um 9 de espadas como carta pessoal.

À esquerda: Um jogador pensa em sua próxima jogada, embora, no 5-card stud, a estratégia a adotar na quinta carta seja, em geral, rápida e direta. Se for evidente, pelas cartas na mesa, que o oponente tem uma mão inferior, o jogador deve apostar e torcer para que o adversário pague.

JOGO ABERTO DE SETE CARTAS (7-CARD STUD)

O jogo aberto de sete cartas (7-card stud) começa com cada jogador contribuindo com um pingo (ante) antes da distribuição das cartas (deal). Estas são, então, distribuídas, uma de cada vez, até que cada jogador tenha três cartas, duas viradas para baixo, chamadas de ocultas, escondidas ou pessoais (hidden, pocket or hole cards), e uma virada pra cima, conhecida como carta de entrada (door card). O jogador com a carta de entrada mais baixa abre as apostas, tipicamente fazendo uma aposta compulsória abaixo do valor da aposta mínima permitida. Após a primeira rodada, os jogadores ainda participando recebem uma quarta carta, virada para cima, antes da próxima rodada de apostas. A partir daqui, o primeiro a jogar será o jogador com a melhor mão à vista. A partir da segunda rodada de apostas, estas não são obrigatórias, e os jogadores podem pedir mesa (check). Os jogadores depois recebem uma quinta e uma sexta carta, viradas para cima, e uma sétima carta, virada para baixo, com rodadas de apostas após o recebimento de cada uma delas. Os competidores ainda envolvidos na partida na abertura das cartas (showdown) têm sete cartas, sendo quatro viradas para cima e três para baixo, das quais podem escolher cinco para compor a mão para a disputa. O vencedor é aquele que faz uma aposta que não é bancada ou o que exibe a melhor combinação de cinco cartas, após a conclusão da quinta e última rodada de apostas.

O jogo aberto de sete cartas é derivado da variante de cinco cartas, e se tornou popular durante os anos anteriores à 2ª Guerra Mundial. Tendo viajado o mundo com os militares americanos, o 7- card stud surgiu depois como a forma mais jogada de pôquer, e dominou o cenário comercial tanto em Las Vegas quanto na Europa por quase 40 anos. Com efeito, até a década de 1980, alguns dos mais famosos cassinos de Las Vegas ofereciam apenas o 7- card stud em suas salas de pôquer.

Embora compita com o Texas Hold'em pelo favoritismo contemporâneo, o jogo aberto de sete cartas continua sendo um jogo desafiador que demanda toda uma gama de habilidades de pôquer para ser lucrativo. As cinco rodadas de apostas ajudam a criar pots altos, em relação ao nível das apostas utilizado, enquanto as cartas à mostra oferecem um grande volume de informações no decorrer das mãos. Ainda assim, o fato de os jogadores que chegam até o showdown terem também três cartas ocultas dá espaço para dúvidas nas mentes adversárias. Isto cria a oportunidade de jogadas imaginativas e abre caminho para blefes ocasionais, sobretudo em jogos de apostas limitadas ao total em jogo (pot limit). Entretanto, tal estrutura de apostas é popular entre jogadores experientes, sendo os jogadores recreacionais mais inclinados a jogar com limites fixos ou progressivos (spread-limit).

MÃOS POTENCIALMENTE VENCEDORAS

FIG. 1: DOIS PARES

CARTAS PESSOAIS — CARTAS NA MESA — SÉTIMA CARTA (SEVENTH STREET)

FIG. 2: TRINCA

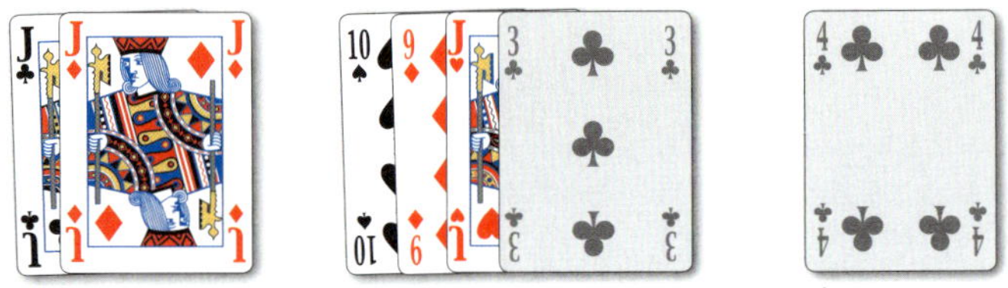

CARTAS PESSOAIS — CARTAS NA MESA — SÉTIMA CARTA (SEVENTH STREET)

Acima: A força da mão requerida para vencer no showdown será ditada pela natureza do jogo e nível das apostas pelas quais os jogadores estão competindo. Em jogos de apostas fixas altas (high-stakes fixed-limit games), particularmente nos que empregam pingos (antes) elevados, jogadores com boas mãos iniciais tendem a apostar agressivamente logo de cara. Tais jogos costumam acabar sendo disputados, ao final, por apenas dois ou três contendores na abertura final das cartas, com mãos como dois pares altos ou uma trinca frequentemente se revelando suficientes para vencer. A Fig. 1 mostra dois pares, ases e reis, com um 9 como desempate (kicker) – a carta mais alta que não participa da combinação –, que pode se mostrar decisivo na incomum ocorrência de um empate, com o oponente também exibindo pares de reis e ases. A Fig. 2 mostra uma mão contendo três valetes; as cartas desconsideradas, neste caso, são o 3 e o 4 de paus.

Abaixo: A foto ilustra o fato de que, no 7-card stud, um jogador deve contar cinco das sete cartas disponíveis ao final, para construir sua mão. Aqui, o 8 de copas e o 5 de ouros são desnecessários, pois o jogador usará as outras cinco cartas para fazer um full house de ases com reis (aces over kings).

O preço da informação

Antes da distribuição das cartas, deve-se entender que o valor dos pingos (antes) e apostas de abertura (bring-in) pode variar de uma sala de jogos para outras, independentemente dos limites das apostas. Jogos com pingos baixos tendem a encorajar um jogo mais solto, e pode ser lucrativo para jogadores conservadores preparados para esperar bastante tempo até poderem jogar uma mão muito forte. Jogadores que gostam de participar bastante do jogo devem jogar com pingos mais altos, o que ajuda a capitalizar nas mãos boas e contrabalancear as perdas decorrentes da disputa de várias mãos. Muitos manuais de 7-card stud tratam apenas de jogos com apostas altas (high stakes), nos quais a regra é um estilo de jogo seguro porém agressivo. Em tais jogos, competidores que não são suficientemente disciplinados para correr quando recebem más mãos iniciais podem acabar em situações em que suas mãos melhoram mas ainda perdem para o jogador experiente, que costuma ter dois objetivos em mente. O primeiro é reduzir a concorrência para talvez um oponente, e o segundo é garantir que os jogadores com mãos inferiores contribuam com o máximo de fichas para ter direito a chances de melhorar suas cartas. Em confronto com este tipo de jogador, pagar algumas rodadas à espera de ajuda do baralho pode levar a uma ruína rápida. Em jogos recreacionais, as apostas são um tanto contidas, com os jogadores se satisfazendo, em geral, com a espera pela quinta carta (fifth street) antes de decidir jogar ou correr. O fator chave em ambos os tipos de jogo é o aumento do valor mínimo das apostas nas três rodadas finais, quando o privilégio de ver cartas extra fica inevitavelmente mais caro.

♠ Considerações iniciais ♣

No começo do jogo, cada jogador recebe três cartas, sendo as duas primeiras viradas pra baixo e a terceira – a carta de entrada (door card) –, para cima. Assim como em todas as variantes do pôquer, a decisão sobre jogar ou não uma mão é determinada por uma noção de que mão será potencialmente vencedora no contexto apresentado na mesa. Esta, por sua vez, é afetada pelas características do jogo, tais como a volatilidade, o valor das apostas e o nível de comprometimento e experiência dos jogadores.

De modo geral, serão necessários pelo menos dois pares, provavelmente incluindo ases, para vencer, sendo uma trinca frequentemente boa o bastante. Entretanto, se o custo das apostas não for muito alto, então a probabilidade de os jogadores tentando sequências ou combinações melhores torna-se bem maior, e pode deixar vulnerável a mão média de dois pares. Em jogos de apostas baixas (low stakes), um jogador com uma trinca de 8 na quarta carta (fourth street) pode não conseguir apostar um valor suficiente para dissuadir os oponentes de continuar no jogo com mãos inferiores com potencial para melhoras significativas. Vale a pena ter em mente, portanto, que quando quatro ou cinco jogadores ficam até a quinta casa, a força da mão vencedora frequentemente será superior a dois pares ou uma trinca.

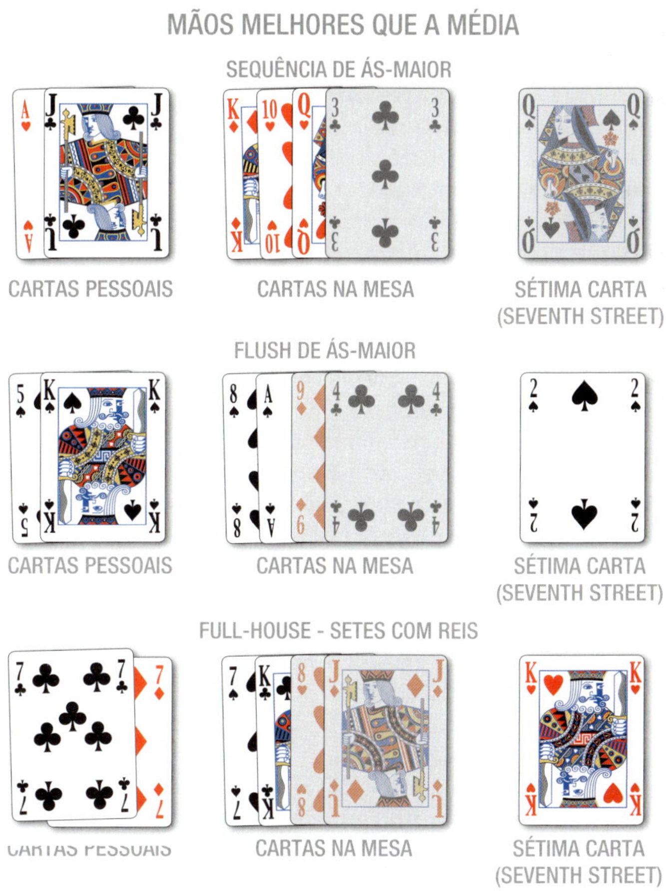

Acima: Um jogo contido de apostas baixas (low stakes), que costuma ter poucas apostas substanciais antes da quinta carta, pode facilmente acabar permitindo que vários jogadores cheguem ao showdown. Quando as apostas são leves, mais jogadores permanecem envolvidos, e mãos inicialmente fracas ganham a chance de se desenvolver e até mesmo se tornarem vencedoras. Mãos fortes como sequências, flushes e full houses são, nestes casos, mais fáceis de aparecer, embora às vezes um par solitário possa sair vitorioso.

♠ Mãos iniciais ♣

A avaliação do valor das três primeiras cartas recebidas dependerá do estilo de jogo. Em um jogo cauteloso, com repiques (raises) na primeira rodada e muitos jogadores correndo, somente as melhores mãos iniciais serão seguras, o que pode diminuir a participação do jogador para cerca de uma mão jogada a cada cinco distribuídas. Jogos recreacionais costumam ter uma margem bem maior de mãos jogáveis, o que não altera o fato de que é vantajoso começar com uma das cinco melhores combinações.

A melhor mão inicial possível é a trinca, sendo os pares altos, de ases, reis ou damas, também valiosos. Uma mão inicial com um par baixo oculto e uma carta de abertura (a primeira carta virada para cima) alta, como um A ou K também pode ser jogada, assim como sequências ou flushes de três cartas.

Receber estas combinações não é garantia de vitórias, e os jogadores devem observar as outras cartas na mesa conforme o jogo se desenrola. Esta é a razão de os jogadores apostarem agressivamente com mãos fortes quando os pingos (antes) são altos, para terminar a disputa rapidamente e coletar as fichas, para, com esses pots pequenos, custear os pingos das mãos subsequentes.

♠ Trincas iniciais ♣

Há 22.100 combinações possíveis de três cartas disponíveis em um baralho comum de 52 cartas, e as melhores, naturalmente, são as trincas de ases, que ocorrerão apenas uma vez a cada 5.525 distribuições de cartas, em média. Embora tal mão seja muito poderosa, o fato é que qualquer trinca pode vencer o jogo sem necessidade de qualquer melhora, e a probabilidade de receber "trincas iniciais" (rolled-up trips) – três cartas de mesmo valor recebidas juntas na distribuição das três primeiras cartas – é de 424 para 1. O grande benefício de conseguir tal mão é que sua força fica escondida durante a parte inicial do jogo, embora jogar com trincas baixas possa ser problemático. Um jogador com três 3 pode abrir as apostas e ver repiques (raises) partindo de oponentes com um rei ou ás.

TRINCAS INICIAIS

Acima: Receber qualquer trinca dá uma enorme vantagem a um jogador, pois esta mão frequentemente será suficiente para vencer sem qualquer melhora, além de ter uma excelente chance de se tornar um full house. As chances contra a ocorrência de qualquer trinca inicial é de 424 para 1, enquanto, em se tratando de uma trinca de ases, a ocorrência média será de 1 a cada 5.525 distribuições de cartas. Quando um jogador tem uma mão dessas, a vitória é praticamente garantida, e os esforços deverão ser dirigidos para a formação do maior lucro possível.

À esquerda: Um exemplo de "trinca inicial" (rolled-up trips), com o jogador recebendo um par de 8 oculto e um 8 como carta de entrada (door card). Mãos como esta são muito raras e costumam vencer independentemente de cartas posteriores.

PARES OCULTOS

Acima: Qualquer par recebido nas primeiras três cartas é útil, mas um par alto – ases ou reis – é uma grande vantagem. Se o par estiver oculto, a vantagem aumenta, pois permite ao jogador apostar de forma a disfarçar a força da mão. Alguém com um par de ases oculto e um 7 à mostra pode justificadamente pagar qualquer aposta ou repique feitos na primeira rodada por um oponente, e deve fazer o primeiro repique se for um dos primeiros a apostar. Os oponentes podem supor se tratar de um par de 7, mas pensarão também em outras possibilidades.

Como se deve atribuir a eles ao menos um par alto, um aumento posterior com apenas um 3 à vista alertará a todos sobre o perigo, e mesmo que o detentor da trinca apenas pague para seguir (call), os adversários ficarão a postos.

Na maioria dos casos, os profissionais recomendam que se deve apostar o máximo possível quando na posse de uma mão inicial forte, pois jogar baixo para disfarçá-la e manter os oponentes envolvidos pode ser um tiro pela culatra. Contudo, nas raras ocasiões em que trincas iniciais aparecem, os jogadores normalmente podem apostar o mínimo e manter os oponentes envolvidos até a hora correta de encaixar uma aposta alta. Embora as mãos dos oponentes possam evoluir suficientemente para ameaçar a trinca, as chances contra uma melhora desta para um full house, com quatro cartas ainda por vir, são pouco maiores que 2 para 1. Considerando que ela pode também melhorar para uma combinação ainda melhor que um full house, é quase certo que um jogador que recebe uma trinca logo de cara chegará ao showdown, a menos que haja fortes evidências de que um oponente tenha um full house maior ou outra combinação melhor.

PARES INICIAIS

Acima: Os jogadores podem esperar um par em suas três primeiras cartas em uma a cada cinco distribuições de cartas. Em muitas ocasiões, a carta de entrada (door card) fará par com uma das cartas ocultas – o chamado "par dividido" (split par) –, o que, embora benéfico no caso de pares altos, deixam a combinação difícil de disfarçar. Geralmente, qualquer aposta na primeira rodada vinda de um jogador com um ás, rei ou dama visível será interpretada como posse de um par alto, o que possibilita blefes no caso de o jogador ter uma carta alta e não ter um par. Por outro lado, um jogador que de fato tem um par dividido mas simplesmente paga (call) a aposta inicial (bring-in) jogando primeiro pode acalmar os adversários, sugerindo fraqueza. Se um deles aumentar (raise) a aposta, um pagamento ou repique subsequente do jogador com um ás como carta de entrada dissipará essa idéia imediatamente.

À direita: Outra mão inicial decente, também com par dividido; um rei oculto e outro como carta de entrada. Se nenhum outro rei ou um ás estiver na mesa, uma aposta sólida na primeira rodada é plausível.

Pares

As chances de receber um par nas três primeiras cartas, no jogo aberto de sete cartas, são ligeiramente menores que 5 para 1, embora sejam de 25 para 1 as chances contra esse par ser de valetes ou superior. Embora os pares apresentem boas chances de melhorar para outras combinações mais fortes, os jogadores devem avaliar os méritos de ter um par oculto ou um par dividido (split pair), ou seja, respectivamente, um par formado pelas cartas pessoais; no segundo, um par formado por uma carta aberta e uma oculta. Obviamente, é mais fácil jogar de forma disfarçada com um par de ases oculto e um 7 à mostra do que se um dos ases for a carta de entrada (door card). Os oponentes esperarão apostas feitas em função do ás à mostra, e tomarão cuidado na hora da disputa, dada a forte chance de haver outro ás entre as cartas pessoais. Nesta situação, pode-se considerar que todos os jogadores que pagarem para ver a quarta carta têm mãos no mínimo razoáveis. Todavia, só poderão estar melhor do que o detentor do par de ases com 7 como desempate (kicker) se tiverem uma trinca ou o outro par de ases, com uma carta de desempate maior. Uma aposta máxima feita quando os ases estão ocultos e o 7 à mostra fará com que estes oponentes com mãos razoáveis saiam do jogo, sem ter uma idéia precisa da verdadeira força da mão do apostador.

♠ Sequências de três cartas ♣

Sequências abertas de três cartas, como 7, 8 e 9 ou J, Q e K são mãos iniciais atraentes, pois as chances de conseguir completá-las é de aproximadamente 6 para 1. Um jogador receberá uma sequência dessas talvez uma vez a cada seis distribuições de cartas, o que faz com que sejam mãos interessantes para se jogar em jogos de apostas restritas, que frequentemente têm quatro ou cinco jogadores pagando por uma quinta carta. Em um jogo com oito jogadores, cada um deles terá visto dez cartas após a distribuição (deal), ou seja, suas três cartas e as sete cartas de entrada (door cards) de seus oponentes.

Ao receber a combinação 7, 8 e 9, por exemplo, um 5, 6, 10 ou valete na quarta carta (fourth street) aumenta imediatamente as chances de se obter a sequência. A mão também melhora se um 7, 8 ou 9 é obtido, formando um par, o que significa que até 25 cartas do baralho podem melhorar essa mão. Entretanto, várias destas cartas podem já estar visíveis na mesa, e este é o fator-chave para se decidir até quando se deve prosseguir investindo na tentativa de sequência. Se um oponente com um 10 à mostra decide aumentar (raise) a aposta, é realístico inferir que possua pelo menos um par de 10. Isto reduz o prospecto de se conseguir uma combinação melhor do

SEQUENCIAS DE TRÊS CARTAS

Acima: Mãos iniciais de três cartas em sequência ocorrem com frequência, e uma combinação aberta como 10, J e Q oferece muitas chances de melhoras, com a probabilidade de se completar a sequência girando em torno de 6 contra 1. Combinações de três cartas altas – de 10 para cima – oferecem uma sequência potencial de ás-maior (ace-high straight). Além disso, obter um par de cartas altas pode permitir que o jogador vença antes do showdown. Tal hipótese, porém, é mais remota quando o jogador tem cartas baixas como 4, 5 e 6 e faz um ou até dois pares. Ademais, se uma sequência aparecer na quinta carta (fifth street), com um 7 e um 3, por exemplo, a mão pode continuar sendo fraca se um oponente parece ter uma sequência parcial mais alta ou um flush incompleto. Se a quarta e quinta cartas (fourth and fifth streets) não trazem qualquer melhora a uma mão como esta, é provavelmente melhor correr adiante da primeira aposta alta.

À **esquerda:** Três figuras do mesmo naipe, como rei, dama e valete, são, geralmente, um investimento compensador, sobretudo se o jogo não tem apostas muito agressivas nas primeiras rodadas. A combinação é tão forte que metade das cartas restantes no baralho representa chances de melhora. Isso normalmente é um incentivo suficiente para se apostar por pelo menos algumas rodadas.

♠♣♥♦♠♣♥♦♠♣♥♦ Pares baixos, desempates altos ♠♣♥♦♠♣♥♦♠♣♥♦

Embora possam ser mais perigosos de se jogar, os pares ocultos médios e baixos têm a mesma chance de melhora de pares de ases ou reis. O problema é que o jogador que tem um par baixo tem de melhorar quando enfrenta pares altos, um prospecto que melhora se a carta de desempate (kicker) – a maior carta que não compõe a combinação – for alta. Por exemplo, uma aposta inicial de um oponente que exibe um rei, provavelmente indicando um par, deve ser paga se o jogador tem um par de 10 com um ás como desempate. Esta jogada dá a entender a posse de uma mão razoável – possivelmente um par de ases – e permite ao jogador ver mais uma ou duas cartas sem pagar muito, contra o provável par de reis. Se outro ás aparecer na quarta carta, formando um par na mesa, seu detentor jogará antes, e o oponente com os reis ponderará se uma eventual aposta indica uma trinca de ases, e não apenas o par à vista. Se, em vez disso, o jogador recebe outro 10, então uma trinca bem disfarçada é obtida, juntamente com a oportunidade de comandar as apostas, se o oponente não receber outro rei. Assim como no caso dos flushes e sequências de três cartas, a decisão de investir ou não numa mão de abertura com par baixo geralmente se baseia na possibilidade de obtenção de uma boa quarta carta (fourth street). Se isso não acontecer e a mão do adversário melhorar visivelmente, é melhor correr (fold) do que insistir. Isso ajuda a evitar a desastrosa possibilidade de se obter uma melhora razoável na mão e, ao final, encarar uma derrota no showdown.

que uma sequência de 9 maior (9-high straight), pois metade dos 10 disponíveis no baralho já pode ter saído. Além disso, mesmo a obtenção de um par de 7, 8 ou 9 na quarta carta deixará o jogador em desvantagem, o que torna maiores investimentos desaconselháveis.

♠ Flushes de três cartas ♣

Os flushes são superiores às sequências, e as chances de se receber três cartas do mesmo naipe correspondem a cerca de 24 para 1. Embora o flush seja quase sempre uma mão vitoriosa, a tentativa de formá-lo é difícil de disfarçar, e cada rodada faz com que seja vital que, ao tentar completar a combinação, o jogador preste atenção a quantas cartas do naipe em questão já estão no jogo.

Um jogador com um rei, um 10 e um 6 de copas, por exemplo, tem uma chance de 5 contra 1 de completar o flush, um prospecto atraente após a distribuição de cartas, embora esse cálculo de probabilidades não leve em conta as cartas dos oponentes. Se há cartas de copas entre as cartas de entrada na mesa, então as chances de se completar a mão obviamente diminuem. Assim como na tentativa de sequência (straight draw), há quatro rodadas para se tentar obter duas cartas, porém, se isso não acontecer na quarta e quinta cartas, o preço de tentar obtê-las pode fazer com que a empreitada não compense. Por essa razão, embora os flushes de três cartas tenham uma boa chance de se desenvolver para mãos vencedoras, raramente vale a pena persegui-los além da quarta carta (fourth street) quando os adversários apostam agressivamente.

Mãos parciais (drawing hands), como flushes e sequências de três cartas, devem ser manejadas cautelosamente, sendo que os jogadores mais habilidosos costumam investir apenas naquelas combinações envolvendo cartas altas. Isso assegura que a consecução de pares altos como ases, reis e damas constituam um caminho alternativo para a vitória se a tentativa de flush ou sequência falhar.

FLUSHES DE TRÊS CARTAS

Acima: Receber três cartas de mesmo naipe logo na distribuição de cartas (deal) é razão suficiente para se permanecer no jogo, mas o competidor torcerá para não ter de investir muito para obter as cartas necessárias. Compensa pagar (call) um repique na primeira rodada (first-round raise) se uma das três cartas de mesmo naipe for um ás, mas a melhora da mão deve aparecer logo quando há apostas altas. Se duas ou mais cartas do naipe em questão já estão entre as cartas de abertura dos oponentes, deve-se ter muito cuidado ao insistir na tentativa de flush. Cartas altas são melhores por representarem chances alternativas de vitórias se o flush parcial não se completar.

PARAES BAIXOS EM DESEMPATE ALTO

Acima: Embora não sejam desprovidas de potencial, mãos iniciais com pares baixos ocultos (hidden pairs) ou divididos (split pairs) são, de cara, vulneráveis, e, em geral, reclamarão ajuda já na quarta carta para oferecer chances para o jogador continuar, se não houver o menor sinal de acaloramento das apostas. Para este propósito, ter uma carta de desempate (kicker) alta – idealmente um ás – para auxiliar o par é recomendável, pois receber outro ás e transformar o desempate em um segundo par pode fortalecer sobremaneira a mão. Se, por exemplo, um jogador com um 3 oculto e outro aberto, juntamente com um ás oculto, recebe outro ás na quarta carta, a mão já pode ser suficientemente forte para vencer, e seu valor pode ser facilmente disfarçado se as apostas permanecerem leves. É possível jogar de forma contida, embora um repique (raise) deva ser considerado se outro jogador apresentar um par mais baixo que o de ases visível após quatro cartas.

♠ Estratégia na terceira carta ♣

Um erro comum que os jogadores frequentemente cometem é superestimar o valor de suas mãos iniciais, após o que apostam modestamente para manter vários oponentes envolvidos no jogo, para inchar o pot. Há muitas possibilidades atuando no jogo aberto de sete cartas (7-card stud), de modo que os oponentes com as mãos mais fracas podem melhorar e bater um jogador que tenha, por exemplo, recebido um par alto na mão inicial. Consequentemente, os jogadores que recebem boas mãos iniciais, como um par alto ou mesmo três cartas altas com chances de fortes flushes ou sequências devem apostar agressivamente na rodada de abertura, para mostrar força e forçar os oponentes a correr. A exceção a esta regra é quando o jogador recebe uma trinca, já que a hora certa de exercer pressão, neste caso, é na quinta carta, quando os níveis das apostas sobem e os oponentes com mãos parciais podem se sentir ligados ao pot por terem investido muitas fichas. Um jogador que tenha recebido três 9, por exemplo, quando há duas ou três cartas mais altas visíveis, deve se conter e apenas pagar (call) as apostas na rodada de abertura, sempre que possível. Aumentar a aposta (raise) pode ser uma jogada justificável se este jogador é um dos últimos a jogar e os adversários com cartas de entrada (door cards) - sua primeira carta exposta, virada para cima (up card) - se contentaram em apenas pagar. Eles podem pensar que o repique é uma tentativa de roubar o pot com um par de noves, caso em que suas cartas mais altas podem tentá-los a permanecer por uma rodada ou duas. Entretanto, se um oponente exibindo um ás, por exemplo, já aumentou a aposta, um novo aumento (re-raise) será prontamente identificado como sinal de posse de uma trinca. Isto pode ser o suficiente para levar o pot, mas pagar o repique é uma opção melhor, pois a intenção por trás de tal jogada é mais difícil de interpretar. Ao gerar um elemento de dúvida nas mentes dos adversários, o jogador poderá maximizar o lucro sobre a mão potencialmente vencedora.

♠ Cartas de entrada (door cards) ♣

Avaliar o potencial de qualquer mão inicial

A DISTRIVUIÇÃO DAS CARTAS (DEAL)

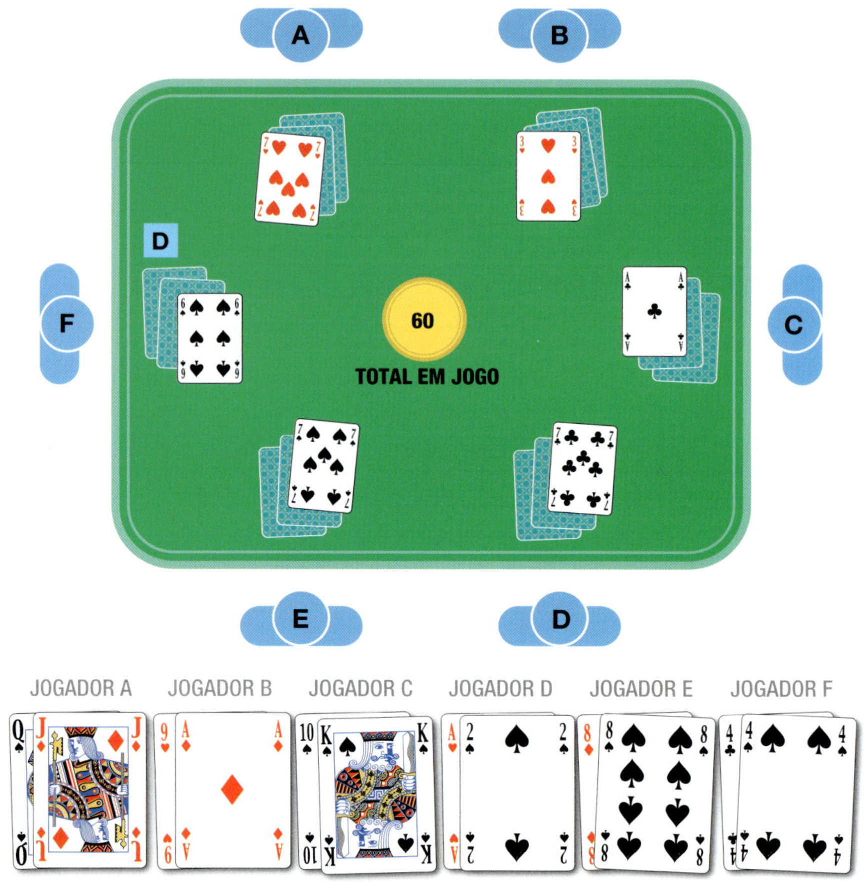

Acima: A cena que segue a distribuição de cartas (deal) em um jogo de 7-card stud com apostas fixas em 50/100, com o pot já formado pelos pingos (antes) de 10 fichas de cada jogador. Os 8 ocultos do jogador E formam a melhor mão, ao passo que o jogador F também tem um par oculto, de 4, bastante fraco. O jogador C, com cartas altas combinadas ao ás à mostra, está em uma boa posição para pressionar os oponentes, considerando que não há nenhuma carta de entrada maior do que seu 10 oculto.

Apostar tudo (all-in)

Um dos elementos-chave do pôquer com apostas é que os jogadores não podem ser retirados de uma mão quando não têm fichas suficientes para pagar a aposta de um oponente. Em tal situação, os jogadores podem empurrar todas as suas fichas para o centro da mesa e declara que estão "indo fundo" (all-in) ou que estão "quebrados" (tapped-out). Se tiverem a mão vencedora no showdown, recebem somente um valor em fichas do oponente correspondente àquele que apostaram. Portanto, um jogador que vá all-in com 100 fichas em uma aposta de 200 fichas só receberá 100 fichas de cada um dos jogadores que tiver feito a aposta total de 200 fichas. O restante destas fichas constituirá um prêmio paralelo (side pot), disputado pelos demais jogadores. No pôquer sem limite de apostas (no-limit poker), o all-in pode ser uma grande jogada tática, pois é permitido aos jogadores apostar todas as suas fichas em qualquer estágio do jogo.

de três cartas é o fator mais importante para a decisão de permanecer ou não no jogo. Para tanto, saber que mãos apresentam vantagem é importante, mas há, como sempre, outros fatores para se manter em mente. A fonte mais importante destes é o valor das cartas de abertura (door cards) dos oponentes, que sempre devem influenciar na estratégia de um jogador.

Receber um par oculto de ases com um valete como carta de entrada é uma situação excelente, mas o potencial de melhora de tal combinação fica evidentemente comprometido se os outros dois ases do baralhos estiverem à vista entre as cartas abertas dos adversários. Possuir o par mais alto do jogo logo de cara normalmente confere uma vantagem e oferece ao jogador a chance de apostar agressivamente para reduzir a oposição. O perigo de não se fazer isso é que mais cartas altas serão distribuídas aos oponentes nas rodadas seguintes, o que pode criar um ou dois pares abertos, hipótese em que a força do par de ases deverá ser reavaliada. Na quinta carta (fifth street), pode ficar claro que dois pares não serão suficientes para a vitória e que as chances de obtenção de um K, Q ou 10 de que se precise para completar uma sequência terão evaporado.

Uma vez mais, vale a pena enfatizar que os jogadores devem manter olhos vivos nas cartas abertas conforme vão sendo distribuídas, lembrar as cartas dos jogadores que correrem e recalcular constantemente o valor flutuante das cartas que possuem.

Cartas disfarçadas

Uma das melhores mãos parciais que se pode receber é um flush de três cartas formado por uma carta de entrada baixa com cartas altas ocultas, particularmente quando uma delas é o ás. Obter outro ás e formar um par alto pode ser um trampolim para investimentos futuros na mão, pois oferece uma espécie de seguro para o caso de o flush não se materializar, representando outra chance de brigar pelo pot. Se há cartas do naipe em questão já visíveis na mesa, a tentativa de flush fica mais difícil, mas se isso não acontece, existe uma ótima oportunidade para se disfarçar a força da mão. Pagar um repique (raise) da aposta inicial feito por um jogador com uma carta de entrada inferior a um ás e um rei, quando se tem, por exemplo, A e K de paus ocultos e um 8 de paus à mostra, como carta de entrada, é uma jogada que não dá muitas pistas sobre a mão que se tem, o que faz com que os oponentes acreditem que se tem um par de 8, no máximo. Com efeito, aumentar novamente (re-raise) poderia dar aos oponentes a idéia de um par alto escondido, e não duas outras cartas de paus, de modo que outra carta de paus na quarta carta (fourth street) acaba parecendo inócuo. Se isso acontecer, as chances de completar o flush são compensadoras, o que normalmente levará o jogador a continuar até o showdown, desde que a combinação em questão pareça suficiente para vencer.

PRIMEIRA RODADA DE APOSTAS

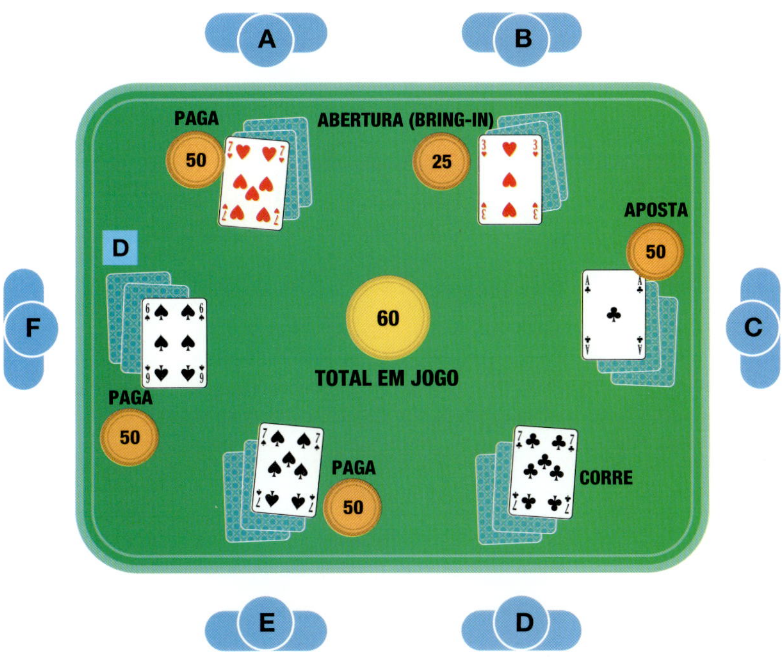

À **direita:** O jogador B faz a aposta compulsória – ou forçada – conhecida como "abertura" (bring-in) em virtude de ter a carta de entrada (door card) mais baixa. Para aliviar esta obrigação, a abertura é fixada em 25 fichas, e não 50. O jogador C imediatamente "completa a aposta", com 50 fichas, o mínimo convencionado para as duas primeiras rodadas. O jogador D corre (fold) porque com um A e dois 7 já visíveis, sua mão, de A, 2 e 7 é de pouco valor. Todos os demais pagam (call), incluindo o jogador B, que contribui com 25 fichas adicionais para igualar o valor da aposta.

♠ A quarta carta (fourth street) ♣

A quarta carta (fourth street) é distribuída, virada para cima, para todos os jogadores ainda competindo, e a aposta de abertura da rodada - e de todas as subsequentes - é prerrogativa do jogador com a melhor mão à mostra. É importante ressaltar que o jogador nesta condição não é obrigado a fazê-lo, podendo simplesmente pedir mesa (check) se quiser, um privilégio que não se aplica ao detentor da carta mais baixa na primeira rodada de apostas.

Em termos estratégicos, a resposta aos eventos após a distribuição da quarta carta dependerá da natureza do jogo. Oponentes seguros porém agressivos certamente terão mãos fortes, e se a fourth street lhes traz uma melhora óbvia, tenderão a exercer pressão com uma aposta ou, se jogando por último, com um repique (raise). Prosseguir contra este tipo de jogada em um jogo sério a dinheiro é aconselhável somente quando se tem uma mão que já é forte ou, no caso de um flush parcial, que tem múltiplas oportunidades de se tornar forte com uma de várias cartas.

De modo similar, jogadores de partidas de apostas baixas, embora tomem mais

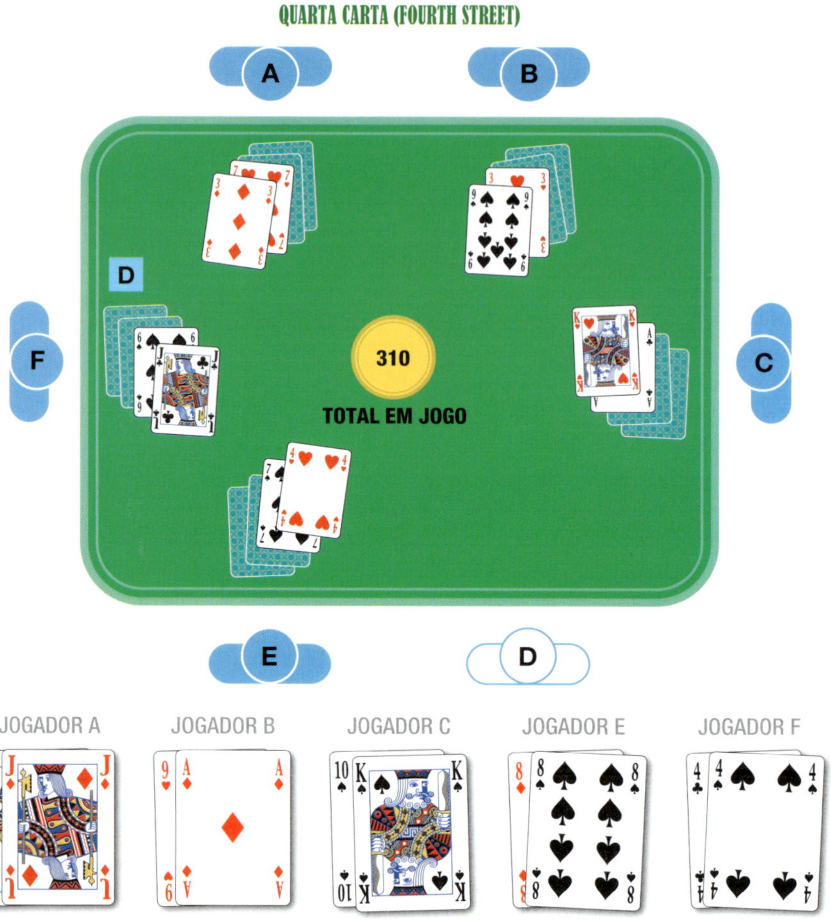

Acima: A quarta carta traz uma melhora, com pares, para os jogadores B e C, e, sem nenhum par na mesa, eles podem sentir que passaram a ter vantagem. No caso do jogador C, o rei representa o par mais alto até então em jogo e uma boa oportunidade para exercer pressão em cima dos oponentes, dada a aparente ausência de perigo representada pelas outras cartas visíveis. Para os jogadores com pares ocultos, a situação já é suficiente para incentivar que continuem até a quinta carta; o jogador A, porém, está definitivamente encrencado.

À **direita:** Ter uma mão como este straight flush parcial aberto na quarta carta é uma tentação para a maioria dos jogadores, que tenderão a continuar apostando, pois qualquer carta de paus formará um flush, quaisquer 4 ou 9 completarão a sequência e possivelmente o próprio straight flush. Todas estas combinações são potencialmente vencedoras em um showdown.

liberdade com relação a quais as mãos se deve levar adiante até a quinta carta (fifth street), também estimarão suas chances de obter uma combinação melhor do que a média. Considerando que, nestes jogos, mais competidores seguirão até o showdown, ocasião em que os envolvidos na partida revelam suas cartas para determinar o vencedor, a oportunidade para a formação de sequências e flushes aumenta, o que significa que, em muitas ocasiões, até mesmo dois pares não serão suficientes para vencer.

♠ Mãos promissoras ♣

A identificação das mãos mais promissoras na quarta carta segue, logicamente, os mesmos critérios que se aplicam para as três cartas iniciais. Um jogador que tenha uma trinca, qualquer que seja, estará em uma posição forte, embora isto possa não ser tão vantajoso em termos de apostas se um par aberto aparecer na fourth street, combinando-se com uma de suas cartas pessoais. Isto porque um jogador com um par aberto de reis que tenha aumentado (raise) a aposta na rodada anterior, por exemplo, deixará a oposição alerta sobre a presença de uma trinca de reis. Uma aposta provavelmente levará o pot imediatamente, reduzindo os lucros, ao passo que pedir mesa (check) tipicamente resultará nos demais jogadores fazendo o mesmo, pois suspeitarão da existência de uma armadilha. Embora uma trinca provavelmente ainda seja a melhor mão depois de cinco cartas, esta tática oferece uma chance aos oponentes de melhorarem suas mãos sem pagar por isso, o que raramente pode ser tido como um bom lance.

SEGUNDA RODADA DE APOSTAS

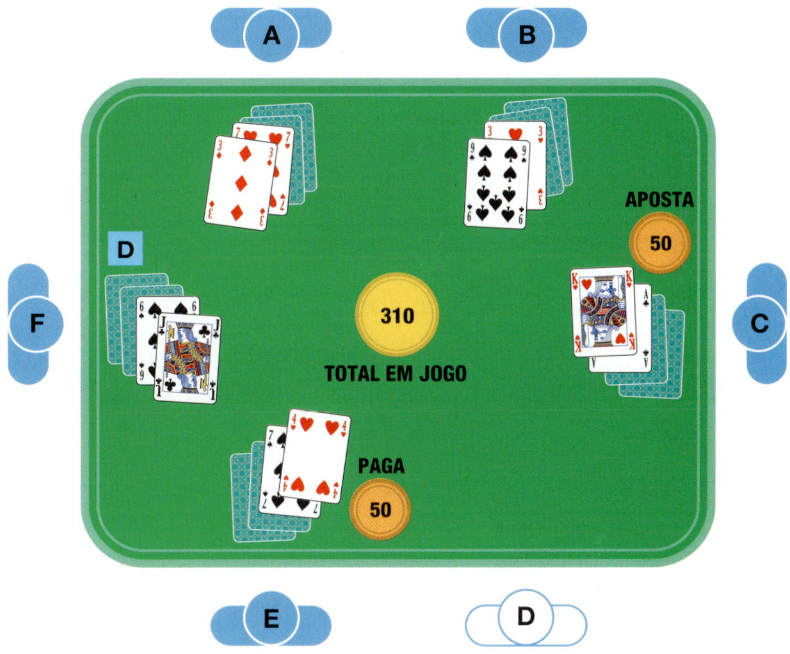

Acima: O jogador C abre prontamente as apostas, e o jogador E paga, com o par de 8 e esperando alguma ajuda na quinta carta pelo preço mais baixo possível. Entretanto, com várias cartas que podem completar uma sequência baixa (low-ranking straight) já na mesa, esta é uma decisão questionável. Realisticamente, apenas um 8 para uma trinca instilará confiança na mão do jogador E.

Agressão controlada

Quando se tem uma trinca alta e bem disfarçada, na quarta carta, ou mesmo dois pares incluindo ases, a chave para maximizar a vantagem é manter os oponentes envolvidos no jogo. Em razão de a força da mão estar escondida, o jogador poderá, normalmente, pedir mesa (check) e oferecer uma carta gratuita aos oponentes ou fazer uma aposta mínima, para induzir os demais a pagar (call). Controlar o desejo de aumentar a aposta (raise) na fourth street pavimenta o caminho para apostas mais agressivas nas rodadas posteriores, quando os valores sobem. Um ou dois oponentes podem ter melhorado suas mãos o suficiente para tentar ganhar com mãos parciais, que não serão suficientes para vencer. Por outro lado, jogadores com trincas baixas ou dois pares não podem, em geral, agir moderadamente na quarta carta, devendo apostar o máximo assim que a primeira oportunidade surgir. Nesta situação, o objetivo é forçar os oponentes com mãos parciais a correr (fold), particularmente aqueles com cartas altas que não tenham ainda formado pares.

♠ Planos estratégicos ♣

Em sua maior parte, as estratégias aplicáveis às rodadas iniciais de apostas de um jogo de 7-card stud são similares às das demais variantes de pôquer. Jogadores que acreditam estar em vantagem devem apostar e forçar os oponentes a pagar mais por uma chance de levar o pot.

A exceção a esta regra ocorre quando um jogador tem uma mão realmente forte, que deve vencer sem necessidade de melhora. Porém, chances como estas não aparecem muito frequentemente, pelo que os jogadores precisam exercer um certo grau de flexibilidade ao apostar na quarta carta. Isto é inevitável, pois o número de cartas em jogo e as possibilidades latentes impedem qualquer abordagem dogmática do jogo além deste estágio.

A maioria dos manuais de 7-card stud apresenta várias mãos que, já na fourth street, têm potencial para vencer. Além dos exemplos já descritos, até mesmo uma mão formada por três cartas iguais ou superiores ao 10, sem nenhum par, às vezes vale a pena jogar. A decisão sobre fazê-lo ou não, contudo, será ditada pelos padrões de apostas exibidos e o número de cartas abertas já vistas. Uma mão com 4 de espadas, 10 de paus, J de ouros e K de copas, por exemplo, só se torna interessante se houver poucas cartas do mesmo valor ou de valor maior na mesa. Se várias outras cartas com figuras estão à mostra, e as apostas são pesadas, o valor desta mão diminui consideravelmente, pois um flush já é impossível e uma sequência, muito improvável. Isto sublinha a importância de se interpretar a informação disponível na mesa, ao invés de confiar em um conceito rígido sobre que mãos jogar.

REPIQUE JOGANDO POR ÚLTIMO

Acima: Continuando a segunda rodada de apostas, o jogador F também toma uma decisão ruim ao pagar, considerando que o jogador E recebeu um 4, uma das poucas cartas que poderiam melhorar imediatamente a mão do jogador F. O pot continua a crescer, contudo, deixando a opção de arriscar numa nova carta quase irresistível. O jogador A corre, mas o jogador B faz um repique (raise) jogando por último, com o par de 9. A sugestão de ter conseguido dois pares ou até uma trinca de nove é lançada para testar o caráter dos oponentes.

À direita: Uma mão como esta tem um potencial limitado de melhorar, com duas cartas necessárias para uma sequência e o flush já impossível de se obter, em virtude de cada carta ser de um naipe. Apenas se as apostas forem muito baixas e as cartas expostas dos adversários forem médias ou fracas, o jogador deverá perseverar. Se a quinta carta não ajudar – idealmente através de uma dama –, então é prudente correr (fold).

♠ Pots "roubados" ♣

Em jogos de apostas baixas de limites fixos, as chances de se "roubar" o pot na quarta carta com um repique (raise) são limitadas. Normalmente, não é possível apostar uma quantia suficiente para forçar todos os oponentes a correr. Jogos abertos com apostas limitadas ao total em jogo (pot-limit stud games), porém, oferecem aos jogadores um pouco mais de espaço para fazer tal jogada. Isto se dá porque apostas de valor equivalente ao pot são difíceis de pagar (call), mesmo neste estágio, para oponentes com mãos mais fracas, como pares baixos ou flushes e sequências de três cartas. Tentar um blefe assim é melhor quando se joga por último, e os adversários pedem pesa (check), dando a entender que ninguém possui muita fé em suas cartas. Se der certo, este blefe poderá custear os pingos (antes) de várias rodadas.

Se o blefe é desmascarado, a situação está longe de ser desastrosa, pois mostra uma tentativa de ganho com uma mão fraca, que pode trazer a recompensa mais tarde. Uma aposta em situação posterior similar, mas na posse de uma mão forte, terá mais chances de ser paga pelos oponentes, que viram a inclinação do jogador ao blefe. Tais mãos têm uma maior chance de compensar em razão de oponentes desconfiados.

♠♣♥♦♠♣♥♦ Cartas de graça ♠♣♥♦♠♣♥♦

Conseguir mais cartas pagando o mínimo possível é vital quando se tem uma mão viável. Uma forma de fazer isso é aumentar a aposta (raise) na quarta carta com uma mão fraca, porém dotada de potencial. Supondo que a aposta seja paga e ninguém consiga melhoras significativas na quinta carta, os oponentes podem, por cautela, apenas pedir mesa (check) e permitir que a sexta carta seja distribuída de graça. A aposta extra na fourth street, que equivale a um semi-blefe, terá poupado o jogador de fazer uma aposta mínima mais cara na rodada seguinte. A chance de vencer a mão pode então ser reexaminada com apenas mais uma carta por vir e duas rodadas de apostas a serem negociadas.

CONSTRUÇÃO DO POT

Acima: Após o repique (raise) do jogador B, o jogador C poderia aumentar novamente (re-raise) para tentar tirar os jogadores E e F da disputa, mas, considerando a aposta do jogador B, decide que pagar (call) é a melhor opção. Isto permite que os jogadores E e F também paguem, garantindo o contínuo aumento do pot e dando ao primeiro competidor a jogar na próxima rodada perspectivas de ganho tentadoras, de 7 para 1.

Acima: O jogador B consegue um par de 9 na quarta carta e, jogando por último, decide aumentar a aposta, devido à falta de agressividade exibida na segunda rodada de apostas. Embora três oponentes paguem o repique, uma jogada como esta é suficiente para mantê-los em guarda, considerando a possibilidade de que uma trinca de 9 tenha se formado.

♠ A quinta carta (fifth street) ♣

No 7-card stud, há dois pontos críticos nos quais o jogador deve decidir se prossegue na mão, a saber, após a distribuição das cartas (deal) e depois da quinta carta (fifth street). A capacidade de distinguir uma mão inicial promissora de uma fraca é essencial, mas a mão tida como forte geralmente precisará mostrar sinais de superioridade na fifth street, para que o jogador considere futuras apostas. Uma vez que a aposta mínima dobra a partir da terceira rodada de apostas, os jogadores que ainda precisam de cartas para completar a mão terão de pagar caro para tentar obtê-las. Um oponente experiente com uma mão em vantagem certamente fará com que seja exatamente assim.

Um jogador com um par de ases e uma sequência de quatro cartas, com A de paus e Q de paus ocultos, e K de paus, J de espadas e A de ouros na mesa, tomará a decisão de prosseguir ou não de acordo com a força da mão que possivelmente pode conseguir. Se os quatro 10, várias figuras e diversas cartas de paus ainda não estiverem na mesa, então a quantidade de boas cartas ainda por vir e eventualmente melhorar a mão faz com que seja indicado prosseguir na quinta carta.

Contudo, estas possibilidades serão menos interessantes se um oponente que aumentou a aposta (raise) na primeira rodada, com um 7 à mostra, tiver agora uma trinca de 7 à vista. Se o 7 restante estiver no jogo, um par oculto é a inferência óbvia a retirar do repique original, pelo que se deve suspeitar de um full house. O jogador com o par de ases, cuja expectativa é de formar uma sequência ou um flush, perde, então, a razão de prosseguir, pois só poderia esperar, da sexta e sétima cartas, combinações para um full house, com as chances contrárias em 39 para 1. É pouquíssimo provável que consiga

À direita: Uma mão como esta tem um potencial limitado de melhorar, com duas cartas necessárias para uma sequência e o flush já impossível de se obter, em virtude de cada carta ser de um naipe. Apenas se as apostas forem muito baixas e as cartas expostas dos adversários forem médias ou fracas, o jogador deverá perseverar. Se a quinta carta não ajudar – idealmente através de uma dama –, então é prudente correr (fold).

A QUINTA CARTA (FIFTH STREET)

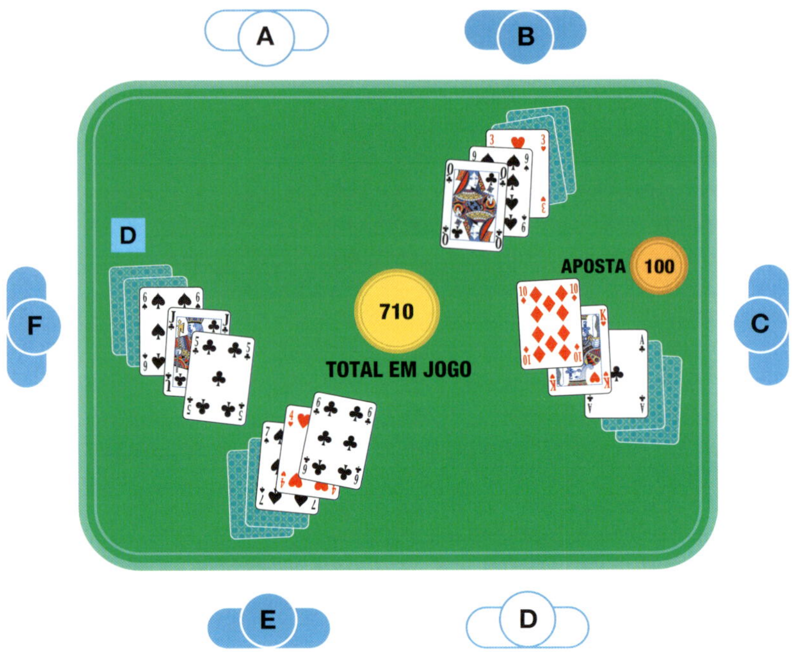

Acima: Distribuída a quinta carta, o nível das apostas aumenta, o que faz desse um momento crucial do jogo. Qualquer um que aposte neste estágio provavelmente continuará até o showdown, especialmente se o jogo for de apostas de limite fixo, como neste exemplo. O valor do pot geralmente fica alto demais para resistir, se os jogadores podem ver que têm chance de vencer, mesmo que remota. O jogador C joga primeiro uma vez mais, com a melhor mão à mostra – um ás (ace high) – com os dois pares altos, de reis e 10, bem disfarçados.

JOGADOR B | JOGADOR C | JOGADOR E | JOGADOR F

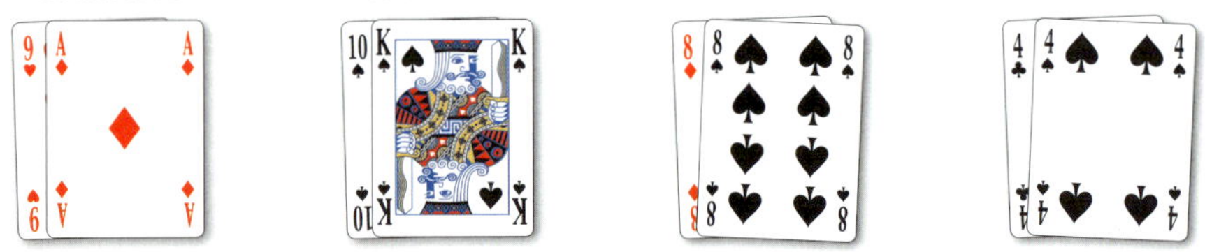

Abaixo: Esta parece ser uma mão atraente na quinta carta, pois o par de ases é complementado por cartas altas. Qualquer 10 completará uma sequência, ao passo que um K, Q ou J, formando dois pares, poderá ser suficiente. Mas a decisão de apostar ou não neste estágio do jogo dependerá de quantas destas cartas já estiverem à vista na mesa.

uma sequência real ou uma quadra sob estas circunstâncias, mesmo que as cartas necessárias para tais combinações não estejam na mesa.

♠ Posições promissoras ♣

Embora seja possível que um simples par de 2 na quinta carta possa vir a se tornar uma quadra no showdown, há muitas outra posições promissoras nesta altura do jogo. Há um consenso entre os críticos do pôquer no sentido de que qualquer mão contendo ases ou combinação melhor deve ser jogada, com pares altos e trincas disfarçadas sendo as mãos usuais mais fortes. Jogadores com sequências já completas obviamente prosseguirão no jogo, a menos que as cartas visíveis de um oponente e seu padrão de apostas indiquem a posse de uma sequência mais alta ou flush. Ter uma dessas mãos após cinco cartas normalmente garantirá a vantagem, mas pode ainda ser difícil se livrar de oponentes especulativos, com mãos parciais, em se tratando de um jogo de apostas baixas e limites fixos.

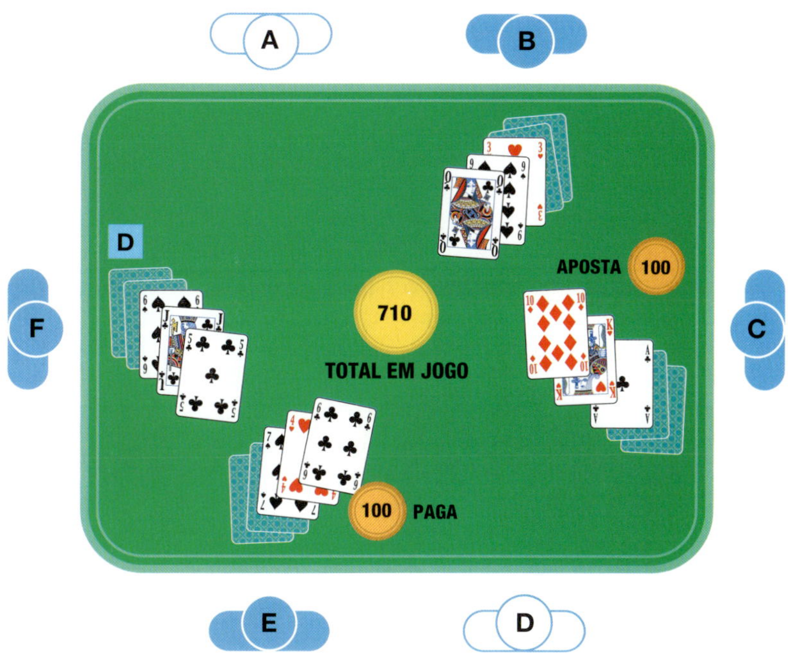

Acima: O 6 de paus dá ao jogador E uma pequena chance de fazer uma sequência, embora o 5 recebido pelo jogador F não ajude. Um repique (raise) neste ponto pode ser suficiente para sugerir aos oponentes que a sequência já está formada, porém, com tantas fichas em jogo, o jogador E se dá conta de que mesmo uma aposta de 200 provavelmente não será suficiente para dissuadir os demais de prosseguir. Consequentemente, o jogador E simplesmente paga os 100.

Abaixo: Qualquer jogador com dois pares médios ou baixos na fifth street, como os 8 e 4 mostrados aqui, pode estar em vantagem, mas permanece vulnerável se não conseguir que os oponentes corram (fold). Isto se aplica ao pôquer com apostas de limite fixo, em que o valor máximo da aposta pode não ser suficiente para intimidar os adversários.

♠♣♥♦♠♣♥♦ Situações comprometedoras ♠♣♥♦♠♣♥♦

Como é de se esperar, há várias mãos que podem tornar tentadora a opção de prosseguir depois da quinta carta, sendo as mais perigosas aquelas que trazem vantagem insuficiente, necessitando ainda de alguma ajuda nas rodadas posteriores. Um jogador com dois pares médios ou baixos, como 9 de paus, 8 de espadas, 4 de copas, 8 de ouros e 4 de paus, não se sentirá seguro a menos que receba outro 8 ou 4, e as chances desse evento dependem de quantas de tais cartas ainda estão no baralho. Oponentes com pares abertos mais altos ou que tenham demonstrado anteriormente possuir um par alto oculto, podem frequentemente contar com diversas cartas possíveis para aprimorar suas mãos suficientemente para vencer. Um par de ases isolado é outra mão que pode ser a melhor após a fifth street, sendo que vários jogadores tentariam levá-la até o river – a sétima e última carta recebida – se a mesa não sugerir nenhum perigo evidente. Ao enfrentar quatro ou cinco oponentes, entretanto, um par alto raramente será suficiente para vencer sozinho, embora as chances de melhora para dois pares sejam boas, de menos de 2 contra 1. A chance de completar uma trinca é de 14 para 1, mas isto será provavelmente menos determinante do que o tamanho do pot e a quantia com a qual o jogador já tiver contribuído.

♠ Posições vencedoras ♣

Uma mão forte após cinco cartas obviamente ajuda um jogador a determinar como jogar as três rodadas de aposta restantes. Ter uma sequência alta, um flush ou possivelmente até um full house não é somente uma posição forte para a vitória – é também uma situação em que se pode elevar as apostas, se necessário, para afastar oponentes perigosos. A estratégia típica a ser adotada nesta condição é pedir mesa (check), se jogar primeiro, ou pagar (call), se outro jogador inicia a rodada e decide apostar. Esta jogada é utilizada para manter os adversários no jogo, para que paguem apostas (bet) ou repiques (raise) altos na sexta carta, mesmo se, no momento, estiverem em desvantagem. Adiar uma aposta alta quando se tem uma mão pronta permite que as mãos dos oponentes melhorem o suficiente para vencer. No geral, porém, desde que a avaliação do desenvolvimento dos adversários ao longo do jogo seja precisa, tais melhoras serão raras, de modo que jogar contidamente mãos vencedoras será lucrativo.

♠ Mãos vulneráveis ♣

Possuir uma mão pronta e invulnerável na após a quinta carta (fifth street) é algo extremamente incomum. Uma situação mais frequente é a do jogador que lidera o jogo em dado momento, mas passa a se deparar com diversas evidências de que sua vantagem possa ser apenas temporária. Nestas circunstâncias, uma postura agressiva nas apostas é, em geral, recomendada, num esforço para eliminar oponentes potencialmente perigosos. Por exemplo, um jogador com ás de paus e valete de ouros como cartas pessoais, e valete de copas, 8 de paus e ás de espadas na mesa, provavelmente tem vantagem sobre os demais, com dois pares altos, se as cartas dos oponentes que estão à mostra não representarem maiores perigos. Embora uma aposta máxima seja

Á direita: Um jogador com dois pares, ases e valetes, pode ter certeza de estar em uma posição bastante competitiva na quinta carta, com uma mão que pode ser suficiente para vencer no showdown. Uma postura agressiva nas apostas é recomendada, a menos que não haja razões para suspeitar que um oponente já tenha uma combinação melhor. Um adversário com um par aberto, por exemplo, pode ter uma terceira carta de mesmo valor, formando uma trinca.

UMA DECISÃO CARA?

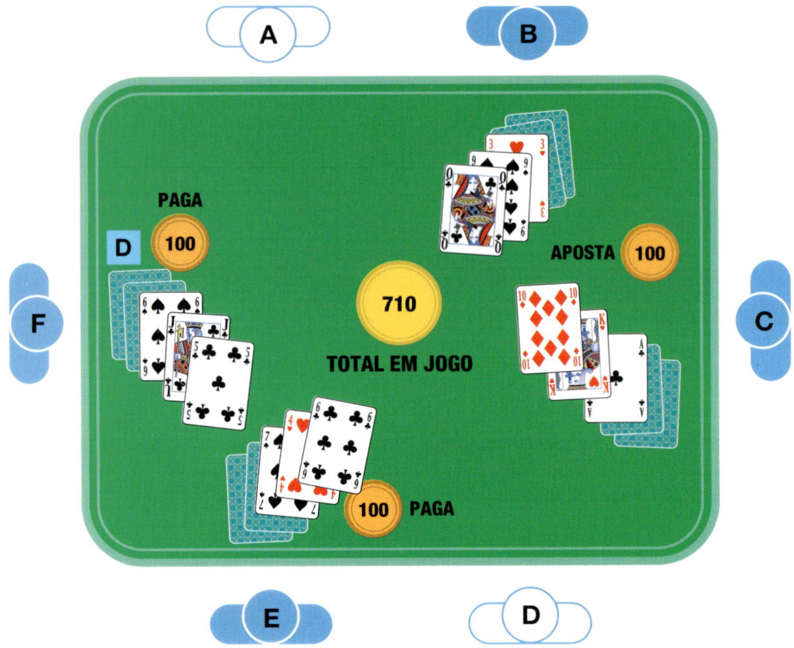

Acima: Na terceira rodada de apostas, o jogador F paga 100, uma decisão que poderia se revelar cara, dada a grande melhora necessária para a vitória. Ao evitar apostas agressivas até agora, o jogador F não representa perigo algum, e deve estar ciente de que um par de 4 não será suficiente. Um flush pode acontecer, mas isto requererá que duas das seis cartas de paus ainda no baralho (lembrando que o jogador D correu com um 7 de paus) apareçam na sexta e sétima cartas.

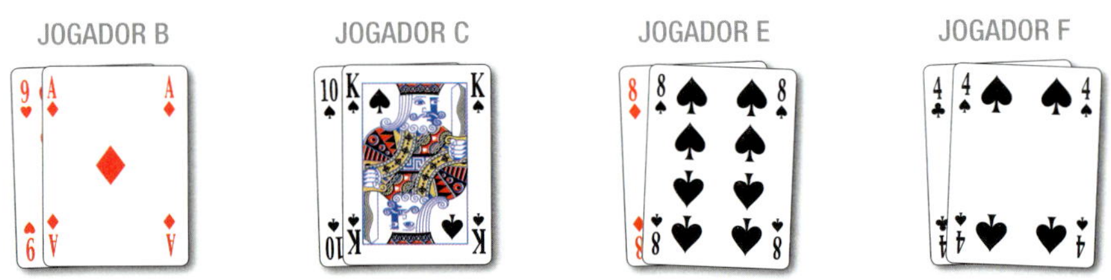

A direita: Após o repique (raise) especulativo na rodada anterior, o jogador B apenas paga (call) desta vez, primeiramente, porque a dama não trouxe nenhuma melhora para mão, e além disso, porque os outros três jogadores continuam na disputa. O mais importante é que mesmo que o jogador B consiga um par de ases na sexta carta, isso ainda não seria suficiente, pois o jogador C poderá também ter feito um par de ases e de uma carta mais alta que o 9.

AINDA NA DISPUTA

aconselhada, um repique (raise) feito por um oponente terá de ser levado muito a sério, e pedirá uma reavaliação total da situação.

A menos que a mão melhore na sexta carta (sixth street), uma abordagem mais cautelosa será requerida, pois outra aposta máxima poderia provocar a mesma resposta do oponente, que, muito provavelmente, pagaria, de qualquer forma, para ver a carta final. Embora este oponente possa estar blefando com uma mão mais fraca do que faz supor ao aumentar a aposta na fifth street, os sinais de alerta estão lá para sugerir que ele pode precisar de um ás ou valete para vencer. Para tentar conseguir a carta faltante, o jogador tentará despender o mínimo possível, o que consistirá em pedir mesa (check) se jogar antes ou apenas pagar (call) se quem joga primeiro é o adversário.

♠ Duas cartas por vir ♣

Supondo que um jogador tenha identificado que uma mão parcial qualquer ainda tem a chance de vencer com duas cartas ainda por vir, a estratégia a partir da quinta carta é tentar ver estas cartas gastando o mínimo possível. Os oponentes tentarão dificultar isto ao máximo, e a tática é muito mais fácil de executar em jogos de apostas limitadas ao total em jogo (pot-limit) do que em jogos de limite fixo (fixed-limit). De qualquer forma, mesmo quando o custo provável de prosseguir até o showdown pode ser prontamente calculado, um jogador tentando completar uma mão parcial terá um desafio se houver vários oponentes ainda competindo. Nestas circunstâncias, a melhor estratégia é pedir mesa (check) ou pagar (call), mas definitivamente nunca aumentar apostas (raise), sobretudo se estiver entre os primeiros a jogar. O perigo de se deixar envolver em guerras de apostas prolongadas com a mão mais fraca é bem maior neste caso, e o pot pode aumentar muito, de modo a fazer com que o jogador continue na partida injustificadamente, em relação às chances reais de vitória.

♠♣♥♦♠♣♥♦ Tentativas perdidas ♠♣♥♦♠♣♥♦

Todos os jogadores se esforçam para evitar prosseguir no jogo após a fifth street quando nenhuma carta é suficiente para melhorar sua mão o bastante para vencer – uma situação conhecida como "tentativa perdida" (drawing dead). O número de cartas ocultas e uma estratégia de apostas sutil pode ajudar os oponentes a preparar armadilhas para os descuidados. Principiantes normalmente não conseguem identificar a dificuldade potencial à sua frente ao tentar completar mãos parciais (drawing hands) que, mesmo se completadas, podem perder. Um jogador pode, por exemplo, continuar apostando em uma tentativa de sequência, precisando de apenas uma carta para completá-la, mesmo que um adversário com três cartas de ouros na mesa faz uma aposta. Pagar (call) pode permitir que a sequência se complete na sixth street, e deixar o jogador tentado a prosseguir até o showdown, quando será, normalmente, vencido pelo oponente com um flush já formado ou uma tentativa igualmente bem-sucedida de uma mão ainda mais forte.

À esquerda: Uma sequência parcial aberta (open-ended straight draw) após cinco cartas pode levar um jogador a insistir em uma tentativa perdida (drawing dead). Embora um rei ou um 8 completem a sequência, este pode ser um objetivo que não vale a pena prosseguir se um oponente tem três cartas de ouros na mesa e aposta para sugerir que uma das cartas ocultas seja também deste naipe.

♠ A sexta carta (sixth street) ♣

Mesmo em um jogo de apostas fixas claramente relaxado, não é comum que haja muito mais do que três jogadores envolvidos na disputa na sexta carta. Uma combinação das cartas na mesa e inferências feitas através dos padrões de apostas é normalmente o bastante para que qualquer competidor sem uma chance realista de vitória já tenha corrido.

Os remanescentes na mesa terão uma boa idéia sobre a qualidade das mãos em combate, e, para os jogadores envolvidos, as considerações a fazer são bastante simples. Um jogador com uma mão claramente vencedora, se não imbatível, tentará extrair o máximo possível de fichas dos oponentes que prosseguirem até o showdown. Apostar para tentar eliminá-los é extremamente difícil neste estágio, mesmo em jogos de apostas limitadas ao total em jogo (pot-limit), nos quais uma aposta alta pode ser interpretada como blefe. De outro lado, um jogador com uma mão boa que não tenha certeza se está em condições suficientemente fortes de vencer tentará ver a sétima carta pelo menor preço possível. Isto, porém, só valerá a pena se as cartas que podem melhorar a mão e transformá-la na favorita ainda estiverem disponíveis. Este cálculo é razoavelmente simples, dado que entre um terço e metade das cartas do baralho já deverão ter sido exibidas durante o jogo.

A SEXTA CARTA (SIXTH STREET)

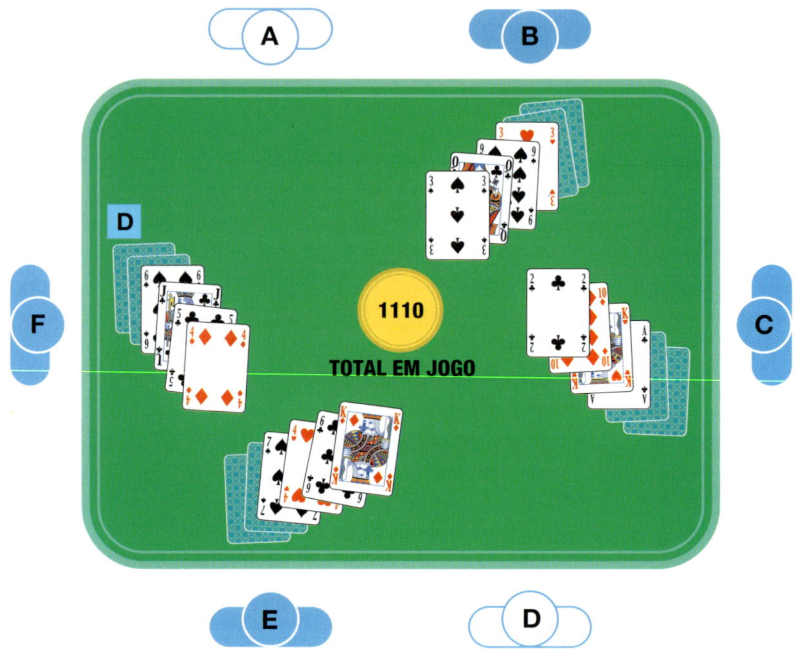

Acima: Após insistir com a pior mão, o jogador F assume a liderança na sexta carta, com uma trinca de 4, com uma única carta por vir. O jogador B agora tem dois pares, mas sabe que, sendo eles de 9 e 3, com quatro jogadores disputando, sua mão é fraca para vencer no showdown. Os jogadores C e E estão praticamente sem chances.

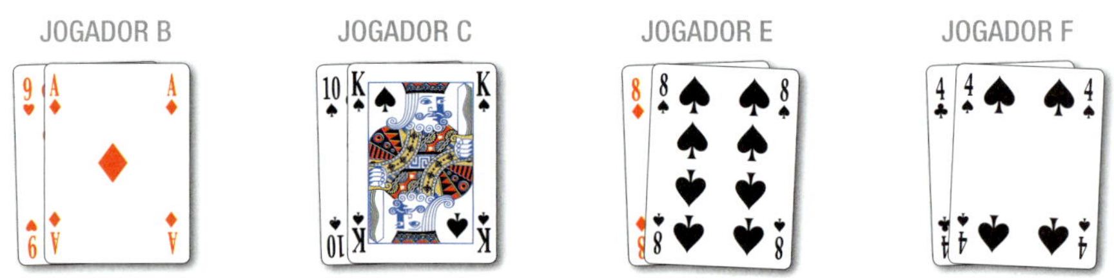

♠ Apostas extra ♣

No pôquer aberto com apostas fixas há baixa probabilidade de um jogador apostar alto o suficiente para impedir que todos os oponentes paguem para ver a carta final. Qualquer jogador ainda envolvido na partida a esta altura terá uma idéia razoavelmente precisa da qualidade das mãos em disputa. Desta forma, todos estarão mais preocupados com o quanto sua sexta carta melhora suas perspectivas do que em decifrar as minúcias de qualquer aposta.

Um contendor confiante de que esteja em vantagem na sexta carta deve apostar (bet) ou repicar (raise), se apropriado, na expectativa de que os demais paguem (call). Pedir mesa (check) não somente oferece uma oportunidade gratuita de formar uma mão melhor, como também reduz os ganhos potenciais nas ocasiões em que a melhor mão na sixth street permanece sendo superior no showdown. A estratégia para o jogador que está confiante na vitória é tentar induzir os oponentes a fazer tantas apostas extras quanto possível.

Pedir mesa e depois aumentar uma aposta subsequente feita por um oponente, uma tática chamada de "passar em falso" (checkraise), pode ser interessante, mas somente se o jogador em vantagem está confiante de que um ou mais oponentes apostará na força de suas cartas. Se isto ocorre, o jogador que inicialmente pediu mesa pode aumentar a aposta, sabendo que qualquer um que tenha apostado na sixth street provavelmente pagará o repique, e não correrá, mesmo que passe a supor que está em desvantagem. O tamanho do pot, em comparação ao valor requerido para pagar o repique, quase garante que o adversário pagará, satisfazendo a intenção estratégica daquele que aumentou a aposta, de gerar apostas extra para maximizar o lucro da mão vencedora.

♠ A sétima carta (seventh street) ♣

Na sétima carta, a estratégia em um jogo de apostas fixas será influenciada pelo número de oponentes ainda envolvidos e a posição do jogador na mesa. A rodada final de apostas geralmente será competida "mano a mano" (heads up) entre dois jogadores, havendo pouco espaço para jogadas sutis.

Um jogador que esteja confiante na vitória e joga primeiro deve sempre apostar para pressionar o oponente a pagar com uma mão batida. A maioria dos adversários fará isso, pois crê em uma pequena chance de vitória, ainda que representada pela mera confirmação que não se trata de um blefe. Quando o contendor que joga antes tem sérias dúvidas sobre a força de sua mão, pedir mesa (check) é a única decisão viável. Não há nada a ganhar com uma aposta (bet), pois o oponente correrá, se claramente vencido, ou aumentará a aposta (raise), se estiver em vantagem, levando a uma provável e desnecessária perda de fichas adicionais, pois o apostador se sentirá obrigado a pagar o repique.

No mesmo cenário, mas contra dois ou mais oponentes, é aconselhável pedir mesa. Qualquer aposta feita com uma mão fraca será desperdício de fichas, pois quem pagar provavelmente terá uma mão melhor. Além disso, existe sempre o risco de a aposta ser repicada (raised) uma, duas ou mais vezes (re-raise). Nesse último caso, o proponente da aposta corre ou paga, com grandes chances de perder ainda mais fichas.

Quando se pede mesa primeiro, em vez de apostar, os oponentes podem temer uma "passada em falso" (checkraise), e também pedir mesa, o que levaria ao showdown sem custos adicionais. Da mesma forma, qualquer aposta não aumentada (unraised) na rodada final pode justificar que se pague para levar a partida à abertura final das cartas, pois a derrota potencial se resumiria a uma só aposta adicional. Este é um lembrete importante de que minimizar as derrotas no pôquer é tão importante, para o sucesso em longo prazo, quanto ganhar pots altos ao longo de uma sessão.

O PRIMEIRO A JOGAR

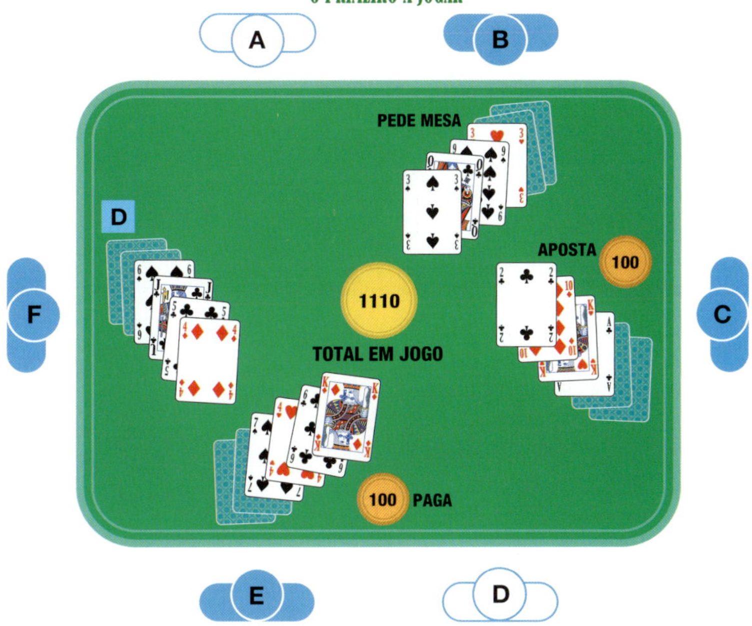

Acima: Na quarta rodada, o jogador B é o primeiro a jogar por causa do par de 3 à mostra, e pede mesa, tentando ver a sétima carta de graça. Se os demais se lembrarem do repique (raise) do jogador B na fourth street e pensarem que significava uma trinca de 9, podem não apostar, com medo de que o jogador B esteja "passando em falso" (checkraise), com um full house. Entretanto, o jogador C aposta em seus dois pares, reis e 10, embora o rei recebido pelo jogador E tenha reduzido suas chances de completar um full house. O jogador E paga.

MAS AGRESSIVIDADE

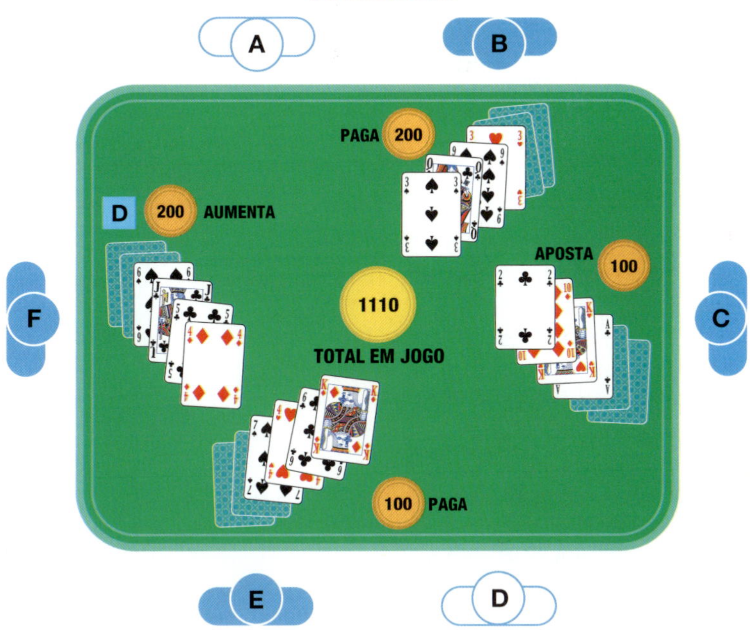

Acima: O jogador F agora aumenta (raise), com sua trinca de 4, um lance que pode fazer os oponentes inferirem que o 4 de ouros ajudou a completar uma sequência, e não uma trinca. O jogador B agora pensa que precisa de um full house para vencer, o que significa que qualquer um dos 9 e 3 que ainda estão entre as 31 cartas que não foram vistas pode vir na última carta. As chances contrárias são de cerca de 7 para 1, tornando quase obrigatório o pagamento (call), pois as perspectivas de ganho (pot odds) são exatamente os mesmos de antes.

♠ Jogos de torneio ♣

Muitos jogadores continuam surpresos com o fato de o 7-card stud, apesar de sua imensa popularidade, ter sido ultrapassado pelo Texas Hold'em na condição de jogo oficial do campeonato mundial da WSOP, no começo da década de 1970. O Hold'em, de fato, passou a dominar a cena dos torneios desde então, e sua ascensão se deve em grande escala às preferências dos profissionais que competiram nos primeiros campeonatos. Acredita-se que sua predileção pelo jogo influenciou na decisão de Benny Binion de adotá-lo para a WSOP.

Entretanto, o 7-card stud de apostas fixas (fixed-limit) ou limitadas ao total em jogo (pot limit) logo se tornaram uma atração fixa do evento mensal da WSOP, enquanto o Europe's Annual Poker EM, disputado em Viena, é um dos mais prestigiados torneios de 7-stud. Eventos envolvendo esta variante são populares entre jogadores experientes, deixando as perspectivas arriscadas para os novatos. Para aqueles que pensam em disputar um torneio de jogos de apostas fixas (fixed-limit games), seguem algumas orientações básicas que podem ser bastante úteis.

♠ Estágios iniciais ♣

No início de um torneio com várias mesas, com sete ou oito jogadores em cada uma, a estratégica típica é uma abordagem cautelosa, devendo ser jogadas somente as melhores mãos iniciais. Jogadores com mãos fortes apostarão agressivamente na primeira rodada, para capitalizar essa vantagem inicial ao encorajar os adversários a correr (fold). Deve-se, por isso, investir somente nas melhores mãos iniciais e combinações parciais, para salvaguardar o máximo de fichas.

Um jogador com um par alto, depois das três cartas iniciais, é praticamente obrigado a jogar ao menos até a quinta carta (fifth street), quando deverá reavaliar a situação, e apostará agressivamente até este estágio do jogo, para eliminar a oposição. Com isso em mente, apenas mãos parciais envolvendo cartas altas devem ser consideradas uma alternativa, pois apresentam outras chances de vitória. Um jogador com ás, rei e 8 de

LIGADO AO POT

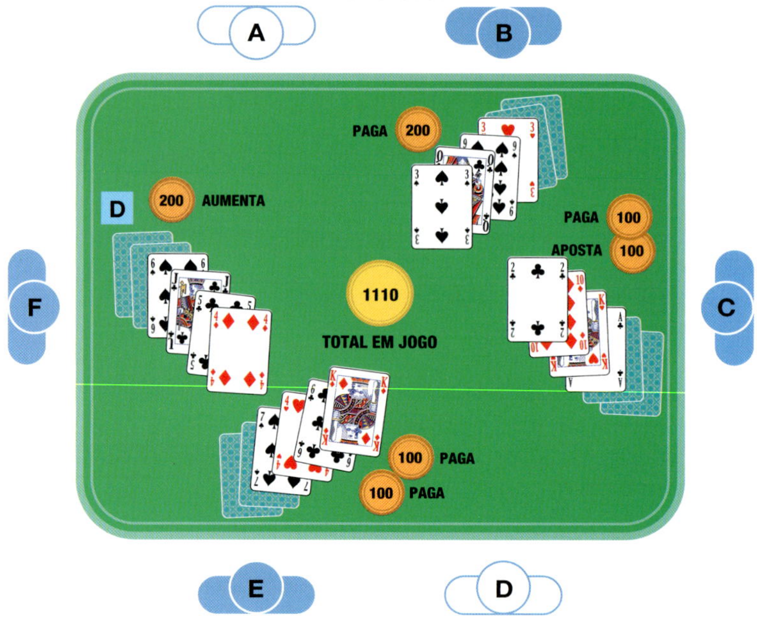

Acima: A quarta rodada termina quando os jogadores C e E pagam (call) as 100 fichas adicionais. Ambos têm a impressão de que o jogador F pode ter formado uma sequência baixa, e que precisarão da ajuda da sétima carta para vencer. Para o jogador C, isto significa que somente um rei ou um 10 servirão, enquanto o jogador E não pode ter certeza de que um 5 formará uma sequência forte o suficiente. Entretanto, por ter chegado a este estágio do jogo, o jogador E se sente "ligado ao pot" (pot committed), e relutará em correr (fold) para salvar algumas fichas, pois já investiu muito mais.

A SÉTIMA CARTA (SEVENTH STREET)

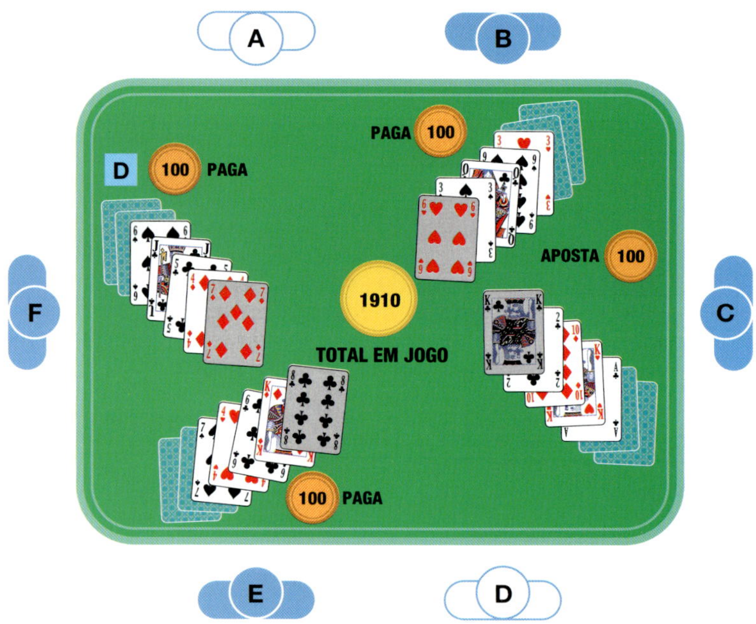

Acima: O jogador B tem o direito de apostar primeiro na rodada final, mas pede mesa (check) uma vez mais, convencido e que os dois pares não são suficientes. O jogador C, pelo contrário, aposta 100 fichas em um full house de reis sobre 10, que obteve e espera que vença. Para os jogadores E e F, é chegado o momento de calcular. Ambos melhoraram seus pares baixos, conseguindo trincas, mas a decisão de continuar pagando nas rodadas anteriores está de volta para assombrá-los. Eles pagam (call), e o jogador B também.

espadas, por exemplo, deve pagar qualquer aposta ou repique feitos por um oponente com uma dama à mostra, representando um par de damas, já que um par de ases ou de reis pode ser suficiente para vencer, mesmo que não o flush não se materialize. Os jogadores devem evitar perseguir cegamente combinações com mãos parciais (drawing hands) nos estágios iniciais de um torneio, pois não deverão perder fichas continuamente em uma fase em que a sobrevivência é primordial.

♠ Estágios intermediários ♣

Um elemento capcioso do jogo de torneios é o fato de os participantes não conhecerem as habilidades e estilo de jogo dos oponentes, pelo que uma abordagem conservadora é indicada nos primeiros estágios. Numa mesa de oponentes bastante seguros, um jogador pode adotar um estilo mais solto, investindo em mãos intermediárias. Por exemplo, um repique (raise) quando se joga por último, para dar a entender que se tem um par alto, enquanto a carta de entrada é um 9, na terceira carta, pode preparar uma aposta vitoriosa na quarta carta se outro 9 ou uma figura apareça. Um oponente cauteloso suspeitará de dois pares ou uma trinca, e provavelmente correrá adiante de um possível full house em formação, a menos que tenha uma chance muito realista de vencer tal mão. Da mesma forma, se houver muita ação na mesa, com vários jogadores permanecendo até a quinta carta, então o melhor é restringir sua participação apenas às mãos que ofereçam maior potencial de vitória.

Além da medição da força dos oponentes, outro fator chave da estratégia para estes estágios intermediários será a pilha de fichas (chip stack) que se possui. Se um jogador tem poucas fichas, os oponentes tentarão aumentar (raise) apostas com mãos menos fortes, de modo a criar duelos "mano a mano" (heads-up), que podem terminar em eliminação do evento. Apesar da pressão existente quando se está em desvantagem nas fichas, deve-se ter paciência para esperar por boas mãos iniciais antes de jogar, sendo este o melhor modo de sobreviver aos estágios finais do torneio.

ABERTURA DAS CARTAS (SHOWDOWN)

Acima: O showdown confirma a vitória do jogador C, com um full house, levando um pot de 2.310 fichas. Este exemplo mostra como as mãos podem aparecer no 7-card stud, especialmente quando vários jogadores permanecem até o showdown. Dois pares e trincas frequentemente são suficientes para vencer, mas as chances de tais combinações prevalecerem é maior se a oposição é reduzida na quinta carta (fifth street).

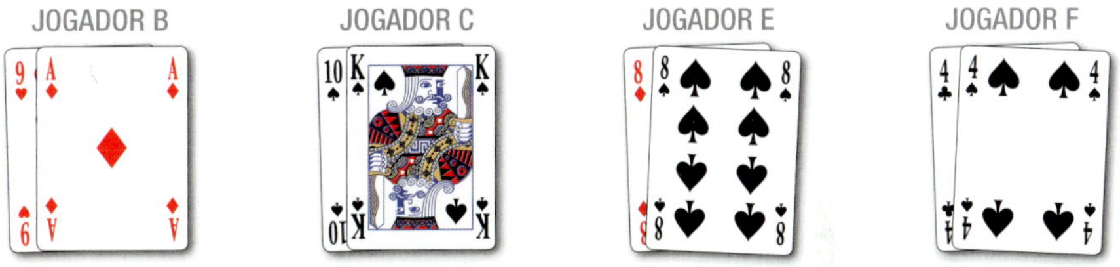

♠♣♦♠♣♥♦ A mesa final ♠♣♥♦♠♣♥♦

A quantidade de fichas na mesa final é crucial para se determinar a estratégia. Durante o torneio, os jogadores em posição de liderança em fichas (chip leaders) podem evitar mãos ruins, enquanto os oponentes tenderão a jogar o máximo possível para tentar voltar à disputa. Jogadores com uma quantidade média de fichas, suficiente para algumas apostas, também devem ser seletivos. A diferença é que, ao receber uma mão razoável, devem apostar agressivamente logo de início. Um jogador tem mais chances de vencer quando aposta tudo (all-in) na terceira carta contra um só oponente do que quando o faz na quinta carta, contra dois ou três. Quando o torneio chega a uma fase final, em que há somente três ou quatro jogadores, o valor médio da mão vencedora tende a diminuir, ao passo que as jogadas costumam ficar mais incisivas. "Roubar" os pingos (steal the antes) repicando as apostas iniciais é uma tática típica, e os blefes costumam aparecer com mais frequência, especialmente quando as cartas na mesa sugerem uma mão forte. A chave para o sucesso nessa altura do torneio é a habilidade de julgar a situação e a oposição, assim como a qualidade das mãos nas quais se deve investir.

TEXAS HOLD'EM

O Texas Hold'em começa com uma aposta compulsória feita pelo jogador imediatamente à esquerda do carteador (dealer), chamada de escuro menor (small blind), seguida por outra aposta obrigatória, feita pelo próximo jogador, chamada de escuro maior (big blind), sendo esta normalmente no valor correspondente ao valor mínimo estabelecido para as apostas na primeira rodada, ao passo que o small blind equivale, em geral, à metade deste valor. As cartas são distribuídas uma a uma, virada para baixo, até que todos os jogadores tenham duas cartas, chamadas de cartas pessoais ou fechadas (hole/ pocket cards). Uma rodada de apostas tem, então, lugar, e então o carteador revela três cartas, viradas para cima, no centro da mesa. É o chamado flop. Após o flop, ocorre uma segunda rodada de apostas e depois uma quarta carta – o turn – é colocada, virada para cima, ao lado das cartas do flop, seguindo-se uma nova rodada de aposta, com o valor mínimo geralmente dobrando. A quinta e última carta coletiva, o river, é revelada pelo carteador e abre a última rodada de apostas. O objetivo dos jogadores é formar a melhor mão de cinco cartas possível, utilizando suas duas cartas pessoais e as cinco cartas comunitárias expostas na mesa. Os jogadores podem, se quiserem, desconsiderar suas cartas pessoais para compor a mão, caso em que se diz que estão "jogando com a mesa" (playing the board), montando sua combinação com as cinco cartas coletivas.

Se há uma variante de pôquer que contribuiu para a ressurreição do interesse no jogo, ela é, sem dúvida, o Texas Hold'em, também chamado simplesmente de Hold'em. Acredita-se que o jogo tenha se originado em Robstown, no Texas, no começo do século XX, e se espalhado pelos estados do sul da América, embora tenha sido, no início, suplantado, em popularidade, pelo 7-card stud. Esta situação permaneceu até que Benny Binion decidiu usar o Texas Hold'em como modalidade da final do campeonato mundial da WSOP, no começo da década de 1970. A publicidade envolvendo o evento criou uma demanda por mais torneios de pôquer, e o Texas Hold'em se estabeleceu como favorito para tais eventos.

♠ O jogo mais popular ♣

O lendário Johnny Moss certa vez disse que "o xadrez está para o jogo de damas assim como o Hold'em está para as demais variantes do pôquer", ressaltando as complexidades da modalidade que deixou o jogo tão atraente para milhões de jogadores ao redor do mundo. Embora os conceitos básicos do Texas Hold'em sejam simples de se entender, é preciso coragem, perspicácia e habilidade para jogar bem, particularmente em partidas de apostas limitadas ao total em jogo (pot – limit) – nas quais o valor de cada aposta não pode ser superior ao pot disputado no momento em que é feita – ou ilimitadas – nas quais os jogadores podem apostar todas as suas fichas em qualquer estágio do jogo. Estas são as melhores estruturas de apostas para os torneios de Texas Hold'em, que ajudaram a modalidade a se estabelecer como um fenômeno cultural do século XXI.

A cobertura televisiva do circuito de torneios e o apoio de estrelas do show business e do mundo dos esportes criaram uma imagem estilosa e atual para o jogo, que passou a atrair ainda mais interesse. Consequentemente, o Texas Hold'em adquiriu um status semelhante ao do xadrez e do bridge, com uma ampla gama de livros, artigos e sites trazendo abordagens analíticas do jogo e dicas de como jogar. Em resumo, o Texas Hold'em é um grande negócio comercial, ao mesmo tempo em que, em nível recreacional, reavivou o interesse na formação de clubes de jogo e "escolas de pôquer", nos quais os iniciantes procuram descobrir os segredos por trás de sua enorme popularidade.

À esquerda: Johnny Moss, o primeiro campeão mundial da WSOP e o homem cuja batalha contra Nick 'The Greek' Dandolos, em 1949, estimulou o desejo de Benny Binion de iniciar a Série Mundial de Pôquer. Moss sempre considerou o Texas Hold'em um jogo mais complexo do que as demais variantes.

♠ O impacto online ♣

O pôquer fechado (draw poker) é tradicionalmente a primeira variante apresentada para os iniciantes, porém, na era da Internet, esta situação está mudando rapidamente. A cobertura midiática do Texas Hold'em, aliada à irrupção de interesse que se seguiu, coincidiu com o crescimento, desde 1998, de jogos online de jogo, que têm sido aperfeiçoados para atender à demanda de pronto acesso ao pôquer. O Texas Hold'em atrai mais jogadores do que qualquer outra modalidade online, e sua onipresença nos dias atuais aponta para a probabilidade de que a próxima geração de jogadores de pôquer será iniciada nesta modalidade, e não no pôquer fechado ou no stud.

Nem todos os jogadores apreciam o impacto do meio virtual no jogo em si, acreditando que se acaba encorajando o jogo de baixo nível, devido à velocidade em que as decisões são tomadas. Torneios "turbinados" (turbo tournaments), nos quais os escuros (blinds) – as apostas compulsórias feitas pelos dois jogadores imediatamente à esquerda do dealer – sobem de valor a cada dois ou três minutos, são populares entre os jogos de apostas baixas (low-stakes), e normalmente duram no máximo uma hora. Entretanto, sugere-se que grande parte da popularidade do Hold'em online decorra justamente dessa grande propensão a resultados ditados pela sorte, e não pela habilidade. Más jogadas às vezes vencem, e um jogador fraco pode precisar apenas da pura sorte, apostando tudo em um lance (all-in), para eliminar um oponente cuja leitura do jogo seja superior. Para os jogadores online, o ponto chave é ter a mente aberta em suas análises e não tomar uma série de vitórias por sorte como evidência de habilidade.

Acima: Bastidores da sala de produção de TV durante o Ladbrokes Poker Million Masters, em 2004. Transmitido pela Sky Sports, no Reino Unido, o evento se tornou uma parte fixa da programação da companhia de TV, desde seu início, em 2002. As mãos dos jogadores estão sempre visíveis para a câmera, permitindo ao diretor juntar toda a ação em um modelo dramático, para aumentar o interesse dos espectadores.

♠♣♥♦♠♣♥♦ Torneios televisivos ♠♣♥♦♠♣♥♦

Após tentativas entusiásticas porém limitadas de transportar a WSOP para a televisão durante os anos 70, o pôquer conseguiu marcar as programações da TV a partir do final da década de 1990. Câmeras por baixo da mesa permitiram aos expectadores a visão das cartas dos competidores, e, uma vez que os torneios quase invariavelmente são de Texas Hold'em, o jogo rapidamente se tornou parte do imaginário coletivo. O entusiasmo dos sites de pôquer online para patrocinar torneios montados exclusivamente para a televisão fez com que o interesse se expandisse até o surgimento de canais dedicados exclusivamente à transmissão de pôquer. O Hold'em é a principal variante do pôquer no comando deste interesse, e inspira cada vez mais espectadores a jogar e aprimorar suas habilidades no jogo.

À **esquerda:** Benny Binion, retratado ao cortar o cabelo, é o fundador do lendário Binion's Horseshoe Casino, onde os eventos da WSOP eram realizados, até 2005. Em 1964, ele retomou o controle do cassino, após ter vendido sua cota para cobrir custas legais envolvendo processos judiciais sobre impostos. Condenado, Benny não podia adquirir licença para dirigir um estabelecimento de jogo. Seus filhos Jack e Ted assumiram o controle do cassino, mas Benny permaneceu na folha de pagamento como consultor.

♠ Mãos iniciais ♣

No Texas Hold'em, os jogadores recebem apenas duas cartas no início de cada mão, e mesmo com tão pouca informação inicial sobre a qual basear as decisões de apostas, este é talvez o momento mais importante do jogo. Jogadores a dinheiro bem sucedidos provavelmente verão menos de um terço de todos os flops, e talvez vejam muito poucos, cerca de um quinto, se adotarem uma abordagem estrita quanto às mãos iniciais. Jogadores mais fracos geralmente são muito menos disciplinados a respeito de que cartas pessoais devem jogar, preferindo se pautar por possibilidades em vez de probabilidades. Esse enfoque é condicionado pelos fatores que os motivam a jogar; por definição, jogadores recreacionais ou ocasionais gostam de participar da ação, e vêem as derrotas como o preço a pagar pelo entretenimento.

Como em todas as formas de pôquer, a escolha das mãos que compensam jogar, dentre as 169 combinações possíveis de duas cartas, depende no provável valor da mão vencedora. No Texas Hold'em, um simples par frequentemente vence, e mãos como dois pares ou trincas são altamente propensas à vitória, sobretudo se tais combinações incorporarem as duas cartas pessoais. Um jogador com um par de 8 como cartas pessoais, ao ver um terceiro 8 aparecer no flop – que é o momento da revelação das três primeiras cartas comunitárias –, fica em uma posição muito forte devido ao valor oculto da mão. Esta é uma vantagem óbvia comparada a ter um 8 na mão e ver outros dois saírem no flop, situação em que as intenções por trás de qualquer aposta ficariam bastante evidentes aos adversários.

Uma sequência ou combinação superior geralmente serão suficientes para vencer, mas muitas mãos com potencial para formá-las são descartadas sem a chance de realização. Isto acontece porque, a menos que o flop traga uma promessa imediata de completar a mão, o custo de perseguir as cartas por uma sequência ou flush, por exemplo, pode ser muito alto, sobretudo se comparado com as chances contra o sucesso da empreitada.

Acima: Conseguir uma trinca no flop com um par oculto e uma carta da mesa, como na mão A, dá ao jogador uma posição melhor do que quando se faz uma mão similar com um par na mesa, como mostrado na mão B.No primeiro exemplo, apenas um jogador com um par de reis poderia representar algum perigo, mas um jogador com A e K pode apostar, acreditando que seu par alto lhe dá vantagem. Pagar (call) ou aumentar (raise) fica a critério do jogador com a trinca, conforme queira ou não dar aos oponentes alguma chance de melhora antes de fazer uma aposta máxima. Embora fazer uma trinca usando apenas uma das cartas pessoais seja uma combinação forte, qualquer aposta sugere imediatamente a posse de um K ou um 8, o que normalmente será suficiente para que todos os oponentes corram e a mão termine.

Acima: Esta mão, 7 e 2 de naipes diferentes (offsuit), é tida, em geral, como a pior combinação de duas cartas possível no Hold'em, e muitos jogadores correm imediatamente, ao recebê-la. Se vierem, porém, quando se está no escuro maior (big blind), pode-se optar por ver o flop, desde que as apostas não tenham sido aumentadas. Somente se o flop trouxer pelo menos dois pares o jogador pode pensar em se envolver em apostas subsequentes.

♠ Pares ocultos ♣

Um par, não raro, será suficiente para levar o pot, pelo que receber um par nas duas primeiras cartas é vantajoso, embora os jogadores devam tomar cuidado para não se prender muito a uma tal mão. Alguns pares iniciais (pocket pairs) são mais fortes que outros, e aqueles formados por cartas acima de 10 são considerados mãos jogáveis independentemente da posição que se ocupa em relação ao carteador (dealer). Pares formados por 9 ou cartas inferiores normalmente precisarão de ajuda das cartas comunitárias, na forma de outra carta de mesmo valor, para serem bem sucedidos, com as chances contrárias a isto acontecer no flop girando em torno de 8 para 1. Isto poderia justificar o pagamento (call) de uma aposta para se ver um flop barato, mas um jogador com um par de cartas mais baixas que 10 deve considerar difícil pagar um repique (raise) feito por um oponente.

Repiques (raises) indicam, tipicamente, a posse de cartas altas, mesmo que não formando par, o que quer dizer que qualquer A, K, Q, J ou 10 no flop – qualquer uma de 20 cartas – pode deixar um jogador com um par oculto de 9 imediatamente em desvantagem. Por outro lado, um jogador com pares ocultos de ases ou reis pode ter a chance de aumentar (raise) ou repicar novamente (re-raise) quaisquer apostas feitas na primeira rodada, vencendo oponentes e consolidando a vantagem inicial.

Esta consolidação, aliás, é crucial, uma vez que enquanto um par de ases é a melhor mão possível antes do flop, ocorrendo uma vez a cada 220 distribuições de cartas (deals), as cartas comunitárias podem ser variadas e ajudar os oponentes. Quanto mais jogadores vêem o flop, mais combinações estarão em jogo para se unir às cartas da mesa e relegar o par de ases à segunda posição. Esta é a razão pela qual a maioria dos jogadores advogam que mãos iniciais fortes, como pares altos – ases, reis e damas –, devem ser jogadas da forma mais agressiva possível, fazendo com que os oponentes tenham que apostar alto para arriscar uma chance contra seu detentor.

PARES FECHADOS

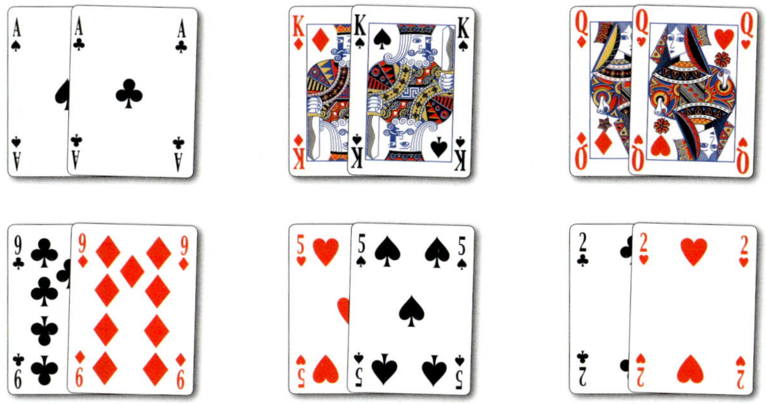

Acima: No Texas Hold'em, pares de ases, reis ou damas são vistas como excelentes mãos iniciais, permitindo que seus detentores apostem ou repiquem antes do flop, seja qual for a estrutura de apostas em operação. Pares médios, como noves, oitos e setes devem ser jogados se não for caro demais, buscando formar trincas, o que também vale para pares baixos. Entretanto, tantas cartas podem aparecer no flop para superar um par de 4, por exemplo, que os jogadores devem tomar muito cuidado ou evitar investir neste tipo de mão.

♠♣♥♦♠♣♥♦ Cartas "conectadas" ♠♣♥♦♠♣♥♦

Duas cartas de valores consecutivos – cartas "conectadas" (touching cards) – são de grande valor no Texas Hold'em, porque em 80% das ocasiões, a mesa conterá pelo menos três cartas que podem ajudar a formar uma sequência, que, se consumada, é, em geral, suficiente para vencer. Duas cartas conectadas como valete e 10, por exemplo, servirão para quatro combinações de três cartas para sequências, quais sejam, A, K e Q; K, Q e 9; Q, 9 e 8 e 9, 8 e 7. Em comparação, uma mão formada por A e 10 só pode se transformar em sequência se um K, Q e J aparecerem na mesa. Mãos como A e K ou K e Q, embora ofereçam chances reduzidas de compor sequências, compensam pelo potencial por formar pares altos, o que frequentemente é o bastante para ganhar. Mais abaixo, mãos como 10 e 9 e 5 e 4 são tidas como fracas, e geralmente só são jogadas se as apostas antes do flop (pre-flop betting) são leves. O problema inerente a se jogar cartas conectadas de valor baixo é que quando elas conseguem, de fato, compor sequências, podem estar na ponta errada do espectro. Se a mesa apresenta 6, 7 e 8, por exemplo, o jogador que tem 5 e 4 tem a "ponta de baixo" ou "ignorante" (low or ignorant end) da sequência e perde para oponentes com 10 e 9 ou 9 e 5. Da mesma forma, K, Q e J na mesa dá ao jogador com 10 e 9 uma sequência, porém se alguém tiver A e 10, montará uma outra, de maior valor.

Acima: Mãos com cartas "conectadas" (touching cards) oferecem oportunidades de sequências, considerando que dentre as cinco cartas da mesa estarão as três faltantes em 80 por cento do tempo. Uma mão como A e K pode formar uma sequência somente com Q, J e 10 na mesa, mas o alto valor das cartas é benéfico. A combinação 8 e 9, porém, se juntará a quatro tipos diferentes de combinações de três cartas para compor uma sequência, embora haja possibilidade de os adversários formarem sequências mais altas. A combinação Q, J e 10 na mesa, para formar uma sequência, pode facilmente formar uma sequência para um oponente que tenha A e K ou K e 9.

♠ Cartas de mesmo naipe ♣

Receber duas cartas do mesmo naipe (suited cards) após a distribuição das cartas (deal) oferece ao jogador oportunidades de obter um flush, embora estes sejam melhores quando apenas três cartas do naipe em questão aparecem na mesa, e não quatro. Ter um rei e uma dama de espadas é muito mais benéfico se as cartas da mesa forem A de ouros, 9 de espadas, 8 de espadas, 6 de ouros e 4 de espadas do que A de ouros, e 9, 8, 6 e 4 de espadas. No primeiro caso, é plausível que um oponente tenha o ás de espadas e uma carta de outro naipe, e o flush, então, é a melhor mão. Mas se quatro cartas de espadas aparecem, então o adversário com o ás de espadas leva o pot. Isto destaca outro benefício de se ter um ás de qualquer naipe, e apresenta a plausibilidade de quaisquer combinações de ás e outra carta de mesmo naipe, embora A e 9, A e 8, A e 7 e A e 6 sejam mais fracas. Elas não oferecem o benefício adicional de possibilitar uma sequência combinando-se com três cartas da mesa.

Os flushes são mãos fortes no Texas Hold'em, mas devem ser jogadas com algum cuidado, uma vez que os jogadores frequentemente terão de chegar até o turn e o river para completá-los. Uma tentativa de flush (flush draw) pode ser bastante cara se um oponente percebê-la. Embora haja uma chance de 40% de que das cinco cartas na mesa, três sejam do mesmo naipe, existem quatro naipes, o que reduz as chances de cada um deles para cerca de 1 em 10. Além disso, as chances de se conseguir um flush no flop, quando se tem duas cartas pessoais de mesmo naipe, são menores do que 1%; embora a mão seja muito poderosa, explorá-la ao máximo pode ser um desafio, sobretudo sem um ás. Apostar alto com uma mão dessas geralmente dará o pot ao jogador, mas com pouco lucro, enquanto disfarçá-la para aumentar o total em jogo oferece sempre a chance de um oponente completar um flush mais alto ou, com um ou dois pares na mesa, até mesmo um full house.

♠ Mãos medianas ♣

O potencial duvidoso de pares médios já foi explicado, destacando-se que frequentemente se tornam impotentes após o flop. Uma mão como um par de setes pode ser jogada quando

Acima: A figura enfatiza os problemas potenciais que surgem quando se tem cartas pessoais de mesmo naipe, mas não o ás. No primeiro exemplo, o jogador com K e Q de espadas tem duas chances de conseguir uma outra carta de espadas e vencer, enquanto o oponente, que tem vantagem no flop e no turn, com um par de ases pode fazer com que fique caro prosseguir no jogo. No segundo exemplo, a carta do turn coloca o jogador à frente, com um flush, mas mesmo apostar tudo (all-in) pode não ser suficiente para persuadir o oponente, que tem o ás de espadas, a correr, o que pode gerar consequências desastrosas se o river trouxer outra carta de espadas.

Acima: Uma mão inicial de K e 9, comumente chamada de "Lassie" ou "Rin-Tin-Tin". A mão vale mais quando as cartas são do mesmo naipe, como neste exemplo, mas pode jogá-la corretamente pode não ser tão fácil. Doyle Brunson é um dos profissionais que não gostam dela, porque muitas das cartas que podem transformá-la em uma mão forte têm grandes chances de fazer o mesmo para um oponente. Conseguir o par de reis, por exemplo, não tem nenhuma utilidade se outro jogador também tem um rei, com uma carta de desempate (kicker) mais alta, um quadro bastante plausível.

CHANCES COM PAR BAIXO NA MÃO

FLOP A

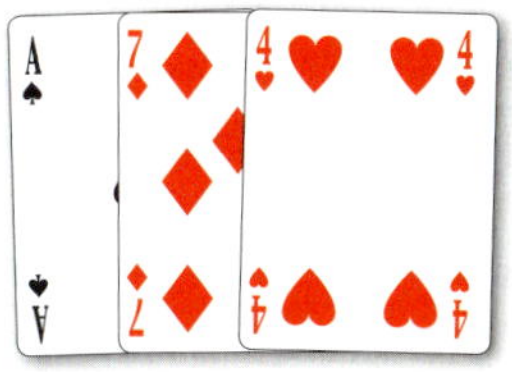

FLOP B

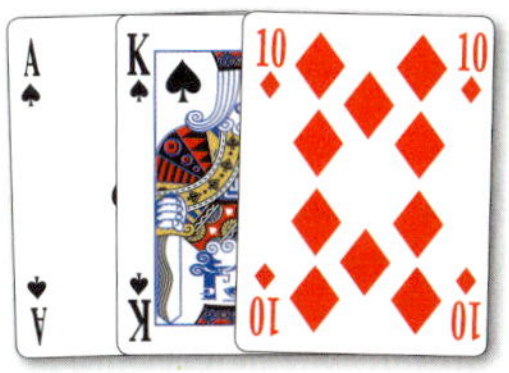

FLOP C

MÃO DO JOGADOR

À esquerda: Um par médio compensa, ocasionalmente, se, antes do flop, ninguém aumenta as apostas, pois há uma chance de 8 para 1 de se conseguir uma trinca imediatamente, como no exemplo A. Entretanto, se o flop consistir de três cartas mais altas, um par baixo tem pouco valor, devendo seu detentor correr (fold) se algum adversário apostar. Em alguns casos, como no exemplo C, a mão não melhorará diretamente, mas gerará potencial adicional para a formação de uma mão forte. De fato, uma aposta (bet) ou repique (raise) após o flop pode ser suficiente para se levar o pot, devido aos vários perigos aparentes.

se está no big blind, se ninguém apostar e o jogador puder pedir mesa (check) e ver o flop sem custos adicionais, por já ter colocado suas fichas no pot. Se o flop não ajudar, com outro 7 ou uma possibilidade de sequência, deve-se correr (fold) diante da primeira aposta.

Cartas "conectadas" (touching cards) abaixo do valete, mesmo que do mesmo naipe, apresentam problemas similares. Jogar ou não com uma mão assim é uma decisão que dependerá dos oponentes e da situação do competidor na partida, mas em geral, tais combinações raramente são fortes o bastante para justificar que se pague um repique antes do flop (pre-flop raise). Os flops que podem ajudar as mãos medianas têm baixas probabilidades de aparecer, e quando isso acontece, a mão de um adversário pode melhorar ainda mais.

PERIGO POTENCIAL

FLOP A

FLOP B

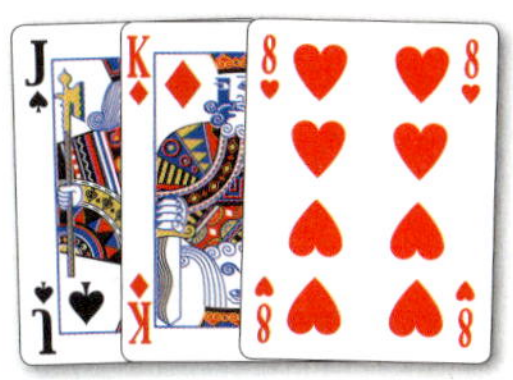

FLOP C

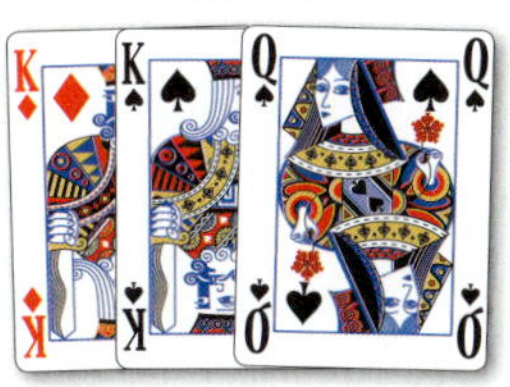

MÃO DO JOGADOR

Acima: Uma mão fraca, como um rei e um 2 de naipes diferentes, precisa de muita ajuda da mesa para ser competitiva. O flop A apresenta dois pares, que podem garantir uma aposta máxima para dissuadir os oponentes, que temerão uma trinca. Porém, esta combinação ainda pode perder para outra mão inicial fraca, de rei e 7. O flop B é mais perigoso, porque ter um par alto com um kicker baixo é um convite a problemas. Qualquer adversário com um rei e uma carta de desempate melhor estará imediatamente em vantagem, e K e J podem compor a mão de um oponente. Até mesmo trincas, como mostra o flop C, poderiam trazer ao jogador com K e 2 uma derrota para outro K com kicker mais alto.

♠ Baixas perspectivas ♣

Mais da metade das combinações de duas cartas possíveis simplesmente nunca compensam para aqueles que querem lucrar. Figuras e cartas baixas de naipes diferentes, como K de copas e 2 de ouros ou J de espadas e 6 de paus têm pouco mérito quando se considera a composição da mesa. Tais mãos iniciais precisam de flops com cartas muito específicas para dar certo. Por exemplo, um jogador que tenha um K de copas e um 2 de ouros, diante de um flop com K de ouros, 10 de espadas e 7 de paus tem um par alto, mas uma carta de desempate (kicker) muito baixa. Se um oponente aposta, a conclusão óbvia é que possui um par de reis, pois não é comum que um jogador com 9 de espadas e 8 de ouros, por exemplo, abra as apostas, tentando uma sequência. A situação é terminal para o K e 2, pois qualquer oponente que tenha um rei não pode ter um kicker menor que 2, e não poderá, portanto, estar em desvantagem. Comentários similares se aplicam a pares de 2, que só merecem investimento depois do flop se este trouxer um terceiro 2.

♠ Antes do flop ♣

Analisadas as perspectivas oferecidas por suas duas cartas iniciais, o jogadores devem então considerar outros fatores que interferem na decisão de apostar (bet) ou correr (fold) antes do flop. Dentre eles, os principais são o número de oponentes, a posição do jogador com relação ao carteador (dealer) e a natureza do jogo.

Num jogo contido, de apostas baixas com limites fixos (low-stakes fixed-limit game) entre dez jogadores, pode acontecer de cinco ou seis competidores pagarem (call) para ver o flop, caso a aposta inicial não tenha sido aumentada (raise). Já em partidas de Texas Hold'em com apostas limitadas ao total em jogo (pot limit) ou ilimitadas (no-limit), podem ocorrer repiques relativamente altos à aposta inicial antes do flop, pelos quais os jogadores testam a determinação dos oponentes e procuram reduzir a oposição. Apenas um bom entendimento do contexto de uma partida em particular possibilita ao jogador a formação da estratégia adequada para cada mão disputada.

Ao apostar ou pagar para ver o flop, os jogadores devem ter em mente, de forma clara, o que precisam para vencer, mantendo sempre a disciplina para correr (fold) caso o flop não traga boas condições de jogo. Competidores relaxados costumam ver muitos flops com mãos fracas ou medianas, tendo como resultado provável uma consistente redução de suas fichas no decorrer da sessão.

♠ Apostas iniciais ♣

O procedimento adotado após a distribuição das cartas (deal) dependerá do caráter do jogador e de suas razões particulares. Isto sublinha o valor da observação, para que se possa construir uma boa idéia das mãos que cada oponente costuma jogar e como ele costuma apostar. Em um jogo contido, com vários contendores correndo antes do flop, pode valer a pena adotar uma postura um tanto flexível com relação a quais mãos iniciais merecem investimento. Um repique (raise) antes do flop, com uma mão mediana, pode até ser suficiente para "roubar os escuros" (steal the blinds), ocasionalmente, em um jogo no qual os oponentes relutem em jogar com cartas que não sejam excelentes. Eles estarão mais inclinados a respeitar um repique pre-flop (pre-flop raise) e inferir que tal jogada indica a posse de um par alto ou ás e rei, até que se prove o contrário.

Em um jogo mais agitado, em que vários jogadores continuamente vêem o flop, é prudente adotar uma estratégia mais paciente. Jogar apenas as mãos iniciais mais fortes conservará fichas para as ocasiões em que o jogador deseja

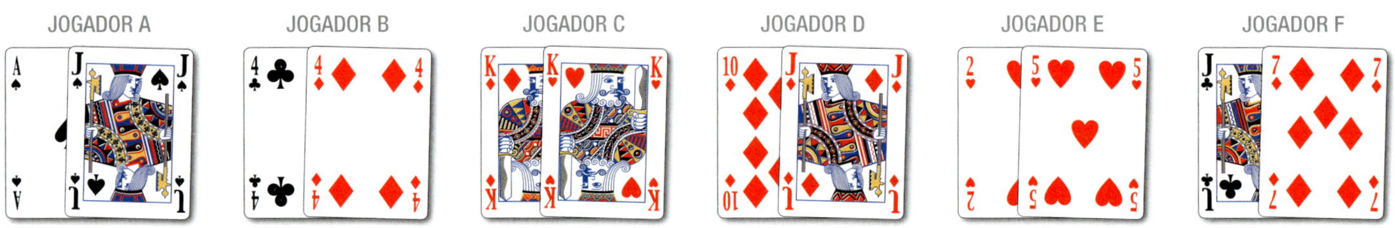

MÃOS INICIAIS

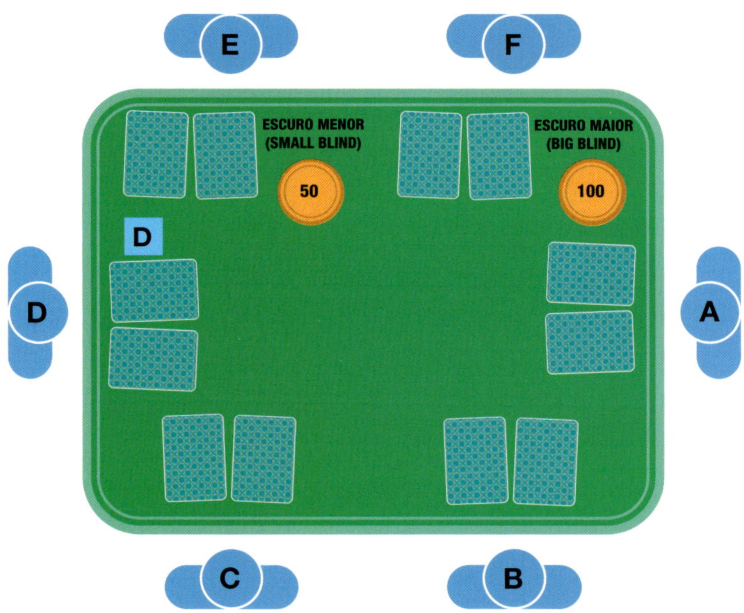

À direita: Neste exemplo, o jogo é uma partida de Hold'em com apostas limitadas em 100/200, e os jogadores acabam de receber suas cartas pessoais. Avaliar a mão inicial e decidir como jogá-la depende muito da posição que se ocupa. O jogador A tem uma mão boa, mas é o primeiro a jogar após a distribuição de cartas (deal) e está em uma posição intermediária, pelo que pagar (call) – e não aumentar (raise) – é aconselhável. Tanto o jogador B quanto o C possuem pares, embora o par de reis seja uma mão excelente (premium hand) e justifique um repique na aposta. O jogador D tem duas cartas conectadas do mesmo naipe, e preferirá que ninguém aumente a aposta, para que possa ver o flop. Os jogadores E e F têm mãos fracas, e provavelmente correrão (fold) se houver qualquer jogada significativa por parte de um oponente.

maximizar o retorno de um investimento, de posse de uma mão vencedora. Oponentes preocupados com seu próprio jogo podem não notar as implicações inerentes à participação de um jogador cauteloso em uma mão até que seja tarde demais.

♠ Jogo posicional ♣

No Texas Hold'em, a posição do jogador na a rodada de apostas é mais importante do que em qualquer outra variante de pôquer. Quanto antes um competidor tem de jogar, mais difícil se torna o controle das apostas, devido à escassez de informações sobre as quais basear as decisões. Isto afeta a qualidade da mão inicial de um jogador, na medida em que mãos virtualmente ruins para quem joga primeiro podem ser muito mais atraentes quando se tem o botão do carteador (dealer button). O carteador (dealer) é sempre o último a jogar nas rodadas posteriores ao flop, e assim tem muito mais informações sobre a qualidade das mãos dos oponentes. Por exemplo, ao receber um K e um J de naipes diferentes, quando se está perto do big blind (a segunda posição, em sentido horário, em relação ao dealer), pagar (call) o blind pode parecer razoável, mas o jogador estará vulnerável a repiques (raises) subsequentes vindos dos oponentes. Uma vez que a reação inicial seria admitir que os tais oponentes tenham um par alto ou um ás com uma boa carta de desempate (kicker) – A e K, A e Q ou A e J, por exemplo –, o potencial da mão formada por K e J cai imediatamente. A decisão passa a versar, então, entre correr e perder as fichas de uma simples aposta ou arriscar uma nova aposta, sabendo que se está provavelmente em desvantagem. O problema da segunda opção é que as cartas que podem ajudar no flop também podem facilmente melhorar a mão do oponente. Se o detentor de K e J conseguir um segundo par, com outro K no flop, um oponente com A e K ou K e Q estará em vantagem, ocorrendo o mesmo no caso de um flop com K, J e 10, que lhe dariam dois pares, mas poderiam dar uma sequência àquele que detém uma mão de A e Q. Já a mesma mão (K e J), quando se tem o botão do dealer, oferece muitas outras opções, já que, se ninguém aumenta a posta (raise), pagar apenas o valor do "escuro" (blind) será suficiente para ver o flop. Isto permite que o jogador faça inferências a respeito das apostas dos oponentes após o flop, sem ter que arriscar fichas para tanto. Mãos excelentes como pares altos e ás e rei podem ser jogadas em qualquer posição, quase sem exceção. Como regra geral, quanto antes o jogador tem de agir em relação ao carteador, mais forte deve ser sua mão inicial para que possa continuar competindo.

Abaixo: Um par de 2, também chamados de "deuces" ou "patos" (ducks). Apesar de ser, em geral, vantajoso receber um par no Hold'em, este, especificamente, só deve ser jogado se for possível fazê-lo de forma barata, sendo que conseguir uma trinca no flop é o caminho mais provável para a vitória. Pagar um repique antes do flop, porém, é desaconselhável, pois se a trinca não se materializar no flop, a mão provavelmente será inútil.

APOSTAS PRÉ-FLOP

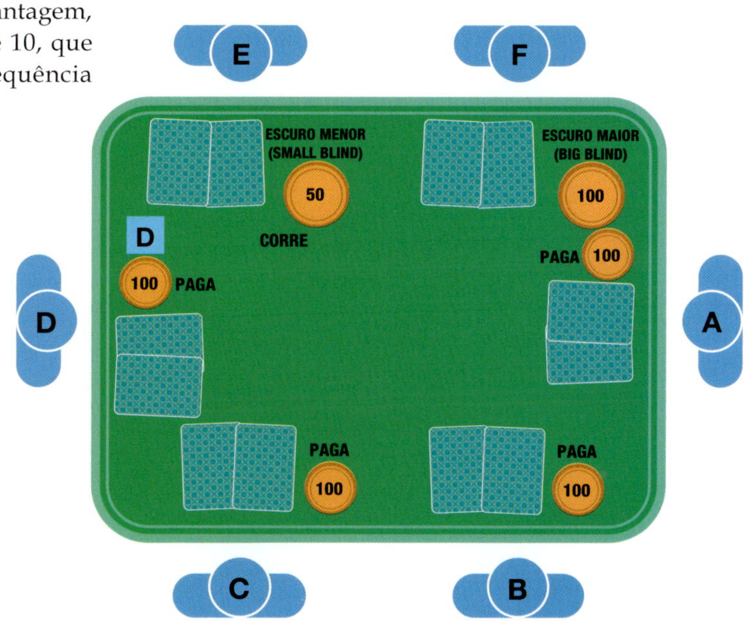

À direita: A decisão do jogador A de pagar (call) encoraja o jogador B a também pagar com o par de 4, quando um repique (raise) por parte do jogador A poderia fazer com que o jogador B corresse. O jogador C tem a chance de aumentar a aposta, mas decide disfarçar a força de sua mão, pagando também. Esta é uma jogada questionável, pois poderia facilmente permitir que uma das mãos mais fracas melhorasse e a ultrapassasse. O jogador D agora também tem a chance de apenas pagar, e o jogador F pede mesa (check) no big blind, deixando cinco jogadores competindo no flop. A mão do jogador E é tão fraca que não compensa as 50 fichas adicionais do small blind, e ele corre.

♠ O flop ♣

Embora a decisão sobre que mãos devem ser jogadas seja crucial, é o flop que define se tais decisões se justificaram. Mãos iniciais fortes podem facilmente se tornar fracas, enquanto mãos ruins podem se transformar em imbatíveis, com o flop adequado. Quando cada jogador vê cinco das sete cartas das quais escolherá as que comporão sua mão, podem deduzir rapidamente a melhor combinação que podem atingir e, mais importante, se será ou não suficiente para levar o pot. Entretanto, é raro para um jogador ter a mão imbatível (the nuts) neste estágio do jogo, pelo que se deve lembrar que mãos muito fortes podem ainda ser derrotadas, enquanto mãos fracas podem melhorar suficientemente para vencer.

Esta volatilidade é o que faz o Texas Hold'em tão convidativo e desafiador. Em termos estratégicos, fatores como posição, estrutura de apostas aplicáveis e estilo de jogo dos adversários são fundamentais. Porém, com mais informação disponível, através do flop, os jogadores podem calcular quantas das cartas que ainda não saíram podem ajudar ou atrapalhar suas chances de vitória. Qualquer estratégia posterior ao flop, portanto, deve sempre começar com uma avaliação das probabilidades que surgem com as cartas em jogo. Só então as atitudes dos oponentes poderão ser vistas por uma perspectiva adequada, conforme cada jogador tenta passar a perna nos demais e levar o total em jogo.

♠ Jogo forte ♣

Cada distribuição de cartas (deal) propicia um cenário diferente, pelo que saber como explorar ao máximo qualquer situação dada dependerá da habilidade do jogador para assimilar toda a informação disponível e agir coerentemente. Jogadores habilidosos são mais capazes de encontrar um equilíbrio entre agressividade e cautela após o flop e escolher uma estratégia que se encaixa na situação específica em questão. Nesse aspecto, jogar forte (strong play) pode significar correr (fold) com uma boa mão em resposta a uma aposta alta, bem como controlar as apostas quando de posse de uma mão vencedora. Um jogador com um par de reis, por exemplo, que tenha repicado (raise) antes do flop e esteja então competindo contra apenas um oponente deverá ter muita cautela se o flop mostrar um ás e nenhum rei. Qualquer aposta vinda do oponente certamente indica a posse de um A, e bons jogadores correrão mesmo com um par de reis. Independentemente do quão forte uma mão era

O FLOP

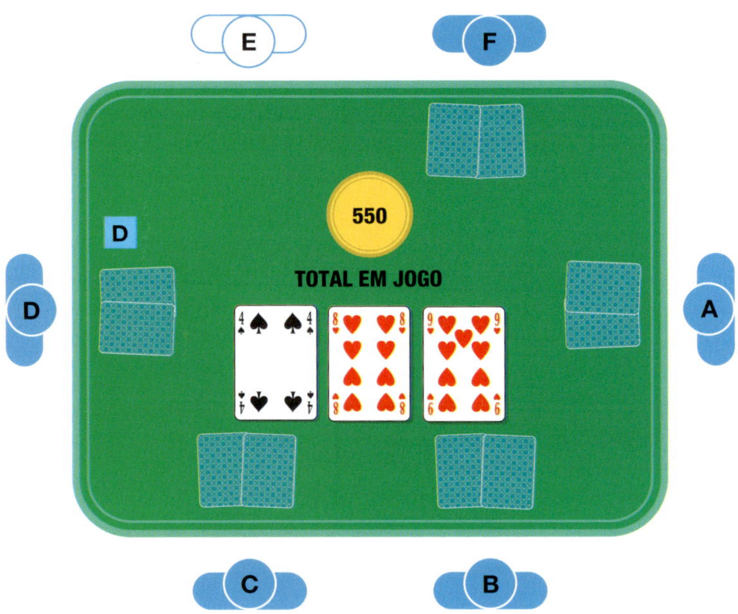

À direita: O flop dá ao jogador B uma trinca de 4 e a chance de pressionar os adversários, ao passo que os jogadores D e F têm, ambos, sequências parciais (straight draws). O jogador F precisa de um 10 para formar sua combinação, e as chances contrárias são de mais de 7 para 1. O jogador D tem uma oportunidade maior, pois é de 2 contra 1 a chance de um 7 ou uma dama aparecerem para completar a mão, mas ambos os jogadores devem tomar cuidado com cartas de copas que possam aparecer, pois um flush, então, será um fator a levar em conta. O jogador C ainda tem o maior par, mas agora está em desvantagem, enfatizando o valor do repique (raise) antes do flop, para eliminar mãos inferiores, como pares baixos.

antes do flop, deixou de sê-lo, nesta situação, equiparando-se a qualquer outro par mais baixo que o de ases. De outro lado, aumentar (raise) antes do flop indicando a posse de um A e depois fazer uma aposta alta quando outra carta igual aparece no flop é uma jogada poderosa, particularmente se se sabe que os oponentes costumam pagar (call) repiques pre-flop com mãos medianas. A menos que possam bater um par de ases, pagar uma aposta nesta situação é extremamente difícil para quem não tiver também um ás, mesmo que possua uma mão com algum potencial de melhora. Considerando que a tática corriqueira no Hold'em é apostar em mãos fortes e forçar os oponentes a pagar para ver novas cartas, um blefe ocasional que dê a entender a posse de um ás pode ser uma boa pedida, se feito vez ou outra.

♠ Jogo fraco ♣

Jogar mal (weak play) não significa, sempre, ter uma mão fraca, seja antes ou depois do flop. A maioria dos experts defende que se deve fazer repiques (raises) altos antes do flop, de posse de um par de ases, em um jogo com dez competidores, por exemplo, pois permitir que os oponentes vejam o flop sem pagar caro diminui a força da mão. Mas se um par diferente aparecer no flop, um oponente pode formar uma trinca, tornando os ases impotentes. Isto destaca um dos princípios-base do Texas Hold'em, que determina que os jogadores nunca deve se apegar emocionalmente a mãos iniciais poderosas que tenham sua força reduzida após o flop.

No geral, porém, jogar mal normalmente significa tomar a decisão errada ao avaliar suas próprias condições. Aqueles que decidem não apostar quando têm vantagem sempre correm o risco de deixar que um oponente vire o jogo sem pagar nada. No entanto, a pior estratégia de apostas é pagar (call) continuamente apostas dos oponentes quando as chances de obter a carta ou as cartas de que se precisa para vencer simplesmente não justificam o preço para se permanecer envolvido na disputa. Pots vencidos quando o jogador tem a sorte de obter as cartas de que precisa muito raramente compensarão a quantidade de dinheiro perdida para custear as ocasiões em que o golpe de sorte não acontece ao longo do jogo.

Acima: Um par fechado de ases, às vezes chamado de "pocket rockets", é a melhor mão inicial possível no Texas Hold'em. Apesar da vantagem inicial conferida por estas cartas, o sucesso não é garantido, pelo que a maioria dos jogadores que recebem tal mão aumentarão consideravelmente a aposta inicial antes do flop, tática que se deve seguir com qualquer outro par alto.

À direita: O jogador F é o primeiro a jogar, e pede mesa (check), assim como o jogador A, que tem duas cartas mais altas que as do flop mas poucas razões para levar a mão adiante. Qualquer aposta significativa deve levá-lo a correr (fold), considerando as tentativas de flush e sequência propiciadas pelo flop. O jogador B aposta em sua trinca, mas sabe que sua jogada pode não ser suficiente para forçar os oponentes a sair do jogo. Se se tratasse de um jogo com apostas limitadas ao total em jogo (pot-limit) ou ilimitadas (no-limit), então uma aposta muito mais alta seria possível, para afastar as mãos parciais, porém, da forma apresentada, o jogador C pode pagar (call), acreditando que seu par de reis ainda pode estar vencendo. O jogador D também paga, pois as perspectivas de ganho (pot odds) são de mais de 7 para 1, e, portanto, maiores do que os 3 para 1 contrários à obtenção de uma das seis cartas que completam sua sequência, isto é, as damas e os 7 de qualquer naipe exceto copas.

APOSTAS APÓS O FLOP

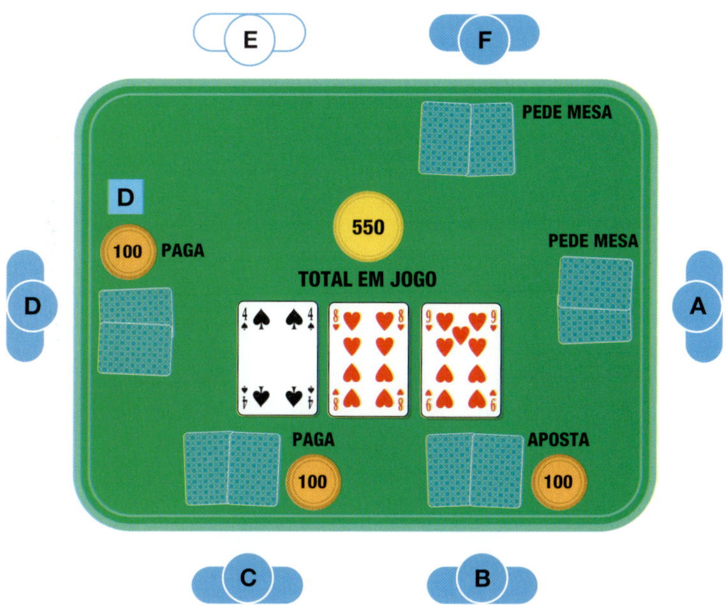

♠ Avaliação das probabilidades ♣

As três cartas comunitárias do flop provêm a mais imediata oportunidade para um jogador de avaliar suas chances de sucesso antes do começo da segunda rodada de apostas. Aqueles que jogam depois têm tempo para analisar as decisões de apostas de seus oponentes enquanto chega sua vez, mas as próprias cartas constituem as primeiras pistas sobre se uma mão deve ou não ser jogada.

Quando o flop não oferece ajuda nenhuma, a recomendação é que se corra (fold) ao primeiro sinal de qualquer aposta. Uma mão de 9 de ouros e 9 de espadas, por exemplo, tem poucas chances de prosperar diante de um flop de A de ouros, K de copas e 10 de paus, quando um oponente faz uma aposta, indicando, no mínimo, um par alto. Além da possibilidade de alguém ter outro A, K ou 10 (10 cartas possíveis no baralho), a aparição de um Q ou J na mesa (outras 8 cartas possíveis) simplesmente aumentaria a possibilidade da consecução de uma sequência. Nesta situação, embora o par de 9 possa estar em vantagem, é muito improvável que continue assim com tantas cartas no baralho oferecendo chances contrárias. Somente se saírem outros dois 9 no turn e no river – a revelação da quarta e quinta cartas comunitárias, respectivamente – o jogador garantirá a vitória, com chances contrárias de 1.000 para 1, pelo que a decisão racional é correr (fold). Este exemplo mostra que um jogador deve sempre avaliar a probabilidade de a mão melhorar suficientemente para vencer, e não somente de melhorar.

♠ Cálculo das cartas por vir ♣

Na vasta maioria dos casos, o flop não fornecerá ao jogador uma mão imbatível (the nuts) e, quando o fizer, as cartas na mesa provavelmente anularão as chances de se lucrar com ela. Para dar um exemplo extremo, um jogador com um par de damas que vê, no flop, Q, Q e 7 terá, obviamente, problemas para persuadir os oponentes a pagar uma aposta. Consequentemente, os jogadores normalmente terão que calcular o número de cartas do baralho, ainda por vir (outs), que poderão ajudá-los a manter ou obter a mão vencedora. Em geral, jogadores que precisam de ajuda da mesa estarão procurando apenas uma entre várias cartas, no turn ou no river.

Quanto maior for o número de cartas ainda no baralho que possam ajudar, melhores as oportunidades, sendo que um bom número é 13 ou 14 cartas trabalhando a favor do jogador, oferecendo chances realistas de sucesso. Jogadores tentando formar flushes ou sequências geralmente têm 8 ou 9 cartas que poderão ajudar, com chances contrárias de 2 para 1. Qualquer jogador com 14 ou mais cartas úteis ainda não jogadas é favorito para vencer.

Abaixo: O jogador F correu (fold), mas o crescente valor do pot atraiu o jogador A a pagar no flop, e a carta do turn – um K de espadas – deixou extremamente improvável o flush. O exemplo ilustra a natureza dinâmica do Hold'em, com a vantagem mudando de mãos uma vez mais, o que mostra a necessidade de os jogadores em vantagem assumirem posturas agressivas, para eliminar perigos potenciais. O jogador C agora está em uma posição muito forte, mas pode não conseguir induzir os oponentes a sair.

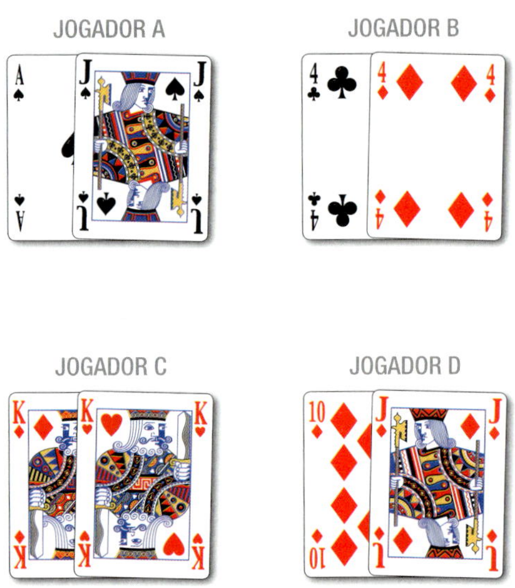

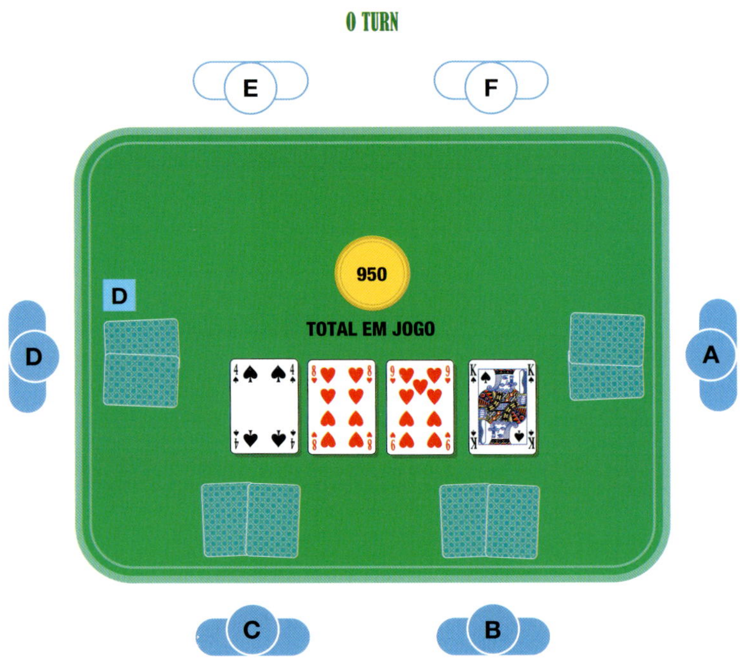

♠ Erros comuns ♣

Erros cometidos pelos jogadores após o flop costumam se dividir em duas categorias. Os competidores, em geral, ou superestimam suas mãos e pagam com otimismo, embora tenham poucas chances de vitória, ou simplesmente prestam muito pouca atenção nas apostas e não conseguem descobrir as implicações por trás delas. Isto pode acontecer tanto com os detentores de mãos vantajosas quanto com aqueles que precisam de cartas para vencer. Um jogador com J de paus e J de ouros, diante de um flop de A de espada, J de copas e 9 de paus, por exemplo, pode tentar jogar sem agressividade para lucrar, considerando que a trinca de valetes é muito forte e perderia, no caso, somente para um eventual par fechado de ases, Entretanto, se um K, Q, 10, 8 ou 7 sair no turn, um oponente pode conseguir uma sequência. É um total de 20 cartas ainda por vir que podem levar à derrota da trinca de valetes, ao passo que outro A pode fazer a mesma coisa se o adversário tiver A e o outro J, formando um full house. Com tantas cartas oferecendo perigo potencial, uma aposta máxima é indicada, para tentar tirar os oponentes da disputa. Esperar até o turn antes de apostar pode fazer com que seja tarde demais, com a trinca de valetes perdendo toda a sua força.

Acima: O cenário após o flop, com um jogador obtendo uma trinca de valetes. Apesar da aparente força da mão, qualquer uma de 20 cartas pode dar ao oponente uma sequência no turn. Em razão disso, o melhor para o possuidor da trinca é apostar o máximo possível agora, para tentar obrigar jogadores com sequências parciais a correr. Se a aposta for grande o suficiente, mesmo jogadores que tiverem formado um par de ases no flop pensarão duas vezes antes de prosseguir.

APOSTAS NO TURN

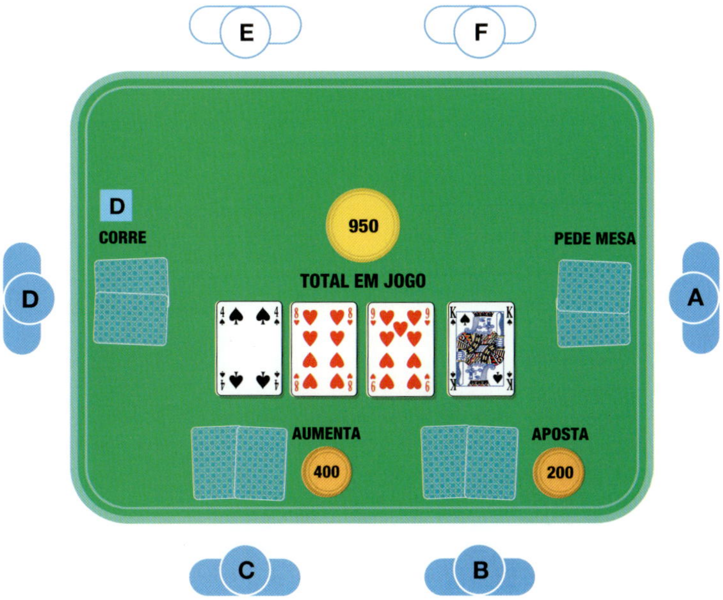

À **direita:** Não intimidado pela permanência dos oponentes, o jogador B aposta 200 – o mínimo para as duas rodadas finais – e o jogador C repica (raise), indicando que o K melhorou sua mão. Para o jogador D, o custo para ver a próxima carta torna-se alto demais, pois as perspectivas de ganho são de pouco mais de 4 para 1 e as chances contrárias à sua vitória subiram para mais de 10 para 1. Isto porque apenas quatro cartas – Q e 7 de paus e ouros – podem lhe dar a vitória sem conseguir o flush. O jogador A, entretanto, tem uma chance contrária de 4 para 1 de obter outra carta de espadas para o flush, mas deve atentar para o fato de que, com duas mãos evidentemente fortes na disputa, um pagamento (call) de 400 fichas pode ainda sofrer um novo repique (raise) pelos jogadores B e C.

♠ Mãos dominantes ♣

Ter uma mão dominante após o flop é obviamente vantajoso, mas jogar corretamente para desenvolver todo o potencial que ela apresenta é uma proposta desafiadora. Quando um jogador consegue uma mão poderosa no flop, como um full house ou um straight flush, o objetivo é controlar o pot e extrair o máximo de fichas possível dos oponentes. Neste caso, pedir mesa (check) após o flop, e talvez também no turn, é, por vezes, o único jeito de induzir apostas dos oponentes, que, se tiverem obtido melhoras, podem considerar que a mesa não tenha ajudado os demais jogadores.

Uma mão imbatível (the nuts) no flop é uma ocorrência rara, e a maior parte das mãos inicialmente dominantes, não importa o quão fortes, permanecem vulneráveis. Um jogador com K de paus e Q de espadas, por exemplo, provavelmente terá a liderança se o flop for K de ouros, 8 de ouros e 7 de espadas, mas se vários oponentes pagam a aposta que adverte sobre o par de reis, então é provável que tenham, no mínimo, flushes e sequências parciais. Se for o caso, o par alto pode ser batido por qualquer uma de 29 cartas que podem completar uma sequência ou flush dos outros competidores, além do fato de que qualquer A, 8 ou 7 de mesmo naipe, sem ser de ouros, também são sérias ameaças. Com mais de 80% das cartas trabalhando contra o par de reis, é muito provável que esta mão perca em um eventual showdown. Se uma aposta agressiva no flop não conseguir eliminar toda a oposição nestas circunstâncias, então é necessário ter cautela no decorrer do jogo.

♠ Mãos parciais ♣

Tanto uma mão dominante quanto uma que esteja em desvantagem e requeira uma de várias cartas para trazer uma vitória quase certa após o flop são parte integrante do Texas Hold'em. O termo "mãos parciais" (drawing hands), entretanto, normalmente é associado àqueles jogadores que precisam de uma carta no turn ou river para melhorar o suficiente para vencer. Jogadores com cartas de mesmo naipe ou conectadas encontram esta situação muito frequentemente, tentando conseguir a carta que precisam para completar uma sequência ou flush.

Em geral, a estratégia para se jogar tais mãos é permanecer no jogo da forma mais barata possível, pois, com duas chances de obter a carta requerida, há, evidentemente, duas outras possibilidades de rodadas caras de apostas a negociar. Ademais, o potencial para flushes, sequências e full houses quando há um par no flop é bastante aparente para os detentores das mãos dominantes. Os oponentes com a melhor mão devem tentar forçar os possuidores de mãos parciais a correr (fold) com apostas pesadas, pelo que um olhar aguçado nas perspectivas de ganho existentes ou implícitas é muito aconselhável. Deve-se advertir, porém, que mais fichas são perdidas em tentativas fracassadas de completar mãos parciais do que em qualquer outra situação do jogo. Isto diz respeito não somente às mãos que falham tentando melhorar, mas também àquelas que conseguem realizar seu potencial, mas não são suficientes para a vitória.

O RIVER

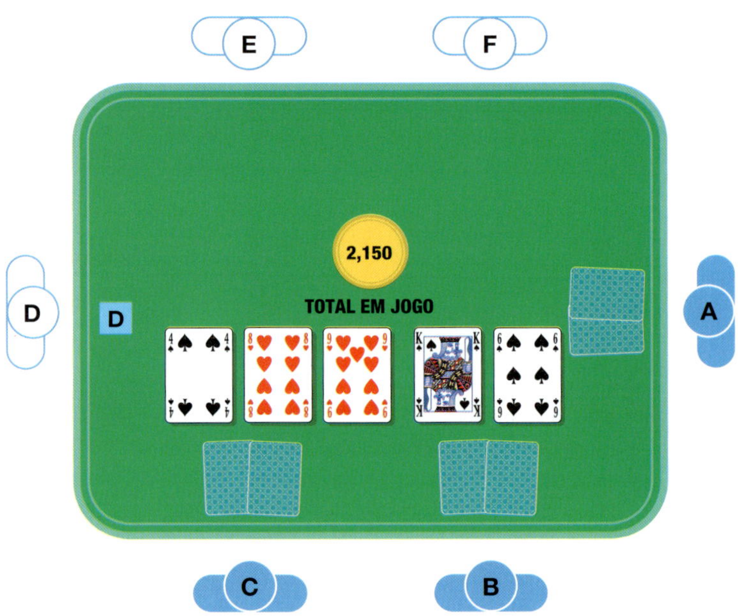

À direita: Na hipótese, os jogadores A e B pagam a aposta aumentada de 400 fichas, o primeiro esperando conseguir um flush e o segundo considerando que o jogador C não fez mais que dois pares. O river dá uma mão imbatível (nuts) ao jogador A, pois um flush de espadas com ás-maior (ace-high flush) é a melhor mão possível, considerando as cartas da mesa, suplantando chances contrárias de 24 contra 1 no flop. Agora, uma aposta do jogador A é absolutamente essencial, pois é a única forma de provocar os demais jogadores para colocar mais fichas em um pot que não podem vencer. Pedir mesa (check) na expectativa de conseguir re-aumentar (re-raise) uma aposta mais tarde dá aos demais a oportunidade de também pedir mesa; a vitória ocorrerá de qualquer forma, mas os lucros serão reduzidos.

JOGADOR A

JOGADOR B

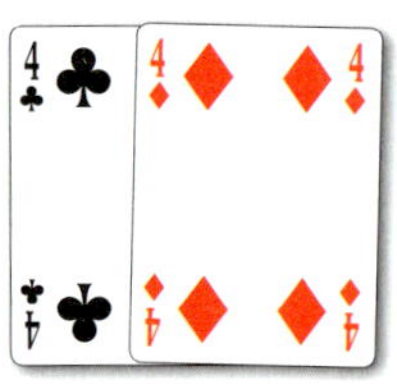

♠ Mãos "caçadoras" ♣

Mãos que precisam de duas cartas para realizar seu potencial – ou "mãos caçadoras" (chasing hands) – normalmente devem levar o jogador a correr (fold), a menos que todos os jogadores peçam mesa (check) após o flop. Esperar que duas cartas saiam convenientemente no turn e no river é otimismo demais, e os jogadores devem desistir diante de qualquer aposta. Um competidor com Q e J de copas, diante de um flop de K de ouros, 5 de espadas e 6 de copas, por exemplo, não deve, em geral, tentar o flush, pois há uma chance de míseros 4% de que as próximas duas cartas sejam de copas. As chances contrárias são de 24 para 1, o que praticamente garante que as perspectivas de ganho (pot odds) nunca justificarão esta "caça". Quando tais mãos triunfam, normalmente se trata de jogos com apostas raras e leves, nos quais todos os jogadores têm mãos ruins. Um exemplo seria um jogador com K e 9 de paus num flop de Q de espadas, 4 de paus e 8 de ouros, com J de paus no turn, caso em que a chance de outra carta de paus aparecer é de 4 contra 1, no river, perspectiva que pode justificar um pagamento na terceira rodada de apostas se o total em jogo for compensador.

Acima: Um exemplo de uma típica "mão caçadora", um jogador com Q e J de mesmo naipe precisando de ajuda tanto no turn quanto no river para poder vencer. Mais duas cartas de copas lhe darão um flush, ao passo que A e 10 ou 10 e 9 completarão a sequência, e estas são mãos que têm chances altíssimas de vitória. A menos que não haja apostas no flop ou que, havendo, sejam muito baixas, "caçar" duas cartas para formar uma mão vencedora raramente compensa, pois as perspectivas de ganho quase nunca justificam.

CONCLUSÃO

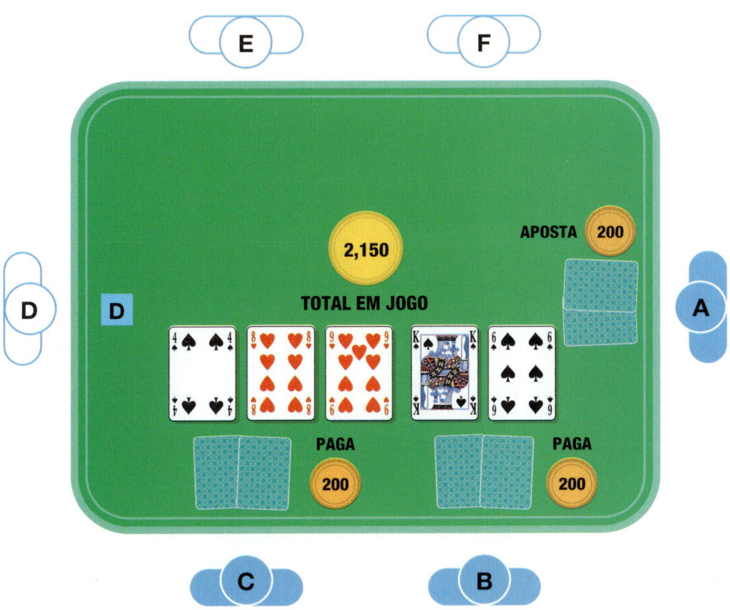

À esquerda: O jogador A aposta impiedosamente, sabendo que os jogadores B e C devem ter mãos razoavelmente fortes e podem pagar apenas para ter certeza de que não se trata de um blefe. Ambos sabem que o jogador A pediu mesa no flop e no turn, mas depois pagou as apostas em ambas as oportunidades, o que indica que possa ter agora um flush. Entretanto, os dois jogadores, com trincas, decidem pagar, com o jogador C, particularmente, se arrependendo de não ter pressionado antes, em vantagem. Se o jogo fosse de apostas ilimitadas (no-limit), uma aposta máxima (all-in) do jogador C após o surgimento do K, no turn, poderia ter feito o jogador A correr (fold).

JOGADOR C

♠ Estratégias após o flop ♣

Jogadores que tenham apreciado suas cartas suficientemente para apostar terão visto algum potencial para a vitória. Para consegui-la, precisarão de pensamentos estratégicos com relação às probabilidades de vários resultados durante o jogo. Embora uma avaliação das cartas à vista seja importante, o estilo e estrutura de apostas do jogo, bem como a qualidade dos oponentes, também influenciarão qualquer estratégia viável.

Independentemente das cartas e probabilidades em jogo, é sempre mais fácil pagar uma aposta de um jogador conhecido por seus blefes em um jogo de apostas fixas (fixed-limit) do que pagar um repique de alguém que normalmente corre em nove de cada dez mãos de Texas Hold'em de apostas limitadas ao total em jogo (pot-limit). Para o campeão Doyle Brunson, os elementos-chave em qualquer estratégia pós-flop (post-flop strategy) são as qualidades intangíveis da paciência e autodisciplina, particularmente quando se joga partidas de apostas fixas. Jogos de apostas limitadas ao total em jogo ou ilimitadas permitem maior liberdade para um jogo mais arrojado após o flop, através de repiques altos e blefes bem executados, mas a paciência para esperar – pelas cartas certas contra o oponente certo, e na posição certa – continua sendo a maior das qualidades.

♠ Abordagens variadas ♣

A natureza fluida e volátil do Texas Hold'em apresenta incerteza suficiente sobre o desfecho da maioria das mãos, pelo que os jogadores devem adotar um leque variado de abordagens estratégicas ao jogar o flop. Em posições iniciais com a mão que lidera, a recomendação é geralmente que se aposte (bet). Permitir que os oponentes vejam cartas de graça só é aconselhável se o jogador está confiante de que elas não apresentam perigo. Se o flop oferece uma mão potencialmente vencedora, porém, uma "passada em falso" (checkraise) após o flop pode ser oportuna se o jogador tiver certeza de que um ou dois oponentes apostarão. Se eles correrem após o repique, o pot está assegurado, mas se tiverem

ROUBO NO BOTÃO DE DEALER

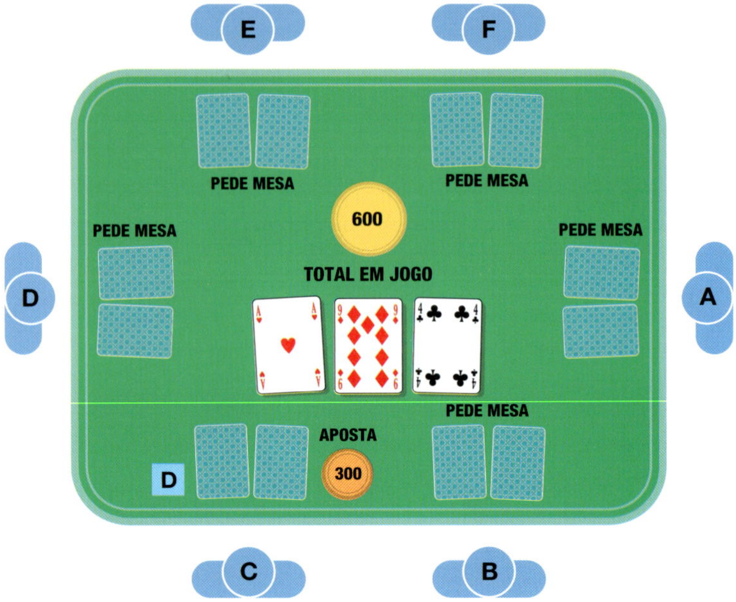

Acima: Se ninguém aumentou a aposta antes do flop, e todos pediram mesa (check), a situação significa, em geral, que o flop não ajudou ninguém. Diante deste tipo de demonstração de fraqueza, uma aposta do jogador C, neste exemplo, pode ser suficiente para levar o pot. Dando a entender que tem um A oculto para fazer o par alto, esta jogada fará com que os oponentes que não têm nenhum A e não receberam ajuda da mesa dificilmente continuem no jogo. O sucesso é mais provável se o jogador puder fazer uma aposta alta para sugerir grande perigo, o que torna a tática mais viável em partidas com apostas limitadas ao total em jogo (pot-limit) ou ilimitadas (no-limit).

Acima: Um caixa (cashier) do Commence Casino, em Los Angeles, distribui um número igual de fichas para cada jogador participante, no Wold Poker Tour Invitational. A exposição das técnicas e estilos dos melhores profissionais através de eventos televisionados como este ajudou a confirmar o Hold'em como variante favorita da maioria dos jogadores.

dúvida sobre os motivos por trás da jogada, provavelmente pagarão (call) e se sentirão ligados ao total em jogo depois de então, mesmo com possibilidades de perseguir uma mão vencida.

Em posições posteriores, os jogadores têm a oportunidade de tomar algumas liberdades de vez em quando, especialmente quando as apostas são leves. Se todos pedirem mesa (check), por exemplo, o jogador com o botão do dealer pode "roubar" o pot com uma aposta bem analisada. Se um flop de A de copas, 9 de ouros e 4 de paus não provoca qualquer resposta dos demais, então uma aposta para dar a entender a posse de um A oculto, e do melhor par, é perfeitamente razoável, desde que ninguém tenha aumentado a aposta antes do flop. Aqui, uma aposta "experimental" levará o pot ou exporá o fato de que qualquer adversário que pagar terá um A, que, combinado com uma carta de desempate (kicker) baixa, explicaria a relutância em apostar antes.

A chave para que estratégia ou estilo de aposta adotar é observar de perto a oposição. Em um jogo com vários competidores cautelosos, um jogo um pouco mais solto pode render benefícios ao trabalhar com a hesitação alheia. Da mesma forma, em um jogo com jogadores inexperientes ou relaxados, dispostos a pagar em toda oportunidade, uma abordagem mais conservadora e estudada é aconselhável.

BLEFE NO BIG BLIND

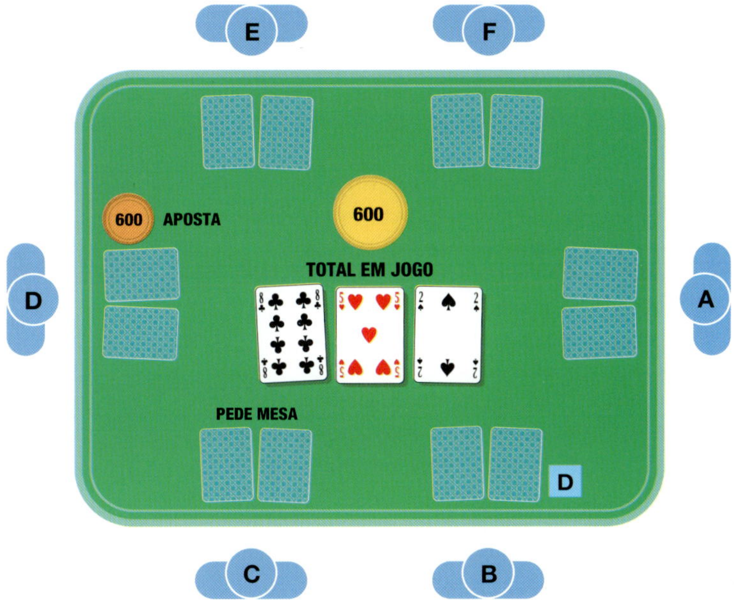

JOGADOR D

Acima: Quando o Texas Hold'em é jogado em estruturas de apostas limitadas ao total em jogo (pot-limit) ou ilimitadas (no-limit), a chance de se fazer apostas maiores aumenta a ocorrência de blefes com relação aos jogos de limite fixo (fixed-limit). Aqui, todos pagaram a aposta mínima de 100 fichas antes do flop – o escuro (blind). Se o jogador C pedir mesa após a revelação do flop, pode deixar que o jogador D jogue de modo a sugerir a posse de uma mão forte, como uma trinca ou dois pares. Tendo pagado o big blind, pelo que poderia ver o flop sem custo adicional, os outros jogadores sabem que o jogador D pode ter quaisquer duas cartas. Uma mão como 8 e 5 ou 5 e 2, que normalmente seria fraca, pode ter lhe dado dois pares, enquanto 3 e 4 – outra mão ruim – apresentariam uma sequência aberta parcial (open-ended straight draw). Jogadores com ases podem facilmente acreditar que um A no turn, que lhes daria um par, também completaria uma sequência do jogador no big blind.

Oportunidades de blefe

Como dito antes, blefes pós-flop em jogos de apostas limitadas (fixed-limit) são dificultados pela impossibilidade de se fazer apostas suficientemente altas para forçar os oponentes a desistir. Neste particular, ter uma reputação de jogador que só aumenta com mãos de alta qualidade pode ajudar um jogador a lançar um ou outro blefe ocasional. Outras estruturas de apostas, contudo, aumentam as oportunidades de sucesso dos blefes, por permitirem apostas maiores, com um impacto duplo. Em primeiro lugar, qualquer aposta substancial após o flop aumenta o preço das cartas seguintes, e, em segundo lugar, a perspectiva de ganho fica menos atrativa em comparação com a derrota potencial. Considerando que uma aposta feita por um contendor que joga antes geralmente significa uma mão forte, uma aposta alta, no big blind, se torna uma possibilidade. Desde que não tenha havido nenhum repique antes do flop (pre-flop raise), uma aposta alta do jogador na posição do big blind, em resposta a um flop de 8 de paus, 5 de copas e 2 de espadas, por exemplo, pode facilmente persuadir os adversários com carta altas a correr (fold). Por já ter pagado a quantia obrigatória para ver o flop (ou seja, o próprio blind), os adversários passam a suspeitar de que o jogador pode ter feito um ou dois pares com cartas que, normalmente, teriam sido descartadas, como 8 e 5 ou 5 e 2. Até mesmo alguém com um par superior às cartas da mesa tomará cuidado ao pagar, pois qualquer 8, 5 ou 2 no turn pode dar ao jogador no big blind uma trinca. Oportunidades como esta podem ser raras, mas há casos em que podem ser exploradas, sobretudo se os oponentes estiverem apostando com timidez.

♠ A arte do engano ♣

A habilidade de enganar os oponentes é uma parte integral do jogo, razão pela qual o blefe e a variação do estilo de jogo são tão vitais. O objetivo é incutir a dúvida nas mentes dos adversários sobre o significado por trás de qualquer aposta. Se um blefe falha, os oponentes podem considerá-lo tática de um jogador relaxado, uma imagem que pode ser explorada depois, na posse de uma mão forte.

No Texas Hold'em, a capacidade do flop de oferecer chances para vários jogadores gera muitas oportunidades para se praticar a arte do engano. Por exemplo, um flop de A de ouros, 3 de ouros e 10 de espadas apresenta a chance de uma sequência alta (high straight), de uma sequência baixa (low straight) ou de um flush, além de possibilitar um par de ases, dois pares ou uma trinca. Dar a impressão de ter qualquer uma dessas mãos, pagando (call) ou fazendo um pequeno repique (small raise) pode ser uma boa opção. Se quaisquer outros A, 10 ou 3 aparecerem no turn, então uma aposta alta sinalizaria a posse de uma trinca ou de um full house, e aqueles que ainda precisam de uma carta dificilmente pagarão. Se a carta for especificamente o 10 de ouros, até mesmo um jogador com um flush pode recuar diante de uma aposta que subentenda um full house, e os jogadores tentando completar sequências acreditarão já estar vencidos.

O uso do flop desta maneira permite com que os jogadores levem o pot, ocasionalmente, sem necessariamente ter as cartas para vencer. O maior perigo é tentar dar a entender a posse de uma mão que o oponente já tem, pois sairá caro tentar aparentar ter um par de ases contra um oponente que, de fato, tenha tal par.

PASSADA EM FALSO (CHECKRAISE)

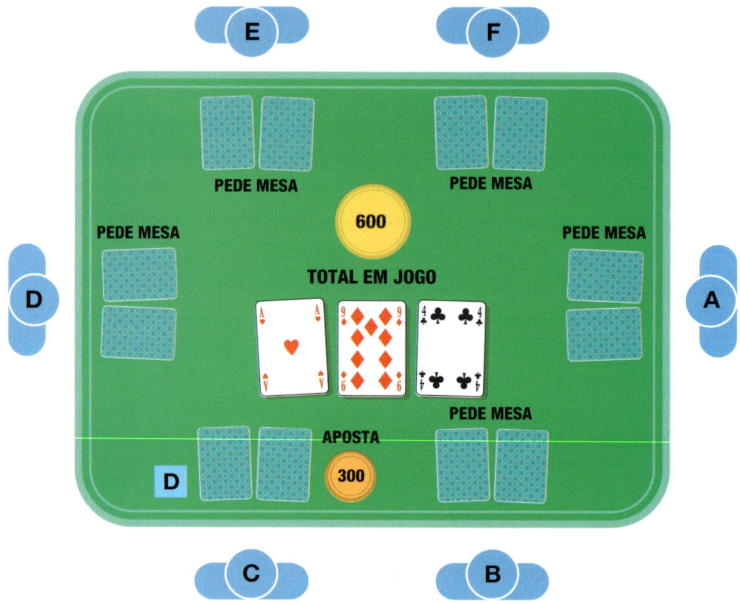

JOGADOR E

Acima: Ao pedir mesa (check) jogando primeiro após o flop, o jogador E, com uma sequência de rei-maior (King-high straight) induziu uma aposta e dois pagamentos dos oponentes, e agora pode contemplar um repique (raise) com aquela que é possivelmente a melhor mão. Se todos, então, correrem, a manobra terá rendido algumas fichas a mais do que as que o jogador obteria se tivesse apostado. De outro lado, se um oponente pagar o repique, provavelmente estará em desvantagem, e precisará de ajuda da mesa, deixando a posição do jogador E muito boa para administrar o pot. A passada em falso (checkraise) pode também ser uma tática de blefe viável, se as cartas na mesa apontam para um perigo crível de uma mão já completa.

À direita: Marlon Brando embaralha cartas em Uma Rua Chamada Pecado (A Streetcar Named Desire), de 1951. Adaptado da peça de Tennessee Williams, o filme tem várias cenas em que Stanley Kowalski (Brando) e seus amigos jogam pôquer.

♠ Passada em falso (checkraising) ♣

Enquanto muitos jogadores considerem a "passada em falso" (checkraising), ou "barricada" (sandbagging) – esse último termo expressa a tática de se jogar contidamente uma mão forte – como táticas duvidosas, o fato é que são perfeitamente legítimas em um jogo baseado, no fim das contas, na indução de erros. Como auxiliares do controle sobre o pot (pot management), permitem que um jogador com uma mão forte que deva jogar primeiro induza os oponentes a apostar mais do que pretendem. Se um jogador pede mesa (check), o seguinte aposta, e alguns outros pagam, um repique alto, por parte do primeiro, pode ser suficiente para vencer imediatamente, ou, no mínimo, persuadir um ou dois adversários a desistir, reduzindo a oposição e deixando aquele que passou em falso em uma boa posição no turn, provavelmente com a melhor mão.

Em jogos de apostas limitadas ao total em jogo (pot-limit) ou ilimitadas (no-limit), o checkraise é uma ferramenta mais útil do que em jogos de apostas fixas, mas os jogadores tem de ter certeza de que as condições são favoráveis. O potencial oferecido pelo flop tem de funcionar como guia, pois o jogador deve utilizar as cartas da mesa para incutir medo nos oponentes. Jogadores que agem por último frequentemente tentam levar o pot se os adversários não apostam, mesmo que tenham mãos modestas. Se o flop sugere potencial para uma mão muito boa, uma passada em falso ao jogar primeiro pode ser suficiente para convencer os demais jogadores de que já se tem a mão mais forte. Um flop de Q de espadas, 9 de copas e 8 de paus, por exemplo, daria uma sequência a um jogador com J e 10, mas se todos pedem mesa, alguém com uma mão de A e Q ou A e 9 pode apostar, acreditando estar em vantagem. Ao pedir mesa e depois repicar esta aposta de forma drástica – fazendo, assim, a passada em falso ou checkraise – para sugerir a posse da sequência, o jogador deixará oponentes com bons pares imediatamente com um pé atrás. Mesmo que paguem para testar o blefe, qualquer K, J ou 10 no turn, seguido de uma aposta alta, pode reforçar a ideia de que a sequência já está formada.

VANTAGEM DISFARÇADA

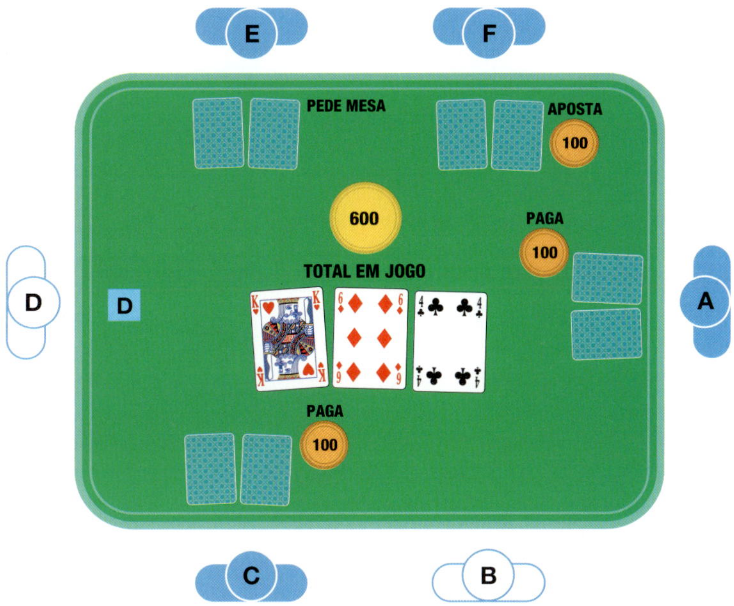

JOGADOR F

Acima: Enganar os oponentes é um elemento essencial do Texas Hold'em, pelo que conseguir disfarçar a força de uma mão é uma jogada tática que pode render bastante. Neste exemplo, o jogador F resistiu à vontade de repicar antes de flop, com o par de reis, e gerou um pot completo, no qual todos permanecem envolvidos. Ao pedir mesa no flop, espera-se que os adversários pensem que se trata de fraqueza e apostem com mãos bem inferiores à trinca de reis. Disfarçar a vantagem deste modo, portanto, é uma tática que pode aumentar a lucratividade de uma boa mão, com os oponentes inflando o pot com pouca ou nenhuma chance de vitória.

À esquerda: Um par fechado de valetes (pocket pair of Jacks), que deve ser tido como um par médio. Complicado de manejar, este par pode ser jogado de forma agressiva quando se é um dos últimos a agir, se ninguém tiver repicado a aposta. Pagar um repique com um par de apostas, porém, é um teste muito maior, pois qualquer A, K ou Q no flop poderá proporcionar ao oponente um par mais alto.

♥♦♠♣♥♦♠♣♥♦ Vantagem disfarçada ♠♣♥♦♠♣♥♦♠♣

Quando se tem uma mão excepcionalmente forte após o flop, é prudente tentar disfarçá-la, pedindo mesa (check), simplesmente, ou pagando (call) apostas, para manter os oponentes envolvidos. Um flop de K de copas, 6 de ouros e 4 de paus, quando se tem um par fechado de reis, por exemplo, tem poucas chances de ter ajudado um ou muitos oponentes, pois as cartas necessárias para uma sequência teriam de ser muito baixas. Aqui, o jogador com a trinca de reis pode, com certeza, dar aos adversários a oportunidade de ver o turn por um preço baixo, reservando as apostas maiores para as duas últimas rodadas. Apesar de o oponente poder ter um lance de sorte e receber uma boa carta, há ainda uma chance de 30% de que a trinca de reis possa melhorar para um full house ou quadra, mãos com baixíssimo índice de derrota.

♠ O turn ♣

A revelação da quarta carta, o turn, ou fourth street, como é às vezes chamada, clarifica ainda mais a situação, e faz com que os jogadores encarem as mesmas considerações feitas no flop. A diferença é o fato de que, com apenas mais uma carta por vir, é muito mais simples avaliar sua própria mão e compará-la com a melhor que pode resultar após a última carta – o river.

Da mesma forma, o cálculo das perspectivas de ganho (pot odds), ao considerar se se deve ou não apostar, é também uma tarefa muito mais rápida. Crucialmente, deve-se lembrar que qualquer carta que ajuda um jogador pode também ajudar um oponente. O perigo nesta situação é que, uma vez tendo chegado até a quarta carta, o jogador pode se deixar comprometer com o pot, e levar a mão até o showdown mesmo em condições adversas. Apesar de considerar a probabilidade da derrota, o valor do pot e sua proximidade pode facilmente levar o jogador a desperdiçar dinheiro.

♠ Como jogar no turn ♣

Como sempre, disciplina e realismo são necessários nesse ponto do jogo, independentemente do valor com o qual o jogador tenha contribuído com o pot. O fato de a aposta mínima dobrar de valor no turn e no river deve levar o jogador a ser prudente sobre suas chances.

Uma vez mais, a forma de jogar no turn dependerá da posição do jogador, do número e oponentes e das apostas já feitas. Uma aposta máxima quando se tem clara vantagem é aconselhável, para pressionar os oponentes com mãos parciais (drawing hands) que, embora tentados pelas perspectiva de ganho (pot odds), precisam melhorar no river para vencer. Na maioria dos casos, ainda haverá dúvidas sobre o resultado final. Se o flop é, por exemplo, 4 de copas, A de paus e J de copas, complementado por um 6 de copas no turn, então um jogador com A de copas e J de espadas está numa posição razoável, com dois pares altos e chances contrárias de 3 para 1 de conseguir o flush ou um full house. Somente um oponente

♥♦♠♣♥♦♠♣♥♦ Ciladas ♠♣♥♦♠♣♥♦♠♣

Oportunidades de armar ciladas para os oponentes, induzindo-os a apostar quando já estão em desvantagem, não ocorrem muito frequentemente, pelo que é essencial tirar vantagem quando a chance de fato aparece. Na maioria dos casos, isto envolverá jogar contidamente com uma boa mão e esperar que um oponente melhore e arrisque uma aposta. Um jogador que age primeiro e pede mesa (check) no flop, com K de espadas e Q de copas, com 10 de espadas, 10 de ouros e 10 de paus na mesa, idealmente espera que o oponente tenha A de espadas e J de ouros, por exemplo, para completar a sequência se um Q aparece no turn. Se o jogador em questão indicar fraqueza, pedindo mesa pela segunda vez, o adversário com uma sequência pode se sentir tentado a cair na armadilha, apostando. Se for a ocasião, pagar será suficiente para que o river seja revelado, após o que se recomenda uma aposta, na esperança de que o oponente, com a sequencia, interprete equivocadamente a situação e pague ou repique, suspeitando de um blefe.

Acima: A qualidade de uma mão depende do flop, mas ainda podem existir dúvidas sobre o resultado final após a revelação do turn. O A e J de naipes diferentes, com dois pares altos e um flush parcial ainda é vulnerável se uma aposta no flop é paga, indicando que um oponente tenha duas cartas de copas. A possibilidade de que um flush parcial tenha se completado no turn é alta, mas o jogador com A e J ainda tem 11 cartas que podem ajudá-lo a vencer – ases, valetes e cartas de copas.

que já tenha um flush – e que ainda pode ser batido – possivelmente pagará, ou, mais provavelmente, aumentará qualquer aposta feita nesta situação.

Por outro lado, se o jogador tem A de copas e 6 de espadas, dadas as mesmas cartas na mesa, então as opções são menos promissoras, especialmente se as apostas no flop tiverem indicado que um oponente pode também ter um A enquanto outro está tentando completar um flush. Agora, apenas outra carta de copas no river pode ajudar, pois um A, 6 ou J podem dar ao oponente um full house. Portanto, a escolha sobre apostar ou não nesta situação deve se basear pelas inferências decorrentes da análise das fases anteriores do jogo.

♠ Leitura das apostas ♣

Apesar de os jogadores naturalmente tenderem a se concentrar em suas próprias chances de vitória, apenas os mais desavisados ignoram as pistas oferecidas pelas apostas feitas pelos oponentes. Seja qual for o nível do jogo, os competidores apostam por determinados motivos, e deduzir as razões por trás de suas estratégias é parte do desafio apresentado pelo Texas Hold'em. Por exemplo, se um flop de 10 de espadas, 2 de paus e 5 de paus tiver gerado apenas apostas leves, mas um contendor que joga antes aposta após um 4 de paus sair no turn, então deve-se suspeitar de um flush.

Se um jogador tem A e J de paus para um flush vencedor, e um oponente repica sua aposta, a conclusão natural, embora improvável, seria que o adversário tem um straight flush, com 6 e 3 de paus como cartas pessoais. Um jogador com um flush mais baixo poderia até pagar, mas levaria em conta a possibilidade de o detentor do A de paus estar jogando, pelo que estaria vulnerável.

Qualquer outro jogador perseguindo um flush sem ter o ás, no entanto, provavelmente correrá. O perigo para o jogador com A e J de paus neste exemplo, é pagar o repique acreditando estar em alguma desvantagem e ver o 3, 6, 7 ou 8 de paus aparecer no river. A julgar pelas apostas, o straight flush do oponente seria, então, não apenas possível, mas provável.

Acima: Um pot volumoso se acumula conforme o jogo se desenrola. Em jogos relaxados de Texas Hold'em, com vários jogadores pagando regularmente para ver o turn, pots altos podem se acumular. Como as apostas mínimas dobram após o turn, os jogadores devem se certificar de que suas apostas sejam justificadas pela força de suas cartas, e não pelo total de fichas em jogo.

Acima: Pistas sobre a força da mão de um oponente usualmente surgem das apostas, e, em alguns casos, os jogadores têm de aceitar que o improvável pode acontecer. Um jogador com A e J de paus, por exemplo, normalmente esperaria faturar a mão se uma terceira carta de paus aparecer no turn. Mas se as apostas foram baixas até este momento do jogo, competidores com mãos fracas podem ainda estar no páreo. Se uma aposta em um flush de ás-maior (Ace-high flush) é paga, é possível que um oponente possa estar tentando um full house. Entretanto, se o oponente ainda aumenta a aposta, pela lógica, dá a entender que um improvável straight flush foi assegurado com 3 e 6 de paus.

♠ O river ♣

Usualmente, é raro que mais de três jogadores estejam disputando o pot quando o river – a quinta carta comunitária – é revelado, seja qual for a estrutura de apostas em operação. Os jogadores devem esperar que qualquer pessoa ainda competindo neste estágio do jogo provavelmente gosta muito das cartas, mesmo que, para vencer, precisem executar um blefe fora de série.

Revelada a carta final, os jogadores podem então ver exatamente o que têm em mãos e avaliar as mãos potenciais disponíveis para os oponentes. Ainda assim, a melhor mão pode não vencer, dependendo dos perigos oferecidos pela mesa e da natureza das apostas ao longo do jogo. A menos que se tenha uma mão imbatível, pagar uma aposta alta com uma mão que tem potencial para a vitória, mas sem garantia, pode ser um teste para os nervos até mesmo do mais experiente dos jogadores. Avaliar se pagar tal aposta vale a pena ou não dependerá da probabilidade de a mão ser a melhor, bem como da comparação entre o investimento e a perspectiva de ganho. Pistas estarão disponíveis em razão das cartas na mesa e das apostas anteriores, e a melhor jogada, no river, clama por uma correta leitura da partida. Neste ponto, conhecer o estilo de jogo dos oponentes é frequentemente muito importante, e sentar em uma mesa de jogo com completos estranhos, como em jogos online, deixa a tarefa mais difícil.

♠ Opções disponíveis ♣

Não há muitas opções disponíveis no river. Um jogador com uma mão que pareça vencedora deve se concentrar em controlar o pot, fazendo o que for preciso para que os oponentes contribuam com mais fichas. Quando se joga primeiro, em jogos de apostas limitadas ao total em jogo (pot-limit) ou ilimitadas (no-limit), uma aposta relativamente baixa em relação às das rodadas anteriores pode ser suficiente para estimular um oponente a pagar, apenas para conferir que a mão aparentada é mesmo a que se tem.

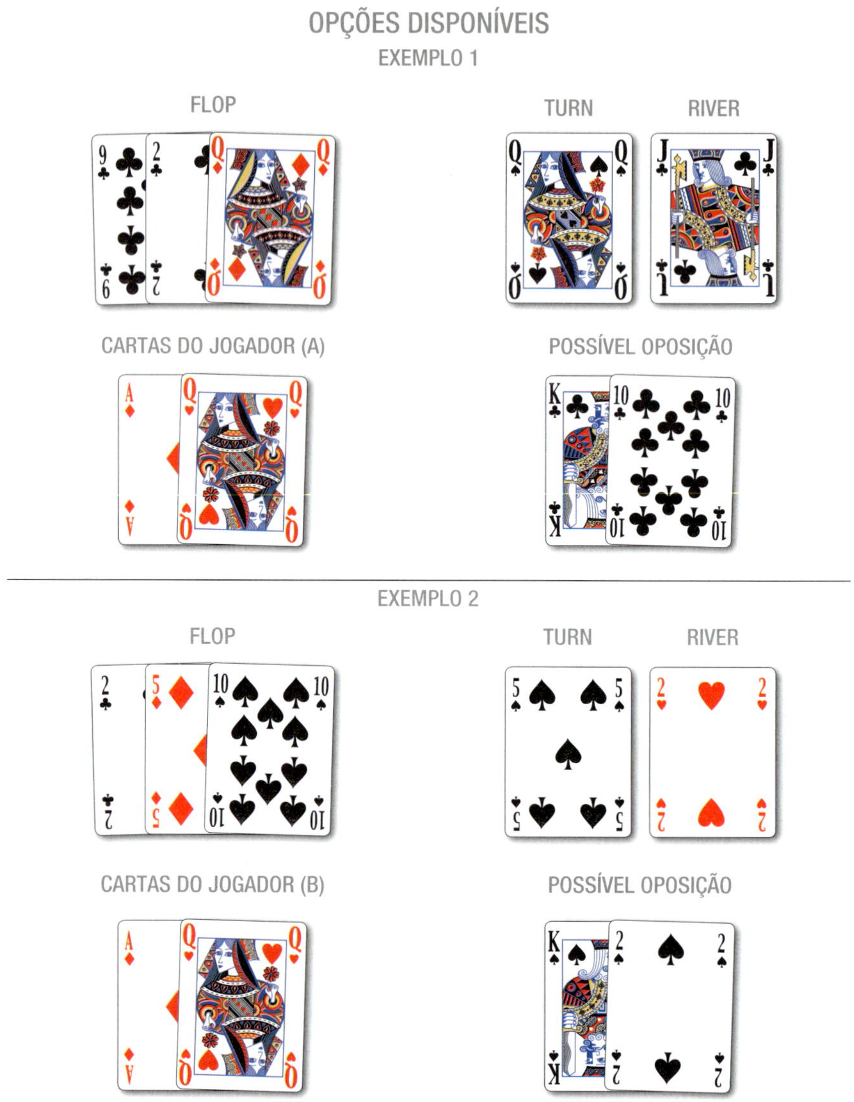

Acima: Dicas vindas das rodadas anteriores de apostas ajudarão a decidir no river, especialmente se uma mão forte pode ter sido vencida na última carta. No exemplo1, o jogador com três damas deveria temer um flush se o oponente tiver pagado uma aposta alta antes do turn. No exemplo 2, ter o A em um jogo de apostas leves pode ser suficiente quando a mesa mostra dois pares baixos e um kicker médio. Mas a falta de apostas nas rodadas antecedentes pode garantir que o pot seja disputado por vários jogadores, e qualquer um pode ter uma carta baixa como um 2 para fazer um improvável full house.

♥♦♠♣♥♦♠♣♥♦ Peixes, gansos e ovelhas ♠♣♥♦♠♣♥♦♠♣

Jogadores sem habilidade para interpretar o jogo são tidos como fracos, pelo que costumam ser chamados de "peixes" (fish), "gansos" (geese) ou "ovelhas" (sheep). O desafio para os novatos é melhorar com a experiência e evitar continuar fazendo sempre a jogada certa na hora errada. Amadores competentes podem ser considerados "peixes" quando começam a competir com os tubarões do mundo profissional do pôquer.

Decisões pessoais

Jogar o river quando não se tem a melhor mão é uma experiência corriqueira para todos os jogadores de Hold'em, embora isto se deva à propensão de muitos a continuar pagando apostas além do flop com mãos que os colocam em encrencas. Um jogador com A e 3 de ouros, por exemplo, pode ter ficado até o fim de uma mão, e visto a mesa revelar A de espadas, 8 de espadas, K de copas e 6 de paus. Mas se um oponente igualou as apostas o tempo todo, não é seguro pensar que dois pares – ases e 3 – serão suficientes para vencer. Se as apostas foram baixas durante a partida, então o oponente provavelmente tem um A, e pode já ter dois pares mais altos, tendo jogado também tentando um flush, com K e Q de espadas. Às vezes, contudo, a carta do river simplesmente completa uma mesa fora dos padrões, que faz com que seja possível que um jogador, com um simples A, leve o pot, apenas por apostar primeiro. Decidir tentar esta jogada dependerá do quão confiante um jogador estará de que apostas baixas e pedidos de mesa nas rodadas anteriores confirmam que ninguém tem uma mão boa o suficiente para pagar uma aposta.

Uma aposta é aconselhável em jogos de apostas fixas, pois não faz sentido deixar que os oponentes peçam mesa e, consequentemente, não contribuam com nenhuma ficha adicional ao pot.

Quando, porém, se joga mais tarde, é ainda mais simples jogar a mão mais forte, uma vez que apostas ou repiques podem ser feitos com confiança. Mãos que se completaram no river ou logo antes, mas que podem ser derrotadas facilmente, são mais difíceis de se jogar. Ter uma trinca no turn e ver uma terceira carta de paus no river, por exemplo, é uma posição bastante incômoda, se for plausível que um oponente estivesse em busca de um flush todo o tempo.

Do mesmo modo, uma mesa com dois pares e uma carta de desempate (kicker) baixa por vezes gerarão pouca disputa e serão vencidas por um jogador com um A. Porém, é difícil pagar uma aposta alta com o maior kicker e correr o risco de encarar um full house. Nestes casos, os jogadores terão que confiar em seus instintos tanto quanto nas probabilidades implicadas.

A carta do river frequentemente sinalizará a falha de alguns jogadores em suas tentativas de flush ou sequência. A opção, então, é correr (fold), a menos que a mesa seja promissora em termos de blefe. Estes costumam acontecer mais em jogos nos quais se permitem apostas mais altas, pois no Hold'em de apostas fixas (fixed-limit), o preço a pagar nunca é suficiente para forçar os opoentes a abrir mão das fichas já apostadas.

À esquerda: Uma vez colocada na mesa a carta do river, um jogador com a mão favorita (the nuts) deve, sem dúvidas, apostar, e o verdadeiro teste é calcular uma quantia suficiente para que os oponentes se sintam tentados a pagar para assegurar que não se trata de um blefe. Se a aposta for muito alta, os adversários podem correr, deixando o vencedor da mão com menos lucro do que poderia ter obtido.

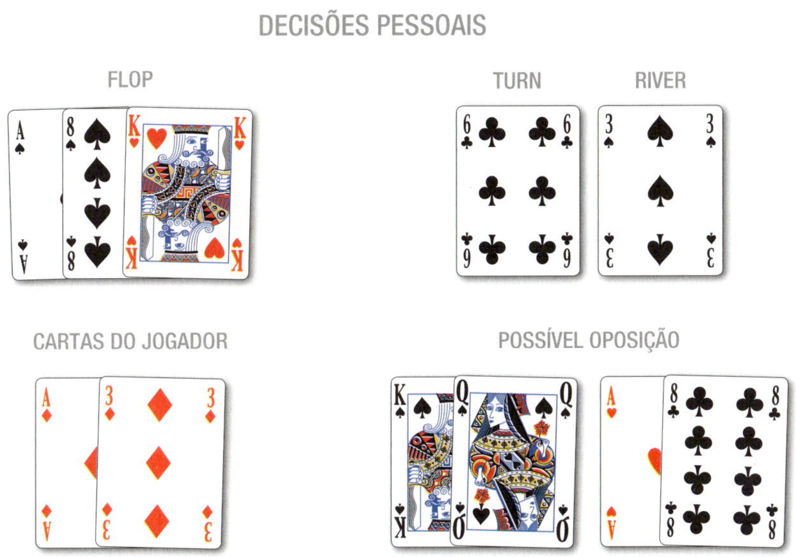

Acima: Este exemplo ilustra os problemas que podem resultar no river quando se joga um A com um kicker baixo. O A no flop, fazendo o par alto, era promissor, mas se alguma aposta no flop ou no turn tiver sido paga, uma de várias mãos razoáveis pode estar entre os oponentes. Um adversário com um A e um kicker mais alto poderia ter feito dois pares melhores, e um flush também é possível. Nesta situação, a melhora para o A e 3 pode levar o jogador a pagar uma aposta com uma mão vencida.

♠ Conhecendo os oponentes ♣

Jogadores de Texas Hold'em bem sucedidos estão sempre cientes das oportunidades oferecidas pelas várias mãos de abertura e pelas cartas da mesa, conforme vão aparecendo. O que separa os jogadores excelentes dos comuns, porém, é sua aptidão para rapidamente distinguir o estilo de jogo dos oponentes e oferecer o contra-jogo adequado. Com efeito, os melhores jogadores alternam seu estilo ao longo de uma sessão para confundir os oponentes, muitos dos quais são propensos a fazer jogadas óbvias ditadas por sua personalidade. Tais jogadores normalmente se encaixam em uma de quatro categorias reconhecíveis, independentemente do nível de apostas dos jogos que costumam disputar.

♠ Jogadores sólidos ♣

Jogadores sólidos (solid players), também conhecidos como "rochas" (rocks) são aqueles dotados de disciplina e paciência para correr na maioria das mãos e esperar por uma mão imbatível ou algo muito próximo antes de apostar alto. Cientes de sua posição em todas as rodadas e da quantidade de fichas de cada oponente, têm a tendência de jogar apenas as melhores mãos iniciais, e apostam vigorosamente nelas, a menos que haja muitos jogadores relaxados na mesa, ocasião em que arriscam algumas armadilhas. Em jogos de apostas fixas, este tipo de jogador se apega às probabilidades e lucra com os erros alheios.

♠ Jogadores seguros-agressivos ♣

Em nível de torneio, com apostas altas, a maior parte dos jogadores sólidos adotará um modo seguro-agressivo (tight-agressive) de jogar, correndo em todas as ocasiões exceto ao receber as melhores mãos iniciais, e pressionando os oponentes com repiques altos anteriores ao flop (pre-flop raises), deixando poucas dúvidas sobre a força de suas cartas pessoais. Nas ocasiões em que sua estratégia não funciona, entretanto, estes jogadores manterão a disciplina e correrão, jamais investindo em mãos perdidas.

CONHECENDO OS OPONENTES

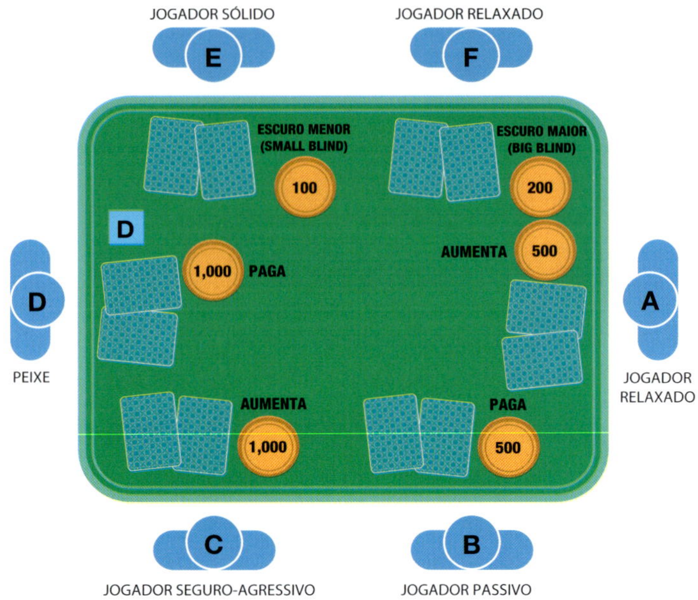

Acima: Cada estilo individual de jogo tem uma influência em todas as partidas. Após a distribuição das cartas (deal), neste exemplo de Hold'em de apostas ilimitadas (no-limit Hold'em), o jogador A repica (raise) a aposta em uma posição duvidosa, com um par baixo, numa atitude ousada, ao passo que o jogador B não resiste e paga, por vontade de permanecer ativo. O jogador C, com uma mão forte, tira proveito, repicando outra vez (re-raise), com o par de damas, apenas para fazer com que o inexperiente jogador D pague, por não ser capaz de interpretar as implicações das apostas anteriores. O jogador E, sólido, está preparado para correr (fold) mesmo com o A e 9 de mesmo naipe, perdendo as fichas obrigatórias – no caso, o escuro menor (small blind) –, mas um jogador relaxado, no big blind, poderia pagar as 800 fichas pela chance remota de vitória.

♠ Jogadores relaxados (loose players) ♣

Aqueles que jogam pôquer mais pelo lado social do que financeiro costumam ter um jogo muito mais solto de jogo. São caracterizados pelo desejo de permanecer constantemente em ação, e seu entusiasmo pelo Hold'em os fará pagar repiques mesmo que tenham um par baixo ou cartas como 8 e 7 do mesmo naipe no small blind, por exemplo, após o que podem negligenciar as perspectivas de ganho e jogar sem chance de vitória.

Outros exemplos de jogo relaxado (loose play) incluem repiques seguidos em posições duvidosas e contradições quanto às evidências disponíveis, quando precisam de cartas para vencer. Estes jogadores tendem a alternar períodos de boa e má sorte, e suas mãos são difíceis de interpretar, o que faz deles oponentes perigosos.

♠ Jogadores passivos ♣

Para aqueles que pretendem ter sucesso, é crucial saber distinguir os jogadores passivos (calling stations) – competidores que sempre pagam as apostas dos oponentes, independentemente de suas chances de vitória. Este tipo de jogador frequentemente vence as probabilidades e completam mãos quase impossíveis. Desconfiados por natureza, eles têm dificuldade em abrir mão de qualquer chance de vitória, mesmo quando tudo sugere que estão em desvantagem. Não importa o quão alto seja o repique ou o quão improváveis sejam suas chances, os jogadores passivos insistirão sempre em verificar se o apostador tem, de fato, a mão que sugere ter.

A tendência a pagar, a despeito das perspectivas de prêmio ou inferências feitas durante o jogo, é muito comum entre iniciantes. Comumente, eles não são suficientemente familiarizados às nuances do jogo para entender as inferências por trás de uma aposta, o que faz com que raramente blefem. Se um bom jogador não perceber cedo que um oponente não é capaz de interpretar o significado de apostas altas, pode perder fichas valiosas, com seus blefes sendo pagos um após o outro.

REFLEXOS DA PERSONALIDADE

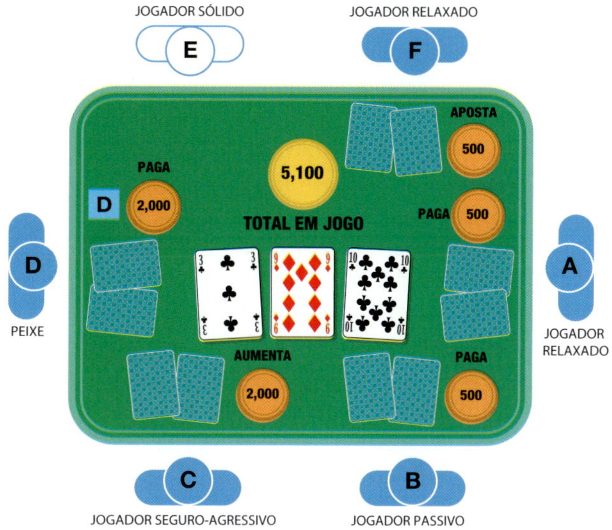

Acima: Após o flop, os jogadores relaxados, jogando primeiro, apostam, desafiando a aposta pre-flop do jogador C, que tenta novamente forçar os oponentes a desistir do pot. Entretanto, o jogador D vê uma chance de sequência, e paga outro repique alto, sem se dar conta de que as perspectivas de ganho são muito inferiores às chances de obter um J, que, se de paus, pode dar a um adversário um flush. Com mais de 10.000 fichas no pot, os jogadores F, A e B podem contribuir com mais, pois a potencial recompensa pela vitória desvia sua atenção da chance de derrota.

MESMA MÃO, ABORDAGEM DIFERENTE

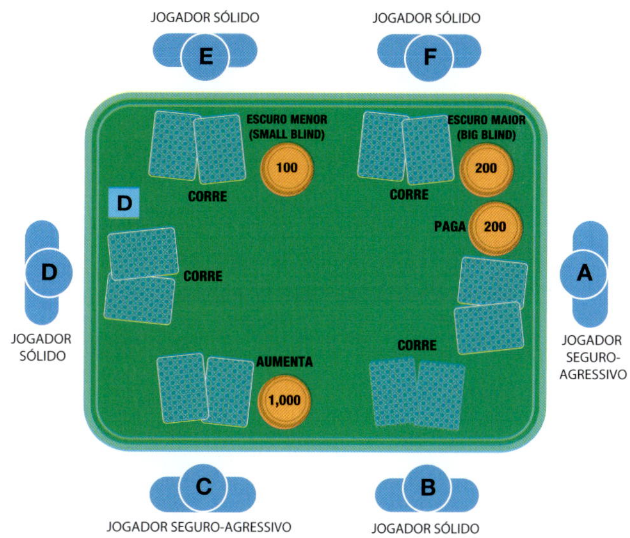

Acima: Ao contrário dos dois exemplos anteriores, na mesma situação pre-flop, esta ilustração mostra a reação em um jogo entre jogadores sólidos e experientes. Um simples pagamento pelo jogador A, com o par baixo, é repicado (raise) pelo jogador C, que, interessado em levar o pot imediatamente, pressiona, aproveitando-se de sua vantagem inicial, com o par de damas. O jogador D interpreta a aposta indicativa de um par alto, e sabe que se o jogador C tiver reis ou damas, suas chances de melhorar são baixas. O jogador E temerá que o jogador C tenha um A com um kicker mais alto, enfraquecendo seus A e 9 de mesmo naipe. Ambos correm (fold), assim como o jogador F, deixando uma decisão difícil para o jogador A, que teria de pagar 800 fichas com uma mão fraca, e provavelmente correrá.

♠ Estruturas de apostas ♣

Embora a maior parte das lições dos experts sobre o Texas Hold'em se aplique a qualquer estrutura de aposta, cada uma destas estruturas tem impacto suficiente sobre o jogo, merecendo algumas considerações. O nível das apostas é importante também, devendo-se enfatizar que se deve sempre jogar de forma compatível com os meios financeiros de cada um. Jogadores que disputam dinheiro do qual não podem dispor raramente conseguem se concentrar completamente nas partidas, e correm o risco de jogar mal. Estruturas contrastantes entre si foram inventadas para satisfazer os gostos de diferentes jogadores, com três delas emergindo como as mais populares.

♠ Apostas fixas (fixed-limit) ♣

Esta é a estrutura de apostas que agrada à maioria dos jogadores a dinheiro eventuais, embora haja inúmeros profissionais que conseguem viver do Texas Hold'em com apostas fixas em cassinos e casas de jogos do mundo inteiro. Nos resort cassinos de Las Vegas e Atlantic City, os jogos de apostas baixas com limites fixos são frequentemente jogados por jogadores itinerantes – os chamados rounders –, que só jogam mãos fortes e se sentam às mesas pacientemente esperando que os turistas cometam erros.

Nisto reside uma dica para a melhor forma de jogar o Hold'em de limite fixo: trata-se de um jogo posicional e probabilístico. Favorece jogadores conservadores que relutam em apostar alto, pois o valor das apostas em cada mão é fácil de antever. Isto ajuda os jogadores a calcular o limite máximo de suas eventuais derrotas, ditando a estratégia de apostas.

Em geral, aconselha-se aos jogadores a aplicação de padrões rígidos com relação às mãos que merecem investimento,

EXEMPLO DE JOGO DE APOSTAS FIXAS

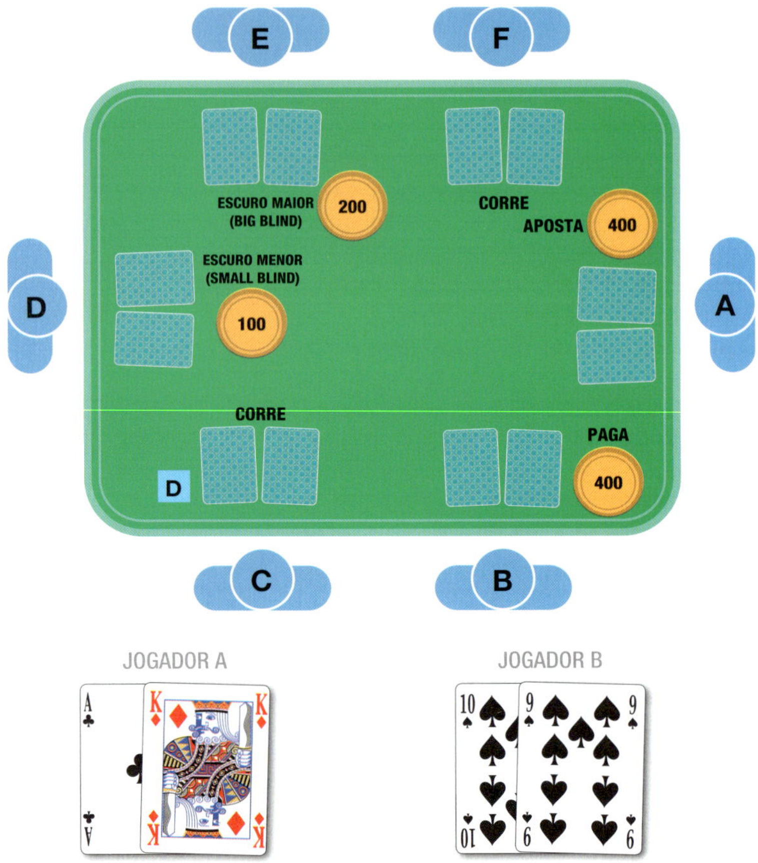

Acima: Aumentar a aposta (raise) antes do flop com A e K de naipes diferentes é uma tática perfeitamente legítima, seja qual for a estrutura de apostas em operação, mas as dificuldades de utilizar a vantagem em um jogo de apostas fixas é ilustrada aqui. O jogador B só tem que pagar duas vezes o valor da aposta mínima para permanecer no jogo, enquanto os jogadores nos blinds também podem pagar, mesmo com mãos medíocres, para ver se o flop traz alguma ajuda. A tentativa do jogador A de reduzir a oposição para talvez um só adversário, sobre quem o A e K serão provavelmente favoritos para a vitória, é, portanto atrapalhado pelo limite fixo permitido para as apostas.

À direita: No Texas Hold'em de apostas ilimitadas, o aterrorizante prospecto de se perder todas as fichas numa só mão está sempre presente.

sobretudo em relação à posição que se joga. Apostas antes do flop são incomuns neste tipo de jogo, pois é difícil forçar até nove oponentes a correr (fold) devido ao valor de uma simples aposta. Após o flop, uma passada em falso (checkraise) quando se joga primeiro sugere perigo suficiente para fazer com que os adversários desistam, mas blefar nesta posição é bastante perigoso. De fato, é melhor usar o blefe o mínimo possível, pois os jogadores não podem apostar valores suficientes para intimidar a oposição.

♠ Apostas limitadas ao total em jogo (pot limit) ♣

Popular tanto entre os profissionais quanto entre amadores, o Hold'em de apostas limitadas ao total em jogo (pot-limit) dá aos jogadores mais liberdade para apostar agressivamente em mãos fortes, para reduzir a oposição e aumentar as chances de vitória. Os pots podem aumentar rapidamente de valor, mas um jogo típico com os blinds estipulados em valores baixos normalmente tem vários jogadores dispostos a ver o flop. Repiques antes do flop (pre-flop raises) podem levar alguns oponentes a correr, mas a ação séria normalmente começa após a revelação do flop, pois este é o momento em que os jogadores podem melhor definir suas chances. Se são boas, pode-se esperar que as apostas aumentem, embora as apostas máximas costumem aparecer apenas após o turn.

Assim, ao passo que o preço para se ver o flop costuma ser relativamente baixo, os jogadores frequentemente se satisfazem em pagar com mãos modestas, pois a perspectiva de amealhar um pot alto em um bom flop é muito maior do que nos jogos de apostas fixas.

À esquerda: Um jogador aposta tudo (all-in) antes do flop, decidindo que, com umas poucas fichas restantes, suas cartas pessoais justificam o risco. Muito vista em jogos de apostas ilimitadas, em que pode ser usada como uma tática agressiva, esta jogada – apostar tudo – pode ocorrer em jogos de apostas fixas, quando o jogador possui menos fichas do que o necessário para fazer uma aposta mínima.

EXEMPLO DE APOSTAS ILIMITADAS

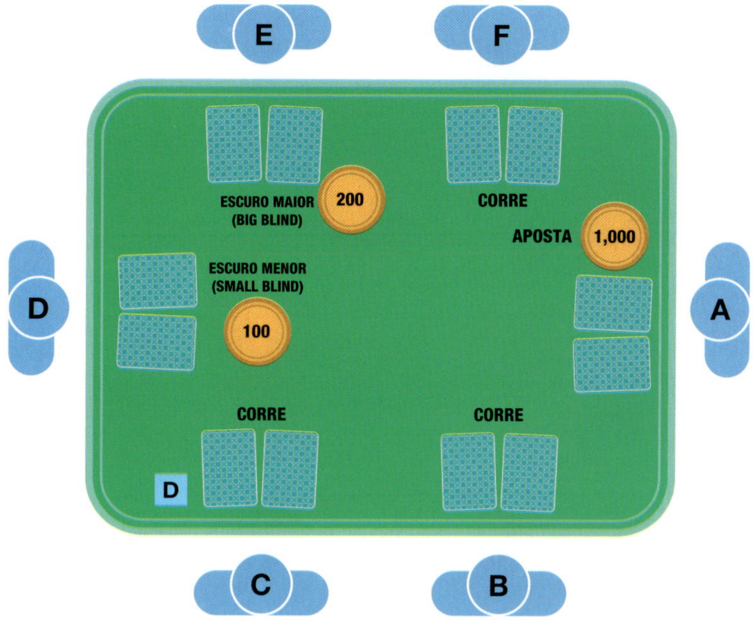

Acima: Não havendo limite máximo para as apostas, o jogador A pode dar a entender que possui uma mão muito forte, na tentativa de dissuadir os oponentes de prosseguir. O 10 e 9 do mesmo naipe, do jogador B, poderiam justificar um pagamento de 400 fichas no exemplo de apostas fixas, mas pagar uma aposta pre-flop de 1.000 fichas é muito mais difícil com a mesma mão. A menos que os jogadores nos blinds tenham pelo menos um par médio, eles provavelmente abrirão mão do pot, permitindo que o jogador A ganhe as apostas iniciais compulsórias com esta jogada agressiva.

JOGADOR B

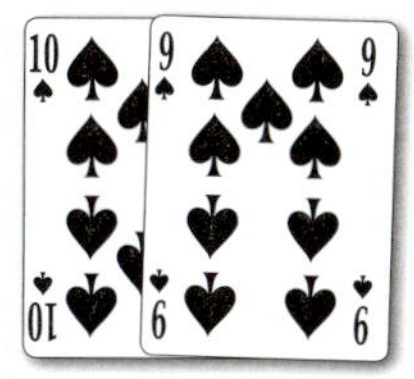

Texas Hold'em de apostas ilimitadas (no-limit)

O Texas Hold'em com apostas de valor ilimitado (no-limit) é o mais proeminente de todos os jogos de torneio, e é tido pelos profissionais como a mais desafiadora variante jogada nos dias atuais. Embora obviamente sirva para o formato dos torneios, o fato de que os jogadores só aceitam arriscar o equivalente à taxa de entrada disfarça as dificuldades inerentes de se jogar bem nesta variante. Para um jogador querendo aumentar seu dinheiro ao longo de várias horas, entrar num jogo de Hold'em de apostas ilimitadas pode trazer somente ansiedade e tensão, pois se pode facilmente perder uma pilha de fichas inteiras em uma mão. Um estilo seguro ou agressivo é tido como o mais efetivo no longo prazo, requerendo que se corra na grande maioria das mãos e se aposte alto em mãos fortes, muitas vezes aumentando antes do flop. A paciência para resistir às agressões dos oponentes e a procura por flops baratos e apostas leves podem levar a bastante inatividade. De toda forma, a agressividade é definitivamente uma vantagem nos jogos de apostas ilimitadas, o quer dizer que um jogador que não esteja disposto a arriscar todas as suas fichas deve provavelmente tentar as apostas fixas.

♠ Torneios ♣

Antes do início da WSOP, em 1970, torneios de pôquer eram praticamente desconhecidos, situação que mudou dramaticamente. O sucesso do formato eliminatório (knockout) e o conceito de "o vencedor leva tudo" se espalharam nos cassinos de Las Vegas e, logo, pelo resto do mundo. No fim do século XX, a televisão percebeu o potencial dos torneios de pôquer como fonte de entretenimento. Desde então, o Hold'em de apostas ilimitadas emergiu como o mais difundido jogo de torneio, mas campeonatos das modalidades de apostas fixas (fixed limit) e limitadas ao total em jogo (pot limit) também fazem parte do circuito profissional, além de serem populares em salas de jogos reais e online.

♠ Um novo desafio ♣

Embora os conceitos básicos para um jogo forte de Texas Hold'em sejam relevantes nos torneios, os jogadores devem ajustar seus planejamentos estratégicos, levando em conta a diferença de contexto. A procura de um vencedor no final e o aumento sistemático do valor dos blinds forçam os jogadores a assumirem riscos que não assumiriam em jogos simples a dinheiro (cash games). Os fluxos e refluxos da competição e o correspondente impacto sobre as fichas dos jogadores levam a muitos confrontos decisivos, com os contendores tentando se manter vivos para conseguir um pedaço da premiação final.

Os críticos consideram que a sorte desempenha um papel muito importante no pôquer de torneio, e que a afeição do público ao sistema eliminatório deve-se muito a um desejo por resultados rápidos e decisivos. Para os aficionados por jogos simples a dinheiro (cash games), que têm uma visão de longo prazo sobre seu trabalho, os blinds em constante aumento de valor para provocar confrontações é um anátema, porque mãos que normalmente não seriam levadas à adiante frequentemente têm de ser jogadas em torneios. Alguns jogadores são muito habilidosos em ambos os tipos de jogos, e há suficientes profissionais de torneio bem-sucedidos que sempre terminam nas zonas de premiação, sugerindo que, ao menos no nível mais alto, a sorte não substitui a habilidade e a experiência.

♠ A escolha de um torneio ♣

O sucesso fenomenal dos torneios de nível mundial se deve, em parte, ao fato de que qualquer pessoa que deseje participar tem apenas que pagar a taxa inicial (entry fee). Isto pode significar milhares de dólares, pois as entradas para muitos dos eventos custam não menos que US$ 1.000,00, e a do campeonato mundial da WSOP chega a US$ 10.000,00. Este fator não impede que o torneio atraia até 8.000 participantes para uma competição que leva mais de uma semana para se completar.
Em um nível mais baixo, existem torneios regulares para

CONFIGURAÇÃO TÍPICA DE TORNEIO

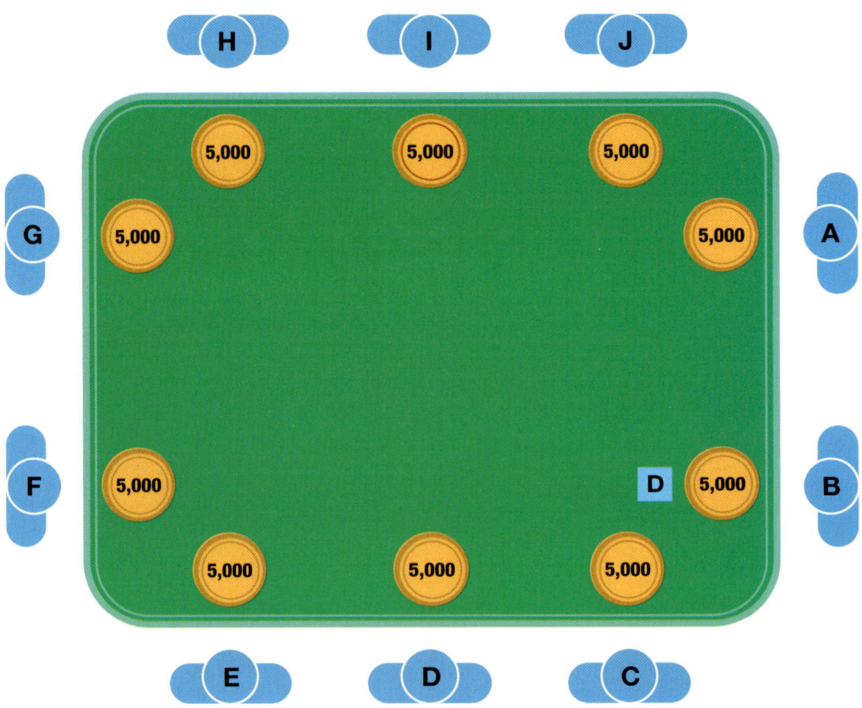

À direita: Esta representa a cena típica do início de um torneio, com até 10 jogadores sentados na mesa e cada um começando, no caso, com 5.000 fichas. Um torneio de uma só mesa teria no máximo dez jogadores, mas um torneio com múltiplas mesas (multi-table tournament) com cem participantes teria esta configuração repetida em outras nove mesas, no início das atividades. O botão do carteador (dealer Button), que é passado em sentido horário pela mesa após cada distribuição de cartas (deal), indica que o jogador B será o carteador nominal para a primeira mão. As salas de jogo normalmente têm um carteador profissional para conduzir os procedimentos, deixando os jogadores livres para se concentrar no jogo.

♥♦♠♣♥♦♠♣♥♦ Estruturas de prêmios ♠♣♥♦♠♣♥♦♠♣

A estrutura de prêmio nos anos iniciais dos jogos de torneio era, não raro, um simples caso de "o vencedor leva tudo" (winner takes all). Gradualmente, conforme os campeonatos cresceram em popularidade, as estruturas desenvolvidas levaram a uma distribuição mais equitativa dos prêmios em dinheiro, com os 10% melhores recebendo um valor suficiente para, no mínimo, reembolsar o jogador da taxa de entrada. Para levar os prêmios mais altos, contudo, é necessário que o jogador termine entre os primeiros três ou quatro por cento, o que é, evidentemente, um desafio maior. O valor da premiação varia de acordo com o número de competidores envolvidos, com o vencedor muitas vezes levando 50% do total arrecadado, em torneios com menos de 50 jogadores e apenas 25% naqueles com 200 ou mais jogadores. Embora sejam obviamente difíceis de vencer, é a perspectiva de transformar alguns dólares em alguns milhares que faz os torneios de larga escala e várias mesas tão atraentes.

jogadores com orçamentos mais apertados, oferecendo a experiência por taxas razoavelmente baratas. Tais competições variam em estilo e estrutura. Campeonatos diários em salas de jogo reais e online são complementados por torneios-satélite, entradas grátis (freerolls), qualificatórias, torneios "turbo" e eventos em uma ou várias mesas. Há também torneios com eliminação e torneios com recompra (rebuy tournaments), o que significa, em termos de escolha do cliente, há provavelmente um jogo adequado para cada jogador de Hold'em. A decisão sobre de qual participar dependerá dos gostos pessoais e meios financeiros do competidor.

Acima: Uma pilha de fichas como as utilizadas nos torneios europeus de pôquer. Fichas com marcas específicas são comuns em cassinos, e a idéia se estende aos torneios. Além dos aspectos promocionais evidentes associado aos logotipos e marcas, há uma proposta prática por trás do uso de fichas exclusivas, que é impedir que os jogadores usem fichas de um estabelecimento em jogos de outro estabelecimento.

À esquerda: Joe Hachem, de Melbourne, Austrália, beija uma pilha de notas de US$ 100,00 ao ganhar o primeiro prêmio, de US$ 7,5 milhões no campeonato mundial da WSOP em 2005. Entradas para o evento aumentaram maciçamente ao longo da última década, abastecidas por milhares de torneios qualificatórios online, com um consequente aumento do prêmio principal. Após a supressão, nos Estados Unidos, do jogo online, em 2006, aguarda-se para saber se as entradas para a WSOP diminuirão.

♠ Estágios iniciais ♣

Uma vez que o Hold'em de apostas ilimitadas (no-limit) é o jogo mais popular em torneios, as considerações gerais aqui detalhadas se concentrarão em situações encontradas neste tipo de evento, embora muitos dos comentários se apliquem a campeonatos de jogos de apostas fixas (fixed-limit) e de apostas limitadas ao valor em jogo (pot-limit). Ademais, quaisquer referências a quantias em dinheiro serão em dólares americanos (US$), que é a moeda comum no pôquer em todo o mundo.

O valor da taxa de entrada tem impacto no jogo, sendo certo que os competidores jogarão de forma mais solta em campeonatos com entrada gratuita (freerolls) do que fariam se houvessem pagado US$ 1.000,00 para participar. Da mesma forma, torneios que permitem a recompra (rebuy) de fichas durante as primeiras uma ou duas horas de jogo também levam os jogadores a arriscar mais no início das partidas. Apostar tudo (all-in) e obter sucesso pode dobrar ou triplicar as fichas de um jogador, dando-lhe vantagem, e é, portanto, uma jogada tentadora, uma vez que a eliminação do torneio, permitido o rebuy, não ocorrerá caso a tática falhe.

Torneios eliminatórios (freeze-out), o foco principal de atenção nesta obra, são caracterizados por ter a maioria dos jogadores "pegando leve" no início, para avaliar os oponentes. Entretanto, até mesmo neste tipo de campeonato haverá contendores jogando agressivamente desde o início.

♠ "Roubo" dos escuros ♣

A diferença entre jogos simples a dinheiro (cash games) e torneios é que, nestes, o valor dos escuros (blinds) sobe em intervalos especificados, que vão de dois minutos a algumas horas. Jogadores que sentam e ficam esperando até uma boa mão aparecer correm o risco de perder todas as suas fichas pagando estas apostas compulsórias. Independentemente de se tratar de um jogo em uma competição com uma ou várias mesas, a necessidade de fazer um repique (raise) antes do flop, ocasionalmente, para "roubar" os blinds deve ser considerada. Jogadas bem sucedidas deste tipo, sejam blefes ou não, ajudam o jogador a manter suas fichas, cobrindo as despesas com as apostas compulsórias conforme o botão de dealer roda pela mesa.

O valor dos escuros é modesto no começo, mas a necessidade de se fazer pressão quando há pouco interesse antes do flop é um tema recorrente ao longo do jogo, sobretudo quando os blinds começam a aumentar. Sendo comum esta tática, combatê-la quando se está na posição do escuro maior (big blind), por exemplo, demandará a posse de uma boa mão inicial, para justificar o pagamento. Se um oponente "mira" sempre em um jogador nesta situação, um re-aumento da aposta (re-raise), num valor substancial, pode fazê-lo parar, ao menos por um tempo. No jogo de torneio, o senso de oportunidade é tudo, já que o lance errado pode devastar a pilha de fichas de um jogador, podendo lhe render até mesmo a eliminação.

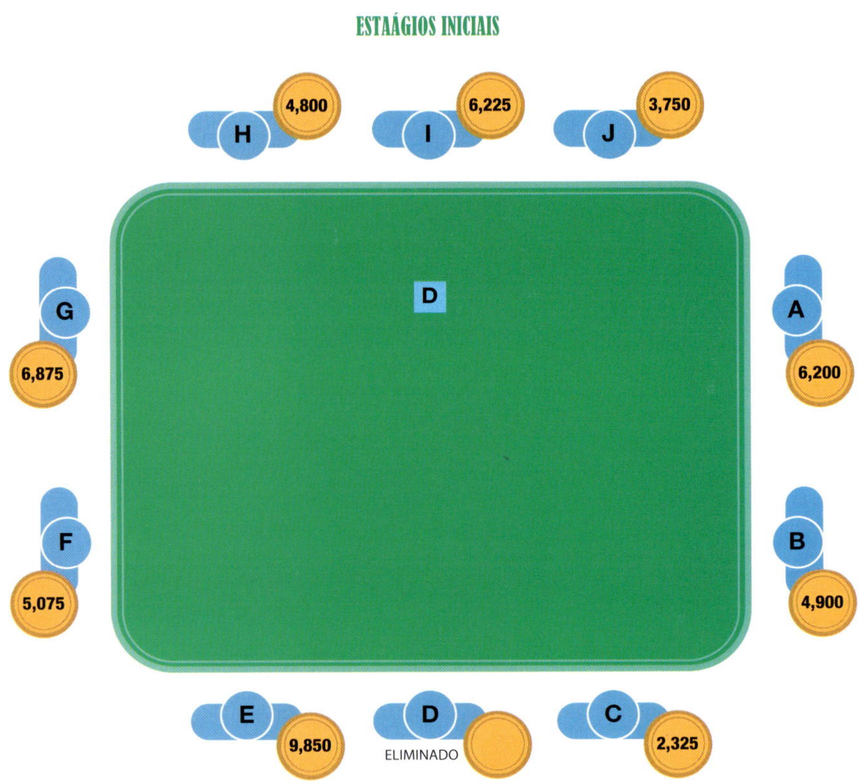

À direita: A figura mostra a situação em um torneio típico após o aumento das apostas. O número total de fichas de cada jogador está representado, sendo que todos começaram o torneio com 5.000. O jogador no assento D foi eliminado, com o que lucrou o jogador E. O jogador C está sob a maior pressão, porque, tendo os blinds subido de 25 (menor) e 50 (maior) para 100 e 200, por exemplo, a aposta mínima representa mais do que 1/12 do total das suas fichas. Conforme os jogadores vão sendo eliminados durante um torneio de várias mesas (multi-table), os demais vão se ajeitando em mesas próximas para tomar os lugares desocupados. Isto deixa a média de jogadores por mesa constante, e permite que os organizadores reduzam, gradualmente, o número de mesas em operação.

♠ Sobrevivência do mais forte ♣

No começo do torneio, cada jogador recebe um número de fichas igual ao dos demais, e tem como objetivo arrebatar o total em jogo e eliminar a oposição. Campeonatos em que o valor dos blinds sobe a cada 15 minutos ou menos não dão aos jogadores a opção de ser muito pacientes. Entretanto, ao passo que um pouco de agressividade é necessário, os jogadores devem sempre evitar travar batalhas de apostas no começo, sobretudo quando têm mãos iniciais medianas. Aqueles que partem logo para o tudo-ou-nada podem eliminar uns aos outros enquanto o torneio toma seu próprio ritmo.

Nenhum torneio é vencido nas primeiras mãos, pelo que sobreviver até os estágios posteriores do evento deve ser o objetivo principal nas mentes dos jogadores. Isto se aplica sobretudo em eventos com intervalos mais longos entre a subida de valor das apostas compulsórias. O conselho geral é que os jogadores monitorem o valor médio das fichas dos outros e procurem ficar acima dele. Em torneios online, esta informação é atualizada após cada mão, mas em campeonatos reais de muitas mesas, pode ser necessário dar uma olhada rápida nas outras mesas para avaliar o nível médio das pilhas de fichas dos demais competidores. Nada sugere que um jogador com uma mão forte (premium hand) não deva apostar agressivamente. Boas oportunidades para dobrar as fichas apostando tudo (all-in) aparecerão, mas somente quando se exerce um alto grau de seletividade sobre que mãos jogar – e quando jogar – o jogador manterá suas chances na competição.

Acima: Jeff Williams, o estudante americano que venceu o EPT Grand Final de Monte Carlo, em 2006, após ter se qualificado por meio de torneios-satélite no site PokerStars. Embora jogadores profissionais experientes geralmente dominem os maiores eventos, a proliferação dos campeonatos online indica que os jogadores pela Internet podem desenvolver, com certa rapidez, as habilidades necessárias para vencer.

"ROUBO" DOS ESCUROS (BLINDS)

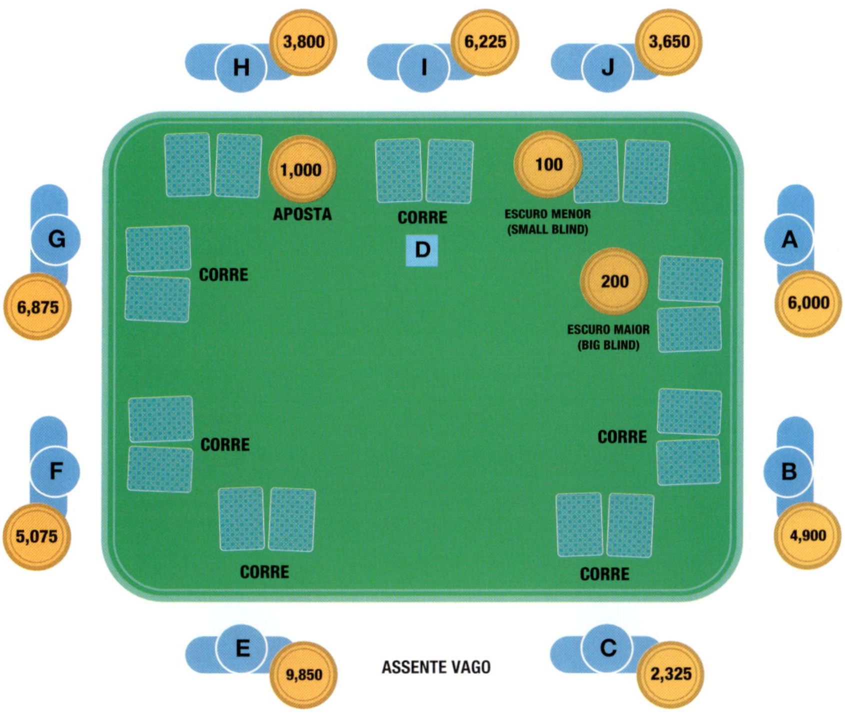

JOGADOR H

À esquerda: Conforme o torneio se desenrola, a necessidade de se acumular fichas para custear os blinds em constante aumento de valor leva os jogadores a exercer o máximo de pressão quando podem. Aqui, todos os jogadores anteriores ao jogador F correram (fold), e ele, com A e Q de naipes diferentes, faz uma aposta alta, na expectativa de amealhar as 300 fichas dos escuros acumulados sem enfrentar qualquer resistência.

♠ Estágios intermediários ♣

Conforme o torneio se encaminha para seus estágios intermediários, com até metade dos competidores iniciais já eliminados, a estratégia a adotar depende muito de quantas fichas o jogador ainda tem. Ser o líder em fichas (chip leader) se tem uma vantagem evidente, mas ter mais fichas do que a média já ajudará o jogador a aliviar a pressão dos blinds em constante aumento.

A esta altura, o escuro maior (big blind) já pode chegar facilmente a um quinto da quantia inicial de fichas de cada jogador, o que enfatiza a necessidade de se conseguir levar o pot com certa regularidade. Uma sequência de cartas ruins adiante de apostas agressivas pode tornar esta missão muito difícil, pelo que alguns blefes são quase inevitáveis.

Sob circunstâncias normais, muitos dos jogadores relaxados e descuidados já terão sido eliminados. Com isso, os jogadores mais astutos que permanecem podem ser mais suscetíveis a um blefe bem executado, por terem uma consciência mais aguçada das inferências por trás de qualquer aposta. Além disso, conforme a possibilidade de obter premiação se aproxima daqueles que conseguem evitar a eliminação, os jogadores por vezes podem se tornar mais defensivos, o que representa outra situação a ser explorada.

♠ Contagem das fichas ♣

Do estágio intermediário em adiante, torna-se essencial aos jogadores monitorar as fichas dos oponentes, além de suas próprias fichas. Considerando que terminar na zona de premiação signifique chegar à mesa final, um olho vivo no número de fichas ajudará a guiar o pensamento tático e estratégico do jogador conforme o número de oponentes diminui. Alguém entre os três primeiros pode correr em várias mãos seguidas para evitar confrontos, deixando os jogadores com menos fichas batalharem entre si. Ademais, a possibilidade de intimidar os oponentes com repiques altos para forçá-los a apostar tudo (all-in) é outra tática disponível.

Jogadores com poucas fichas devem estar cientes de que sofrerão pressão o tempo todo, enquanto os blinds consomem impiedosamente suas reservas. Nesta posição,

JOGADOR B

JOGADOR C

JOGADOR D

JOGADOR A

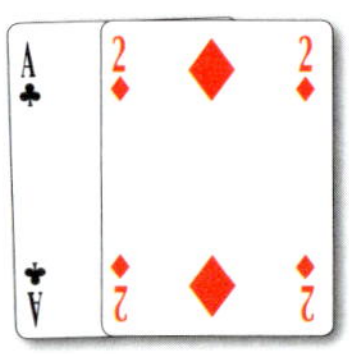

À **direita:** A habilidade de "mudar de marcha" durante os estágios intermediários de um torneio é uma grande vantagem. Tal abordagem significa começar a apostar com mãos iniciais mais fracas do que o usual, quando se uma quantia média de fichas e vantagem em posicionamento. Para aqueles com poucas fichas, a pressão virá de todos os lados, e pode deixá-los com poucas opções além de apostar tudo (all-in) com mãos fracas. Aqui, por exemplo, o jogador J faz um repique (raise) substancial, que ameaça todos os oponentes com a eliminação nesta mão, havendo mais três rodadas de apostas a serem negociadas. O jogador B, em particular, tem um número reduzido de chances de sobrevivência, dado que o valor do big blind está se aproximando do total de suas fichas, mas decide correr (fold) com J e 8 de naipes diferentes. É a vez do jogador D, que tem uma decisão desconfortável a tomar, com o par de setes.

ESTÁGIOS INTERMEDIÁRIOS

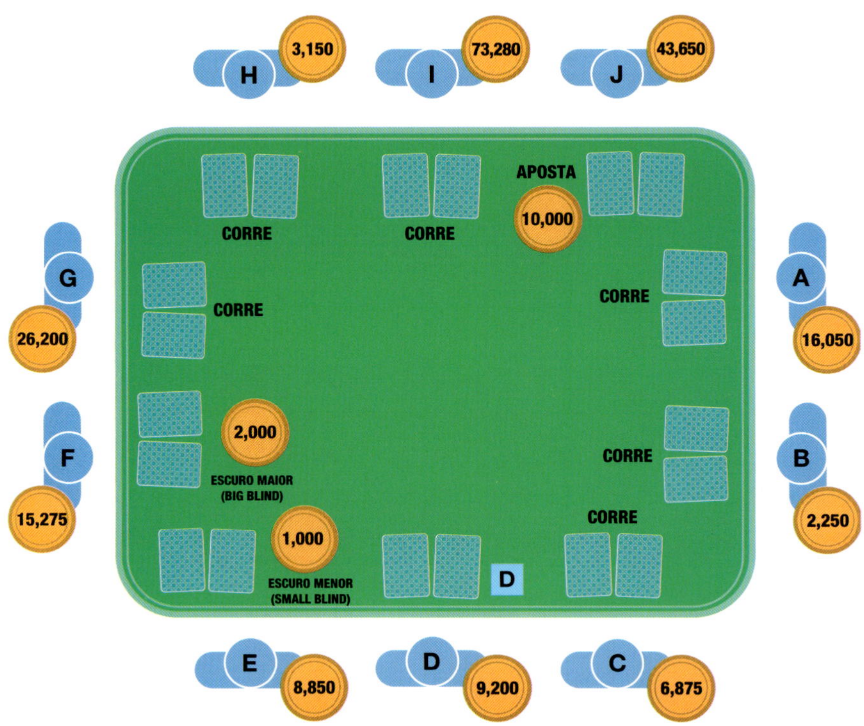

pode não haver tempo para esperar por um par alto ou A e K antes de colocar as fichas restantes no centro da mesa, pelo que oportunidades com mãos menos fortes têm de ser aproveitadas. Certamente, quando um jogador já teve suas fichas reduzidas a não mais do que cinco vezes o valor do big blind, todas as mãos devem ser consideradas, em termos de potencial para apostas totais (all-in), embora a necessidade de se dobrar as fichas possa surgir antes disso. Outro ponto a manter em mente é que os líderes em fichas (chip leaders) também podem correr adiante de jogadas agressivas feitas por jogadores em posição mediana, pois podem estar relutantes a sacrificar fichas valiosas na reta final para a última mesa.

♠ Mudança de marcha ♣

A habilidade de variar o próprio estilo de jogo é uma vantagem em qualquer forma de pôquer, mas a capacidade de "mudar de marcha" (changing gear) durante um torneio pode ajudar o jogador a estabilizar sua posição quanto à quantidade de fichas. Uma explosão de jogadas agressivas, com repiques antes e depois do flop (pre-flop/post-flop raises) pode ser suficiente para "roubar" alguns blinds e pagamentos relutantes por parte de jogadores presos a um padrão de jogo restrito e econômico. Ganhar o suficiente para custear outros três ou quatro circuitos da mesa dará, em geral, ao jogador 30 ou mais mãos adicionais para jogar e tempo para que mais oponentes sejam eliminados. Esta estratégia é mais efetiva quando implementada por alguém que já tenha exibido, anteriormente, características de jogador sólido porém cauteloso. Quando se tem poucas fichas, a tática tem um certo gosto de desespero, mas para aqueles que estão perto da zona de premiação, oferece a chance de explorar qualquer timidez por parte dos oponentes, independentemente de quantas fichas eles tenham. Trata-se de ser menos seletivo sobre quais mãos iniciais jogar, o que traz o risco de ser superado por uma mão forte. Entretanto, se a estratégia não dá certo mas ainda deixa o jogador com uma quantidade razoável de fichas, há sempre a opção de voltar a adotar uma postura cautelosa.

Com o torneio se aproximando de sua conclusão, o valor das cartas pessoais dos jogadores pode se tornar menos significativo para qualquer estratégia de apostas do que a posição, em fichas, dos oponentes. Se três oponentes com poucas fichas (short-stacked) apostam tudo (all-in) antes do flop, pode valer a pena correr mesmo com um par alto, de ases ou reis. Competir contra vários oponentes com um par alto aumenta a chance combinada de que um deles vença. Levar o pot pode significar eliminar três oponentes, mas perdê-lo pode fazer com que apenas dois sejam eliminados, com o terceiro emergindo com mais fichas do que seria desejável.

DECISÃO TÁTICA

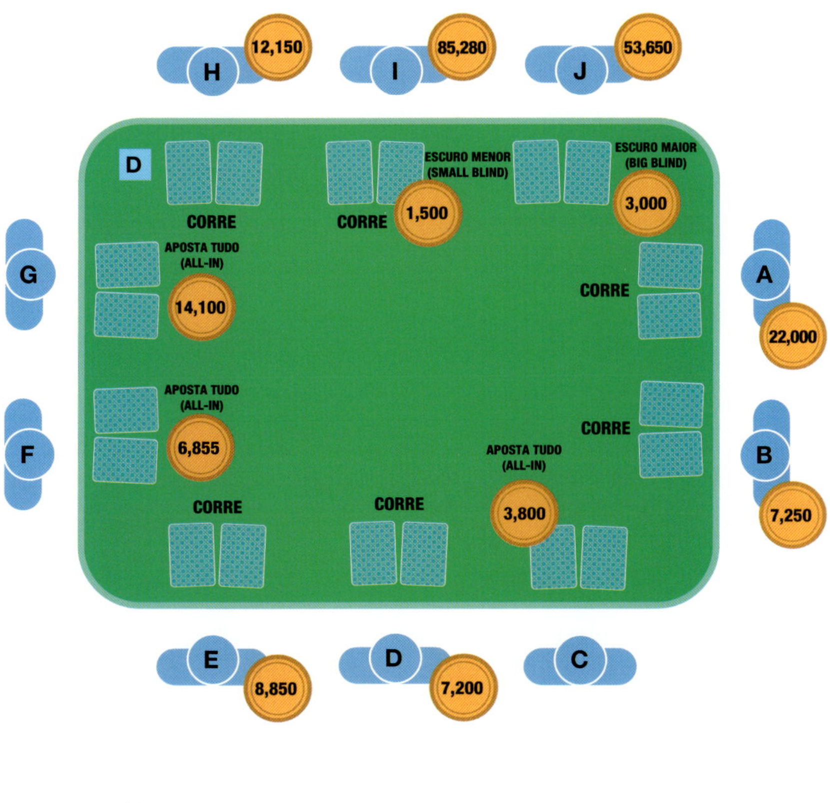

JOGADOR J

À esquerda: À medida que a pressão aumenta, a necessidade de disciplina aumenta para aqueles que estão quase chegando à mesa final. Neste exemplo separado, o jogador J ordinariamente consideraria o par de valetes merecedor de uma aposta e, já tendo dado 3.000 fichas no big blind, um pagamento de 11.100 na aposta do jogador G poderia lhe dar a chance de eliminar três adversários em uma mão. Mas se o jogador G vencer, se igualará a J em número de fichas. Dadas as circunstâncias, é melhor correr (fold), pois a vitória do jogador G ainda o deixaria com 20.000 fichas em desvantagem, uma quantia significativa. Isto mostra como o valor das cartas pode se tornar menos importante comparado a outras preocupações estratégicas que surgem durante o torneio.

♠ O jogo final ♣

Para chegar à mesa final em um torneio regular de múltiplas mesas, o jogador deverá ter tido sucesso em várias mesas, durante horas, contra até nove oponentes por vez. Apesar de a sorte representar um dos elementos envolvidos, são aqueles que têm habilidade para lucrar com ela que prosperam e chegam às premiações, e não os que jogam somente confiando na sorte. A diferença entre o primeiro e o décimo prêmio, porém, ainda será grande. Após conseguir chegar à mesa final, a estratégia para a vitória completa dependerá ainda das fichas do jogador.

Jogadores com poucas fichas se preocuparão muito a cada mão, pois saberão que pode ser sua última, pelo que apostar tudo (all-in) enquanto o valor de que dispõem ainda é suficiente para dar efeito à jogada e fazê-la compensar é indicado. Se deixar sua pilha de fichas minguar, o competidor terá que vencer várias partidas apostando tudo para conseguir voltar à competição, pelo que suas chances se tornam baixas.

♠ Reviravoltas ♣

Jogadores com pilhas médias de fichas devem ter cuidado conforme o torneio caminha para o final. Quando o líder em fichas (chip leader) começa a pressionar os oponentes com repiques (raises) agressivos, é melhor evitar confrontos enquanto for possível, na esperança de que os jogadores com menos fichas não resistam e acabem eliminados. Aumentar uma aposta feita por um adversário com muito mais fichas é algo que só deve ser feito quando se está na posse de uma mão realmente forte.

Conforme as eliminações vão acontecendo e o número de competidores cai para quatro ou cinco, os blinds altos farão a mesa circular bem mais rápido. Os jogadores nas posições dos blinds devem se preparar para ataques com apostas altas pelos oponentes, que tentarão "roubar" as fichas as apostas compulsórias, e avaliar as cartas deles se torna cada vez mais difícil. Com menos jogadores na disputa, a qualidade das mãos jogadas costuma cair, e os contendores arriscam mais com mãos iniciais medianas.

Pots altos disputados por dois jogadores serão uma constante, e os rumos do torneio tendem a mudar continuamente. Uma disputa entre um jogador com a metade das fichas do outro, em batalhas de apostas totais (all-in), fará com que a liderança em fichas se alterne, e quando o competidor com menos fichas acaba vencendo, fica claro que um torneio nunca está decidido até que o último jogador seja eliminado.

A MESA FINAL

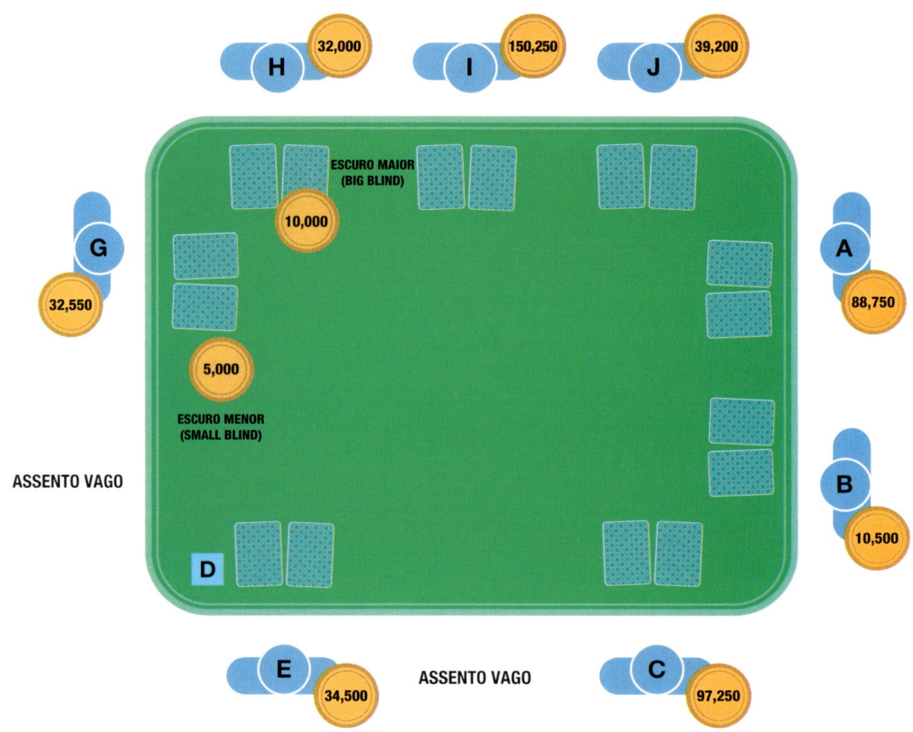

À **direita:** Chegar à mesa final em torneio de múltiplas mesas com muitos participantes praticamente garantirá a premiação, mas a diferença entre o primeiro e o décimo prêmio certamente será substancial. Neste exemplo, há oito jogadores restando no evento, mas, com o big blind em 10.000 fichas, cinco dos jogadores possuem o bastante para menos de quatro apostas cada. Para os jogadores A, C e I, a melhor estratégia é jogar passivamente nas próximas rodadas, esperando que os contendores com poucas fichas eliminem uns aos outros.

♠ Mano a mano ♣

Quando ficam apenas dois jogadores na mesa, jogando "mano a mano" (heads-up), ambos já têm garantido um prêmio bem superior ao valor que pagaram para participar do evento. Para assegurar a vitória, porém, cada um deles terá que pressionar o outro com apostas altas, blefes frequentes e disposição para investir em algumas mãos iniciais fracas.

Contra um só oponente, J e 7 de naipes diferentes é uma mão média, e vencerá em metade das ocasiões. Uma carta mais alta que um J, portanto, oferece uma oportunidade decente, ao passo que receber um A ou qualquer par pode ser razão para apostar tudo (all-in), seja com mais ou menos fichas.

A agressividade é muito importante, pois os blinds, a esta altura, são normalmente tão altos que correr em duas ou três ocasiões pode diminuir muito as fichas dos jogadores. Mesmo com uma vantagem substancial – talvez 80% das fichas –, um jogador não pode se dar o luxo de correr muito frequentemente, ao passo que duas apostas totais (all-in) perdidas em sequência fazem a liderança trocar de mãos.

Em geral, para se sair bem no "mano a mano", deve-se fazer pressão com qualquer vantagem, da forma mais violenta possível. É aconselhável treinar jogos de um contra um, e é inegável que alguns jogadores administram tal situação muito melhor do que outros. Ao final, com quase todas as mãos sendo disputadas, a conclusão de várias horas de competição intensa pode ficar totalmente de cabeça pra baixo, com a mão vencedora não raro sendo constituída de menos de um par. Isto pode parecer um pouco decepcionante, considerando a qualidade das mãos que terão sido jogadas para se chegar à partida final, mas tanto o vencedor quanto o vice terão mostrado uma ampla gama de habilidades consumadas no caminho para a mão conclusiva do torneio.

À **direita:** Mesmo uma liderança ampla em fichas pode ser eliminada rapidamente neste estágio da partida, com o jogador I na iminência de ganhar, aqui, ao pagar a aposta total (all-in) do jogador A, feita no small blind. Ambos têm mãos acima da média, e o flop, embora favorável ao chip leader, ainda dá uma chance ao jogador A de dobrar suas fichas e assumir a liderança. Qualquer um dos dois reis ou duas damas restantes no baralho darão a A um full house maior e forçarão uma nova mão.

MANO A MANO (HEADS-UP)

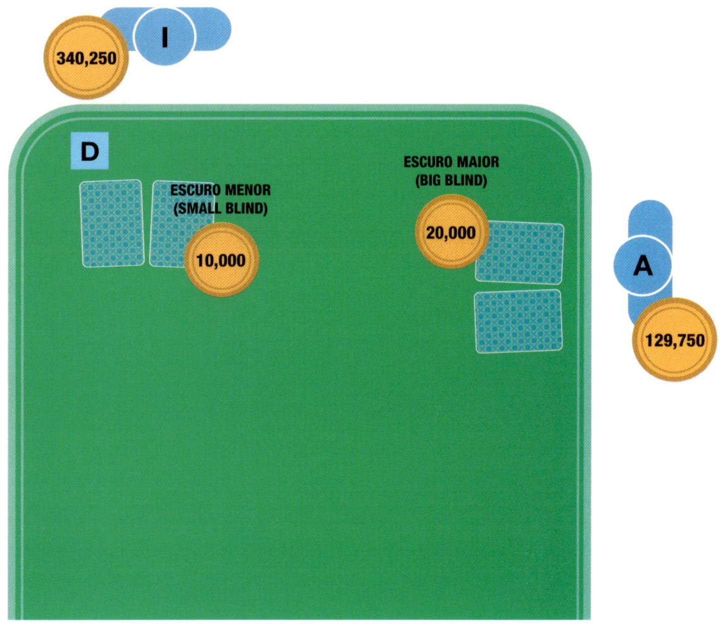

Acima: Quando sobram apenas dois jogadores, ocorre uma situação de batalha "mano a mano" (heads-up), com o valor dos blinds garantindo que quase todas as mãos devam ser disputadas, independentemente da qualidade das mãos sustentadas por cada jogador. De modo geral, os jogadores ou aumentam (raise) antes do flop ou correm, pois pagar (call), simplesmente, uma aposta pode ser um convite para uma jogada ainda mais agressiva do oponente. Este é o ponto em que os nervos dos jogadores são testados de verdade.

REVIRAVOLTAS

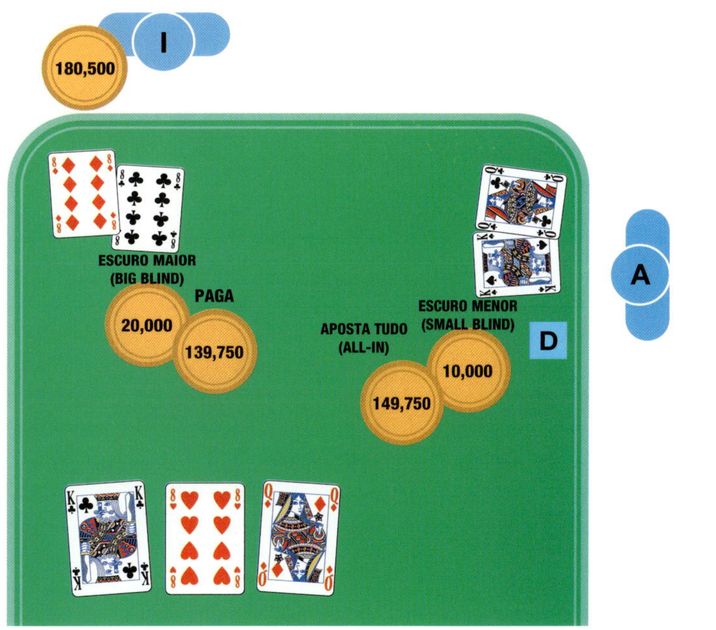

OMAHA

No Omaha, a ação começa com o pagamento dos escuros maior e menor (big/small blind), pelos jogadores à esquerda do carteador (dealer), como no Texas Hold'em. O carteador, então, distribui as cartas, uma a uma, para cada jogador, até que todos tenham quatro cartas viradas para baixo, antes do início da primeira rodada de apostas. Uma vez completada a primeira rodada de apostas, o dealer revela o flop, que consiste de três cartas viradas para cima no centro da mesa, que serão de uso comum dos jogadores para compor suas mãos. Uma segunda rodada de apostas tem lugar, após a qual é revelada a quarta carta comunitária, o turn. O limite do valor das apostas usualmente dobra nesta altura do jogo, e, após uma terceira rodada de apostas, revela-se a quinta e última carta comunitária, o river. É o prelúdio da última rodada de apostas. O vencedor é o jogador que faz uma aposta que não é igualada por nenhum outro durante o jogo ou aquele que tem a melhor combinação de cartas de pôquer no showdown, necessariamente formada por duas das quatro cartas pessoais e três das cinco cartas da mesa. Praticamente desconhecido antes da década de 1980, o Omaha - ou Omaha Hold'em, se preferir - é um dos jogos mais populares, praticado em casa ou online, e firmemente enraizado no circuito profissional. Torneios de Omaha apresentam as estruturas mais comuns de apostas aplicáveis a qualquer jogo, e costumam ser jogados com valores altos (high stakes). A variação de apostas limitadas ao total em jogo (pot-limit) permite uma certa liberdade de manobras aos jogadores, pois a capacidade de fazer apostas (bets) e repiques (raises) equivalentes ao pot na rodada cria oportunidades de blefe. O Omaha com apostas fixas (fixed-limit) costuma premiar jogadores experientes e conservadores, em longo prazo.

O jogo compartilha das mesmas estruturas básicas do Texas Hold'em, com os jogadores recebendo quatro cartas pessoais (hole cards) em vez de duas, antes da revelação das cinco cartas comunitárias. Além disso, as mãos devem ser formadas por duas cartas pessoais e três comunitárias, obrigatoriamente. Estas diferenças mudam completamente a natureza do jogo e as estratégias a serem empregadas em busca do sucesso. Os principais fatores a serem considerados são a interpretação das cartas (card reading), o conhecimento das probabilidades e a observação dos oponentes. Estar ciente do impacto da estrutura de apostas - limite de jogo (pot limit) ou limite fixo (fixed-limit) - sobre o pensamento estratégico também é muito importante, como ficará evidente com a análise do jogo que segue.

Abaixo: Ao avaliar que mãos iniciais devem ser jogadas, é necessário levar em conta as possibilidades apresentadas pelas cartas da mesa quando todas são reveladas. Em metade das ocasiões, ao menos um par aparecerá, como no primeiro exemplo, possibilitando uma quadra e deixando quase certo um full house. Os jogadores geralmente precisarão de pelo menos uma sequência, existindo amplas possibilidades de fazê-lo, pois, como no segundo exemplo, três ou mais cartas favorecendo sequências ocorrerão em quatro de cada cinco ocasiões. Entretanto, os flushes são os vencedores regulares, com três ou mais cartas de mesmo naipe ocorrendo 40% do tempo, como se vê no terceiro exemplo.

O QUE ESPERAR DA MESA

♠ Considerações fundamentais ♣

O ponto de partida, ao se considerar qualquer estratégia de pôquer, é contemplar o final do jogo para entender a qualidade das mãos que normalmente prevalecem. No pôquer fechado ou no 5-card stud, mãos baixas como um par de damas podem vencer, ao passo que no Texas Hold'em, precisa-se, em geral, de dois pares ou trincas. Isto costuma confundir a maioria dos especialistas em Texas Hold'em que começam a jogar Omaha, um jogo em que uma mão como uma trinca de ases raramente será suficiente para a vitória.

A mão mínima normalmente requerida para se vencer no Omaha é uma sequência (straight), mas flushes e full houses são tão frequentes que mesmo uma sequência pode ser considerada fraca. Geralmente, vencerá somente se as cartas na mesa não tornarem possível um full house ou flush. Antes

Acima: Os jogadores recebem quarto cartas, no Omaha, antes da primeira rodada de apostas, e esta é uma boa mão inicial, considerando que apresenta cartas altas e oferece chances de sequência. É, porém, prejudicada pelo fato de trazer quatro cartas de copas, reduzindo o número de outras cartas deste naipe no baralho, com as quais o jogador formaria o flush.

de avaliar os méritos relativos de qualquer mão inicial, cumpre considerar o desfecho provável de um jogo após a distribuição das cinco cartas comunitárias, chamadas de "a viúva" (the widow).

Há três fatores chaves para se ter em mente, começando com o fato de que em metade das ocasiões, ao menos um par se materializará, deixando full houses bastante prováveis. Em segundo lugar, deve-se lembrar que ao menos três cartas de um só naipe comporão a mesa em quatro de cada dez widows, confirmando o potencial para flushes. Por fim, em 80% das vezes, três cartas passíveis de completar uma sequência se apresentarão, o que destaca a razão pela qual tal combinação é tida como a mínima necessária para tentar levar o pot.

♠ Mãos iniciais ♣

Armados com o conhecimento de quais mãos são mais fortes para vencer no showdown, os jogadores estão mais aptos a avaliar a qualidade da mão necessária para competir pelo pot. Após a distribuição das cartas pessoais (deal), quaisquer quatro cartas que ofereçam chances realistas de completar full houses, flushes e sequências são passíveis de consideração, mas o Omaha é conhecido como um jogo em que a melhor mão possível - a favorita (the nuts) - vence. Cartas altas, portanto, sobretudo ases, têm mais valor, por oferecerem aos jogadores a chance de fazer os melhores flushes, full houses e sequências que há no jogo. Dada a frequência com que tais mãos ocorrem, é sempre melhor

BOAS MÃOS INICIAIS

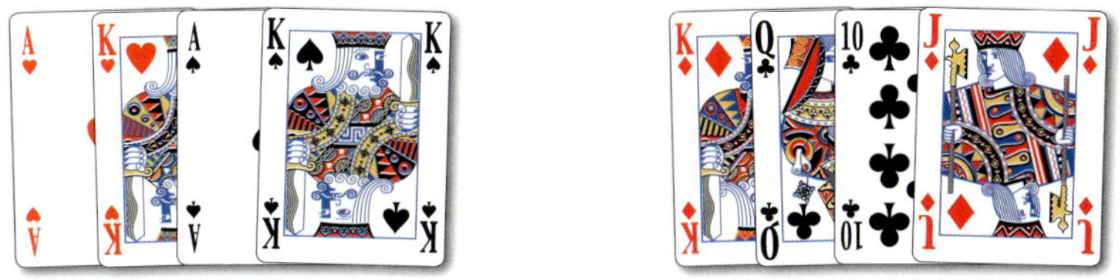

Acima: Uma boa mão no Omaha é uma na qual todas as combinações de duas cartas oferecem chances complementaridade com as cartas da mesa para formar uma mão vencedora, com pelo menos uma sequência necessária. Cartas pessoais altas são as melhores, mas seu valor não é tão significativo antes do flop quanto é no Texas Hold'em. Ambos os exemplos favorecem sequências, flushes e full houses altos, e devem ser jogados.

MÃOS INICIAIS REGULARES

Acima: Qualquer mão que ofereça quatro ou mais combinações viáveis é certamente passível de consideração. Aqui, A de ouros, Q de copas, Q de espadas e 7 de espadas oferecem chances de full house e sequência de ás-maior (Ace-high straight), embora o flush potencial da combinação de Q e 7 de espadas seja fraco. Se a mesa apresentar três cartas de espadas, sem o A ou K, o flush de dama-maior (Q-high flush) corre o risco de ser batido. O segundo exemplo tem um bom potencial de full house e sequência, mas ambas as combinações de K e 8 precisarão de ajuda da mesa.

MÃOS INICIAIS FRACAS

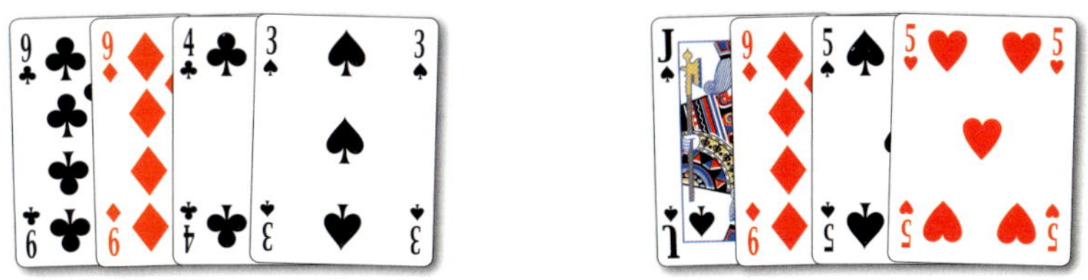

Acima: Mãos iniciais de cartas baixas ou com menos de três combinações possíveis não devem ser jogadas. Um par de 9 pode contribuir para um full house, mas ele pode não ser o mais forte, mesmo que um 9 apareça na mesa. Para completar o full house, seria necessário um par na mesa, e qualquer um mais alto que o de 9 – um par de reis, por exemplo, perderá para qualquer um com um K e outra carta pareada na mesa. O potencial de sequência do 4 e 3 é quase inútil, pois 5, 6 e 7 na mesa levará à derrota para qualquer pessoa com 8 e 4 ou 9 e 8. Problemas similares se aplicam à outra mão exemplificada.

ter o maior flush quando a ausência de pares na mesa indica que não haverá full houses. Boas mãos iniciais oferecem as combinações de duas cartas mais viáveis, das quais existem seis, no total; quanto mais dessas que possam se combinar com as cartas da mesa, melhores as perspectivas de se ter uma mão forte. Por exemplo, receber dois pares, como ases de ouros e espadas e 7 de copas e de paus é bom, mas ter reis de ouros e paus e damas de ouros e paus é bem melhor. No primeiro caso, as seis combinações proporcionam chances de full house ou até mesmo de quadra (four of a kind), mas os ases e setes não podem ser combinados para uma sequência. Quatro naipes diferentes em mãos também eliminam a chance de flush. O segundo exemplo, porém, proporciona tanto as chances de full house e quadra quanto de flushes e sequências altos, oferecendo mais chances de vitória.

♠ Estratégia pre-flop ♣

Antes de dar uma olhada mais de perto nas possibilidades estratégicas apresentadas pelas primeiras quatro cartas, vale a pena ressaltar outros aspectos do Omaha que influenciarão nas decisões de aposta do jogador. Em um jogo de apostas altas (high stakes) com muitas apostas agressivas, os jogadores são muito mais predispostos a repicar (raise) antes do flop, na tentativa de reduzir a oposição. É, portanto, uma boa estratégia investir apenas em mãos que ofereçam múltiplas possibilidades de vitória. Em um nível mais baixo, em jogos caseiros de apostas fixas, por exemplo, os repiques pre-flop tendem a ocorrer em menor escala, pois a maioria dos jogadores são mais inclinados a simplesmente pagar (call) os blinds, independentemente das cartas que possuem.

Essencialmente, é isto o que faz do Omaha um jogo tão popular - os jogadores recreacionais apreciam o fato de que mesmo a menos promissora das combinações de cartas pessoais podem se transformar em boa mão. No entanto, os jogadores, em um jogo de apostas fixas padrão pagarão para ver talvez metade dos flops, mesmo com mãos medianas, o que acaba sendo nada mais do que uma busca ilusória por mãos que não vencerão. Os pots podem inflar rapidamente quando vários jogadores permanecem envolvidos na mão, o que pode encorajar a maioria dos jogadores a investir em mãos ruins.

Uma constante avaliação das chances e probabilidades em operação ao longo do jogo permanece sendo a base para uma abordagem disciplinada no Omaha, e permite que os jogadores explorem os oponentes que querem se manter jogando só para ver alguma ação.

Acima: Um jogador leva fichas ao centro da mesa antes do flop, mesmo que suas cartas pessoais não sejam muito promissoras. Das seis combinações de duas cartas disponíveis ao jogador, apenas duas – A e K, 6 e 6 – têm algum mérito em uma mão que não pode compor um flush porque as cartas são dos quatro naipes diferentes. A menos que o flop se encaixe perfeitamente, a mão não deve ser levada adiante se um oponente apostar na segunda rodada.

À esquerda: Este exemplo mostra uma mão inicial forte que, por causa do valor alto das cartas, tem um grande potencial de se ajustar a uma variedade de flops para colocar seu detentor em uma boa posição. Se as três primeiras cartas comunitárias forem 9 de ouros, A de copas e Q de ouros, muitas oportunidades se abrem, na forma de sequências, flushes e até mesmo um full house.

À direita: Independentemente da mão inicial, uma vez revelado o flop, é crucial entender as implicações por trás das cartas da mesa, e identificar que combinação pode ser a favorita (nuts) quando todas as cinco forem reveladas. Um jogador com 9 e 8, no primeiro exemplo, terá a melhor mão, com uma sequência, mas um jogador com A e K, A e Q ou K e Q de paus terá o flush parcial imbatível e potencial para um Royal Straight flush. O segundo exemplo traz um provável full house, e o jogador com reis entre suas cartas pessoais terá a impressão de que um full house de reis e 6 será suficiente, embora uma quadra de 6 seja o huts possível no momento. Se ninguém tiver um par de 6, então um outro 6 na mesa, ou dois ases, poderiam vencer. A estratégia de apostas deve ser condizente com a probabilidade de tais combinações acontecerem.

GUIANDO-SE PELO FLOP

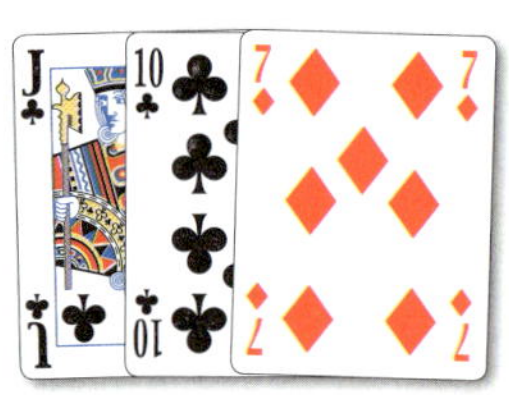

EXEMPLO 1

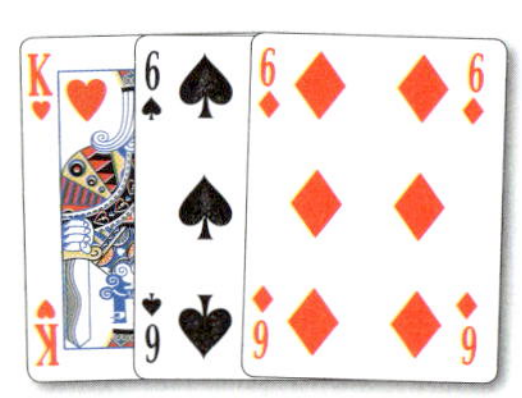

EXEMPLO 2

♠ Busca da mão favorita ♣

A tática mais segura no Omaha é lembrar que, uma vez exibidas todas as cartas da mesa, o vencedor em qualquer showdown será o possuidor da mão imbatível (nuts) aplicável ao contexto. Este não será sempre o caso, mas é o que todo jogador deve ter em mente quando possui uma mão forte, porém não invencível, servindo como princípio-guia na análise das opções apresentadas após a distribuição das cartas pessoais (deal).

Uma boa mão é aquele em que as primeiras quatro cartas se combinam para oferecer seis combinações viáveis de duas cartas. Dois pares altos – incluindo ases – é bom, pois existirão, então, perspectivas de full houses ou quadras imbatíveis, além das chances de se obter uma sequência alta. Flushes também costumam vencer com certa frequência, pelo que ter o A e mais outra carta de um mesmo naipe garante o flush imbatível se três ou mais cartas daquele naipe aparecerem na mesa. Esta é uma posição bastante confortável após o deal, muito melhor do que sair com quatro cartas de espadas, pois, neste caso, o número de cartas deste naipe restantes no baralho diminui, e com ele vão as chances de flush. De forma similar, em uma sequência de 4 cartas, como K, Q, J e 10, é sempre melhor que sejam do mesmo naipe, de duas em duas, aumentando a chance de flush e straight flush, além da probabilidade da sequência.

PROBLEMAS COM MÃOS MEDIANAS

JOGADOR A

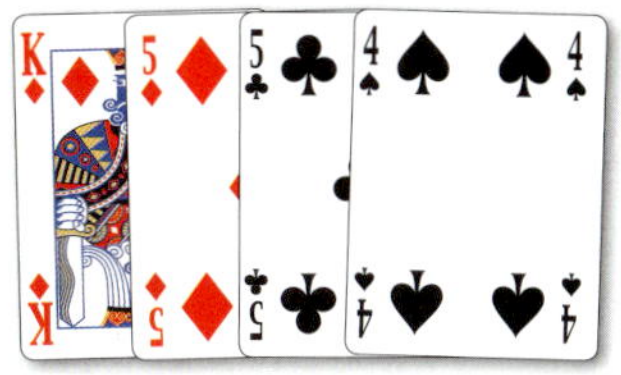

JOGADOR B

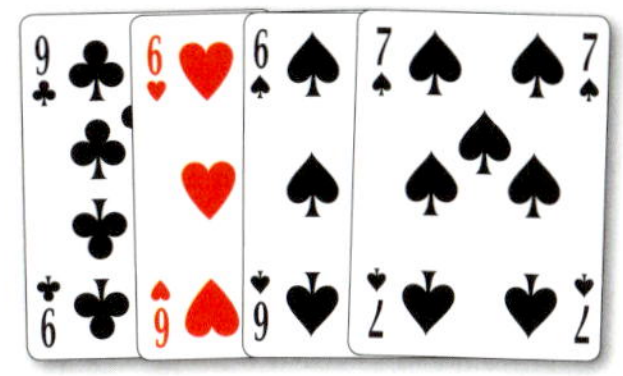

FLOP

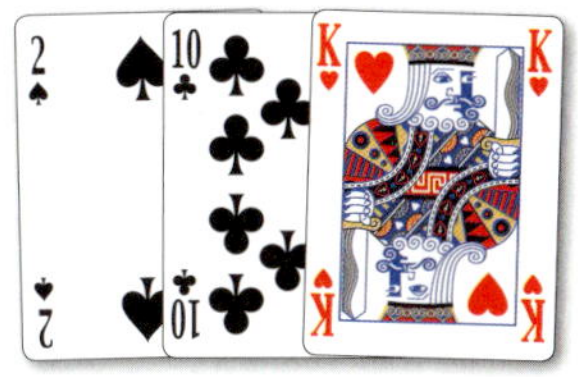

Acima: Jogadores com mãos medianas precisam ser cuidadosos quando as cartas da mesma ofereçam potencial. O jogador A não pode usar o K e o par de 5 simultaneamente, e tem apenas um par de reis, uma mão fraca no flop. Para conseguir uma mão vencedora, precisa de dois reis ou dois 5 nas duas últimas cartas; se um K e 5 ou K e 4 aparecerem, o full house poderia perder para alguém com K e 10.

À esquerda: As cartas pessoais mostradas constituem uma mão fraca, pois apenas a combinação K e Q de paus traz alguma perspectiva. Entretanto, se as apostas forem leves e ninguém repicar (raise) antes do flop, como costuma ser o caso em jogos sociais, mãos como esta devem ser jogadas. Um par de 8 no flop, neste caso, poderia mudar a combinação da mão completamente.

♥♦♠♣♥♦♠♣♥♦ Mais combinações ♠♣♥♦♠♣♥♦♠♣

Partidas de Omaha podem ter até dez jogadores, sendo esta a quantidade normal em jogos simples a dinheiro (cash games) em cassinos ou sites online. Este número de jogadores garante que 40 cartas – quase 80% do baralho – estejam em jogo imediatamente após o deal, com cada jogador formando seis combinações de duas cartas com suas cartas pessoais, existindo aproximadamente 60 delas antes de começarem as rodadas de apostas. Isto contribui para o valor tipicamente alto das mãos que vencem nesta variante de pôquer, e enfatiza que os jogadores devem sempre tentar obter a melhor mão possível. Contudo, enquanto mãos com pares altos (high pairs), cartas de mesmo naipe (suited cards) ou cartas conectadas (touching cards) são favoráveis, até mesmo combinações de duas cartas com potencial modesto perturbam as expectativas. Isto vale particularmente em jogos de apostas fixas (fixed-limit), nos quais os jogadores com uma combinação decente de duas casas frequentemente pagarão para ver o flop e descobrirão que suas cartas mais fracas – os "trapos" (rags) – de repente se tornaram significantes. Por exemplo, um jogador com K de paus, Q de paus, 8 de ouros e 3 de espadas esperaria que a combinação rei e dama lhe desse as chances de vitória, mas se no flop saem 8 de copas, 3 de ouros e K de espadas, então nove das 45 cartas restantes no baralho dão ao jogador uma chance de 38% de conseguir um full house. Qualquer K, 8 ou 3 servirá, junto com duas das três damas restantes, embora nenhuma destas combinações necessariamente seja imbatível (nuts). Se as cartas do turn e do river forem K e A de ouros, um jogador com um par de ases ou A e K venceria, mas a hipótese sublinha o impacto de se ter muitas combinações de duas cartas à disposição.

♠ Estratégia pós-flop ♣

Seja qual for o potencial das cartas pessoais (hole cards) de um jogador, o flop é o momento do jogo em que a força de uma mão é clarificada. Idealmente, os jogadores já terão uma projeção mental das cartas que prefeririam ver, embora a consideração principal neste estágio seja a mesma do Texas Hold'em. Para continuar na mão, os competidores precisam estar confiantes de ter ou a melhor mão ou uma chance realista de obtê-la.

Isto significa identificar, primeiramente, que mão provavelmente constitui a melhor possível (nuts) e, em segundo lugar, se é possível obtê-la com as cartas à disposição. Jogadores descuidados ou inexperientes frequentemente são seduzidos pelos méritos de uma boa mão e acabam pagando alto para descobrir que ela não era boa o suficiente. Como sempre, uma estimativa rápida de quantas cartas podem ajudar ou atrapalhar uma mão e as chances contra sua aparição é crucial na hora de decidir apostar ou não.

Um jogador que já tenha a melhor mão pode, obviamente, se concentrar em controlar o pot e fazer o que for necessário para manter o interesse dos oponentes. Estes, aliás, frequentemente terão objetivos de melhora realizáveis, de modo que deverão, sem dificuldades, pagar uma aposta mínima só para ver o turn. Jogadores relaxados podem até pagar repiques (raises) em jogos de apostas fixas (fixed-limit) se demoram a reconhecer que a melhor mão já foi conquistada por outro competidor. Por outro lado, se o jogador que tem a mão invencível pede mesa (check), é mais provável que mais oponentes permaneçam envolvidos até os estágios posteriores do jogo, em que o valor das apostas sobe.

O objetivo, então, é apostar no nível mais alto e torcer para que as mãos dos oponentes tenham melhorado o suficiente para fazê-los pagar para ver a última carta. Se o fizerem, há chances de que pagarão novamente na quarta rodada de apostas, aumentando o lucro do jogador que tem a melhor mão e joga contidamente para disfarçá-la.

Acima: O comeadiante W. C. Fields mantém suas cartas próximas do peito durante um jogo. Durante sua carreira, no começo do século XX, Fields aprendeu a jogar pôquer com alguns dos operários que conheceu durante as turnês, embora seu jogo predileto fosse o golfe. Ele desenvolveu, também, alguns truques com cartas para incorporar a suas performances.

CÁLCULO DAS CARTAS POR VIR

FLOP

JOGADOR A

JOGADOR B

Acima: Estas mãos contrastantes mostram as diferentes possibilidades encontradas conforme os jogadores avaliam as cartas que podem transformar sua mão na vencedora. O jogador A tem seis chances de fazer um full house no turn e 8 ou 9 chances – dependendo de o turn ser um 8 – de completá-la no river, com chances contrárias combinadas de pouco mais de 2 para 1. O jogador B tinha a melhor mão inicial, mas deve considerar que qualquer par que apareça na mesa será fatal. Das cartas ainda no baralho, 36 das 45 restantes são boas, e se a carta do turn formar um par com uma de suas cartas pessoais, 33 das 44 outras serão favoráveis. Assim, o jogador B tem 60% de sobreviver às duas rodadas.

Interpretação das cartas

Revelado o flop, os jogadores devem procurar perceber as possibilidades apresentadas pelas três cartas comunitárias. Qualquer par que apareça fará com que seja extremamente provável a formação de um full house ou combinação superior, cujo detentor levará o pot. Até um terço de todas as mãos de Omaha são vencidas por full houses, e, entre elas, metade terá sido conseguida já no flop. Jogadores com trincas devem, portanto, tomar cuidado para não perseguir um full house que não seja o mais alto possível.

Um flop com três cartas do mesmo naipe – Q, 7 e 2 de paus, por exemplo – eliminará a possibilidade de aposta de todos que não tiverem combinação superior a um flush. Um jogador com o melhor flush – A e 8 de paus, por exemplo – deve fazer uma aposta máxima, uma vez que quem pagar provavelmente estará tentando um full house e deverá gastar fichas para ver as próximas cartas. Quando duas cartas para um flush aparecem no flop, o jogador com o melhor flush parcial (nut flush draw) também deve apostar e esperar que alguém pague. As ocasiões em que o flush se materializar provavelmente compensarão eventuais derrotas ocorridas quando um adversário consegue um full house.

Análise de probabilidades no flop

Os jogadores geralmente conseguem ter uma noção clara de sua posição após o flop, podendo calcular rapidamente quantas cartas são benéficas ou maléficas para suas expectativas de vitória. Os que precisam de duas ou mais cartas para completar uma boa mão geralmente correrão (fold) neste momento, mas aqueles que reconhecerem que qualquer uma de várias cartas podem lhes dar a vitória estarão propensos a continuar. A chave para qualquer decisão está no número de cartas disponíveis que confirmarão uma mão como a mais forte. Se qualquer uma de 13 cartas dentre as 45 restantes no baralho garantir o sucesso, o jogador então terá boas chances de levar o pot. Se houver mais de 13 cartas a seu favor, o jogador será considerado favorito, ao passo que se houver menos de 13 cartas, ele será o azarão (underdog).

QUEM É FAVORITO?

FLOP — MÃO DO JOGADOR

Acima: Após o flop, o número que os jogadores devem ter em mente é 13, pois possuir este número de cartas favoráveis entre aquelas ainda por vir (outs) oferece uma boa chance de vitória. Neste exemplo, o jogador com a sequência de ás-maior (Ace-high straight) pode dar a vitória como certa se qualquer uma de 15 cartas aparecer no turn ou river, o que o deixa na condição de favorito.

À **direita:** O jogador retratado na posse de um flush de ás-maior (Ace-high flush) após o flop está na posição perfeita para apostar. Embora tenha a melhor mão, se o turn ou o river trouxerem uma carta que faça par com alguma outra da mesa, ele pode perder para um oponente com um full house. Uma aposta agora deixaria clara a posse do melhor flush (nut flush) o que, se não for suficiente para lhe dar o pot prontamente, ao menos definirá que qualquer oponente que pagar está tentando um full house.

♠ O turn ♣

Uma vez que o flop oferece muita informação para jogadores cautelosos, qualquer um que ainda esteja competindo pelo pot quando a carta do turn é revelada provavelmente acredita que tenha uma mão potencialmente vencedora, mesmo que se trate de uma pequena chance. Após a quarta carta, a natureza provável da mão favorita (nuts) deve ficar clara para todos os competidores. Isto ajuda a manter a análise básica requerida num patamar mínimo, pois um jogador só terá três perguntas sérias a considerar antes de fazer a decisão de aposta: se tem a melhor mão possível na mesa, se é possível obtê-la e se algum oponente a tem.

Um jogador que já possua a mão imbatível deve simplesmente tentar aumentar o pot, ao passo que aquele que julga que tal mão ainda é obtenível poderá pagar (call) eventuais apostas se as perspectivas de ganho forem favoráveis. Já os que concluírem que suas chances de receber a carta vitoriosa no river são fracas em face do custo de prosseguir devem correr (fold).

Acima de tudo, os jogadores devem estar cientes de que devem pagar apenas se a carta faltante for decisiva para a vitória. Pagar na esperança de completar um flush de rei-maior (King-high flush), por exemplo, é geralmente o meio mais rápido de descobrir que um oponente possui um flush de ás-maior (Ace-high flush).

♠ Estimativas de possibilidades no turn ♣

Permitir que as regras da probabilidade governem as decisões de apostas não é algo automático, embora seja, em geral, aconselhável. Com apenas uma carta comunitária ainda por vir, entretanto, é relativamente simples calcular as chances de obter a carta desejada no river. Jogadores com vantagem devem pensar em quantas cartas podem completar a mesa para dar a um oponente a chance de reverter a situação, enquanto aqueles que precisam de cartas para completar sua combinação farão cálculos similares sobre suas próprias chances.

Cada mão é um novo quebra-cabeça, pelo que os jogadores devem estar cientes das flutuações probabilísticas aparentes de uma mão para outra. Por exemplo, um jogador com A de copas, K de ouros, 10 de copas e 10 de espadas, adiante de uma mesa com 3 de copas, 8 de copas, 4 de paus e 5 de espadas tem nove cartas de copas restando no baralho para conseguir um flush, com chances contrárias, portanto, de 4 para 1. Contudo, esta não será a melhor mão possível ao seu alcance, mesmo se o 4 ou 5 de copas completem o flush, pois, pareados na mesa, poderão dar a um oponente um full house. Para conseguir a melhor mão e ter certeza da vitória, o jogador deve confiar nas sete cartas de copas restantes, com chances contrárias de 5 para 1. Se a mesa trouxer, em vez disso, 3 de copas, 6 de copas, 4 de paus e 5 de espadas, então as chances de obter a mão premiada se outra carta de copas aparecer são ainda menores.

JOGADOR C

CARTAS PESSOAIS

A DISTRIBUIÇÃO DAS CARTAS (DEAL)

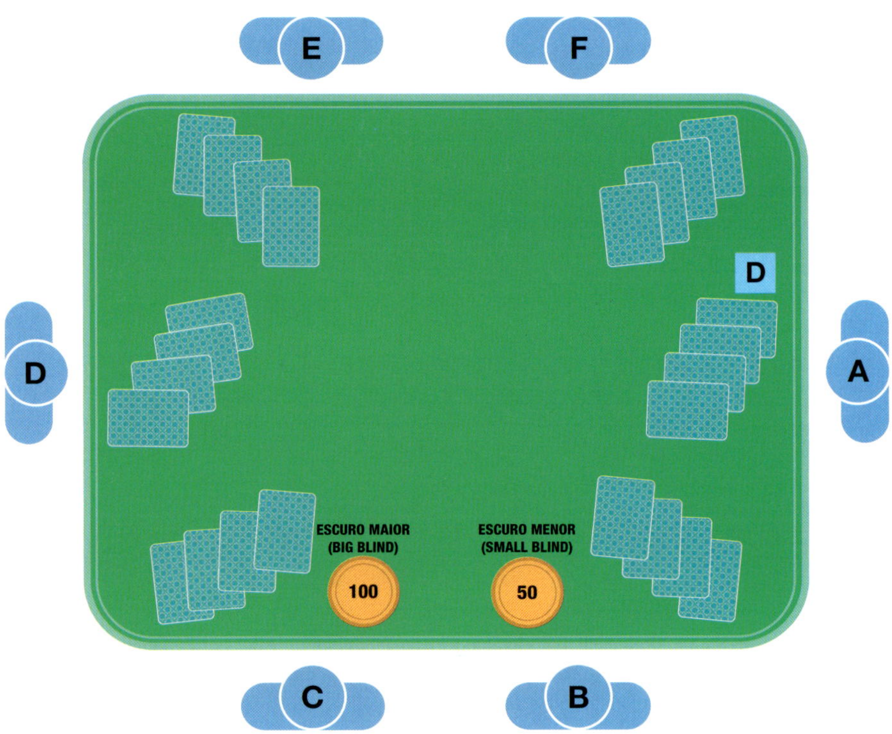

À **direita:** Para ajudar a visualizar um pouco do pensamento estratégico que se aplica ao Omaha, este exemplo de jogo de apostas fixas de 100/200 apresenta as decisões do jogador C no big blind. A mão inicial é boa, com um par alto, duas cartas conectadas e duas cartas de espadas, oferecendo múltiplas possibilidades.

Embora nove cartas de copas ainda estejam no baralho, 2, 4, 5 e 7 são perigosos, pois podem dar a um oponente um straight flush, sem descartar, é claro, a possibilidade de full house. Com apenas cinco cartas que garantiriam a melhor mão, o jogador enfrenta, então, chances contrárias de 8 para 1.

De olho na sequência

Uma sequência (straight) é a mão mínima requerida para levar o pot, embora seja difícil de manejar, dada a frequência com que ocorrem flushes e full houses no Omaha. Antes do flop, a melhor chance de obter o straight acontece quando um jogador recebe quatro cartas consecutivas, que podem completar até 20 sequências diferentes, dependendo da mesa. Uma mão como 9, 8, 7 e 6, por exemplo, pode fazer uma sequência de dama-maior (Queen-high straight) com Q, J, 10 ou uma sequência de sete-maior (7-high straight), com 5, 4 3, podendo também se juntar a 18 outras combinações de três cartas para sequências intermediárias. No flop, se não aparecerem pares ou cartas de mesmo naipe, há uma boa chance de que uma sequência vença no final. Entretanto, os jogadores devem tomar cuidado se não completarem a melhor sequência possível.

À esquerda: Uma sequência de cartas médias como esta vale a pena ser jogada se as apostas anteriores ao flop forem leves. Há 20 possíveis combinações de três cartas que poderiam aparecer na mesa completando o straight, ao passo que as duas cartas de copas também oferecem chances de flush. Apesar do potencial para produzir uma mão forte, o valor baixo das cartas pode causar problemas. Se o flop trouxer Q, J e 10, por exemplo, o 9 e o 8 completam a sequência, mas alguém com K e 9 ou A e K montará uma superior.

PRIMEIRA RODADA DE APOSTAS

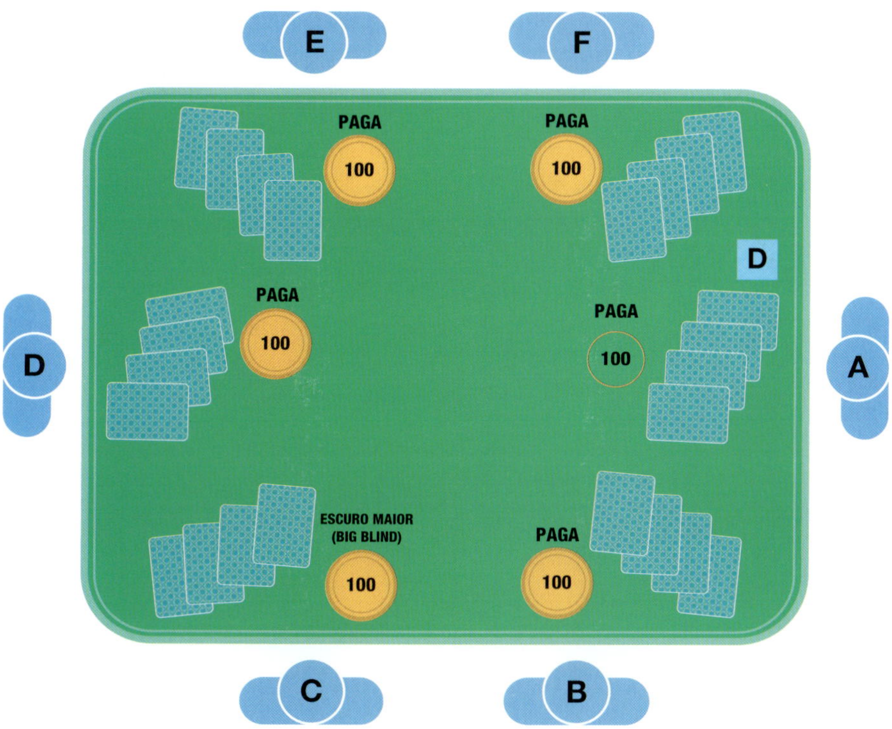

À esquerda: No Omaha, geralmente vários jogadores pagam para ver o flop, pois até mesmo a mão mais fraca pode se desenvolver rapidamente e ganhar ares de vencedora. Por esta razão, são raros repiques antes do flop (pre-flop raises) em jogos de apostas fixas (fixed limit), pois não é provável que tal manobra consiga eliminar adversários suficientes para compensar a aposta extra. Aqui, todos os jogadores restantes pagam o big blind (postado pelo jogador C), que decide não aumentar a aposta.

♠ Pagar, apostar ou aumentar? ♣

O flop é talvez a fase mais importante do jogo, mas o momento em que o turn é revelado também anuncia uma decisão séria a ser tomada por aqueles ainda envolvidos numa mão. Jogadores que percebem claramente que têm poucas chances de vitória provavelmente correrão (fold), sobretudo em jogos de apostas fixas, nos quais é normalmente impossível apostar o suficiente para blefar com mãos que não deram certo.

Aqueles cujas mãos ainda carregam perspectivas realistas de levar o pot, por outro lado, encaram um teste os para nervos e a disciplina, conforme as apostas sérias começam. O valor da aposta mínima geralmente dobra nas últimas duas rodadas do Omaha, e, além disso, é grande a probabilidade de os jogadores que apostam no turn voltem a apostar mais tarde, após o river. Mais apostas significam um pot maior, o que pode levar os jogadores a insistir em perseguir causas perdidas. Terminar sempre em segundo lugar nestas situações pode baixar a confiança tanto quanto as pilhas de fichas. Ao decidir entre pagar (call), apostar (bet) ou aumentar (raise) após a carta do turn, bons jogadores considerarão as perspectivas de ganho (pot odds) à luz dos padrões de apostas apresentados ao longo do jogo. Embora apostar sem ter a melhor mão não seja normalmente indicado, nem sempre é certo que um oponente terá a mão vencedora, devendo o jogador avaliar as pistas oferecidas pelas apostas anteriores. Além da abordagem metódica indicada para se jogar bem o Omaha, a capacidade de interpretar as apostas dos adversários e deduzir a mão que possuem é uma clara vantagem.

Acima: O flop de 7, 9 e Q é ideal para o jogador C, que tem a melhor mão, com uma trinca de damas, e chances contrárias de pouco menos de 2 para 1 de completar um full house ou uma quadra no river. Como as perspectivas de ganho (pot odds) são de 6 para 1, justifica-se o interesse mantido na mão, e um repique deverá eliminar alguns oponentes para os quais o flop não foi bom. Qualquer 5, 6, 8, 10, J ou K – 23 das 44 cartas restantes (o jogador C tem um K) – podem completar a sequência no turn, contudo, e um oponente que consiga deverá apostar para afastar flushes e full houses parciais.

O FLOP

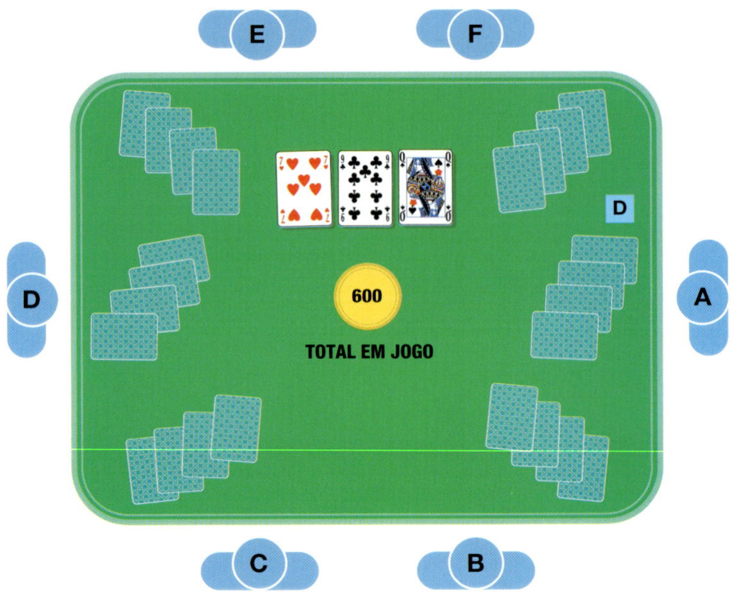

JOGADOR C

CARTAS PESSOAIS

À direita: Como primeiro a jogar, B indica a posse de uma tentativa de sequência, dois pares ou a posse de pares ocultos – setes ou noves – que fariam uma trinca. Se for o caso, então as chances de um full house vencedor para o jogador C diminuem, pois o 7 ou um 9 que podem completá-lo dariam ao jogador B uma quadra. Se o jogador B tem Q e 9 ou 9 e 7, então as chances de 3 para 1 de conseguir um full house, embora não o melhor possível (nuts), podem desencadear uma aposta, dadas as altas perspectivas de prêmio. O repique (raise) do jogador C é um lance bastante forte, que fará com que os oponentes reflitam o que pode querer dizer. Os jogadores F e B pagam o repique.

SEGUNDA RODADA DE APOSTAS

♠ Passividade ou agressividade? ♣

Uma das coisas mais interessantes sobre o Omaha é que o alto número de cartas em circulação, sobretudo em um jogo de dez jogadores, gera muitas possibilidades de formação de mãos muito fortes. As apostas tendem a ser mais leves nas primeiras duas rodadas, sejam seus valores fixos (fixed-limit) ou limitados ao total em jogo (pot-limit), e costumam ficar mais pesadas a partir do turn.

Em jogos de apostas limitadas ao total em jogo (pot-limit), este é o ponto em que as apostas mais altas começam a aparecer, conforme os jogadores tentam espantar a concorrência daqueles que, mesmo possivelmente em desvantagem, ainda têm chances de vitória. Tais apostas, neste estágio, diminuem as perspectivas de ganho (pot odds), fazendo com que lances especulativos se tornem menos convidativos.

Apesar de tudo, pots altos podem se formar também no pôquer de apostas fixas (fixed-limit), embora os jogadores de sucesso sejam, em geral, cautelosos e pragmáticos. Um ou outro jogador agressivo que, de vez em quando, goste de arriscar a sorte com repiques (raises) irresponsáveis pode desencadear uma avalanche de apostas em sequência. Havendo normalmente três ou quatro repiques por rodada, até que o limite máximo do valor da aposta seja atingido, os pots podem ficar bem altos neste tipo de guerra. Sob tais circunstâncias, as perspectivas implícitas de ganho (implied pot odds) podem deixar até mesmo o jogador mais passivo tentado a pagar para ver a carta do river, se tiver alguma chance de vitória.

Acima: O 5 de copas no turn não melhora a mão do jogador C, mas também não ajuda oponentes com pares de setes ou noves. Ele ajuda, de fato, a completar uma sequência baixa para quem tiver 8 e 6, o que é plausível, considerando que tais cartas podem estar na mão de um jogador que tenha um par alto, de ases ou reis, por exemplo.

Acima: O par de setes, suplementado por A e 10 de mesmo naipe, é uma boa mão inicial, sendo apenas uma das combinações que poderiam estar na posse do jogador B no jogo ilustrado nestas páginas. Da perspectiva do jogador C, a aposta de B em um flop de 7, 9 e Q pode facilmente ser interpretada como posse de uma trinca de setes, mão que o jogador C, no momento, supera, com sua trinca de damas.

♠ Decisões simples ♣

Jogadores que controlam suas apostas no turn pela análise das probabilidades envolvidas podem economizar várias fichas se mantiverem disciplinados em sua abordagem. O segredo é contar exatamente quantas das cartas ainda por vir, no baralho, podem ajudar a manter ou adquirir uma vantagem. Com quatro cartas na mesa e quatro nas mãos, cada jogador sabe o valor das oito cartas. Singelamente, se metade das 44 cartas restantes derem a um jogador uma mão vitoriosa, então as chances compensam, tornando praticamente obrigatórias as apostas e pagamentos.

Se apenas 11 cartas ajudarem a mão, as chances contrárias passam a ser de 3 para 1, podendo desencorajar o jogador de pagar (call) uma aposta em um jogo apertado. Jogadores com menos de 11 cartas trabalhando a seu favor devem só devem pagar para ver o river se as perspectivas de ganho forem muito compensadoras.

♠ O River ♣

A carta que completa a mesa e desfaz todas as dúvidas sobre o valor da mão de um jogador e sua relação com a melhor mão possível é chamada de river. Neste ponto, vale a pena reiterar a regra de ouro do Omaha, que sublinha o quanto o jogo remonta, essencialmente, à busca pela melhor mão possível (nuts). Qualquer jogador que não tenha a melhor mão possível após o river pode, sem muita dúvidas, inferir que um adversário a possui.

Se os padrões de apostas sugerem que esta é a situação, então há pouco sentido em pagar a aposta da última rodada, mesmo que modesta, para confirmar a suspeita. Isto se aplica tanto para jogos de apostas fixas (fixed-limit) quanto de apostas limitadas ao total em jogo (pot-limit), embora os jogadores sejam mais propensos a investir com apostas pesadas em mãos potencialmente fortes no flop ou no turn, no Omaha de apostas com pot-limit, de modo a fazer entender que possuem cartas poderosas. Após as apostas serem pagas até chegar o river, uma aposta modesta na última rodada, feita por um jogador que tenha repicado (raised) na rodada anterior deve levantar suspeição por parte do oponente que não conseguiu a mão que pretendia. Há a possibilidade de que este adversário esteja caindo numa armadilha, investindo um pouco mais numa festa de fichas para o jogador com a mão favorita.

TERCEIRA RODADA DE APOSTAS

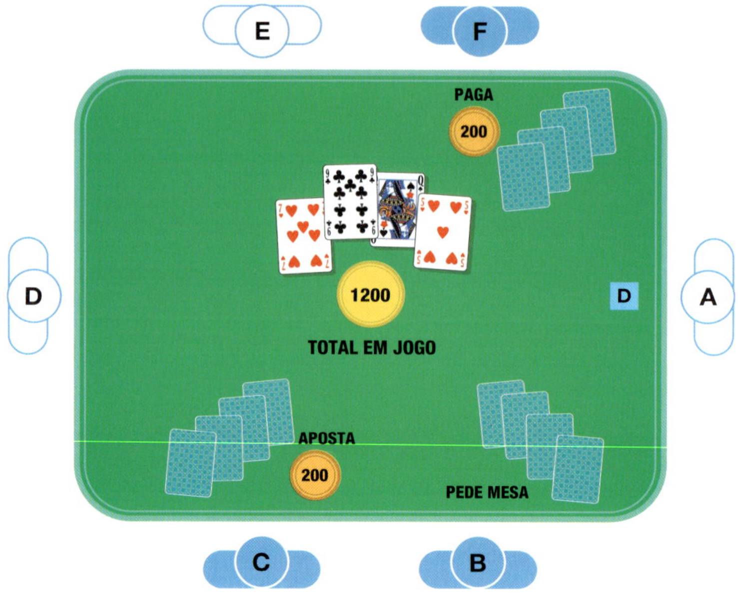

Acima: O repique (raise) do jogador C após o flop fez o jogador B pedir mesa (check) após a revelação do turn, para reexaminar as possibilidades oferecidas pela mesa, ou até mesmo para montar uma armadilha. O jogador C aposta o mínimo, supondo que o jogador B pode estar disfarçando uma sequência, com um 8 e um 6, ou que tem uma trinca. Neste caso, outro 7 ou 9 no river poderia ser desastroso para o jogador C, pois qualquer uma destas cartas podem dar uma quadra ao jogador B. Na ocasião, os jogadores F e B pagam (call), não aumentando a aposta, dando a entender que possuem mãos que ainda precisam de melhora.

JOGADOR C

CARTAS PESSOAIS

À direita: Três jogadores ainda competem, quando o river é revelado, dando ao jogador C a melhor mão (nuts), com uma quadra. Embora os oponentes possam ter lido os padrões de apostas corretamente e atribuído um par fechado de damas ao jogador C, o par na mesa pode ter dado a alguém um full house, que pode induzir seu detentor a apostar. Embora quadras não sejam incomuns no Omaha, os jogadores dificilmente correm quando tem uma mão do porte de um full house. O jogador B pede mesa, e o jogador C tem aposta e torce para que alguém pague, inflando o pot. De posse da melhor mão, não há sentido em pedir mesa (check) e deixar que os oponentes participem gratuitamente do showdown.

O RIVER

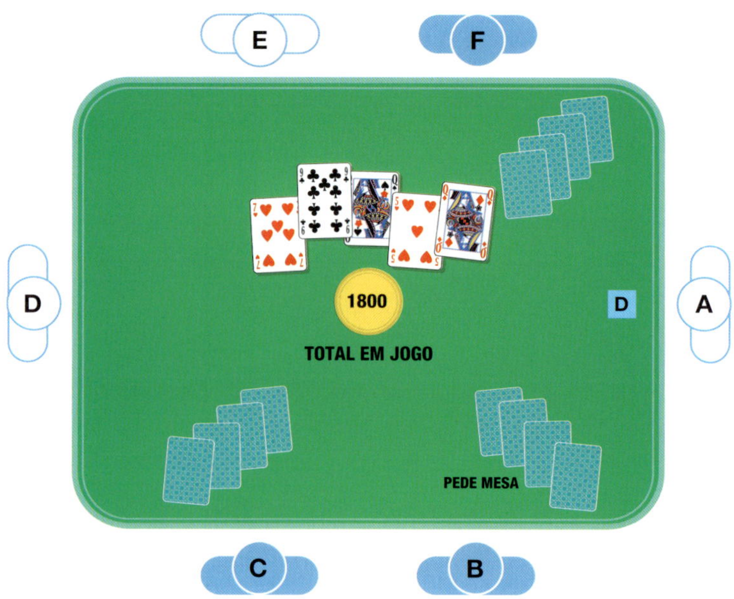

♠ Leitura dos oponentes ♣

Identificar os contrastantes níveis de habilidade dos jogadores, assim como suas motivações no jogo, é um elemento essencial do pôquer de alto nível. Mesmo compreendendo, a estratégia do Omaha, algumas regras inflexíveis, os jogadores enfrentam um desafio psicológico ao decifrar o significado oculto por trás de uma aposta após a revelação do river.

Após sobreviverem a três rodadas de apostas, os jogadores esperam que seus esforços rendam frutos, mesmo quando as evidências sugerem que isto seja improvável. Porém, a mão vencedora nem sempre é a melhor possível, especialmente quando várias cartas baixas aparecem na mesa. Mãos potencialmente fortes podem ter sido descartadas, deixando que os jogadores mais agressivos lutem pelo prêmio com mãos razoáveis, porém desprovidas de cartas excelentes. Um jogador enfrentando uma decisão desconfortável no river deve reconsiderar as condições de momento e valor das apostas anteriores. Jogadores que repicaram no flop, por exemplo, podem tê-lo feito para eliminar ameaças, de posse de uma mão com uma vantagem mínima. Se, aparentemente, esta mão não melhorou com o turn e o river, a aposta pode ter sido um semi-blefe que deu errado.

Apostas altas após o turn normalmente significam que o jogador tem a melhor mão ou é franco favorito para consegui-la no river. Porém, uma vez que a inferência é facilmente feita por jogadores experientes de Omaha, alguns podem tentar lucrar com isso, com um blefe ocasional.

♠ Controle do pot ♣

Jogadores com sorte suficiente para receber uma combinação imbatível no começo da mão ficam em posição privilegiada para controlar as apostas. Eles podem escolher mais livremente entre aumentar apostas para diminuir perigos potenciais ou esconder o valor de suas cartas, apenas pagando as apostas dos adversários. O momento para montar uma armadilha pode surgir mais tarde, quando um oponente consegue uma mão boa, porém destinada a perder. Por exemplo, um jogador com A de paus, A de copas, J de ouros e 8 de ouros apreciará as chances representadas por um flop de 10 de ouros, A de espadas e 9 de ouros. Se jogar antes, pedir mesa (check) pode ser uma tática interessante, para ver quantos oponentes também se entusiasmaram com o flop, sendo que aqueles com trincas, dois pares ou flushes parciais altos (high flush draws) provavelmente apostarão ou pagarão para prosseguir.

Se pagar (call) for suficiente para ver o turn, a mão pode ser subestimada pelos oponentes, que podem pensar que um eventual detentor de uma trinca de ases já teria deixado clara sua posição. Se o turn for o A de ouros, ocasionando uma aposta pelo jogador que agora tem a quadra de ases, um oponente com um full house – com um par de 10 como cartas pessoais, por exemplo – provavelmente pagará a aposta apenas para se certificar de que não é vítima de um blefe. Os oponentes, neste caso, lutarão sem saber que já estão vencidos, enquanto o jogador com a quadra de ases encoraja, pacientemente, a construção de um enorme pot. Nesta posição, o jogador em vantagem apreciaria até mesmo um 10 ou um 9 no river, pois estas cartas poderiam dar a um oponente uma quadra mais baixa, que seria extremamente difícil de se descartar, mesmo que as implicações por trás das apostas do detentor da mão premiada se tornem mais claras.

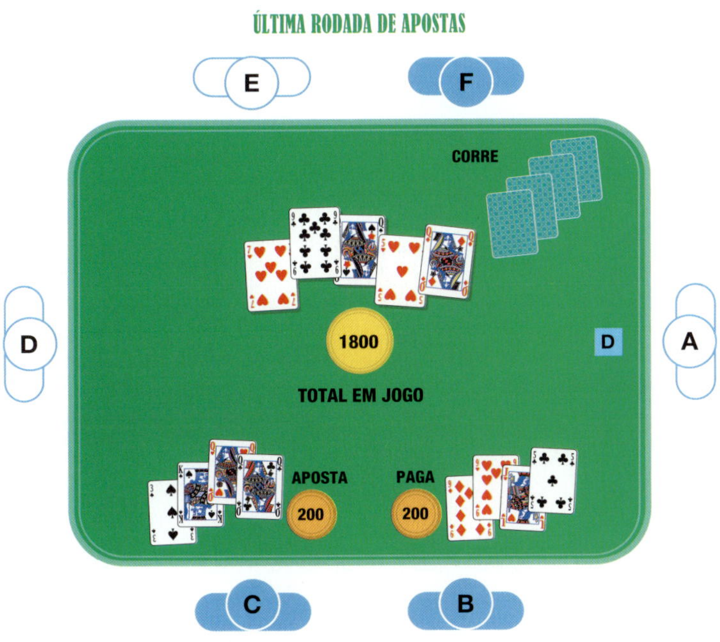

À esquerda: A aposta do jogador C é suficiente para persuadir o jogador F a correr (fold), mas o jogador B paga as 200 fichas e descobre que seu full house de noves com damas não é suficiente. Este é um erro comum entre os jogadores de Omaha, que muitas vezes são seduzidos pelo valor do pot e acabam apostando mesmo sabendo que podem perder. Em jogos de apostas limitadas ao pot, os jogadores tendem a blefar mais sem a mão favorita (nuts), porém, mesmo quando se suspeita de um blefe, pagar uma aposta alta com uma mão vulnerável é uma decisão difícil.

Pôquer Online

A enorme explosão de interesse sobre o pôquer durante a década passada é atribuível, quase totalmente, à grande publicidade gerada pela televisão e pela internet. Ao passo em que torneios de Texas Hold'em entretinham e inspiravam os espectadores pela televisão, surgiam os sites de pôquer online, oferecendo acesso rápido e fácil ao jogo. O PlanetPoker iniciou a moda em 1998, e há, atualmente, cerca de mil sites de pôquer, que movimentam um total estimado em US$ 2 bilhões por ano. Tais quantias atraíram muitas das principais companhias da indústria mundial das apostas, que criaram suas salas de pôquer online, na busca de uma fatia da crescente lucratividade do ramo. Entretanto, este crescimento rápido trouxe, compreensivelmente, um certo grau de preocupação sobre a moralidade do jogo online, bem como investigações sobre sua legalidade. Estes assuntos e outros detalhes básicos sobre a experiência do pôquer online são o tema deste capítulo.

À direita: A irrupção de interesse no jogo de pôquer pode ser atribuída quase totalmente ao rápido desenvolvimento da mídia. Assim que os torneios começaram a ser televisionados, os jogadores lendários tornaram-se mais amplamente conhecidos e a subsequente inundação de livros sobre o jogo ajudou a gerar ainda mais publicidade. A internet não só oferece acesso para virtualmente tudo o que há para saber sobre pôquer, como também funciona como um barômetro da popularidade global do jogo.

A Lei e o Pôquer Online

A velocidade com que o pôquer online se desenvolveu para se tornar um meio de apostas amplamente popular em todo o globo deixou, em certo ponto, os mecanismos da lei para trás em muitos países. Na maior parte dos casos, os governos de nações na Europa, América do Sul, Ásia e Caribe ou adotaram uma postura pragmática e legalizaram o jogo online, ou receberam as empresas de jogo e licenciaram suas operações. Contudo, nos Estados Unidos, onde está mais da metade dos jogadores de pôquer pela Internet, a confusão sobre a legalidade dos jogos online teve seu ápice em 2006. Repetidas tentativas dos Republicanos da ala da direita de fazer um lobby para um banimento completo acabaram por dar certo quando o presidente George W. Bush assinou o Ato de Segurança Portuária (Safe Port Act), uma lei que visava aumentar ostensivamente a segurança dos portos americanos. Uma emenda posterior incorporou à legislação o Ato Anti-apostas via Internet (Unlawful Internet Gambling Enforcement Act). A principal consequência deste ato adicional é a restrição imposta às instituições financeiras quanto a transações envolvendo os sites de jogo da internet em nome de seus clientes. Consequentemente, embora o pôquer online, em si, não seja ilegal, os jogadores norte-americanos ficaram proibidos de utilizar suas contas virtuais de apostas, o que obviamente reduz o incentivo ao jogo. Desnecessário dizer que tanto as companhias de jogos online quanto a vasta legião de jogadores de pôquer cibernético estão tentando reverter a situação, sendo seu argumento principal o fato de o pôquer ser um jogo de habilidade, e não de azar.

♠ Regulamentações ♣

Não surpreendentemente, considerando as respostas atuais dos Estados Unidos aos jogos online, pouquíssimos países estão dispostos a conceder licenças para cassinos e salas de jogo, com a maioria das operações se concentrando em locais

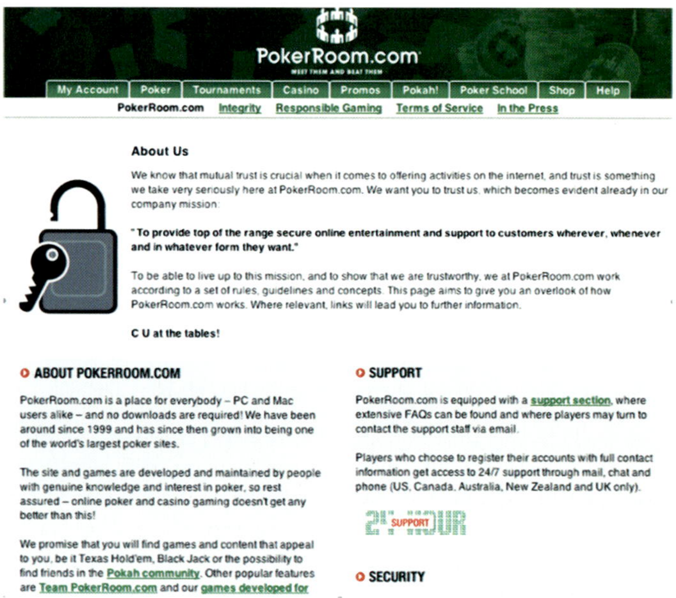

Acima: A segurança e integridade das operações de cassinos online estão se tornando cada vez mais confiáveis devido à competição acirrada entre as companhias que oferecem os serviços. Isto inclui a oferta aos jogadores de opções de restringir seu envolvimento nos jogos, por opções e configurações de jogo mais responsáveis.

À direita: Conluios e conspirações podem ser um problema tanto em ambientes de jogos reais quanto virtuais, envolvendo a associação de dois ou mais jogadores para obter vantagens desleais. Entretanto, as companhias de cassinos online operam programas de segurança sofisticados, desenvolvidos para policiar comportamentos conspiratórios e atividade fraudulenta através do monitoramento de padrões de jogo.

Acima: Jeff Markley, vice presidente de Operações Online da Bluff Media, dona da maior revista de pôquer dos Estados Unidos, observa três telas de cassinos online em seu escritório, após a aprovação do Ato Anti-apostas via Internet, em 2006. Em uma semana, os jogadores americanos sacaram milhares de dólares de suas contas cibernéticas, e o acesso ao pôquer online, cassinos e jogos de apostas em alguns sites foi bloqueado.

como Costa Rica, Gibraltar, Malta e países do Caribe. O Reino Unido, com um olho nos potenciais de arrecadação fiscal do jogo, está prestes a legalizar o estabelecimento de sites de apostas online, o que poderá instilar mais confiança na indústria, por parte dos consumidores.

Embora seja verdade que as companhias de boa reputação paguem aos países anfitriões grandes taxas de licença e sujeitam suas operações ao escrutínio oficial, o fato é que esta indústria continua se auto-regulamentando. Várias organizações monitoram o jogo online, dentre as quais a mais respeitada seja o Conselho de Jogos Interativos e Associação dos Jogadores Online e Comissões de Jogos (Gaming Council, Online Players' Association and Gambling Comission). Em um mercado competitivo, a vasta maioria dos operadores reconhece que a satisfação do cliente é prioridade total, pelo que sempre se busca a promoção da integridade dos negócios. Algumas companhias desonestas ainda existem, e incumbe ao consumidor o exercício da cautela ao selecionar o site onde jogar.

♠ Segurança online ♣

Embora não se possa assegurar plenamente a segurança dos sites de pôquer online, considerando a rápida mutação das tecnologias de computação, pode-se confiar na maior parte deles, em termos de lisura nas transações financeiras e confidencialidade quanto a dados pessoais. Os métodos de criptografia digital são os mesmos usados pelas instituições financeiras do mundo inteiro, e é de interesse dos operadores assegurar a impermeabilidade dos sistemas de segurança.

Os melhores sites monitoram as mesas virtuais contra sinais de trapaça pelos jogadores através de esquemas em quadrilhas. Dois ou três jogadores poderiam se sentar na mesma mesa e se comunicar uns com os outros, à distância, sobre suas respectivas mãos. Jogos de apostas altas (high-stakes) são mais visados por trapaceiros, mas os sites de primeira linha têm sistemas que identificam padrões suspeitos de apostas. Os jogadores que suspeitam de trapaças podem sempre alertar a seção de apoio ao consumidor. Nada garante a compensação imediata de eventuais prejuízos, mas os mais respeitáveis sites levam adiante suas investigações.

Começando

O mercado do pôquer online é imensamente competitivo, com literalmente centenas de sites oferecendo a chance para o jogador de cultivar sua paixão. Embora lançado em 2001, três anos após o PlanetPoker se tornar o primeiro site de pôquer, o site PartyPoker se tornou a força dominante do ramo. Uma grande campanha publicitária em 2003 conseguiu levá-lo a posição que está hoje, de onde comanda quase a metade das operações financeiras e receitas geradas pelo pôquer online. Em horários de pico, costuma haver mais de 200.000 pessoas competindo só neste site, acontecendo o mesmo no PokerStars, que consegue levantar números semelhantes em seus torneios, tidos como os mais difíceis de vencer. Foi neste site que Chris Moneymaker e Greg Raymer surgiram – ambos conquistaram o campeonato mundial da WSOP –, o que garante o renome do PokerStars em meio a jogadores sólidos e experientes. Outras salas de pôquer online dignas de menção são PacificPoker, PokerRoom e UltimateBet, também prestigiados no ramo. Muitos dos sites são apoiados por profissionais do pôquer, sendo Doyle Brunson apenas um dos jogadores que aproveitaram sua popularidade para criar seus próprios sites de pôquer online.

♠ Registro ♣

"Logar-se" em um site é um processo direto e comum para qualquer pessoa familiarizada com o acesso à Internet. Para jogar, porém, é necessário fazer um cadastro no operador, envolvendo um endereço de e-mail e a criação de um nome de usuário e de uma senha. Um número de conta será emitido, embora nem sempre seja necessário fazer um depósito imediato em dinheiro para começar a jogar, pois há, em geral, mesas de dinheiro "de mentira" (play money). Detalhes da conta e acesso às mesas virtuais só podem ser obtidos através da indicação de nome de usuário e senha existentes e corretos. Não é raro que jogadores mantenham contas em vários sites de pôquer online, pelo que é aconselhável manter anotações separadas sobre os números de contas e senhas. A maioria dos sites requer que o jogador faça o download de um programa específico, antes de jogar, mas muitos permitem o acesso diretamente pelo navegador (browser).

Abaixo: Quatro dos mais bem estabelecidos sites de jogo online disponíveis hoje em dia. Há mais de 140 sites que atendem pessoas que querem jogar no conforto de seu próprio lar. O crescimento impressionante do pôquer online é um fenômeno do século XXI, tendo o primeiro site sido criado pouco antes da virada do milênio.

Acima: Com um computador simples, um modem discado de 56k e acesso a uma linha telefônica, é possível jogar pôquer com pessoas ao redor do mundo inteiro. O benefício do pôquer online é a chance dada ao iniciante para praticar sem o incômodo de ter de procurar uma sala de jogos para organizar as partidas.

Abaixo: O pôquer cresce rapidamente na Alemanha, e estima-se que mais de 100.000 jogadores alemães tenham acessado sites de jogo online em 2006. A Deutsche Poker Tour é uma liga independente de pôquer online cujos membros jogam em sites famosos para acumular pontos, que mais tarde lhes renderão o direito de participar de um grande torneio com altos prêmios, no final da temporada.

♠ Navegação na sala de pôquer virtual ♣

Sites rivais diferem cosmeticamente em termos de gráficos e apresentação, mas o acesso aos jogos e serviços auxiliares geralmente segue linhas padronizadas. Menus e listas de comando classificados de forma clara indicam as variantes de pôquer e o nível e estrutura das apostas à disposição. Distinguir jogos simples (cash games) e torneios (tournaments) é simples, e há vários detalhes estatísticos disponíveis para cada mesa, incluindo informações estatísticas, como o valor médio do pot e o número de mãos jogadas por hora. Estes dados ajudam o usuário a identificar se os jogos são relaxados ou apertados, o que é de grande valia para a formação da estratégia inicial.

Após escolher e se sentar em uma mesa, o jogador deve, é claro, clicar no botão correspondente para entrar no jogo, após que os elementos como a distribuição de cartas (deals) e o pagamento dos pingos (antes) costuma ser automático. As opções disponíveis para cada jogador quando há a necessidade de uma decisão de aposta aparecem claramente para o jogador, sendo necessário um simples clique para pedir mesa (check), apostar (bet) ou correr (fold).

♦♣♥♦♠♣♥♦ Robôs de pôquer ♦♠♣♥♦♠♣♥♦

Todos os jogadores sérios de pôquer procuram ter uma vantagem sobre seus oponentes, e os jogadores online não são diferentes, Para isso, muitos utilizam robôs de pôquer (pokerbots) – programas de computadores específicos que avaliam um jogo e dão ao jogador importantes informações. Os pokerbots podem interpretar todas as cartas visíveis na mesa e calcular as probabilidades, fazendo também recomendações sobre que mãos jogar e quando apostar. Neste particular, podem economizar tempo, embora alguns digam que seu uso atrasa o desenvolvimento da habilidade pessoal do competidor para interpretar o jogo. Alguns bots podem ser programados para jogar automaticamente, mas seus índices de desempenho são bastante limitados. Lucros modestos em jogos de apostas baixas já foram registrados, porém, dadas as estratégias muito rígidas empregadas pelas máquinas, este sucesso normalmente pode ser atribuído ao baixo nível dos oponentes. Jogadores experientes controlam melhor a mão quando jogam contra oponentes previsíveis, e, por enquanto, nenhum programa consegue incorporar as sutilezas de blefes (bluffs) e passadas em falso (checkraises), não representando grande perigo.

Jogo Online

À exceção de algumas variações de um salão de jogo para o outro, as principais atrações do pôquer online são o Texas Hold'em, o Omaha e o 7-card stud, junto com os jogos de prêmio dividido Omaha/8 e 7-card stud high/low. O pôquer fechado (draw poker) também é disponibilizado em alguns sites, assim como o Crazy Pineapple, um jogo derivado do Texas Hold'em, no qual os jogadores recebem três cartas e não duas, devendo descartar uma após o flop e a conclusão da segunda rodada de apostas. A influência dos EUA no jogo é tão grande que a maioria dos sites opera com dólares americanos, independentemente de onde sejam sediados.

As estruturas de apostas utilizadas são as de limite fixo (fixed-limit), apostas limitadas ao total em jogo (pot-limit) e apostas ilimitadas (no-limit), sendo esta última a que costuma atrair mais iniciantes. Jogos a dinheiro de verdade existem em jogos em que se disputam desde algumas moedas até centenas de dólares, atendendo às demandas de todos os jogadores. A diferença principal entre os jogos em salões de jogo virtuais e aqueles disputados ao vivo é a maior velocidade no ritmo do jogo. Cada mão pode levar menos de um minuto para se completar, e os jogadores raramente têm a opção de ficar por mais de 30 segundos refletindo sobre suas jogadas.

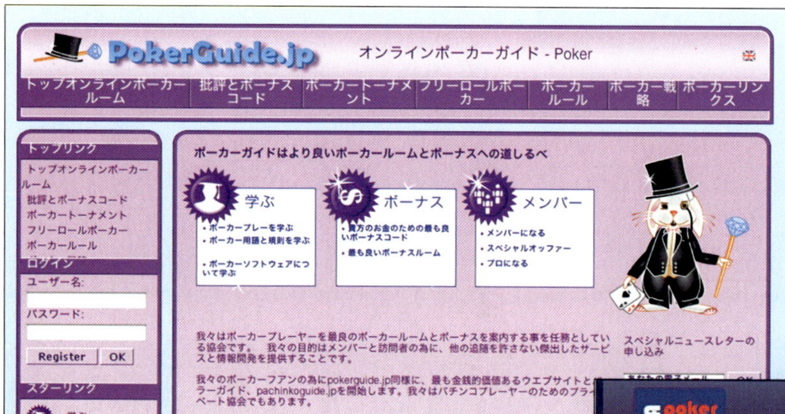

À esquerda: Um dos principais sites japoneses de orientação sobre pôquer, com análises dos jogos das maiores salas de jogos, rankings, dicas de estratégias para iniciantes e iniciados, além das regras do jogo. Ele também oferece campeonatos diários gratuitos (freerolls) e agendas de torneios. A nação dos 128 milhões está tentando derrubar o banimento dos cassinos para aumentar a atratividade turística e reativar sua indústria de jogos. O Japão tem mantido diálogos com companhias multinacionais de entretenimento, como a Harrah's Entertainment Inc para operar os primeiros cassinos do país após 2010.

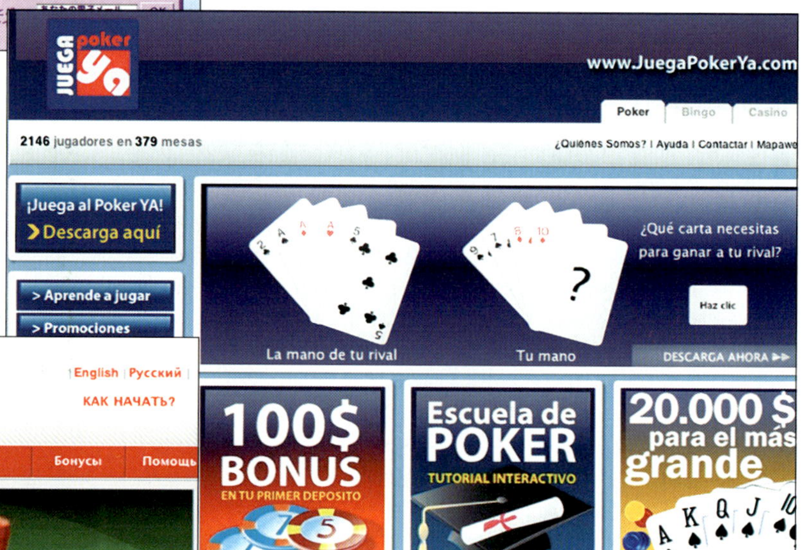

À direita: Juega Poker Ya é um dos sites líderes de jogos online da Espanha, e oferece torneios-satélite e campeonatos gratuitos (freerolls). Milhares de jogadores espanhóis se enfileiram para aprender a jogar, na expectativa de seguir os passos do profissional nacional Carlos Mortensen, campeão mundial em 2001. O pôquer é similar ao Mus, um jogo de apostas espanhol também baseado em habilidades e psicologia, em que os jogadores disputam para eliminar os demais.

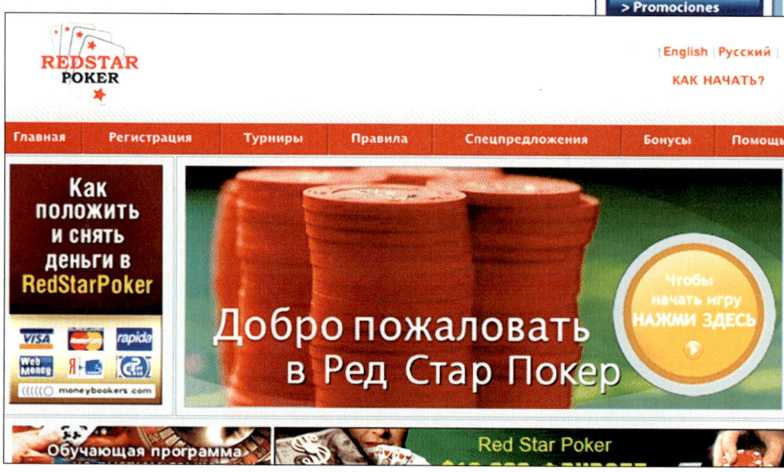

À esquerda: Há muitos sites de jogo online na Rússia, mas foi a companhia Red Star Poker, sediada em Malta, que iniciou suas atividades em 2005, que veio preencher o vazio no tocante a instrução e serviços consumeiristas em russo e inglês. Ao baixar o software necessário para jogar, os competidores ganham o direito de participar em torneios-satélite com jogadores internacionais.

Acima: Um site do pôquer online da Eslovênia. Os cassinos eslovenos atraem jogadores vindos da Itália, onde restrições e impostos altos barram o crescimento da indústria do jogo. Em 2004, mais de 87% das visitas aos cassinos da Eslovênia foram feitas por estrangeiros.

Acima: Um portal de pôquer israelense, em hebraico. O jogo é ilegal, atualmente, em Israel, mas há esforços para tentar legalizá-lo. O governo israelita analisa uma proposta que permitiria que cassinos fossem construídos em Eilat, a principal cidade turística do país. Nenhuma decisão formal saiu ainda, mas vários grupos de investidores já competem pelos contratos de construção.

♠ Número de jogadores ♣

Da mesma forma como nos estabelecimentos reais, as mesas, nas salas virtuais de jogo, comportam nove ou dez jogadores. O Texas Hold'em e o Omaha são as variantes que costumam lotar as mesas, e no 7-card stud, costuma-se limitá-las a oito competidores. Todas estas variantes de jogo também são apresentadas em mesas com menos participantes, havendo jogos "mano a mano" (heads-up) e mesas de Texas Hold'em limitadas a três, quatro ou cinco jogadores. O impacto da participação de menos jogadores costuma ser a mais rápida circulação dos blinds, o que faz com que os jogadores se envolvam mais na ação. Com a redução da força da mão vencedora média, estes jogos com menos participantes tendem a ser mais soltos, ao gosto daqueles competidores menos pacientes, que não gostam de ficar de fora enquanto outros competem entre si.

♠ A comissão (rake) ♣

O rake é a taxa cobrada pelo site de pôquer em pagamento da facilidade do jogo. Para entrar em um torneio de US$ 10, por exemplo, os jogadores normalmente têm de pagar US$ 11, dos quais US$ 10 vão para a composição do prêmio e o adicional de US$ 1 para o operador do torneio. Uma comissão de dez por cento é a mais comum para os jogos de apostas baixas, podendo ser reduzida em torneios mais caros.

As taxas cobradas em jogos simples a dinheiro (cash games) varia de site para site, costumando ir de cinco a dez por cento de cada pot disputado, nos jogos de apostas baixas. Os sites cobram um preço fixo se o pot excede um determinado valor, mas o ganho por mão pode facilmente superar U$ 1. Uma vez que 60 mãos em uma hora seja um índice comum nas mesas, o lucro potencial é grande, considerando que há sempre milhares de mesas virtuais em atividade a qualquer hora.

Da perspectiva do consumidor, vale sempre a pena checar os catálogos de comissões (rake charts) que são publicados pela maioria dos sites de pôquer online. Uma comparação entre as diferentes taxas incidentes sobre os níveis de apostas pelos quais o jogador tem preferência certamente valerá a pena para aqueles que quiserem jogar por algumas horas durante a semana. Mesmo vencedores frequentes podem acabar pagando mais do que o necessário por simplesmente não adotar uma abordagem comparativa.

♦♠♥♦♠ Pôquer a dinheiro "de mentira" ♦♠♣♥♦

Ao se registrar em um site de pôquer online, o jogador normalmente recebe fichas que podem ser usadas em jogos com dinheiro "de mentira" (play money). Esta é a oportunidade ideal para iniciantes aprenderem a jogar sem custos, sendo uma boa fonte educativa. Jogadores experientes também podem utilizar estas partidas como aquecimento, antes de sentar em uma mesa a dinheiro de verdade. Obviamente, com nada real a perder, os jogos tendem a ser bem relaxados, mas isto não diminui seu valor para ajudar um jogador a se concentrar nos principais aspectos do jogo antes de jogar para valer.

♠ JOGOS A DINHEIRO ♣

Uma das grandes vantagens do pôquer online é a riqueza de informações disponíveis aos jogadores que pretendem participar de jogos simples a dinheiro (cash games). Aqueles com alguma experiência no meio considerarão as estatísticas de cada mesa sobre os níveis de apostas que lhes favorecem, levando em conta informações como o valor médio do pot e, em mesas de Texas Hold'em, quantos jogadores, em média, pagam para ver o flop, normalmente em termos de porcentagem. Uma mesa relaxada pode ser reconhecida por estes dados, sendo que, pelo menos metade dos jogadores pagam regularmente para ver o flop, provavelmente com mãos modestas. Este tipo de jogo pode ser uma proposta atraente para um jogador experiente e com maior disciplina para escolher em quais mãos investir. Jogos com apostas mínimas de US$ 1 ou mais normalmente têm jogadores razoavelmente bons, enquanto aqueles com apostas menores costumam ter jogadores casuais.

Perceber a provável qualidade dos oponentes é um fator chave, é claro, pois há vários jogadores online que se contentam em competir sem grandes apreciações estratégicas e noções das nuances de cada partida em particular. Identificar estes jogadores certamente será útil, mas jogadores pouco sofisticados têm o costume de raramente blefar, sendo, em geral, incapazes de compreender as implicações por trás de uma aposta alta. Da mesma forma, jogadores passivos (calling stations) e maníacos por ação que gostam de jogar muitas mãos não vencem as probabilidades a longo prazo, mas, em certas ocasiões, terão sorte e sairão com as cartas que precisam para vencer. Estes jogadores são perigosos, mas não tanto quanto aqueles que se sentam pacientemente e correm, mão após mão, na espera por cartas que justifiquem apostas altas. Confrontar jogadores seguros e agressivos (tight-agressive players) é algo que só deve ser feito quando se tem uma mão excepcionalmente boa.

♠ Valores das apostas (stake levels) ♣

Um limite mínimo e máximo de fichas iniciais (buy-in) normalmente se aplica a qualquer mesa que se escolha, particularmente em jogos de apostas limitadas ao total em jogo (pot-limit) ou ilimitadas (no limit), enquanto em jogos de apostas fixas, os jogadores podem sentar à mesa com quantas fichas puderem comprar. Em geral, o limite máximo é de cem vezes a aposta mínima, e é recomendado que os jogadores sempre entrem num jogo com o máximo permitido de fichas. Uma pilha de fichas (chip stack) muito superior aos pots em disputa é essencial para evitar pressão por parte dos líderes em fichas (chip leaders), bem como para garantir que, na posse de uma mão vencedora, se possa tirar o máximo de lucro possível. "Reabastecer" as fichas, quando possível, é

À esquerda: Uma grande irrupção do pôquer online tem ocorrido, em nível global, e os países do Leste Europeu, como a Croácia, não são exceção. Em terra firme, o país mantém 12 cassinos, dos quais quatro estão localizados na capital, Zagreb. O maior cassino do país, o Miro Hotel e Cassino Minera, em Plovanija, tem 34 mesas e 250 máquinas de vídeo-pôquer e outros jogos.

À direita: Um site chinês de pôquer online. A ESPN, um canal de TV a cabo norte americano dedicado a programação esportiva é a maior transmissora de pôquer da atualidade. Ela agora está disponível na China e expõe cerca de 1,3 bilhões de pessoas ao jogo. Os primeiros a sentir este impacto são os sites de jogos pela Internet.

À **esquerda:** Um site polonês de pôquer online. A comunidade do pôquer na Polônia é pequena, mas seus jogadores estão entre os melhores. O time polonês venceu o time americano e levou a terceira edição da Copa do Mundo de Poker, em 2006, com um prêmio de US$ 100.000. O torneio grátis começou online, com 39 nações batalhando pelo direito de se fazer representar no evento.

No meio, à **direita:** O portal líder em pôquer na Suécia. Este site oferece análises e críticas de salas virtuais, artigos, regras, torneios e um fórum de pôquer.

À **direita:** O jogo em cassinos reais na França é altamente restrito, e a única opção acaba sendo jogar em estabelecimentos controlados pelo Estado; os cassinos online, contudo, estão funcionando em alto ritmo.

sempre aconselhável, embora não tenha muito sentido fazê-lo se um oponente já tem uma vantagem equivalente a duas ou três vezes o valor máximo permitido.

Da mesma forma, os jogadores devem estar incrivelmente confiantes de seu potencial para se sentar em uma mesa em que um oponente já tenha este tipo de vantagem. Normalmente, uma pilha de fichas muito superior à entrada máxima é um indicativo de que seu detentor está jogando bem há algumas horas, e confrontar um jogador em boa forma e com fichas suficientes para fazer apostas intimidadoras é extremamente desaconselhável.

♠ Pistas (poker tells) no jogo online ♣

A habilidade de "ler" os oponentes para avaliar o significado de suas apostas é uma grande vantagem, e, para este fim, decifrar as pistas emanadas da linguagem corporal dos adversários é sempre útil. Porém, atitudes físicas características obviamente estão ausentes quando se joga online, embora ainda haja alguns outros sinais disponíveis para um bom observador, sobre o estilo e as atitudes dos oponentes.

Mensagens na caixa de bate-papo (chatbox), se levadas ao pé da letra, podem ser um bom indicador do humor de um oponente, pois vários jogadores podem estar cansados, entediados ou até mesmo bêbados. Durante o jogo, alguns competidores usam o máximo de tempo permitido para fazer suas jogadas, o que pode significar uma conexão de internet ruim, mas também pode indicar que o indivíduo em questão é ou um iniciante ou está jogando em várias mesas simultaneamente. Se houver suspeitas da última hipótese, o oponente pode estar limitando seu jogo a investimentos pesados apenas em mãos fortes em cada uma das mesas, pois esta é uma estratégia muito mais fácil de administrar. Qualquer aposta (bet) ou repique (raise) por parte deste oponente merece respeito, nestas circunstâncias. Do mesmo modo, um jogador que aumenta uma aposta quase instantaneamente geralmente tem uma boa mão, com a velocidade da decisão sugerindo confiança plena em suas cartas. De outro lado, um jogador que leva muito mais tempo do que o usual para jogar uma mão em particular pode estar tentando disfarçar o verdadeiro valor de sua combinação.

As salas de pôquer online oferecem a opção de fazer notas sobre os oponentes ao longo do jogo, e muitos trazem a opção de levantamentos estatísticos sobre o desempenho do próprio jogador durante qualquer sessão. Entretanto, a velocidade dos jogos e a tendência das mesas virtuais de permitir contínuas alternâncias de jogadores fazem com que seja difícil ler os oponentes. É fundamental atentar a novos jogadores entrando na partida, fazendo as adaptações estratégicas necessárias.

Torneios Online

A inspiração proporcionada pelo espetáculo dos torneios televisionados de pôquer é, sem dúvidas, responsável pela popularidade dos campeonatos eliminatórios das salas de jogo online. Enquanto a obtenção de lucro em jogos simples (cash games) requer uma estratégia de longo prazo e uma abordagem consistente e disciplinada, o apelo dos torneios está no fato de que uma única vitória pode compensar o lucro de várias horas de trabalho. Além disso, o fato de o valor das entradas ser sempre estipulado faz com que seja possível saber com antecedência a derrota máxima possível caso o jogador seja eliminado fora da zona de premiação.

Outro aspecto dos torneios que os fazem tão atraentes para a nova geração de jogadores de pôquer é que a sorte pode minar as estratégias de jogadores tidos como superiores. Uma "jogada encontrada" (bad beat) e a perda de um pot alto pode sabotar seriamente as chances de vitória de um bom jogador tanto quanto as de um novato. Entretanto, deve-se lembrar que os melhores profissionais costumam terminar na zona de premiação com frequência e regularidade em torneios ao vivo, pelo que não há razão para crer que jogadores de experientes em torneios online não sejam igualmente bem-sucedidos, sobretudo nas disputas de altos valores (high stakes).

♠ Estruturas de torneios ♣

A natureza do pôquer online permite uma gama maior de estilos e estruturas de torneio do que aquela encontrada em um típico salão de jogos, devido aos benefícios de se ter um programa de computador controlando os procedimentos. Os torneios de uma mesa, estilo "sente e jogue" (sit 'n' go), para de cinco a dez jogadores são extremamente populares, pois raramente levam mais de uma hora para terminar. Com efeito, se jogado como torneio "turbo", de alta velocidade, podem se resolver em menos da meia hora.

De outro lado, os torneios de múltiplas mesas organizados pelos salões de jogo online podem levar várias horas, atraindo mais jogadores que fazem seu próprio horário. O Texas Hold'em é a modalidade preferida para a maioria dos torneios virtuais, embora outras variantes sejam jogadas em formato de torneio, com as estruturas de apostas padrão.

♠ Considerações estratégicas ♣

Em termos de verdadeira estratégia de torneio, os conselhos básicos aos jogadores são a disciplina e a cautela, durante os estágios iniciais, tomando conhecimento dos oponentes e apostando somente em mãos muito boas. Todos os

À esquerda: A era da informática pode facilmente se infiltrar nos salões de jogo e "roubar" os empregos dos carteadores (dealers). Aqui, uma partida de Texas Hold'em nas novas mesas de pôquer eletrônicas "sem carteador" (dealer-free) PokerPro, no Hollywood Park Casino, em Inglewood, Califórnia. As mesas eletrônicas não requerem croupiers, pois os jogadores selecionam suas jogadas em uma tela de toques. O cassino inaugurou sua sala de e-poker em outubro de 2006, tornando-se o primeiro na Califórnia a utilizar mesas eletrônicas, que combinam a velocidade e precisão do pôquer online com a interação pessoal do jogador, do estilo tradicional.

Abaixo, à **esquerda:** O All Aussie Poker é um site australiano de pôquer online, oferecendo vários serviços relacionados ao jogo; seu correspondente alemão é o Mega Poker. Basta digitar "pôquer online" em qualquer buscador da internet para ver uma enxurrada de resultados.

Abaixo, à **direita:** A conveniência e o anonimato associados com o jogo online levou as mulheres a representar até 40% da clientela das salas de jogo, contra somente 5% nos cassinos de verdade.

jogadores começam com o mesmo número de fichas, mas esta abordagem seletiva pode ajudar a conservar os recursos do jogador enquanto os oponentes eliminam uns aos outros.

Dos estágios intermediários em adiante, os jogadores devem ser seletivamente mais agressivos, para se contrapor aos níveis crescentes das apostas, o que é mais fácil quando se tem uma situação confortável quanto ao número de fichas. Variar o estilo de jogo para se adaptar a reviravoltas dos oponentes é altamente indicado, e aqueles com as maiores pilhas de fichas (chip stacks) podem, obviamente, arriscar um pouco mais em mãos moderadas, sem prejudicar suas perspectivas globais.

Quando o torneio se encaminha para o final, as decisões de apostas costumam ser ditadas pelo tamanho da pilha de fichas do jogador muito mais do que pelas próprias cartas. Os líderes pressionarão os jogadores com poucas fichas e ameaçados pela eliminação. Compreensivelmente, é este alto nível de volatilidade no final do evento que faz os torneios tão excitantes para os participantes assíduos.

Prêmios

Prêmios em dinheiro normalmente são distribuídos entre os 10% melhores jogadores de qualquer torneio, embora alguns eventos sejam organizados no estilo "vencedor leva tudo" (winner takes all). Um torneio de uma mesa só, de 10 jogadores, normalmente premiará os três primeiros, com o campeão levando 50% do total. Num evento de US$ 10, o vencedor levará US$ 50, o vice (runner-up), US$ 30 e o terceiro colocado, US$ 20. Eventos de várias mesas, envolvendo mais de 1.000 participantes podem reduzir o prêmio do campeão para 25% do prêmio total, para acomodar pagamentos aos 100 primeiros colocados. Considerando novamente o exemplo de um torneio de US$ 10, o primeiro prêmio giraria em torno de US$ 2.500, que é uma quantia atraente, considerando o valor da entrada. Contudo, vencer até 1.000 oponentes em um ambiente extremamente competitivo é evidentemente uma grande façanha, e não algo que muitos jogadores conseguem repetir com frequência.

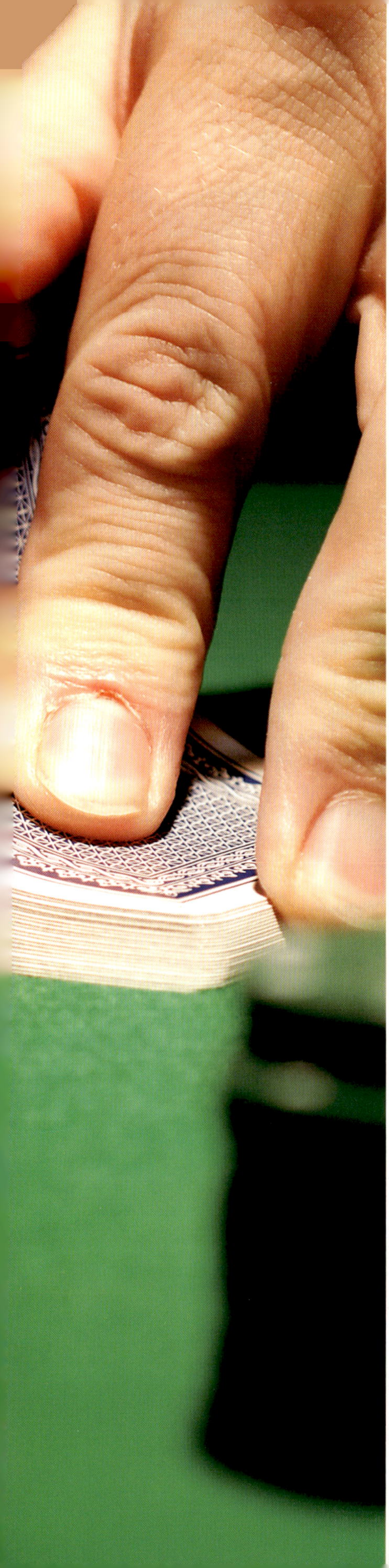

Cassinos e Clubes

A recente popularidade do jogo online de pôquer na última década criou uma crescente demanda pelo jogo nos principais cassinos, embora muitos dos estabelecimentos menores ainda relutem a prover instalações dedicadas ao pôquer. De uma perspectiva puramente comercial, o custo operativo de uma mesa de pôquer raramente compensa, para a casa, tanto quanto outros jogos de apostas como roleta, jogos de dados e as máquinas caça-níqueis. Nestes, é claro, os jogadores apostam contra a casa, e não uns contra os outros, garantindo aos cassinos uma receita fixa e previsível. Contudo, apesar do fato de que as comissões de uma mesa de pôquer talvez nunca rendam tanto quanto uma dúzia de máquinas caça-níqueis que poderiam ocupar o seu lugar, a demanda dos consumidores tem ajudado a impulsionar uma mudança de perspectiva. Como resultado, a oportunidade de conseguir praticar o pôquer em público tem atraído muito mais jogadores aos cassinos em todo o mundo. Para os iniciantes nesta experiência, este capítulo sublinha alguns dos fatores-chave para se manter em mente ao jogar em uma sala de cartas comercial.

À **direita:** No pôquer, as cartas são embaralhadas antes da distribuição de cada mão (deal). Os jogadores normalmente embaralham e dão as cartas em jogos caseiros ou em clubes pequenos, enquanto nos cassinos é costume que um profissional seja empregado especificamente para cuidar deste aspecto do jogo. Um carteador profissional ajuda a agilizar os procedimentos, dando aos jogadores a liberdade para se concentrar em suas estratégias, embora este luxo tenha um custo – as comissões –, taxas tiradas de cada pot para cobrir os gastos com o carteador e outras comodidades.

O Que Esperar

Pessoas habituadas a jogar pôquer em casa com os amigos, sobretudo por quantias modestas, podem ficar intimidadas em sua primeira aventura em uma sala de jogos. É claro que as instalações diferirão de uma sala para outra, pois o brilho e o glamour dos pomposos hotéis-cassino de Las Vegas não são reproduzidos nos pequenos clubes urbanos. Pode haver 5 ou 50 mesas em operação, mas a verdade é que qualquer pessoa que toma um assento em uma sala de jogos comercial pela primeira vez, para jogar pôquer contra estranhos, provavelmente se sentirá nervosa.

O ambiente desconhecido, as eventuais distrações e a necessidade de contabilizar os desenvolvimentos na mesa são fatores que podem conspirar para quebrar a concentração do jogador. Isto, é claro, pode sair caro, pelo que aqueles que desejarem visitar um salão de jogos devem, aos poucos, se familiarizar com o ambiente antes entrar em uma partida. Sempre haverá funcionários a postos para responder qualquer pergunta com relação às comodidades oferecidas e as regras gerais aplicáveis aos diversos jogos. A maioria dos comentaristas de pôquer sugere que é sempre uma boa ideia assistir a um jogo antes de se sentar na primeira uma cadeira vaga. Isto ajudará o jogador a sentir o clima do ambiente e lhe oferecerá a chance de avaliar a qualidade dos oponentes e os estilos de jogo em operação.

Acima: O hotel e cassino Bellagio, em Las Vegas, foi inspirado no resort Lake Como, de Bellagio, na Itália. Foi o hotel mais caro já construído na época de sua inauguração, em 1998, tendo custado mais de US$ 1,6 bilhões. Muitos profissionais do pôquer gostam de jogar lá, devido, em parte, aos altos limites das apostas.

♠ Regras da casa ♣

Toda sala de pôquer tem um administrador, caixas e uma série de regras sobre os jogos, além de alguns pontos gerais de etiqueta. Estabelecimentos maiores, claro, empregarão vários croupiers e terão uma equipe sempre pronta para dirimir qualquer disputa que possa surgir. Embora exista um certo grau de consistência entre salas de jogo que operam no mesmo local, há sempre algumas variações sobre os limites de apostas, o total de fichas que se pode comprar para iniciar um jogo e as estruturas dos jogos. Poucas pessoas jogam pôquer em um estabelecimento formal sem ter alguma experiência do jogo, porém, incumbe ao próprio individuo se interar sobre as diferentes regras do local.

Vale a pena lembrar, também, que jogadores experientes preferem um passo mais acelerado nos procedimentos, e, devido às comissões e às gorjetas em potencial, os croupiers tendem a atender a esta preferência. Jogadores inexperientes podem facilmente se tornar um aborrecimento aos oponentes e carteadores se demorarem a entender os acontecimentos e começarem a atrasar o jogo perguntando pelas opções que têm ao longo do jogo. Isto sublinha o quanto o jogo pode ser competitivo e sério quando jogado em escala comercial, e confirma a necessidade de uma preparação adequada para qualquer candidato a participante.

À **esquerda:** Show de luzes laser no hotel-cassino Las Vegas Golden Nugget. A maior pepita de ouro (gold nugget) em exibição no mundo, a Mão da Fé (Hand of Faith), fica no lobby. Pesando 876 onças (27,2 kg) e medindo 18 polegadas (46 cm) de comprimento, ela foi encontrada no Triângulo do Ouro (Golden Triangle), na Austrália, em 1980.

À **direita:** A famosa placa de "Bem-Vindo a Las Vegas" (Welcome to Las Vegas), ao sul da Las Vegas Strip. Betty Willis e Ted Rogich criaram a placa, característica da arquitetura Googie, um movimento popular da época, no condado de Clark, em Nevada. A parte de trás da placa diz "Dirija com Cuidado e Volte em Breve" (Drive Carefully and Come Back Soon). Ao vê-la de cima, os círculos em cada uma das letras da palavra "WELCOME" têm o aspecto de dólares de prata.

♠ Las Vegas ♣

A tradicional associação do pôquer a Las Vegas ajudou o desenvolvimento de um apelo magnético que atrai jogadores do mundo todo. A escolha dos jogos e empreendimentos costuma ser impressionante, com mais de 50 salões de jogos para satisfazer qualquer gosto. Muitos, como o Bellagio, o Mirage e o Caesar's Palace se encontram no espaço para cassinos da Las Vegas Strip, ao passo que o Binion's Horseshoe, antigo lar da WSOP, é no centro, junto com o Golden Nugget. Embora cada sala tenha sua personalidade própria, há aspectos comuns a todos, com regras normais de vestuário e, de forma crescente, uma certa repreensão ao consumo de cigarro nas mesas de pôquer. Não surpreendentemente, muitos dos melhores jogadores de pôquer moram e trabalham em Las Vegas, e qualquer pessoa que planeje visitar a cidade pode esperar competição de alto nível em qualquer salão que escolher.

♦♠♥♦♠ A Las Vegas do Binion's ♦♠♣♥♦

Para muitos, este é o único local para se jogar pôquer, tamanha a associação do cassino à WSOP, instigada pelo proprietário original do estabelecimento, Benny Binion. Originalmente conhecido como Binion's Horseshoe, o cassino foi rebatizado após uma mudança de donos, enquanto a WSOP se transferiu para o Harrah's Rio Casino, crescendo ainda mais. Situado na East Fremonti, 128, o Binion's tem 14 mesas em uma sala tida como espaçosa pelos padrões dos cassinos, com jogos de Texas Hold'em, 7-card stud e Omaha. Os limites de apostas estão entre os mais baixos da cidade, havendo a opção de Hold'em de apostas fixas em US$ 2/4, e o valor mínimo para se participar de um jogo de apostas ilimitadas girando em torno de US$ 100, com os blinds estipulados em US$ 1 e US$ 2. Torneios de Hold'em de apostas ilimitadas são organizados diariamente, com taxa de entrada a US$ 70 – mais US$ 20 como taxa de administração –, embora o preço pule para US$ 150 mais US$ 50 nas noites de sexta, sábado e domingo. Aulas básicas sobre como jogar Hold'em são oferecidas todos os dias, às 11 da manhã.

À **direita:** O cassino Binion's Horseshoe, localizado no centro da Fremont Street, onde dois milhões de lâmpadas e 540.000 watts de som transformam sua cobertura no maior show animado de luzes do mundo, todas as noites. Embora seja mais famoso pelo jogo, o Horseshoe tem outras atrações, incluindo o Hall da Fama do pôquer, que honra os maiores jogadores da história.

A Comissão dos Cassinos

Conforme mencionado antes, embora existam clubes de pôquer, muitos cassinos estabelecidos internacionalmente relutaram em oferecer aos jogadores os meios para satisfazer seus interesses em apostas. A ressurreição do interesse no jogo encorajou uma mudança em muitos casos, mas os serviços oferecidos por toda sala de jogos têm custos. O pagamento vem na forma das comissões (rake), também chamadas de "fatias" (cut). Normalmente, o rake é fixado em três por cento, mas pode chegar a dez por cento de cada pot disputado, embora haja, usualmente, um limite para a comissão quando o total em jogo atinge um valor pré-estabelecido.

Considerando que é costume que o vencedor de cada mão dê uma gorjeta ao croupier, logo fica evidente que é difícil ganhar dinheiro com o jogo. Este é particularmente o caso em jogos de apostas baixas, nos quais, mesmo limitada, a comissão pode significar um bom pedaço dos pots pequenos pelos quais em geral se compete. Vencer uma quantidade média de mãos pode não ser suficiente para obter algum lucro, a menos que os jogadores se limitem a jogar apenas mãos que ofereçam vantagens imediatas. O exercício desta disciplina requer que se corra (fold) na maioria das mãos, deixando a sessão, por vezes, irritante. Contudo, este é o único jeito de o jogador esperar realisticamente vencer tanto a oposição quanto as taxas da casa.

Acima: Uma garçonete serve jogadores de pôquer no Binion's Horseshoe. Com comida e bebida oferecidas constantemente durante o jogo, os cassinos têm outras formas além do jogo de extrair dinheiro dos bolsos dos visitantes. O ambiente de cassino é planejado para retirar a pessoa do "mundo real", e a concentração requerida para o jogo é difícil de manter por muito tempo. É recomendado que o jogador controle seu tempo na mesa e faça pausas em intervalos regulares.

À **esquerda:** Entre as atrações exclusivas do Caesar's Palace, situado na Las Vegas Street entre o Bellagio e o Mirage, está o Colosseum Theatre, onde Celine Dion e Elton John fazem performances regularmente. Foi construído especificamente para o show A New Day, uma produção espetacular do ex diretor do Cirque Du Soleil, Franco Dragone. Apesar de ter alguns dos preços mais caros de ingressos para shows na cidade, com as cadeiras custando até US$ 200 cada, as apresentações lotam frequentemente.

À direita: Para vencer, ao jogar variantes de pôquer em que a casa leva uma parte, o jogador tem não somente que vencer seus oponentes, mas também o dinheiro que vai para a comissão. O rake é uma taxa pelos serviços, e é costume que se dê uma gorjeta para o carteador quando se vence uma mão. Assim, mesmo uma sessão vencedora não fica livre de gastos.

♠ Jogos e comodidades ♣

As variantes de pôquer em oferta nos cassinos tende a refletir modas da época, com o Texas Hold'em, 7-Card Stud e Omaha aparecendo como mais proeminentes, embora outras modalidades sejam também disponibilizadas. Jogos de prêmio dividido (split pot) e "miséria" (low-only) como o Omaha 8, Razz, Lowball e 7-Card Stud/8 também são populares, embora não tenham uma oferta tão ampla. Estabelecimentos maiores por vezes oferecem taxas separadas para salas ou mesas privadas, nas quais os jogadores podem disputar o jogo que quiserem. Tipicamente, a contratação de uma comodidade deste tipo é condicionada ao uso por um período mínimo, normalmente de seis horas.

Além do pôquer, é claro, os cassinos oferecem muitas outras formas de aposta que já se tornaram a ruína de muitos jogadores de sucesso. Mesmo o saudoso Stu Ungar, tricampeão mundial de pôquer, chegou a sair quebrado de cassinos, mesmo após ganhar quantias altas na mesa de pôquer. E, termos de serviços acessórios, os jogadores frequentemente são servidos durante o jogo, pois a equipe do estabelecimento fica sempre à disposição para pedidos de bebidas ou até comida. Quando se joga por bastante tempo, é possível que refrescos e refeições leves sejam oferecidos, embora estes serviços não sejam oferecidos em todos os lugares.

Acima: Uma de várias máquinas caça-níqueis dentro do hotel-cassino Golden Nugget Cassinos operam para gerar lucro, no que costumam ser muito bons. Dado que o espaço ocupado por uma só mesa de pôquer poderia acomodar até uma dúzia de máquinas caça-níqueis, simples razões econômicas contribuíram para a marginalização do jogo no passado.

♦♠♣♥♦♠ Aviation Club de France, Paris ♦♠♣♥♦

Situado na Avenue de Champs-Elysées, nº 10, o Aviation Club de France, em Paris, é tido como um dos mais estilosos cassinos do mundo. Ele foi inaugurado em 1907, primariamente para atender a jogadores de bacará, mas é hoje prontamente associado ao pôquer, devido ao Grand Prix de Paris, um torneio de Texas Hold'em que figura entre os mais prestigiados na Europa e faz parte da World Poker Tour. O salão de jogos oferece uma grande variedade de jogos simples a dinheiro (cash games), incluindo Omaha, 7-Card Stud e suas variações alto-baixo, além do Texas Hold'em. O local também promove sua própria variante híbrida de Hold'em, na qual os jogadores recebem quatro cartas, das quais uma deve ser descartada antes do flop, e a outra, antes do turn. A entrada (buy-in) para um jogo custa de €30 a 10.000 e as estruturas de apostas, que começam em €2/€4 para mesas com apostas fixas e variam de acordo com o valor do buy-in, incluem apostas fixas (fixed-limit), limitadas ao total em jogo (pot-limit) e ilimitadas (no-limit). Um torneio diário de Texas Hold'em a €30 de entrada é organizado à tarde, e nas noites de sábado, há um evento similar com entrada a €200. Assim como em muitos cassinos proeminentes da Europa, o Aviation Club exige que seus clientes se vistam bem, não permitindo a entrada de pessoas vestindo camiseta ou tênis.

Os Jogadores

Enquanto o número de jogadores regulares que disputam jogos caseiros possa variar, em um cassino, a probabilidade é de que mesas de jogos simples a dinheiro (cash games) tenham de sete a dez jogadores competindo uns contra os outros. Se este representar um número de oponentes muito maior do que o que um indivíduo está acostumado a enfrentar, vale a pena lembrar que a adoção de uma postura mais conservadora é aconselhada. Isto é particularmente importante quando se tem em mente que alguns destes oponentes podem ser jogadores muito bons, além do fato de que as comissões da casa (rake) é sempre um obstáculo a negociar. O padrão da oposição depende muito da localização do salão de pôquer, do valor das apostas em jogo e talvez até da hora do dia (ou da noite) que se escolhe para jogar. Horários de pico tendem a ocorrer em noites de fins-de-semana, é claro, quando os jogos são mais propensos a receber uma competição mais intensa.

♠ Profissionais, semi-profissionais e turistas ♣

A natureza da oposição varia de uma sala de jogos para outra, pelo que é aconselhável um pouco de pesquisa antes de visitar um estabelecimento comercial. Avaliações online de locais específicos podem ajudar os jogadores a identificar aqueles que atendem melhor seus meios financeiros e nível de habilidade. Isto é certamente uma ferramenta útil para qualquer pessoa que queria jogar em Las Vegas ou Atlantic City, embora nem todos os lugares no mundo sejam tão repletos de salas de pôquer como estas estufas turísticas.

Onde quer que se situe a sala de jogos escolhida, a probabilidade é que haja uma clientela regular para quem o pôquer é a fonte principal de renda. Tais profissionais, devido a sua experiência, normalmente jogarão nas mesas de apostas mais altas, mas podem ser encontrados em mesas de jogos mais baratos também. Podem estar passando o tempo enquanto esperam

Acima: Muitos dos maiores estabelecimentos de hotelaria, cassino e resort no mundo ficam na "Strip" – quatro milhas (6,5 km) de bulevar, na All-American Road. Novos cassinos projetam suas fachadas para atrair passantes, e muitas delas acabam se tornando, elas mesmas, atrações.

À esquerda: O jogador de pôquer profissional dinamarquês Mads Anderson, vencedor do EPT Scandinavian Open, em 2006, um evento de 4 dias que lhe permitiu embolsar $341.000 em prêmios. Anderson teve que trabalhar duro para levar o título, e a mesa final durou 10 horas. Antes de deixar sua marca no mundo do pôquer, o dinamarquês foi campeão mundial de gamão.

por um assento em um jogo maior, ou, tendo encarado uma sequência de má sorte, podem estar tentando recuperar seu dinheiro em caixa (bankroll), capitalizando sobre a experiência de jogadores casuais. Turistas frequentemente cometem o erro de jogar um de forma solta, na ânsia de permanecerem envolvidos na ação, reproduzindo o estilo de seus jogos caseiros. Ao fazer isto, jogadores inexperientes deixam a vida dos profissionais e semi-profissionais muito mais fácil. Estes saberão que, esperando por uma boa mão antes de apostar, certamente terão um ou dois oponentes que pagarão, mesmo em desvantagem, e perderão facilmente o pot.

Qualquer pessoa que planeje uma viagem de pôquer, sobretudo em Las Vegas, deve encarar a experiência com expectativas realísticas. A probabilidade de um jogador mediano ganhar uma fortuna na mesa de pôquer é muito baixa, devido ao nível de competição. Com efeito, o senso comum sugere que turistas façam o orçamento de derrotas no pôquer junto com o das outras despesas. Quem conseguir não sair no prejuízo após algumas sessões de pôquer e taxas de cassinos pode se dar por satisfeito com as suas habilidades no jogo.

Acima: Turistas desfrutando da vida noturna em Las Vegas, tida como a capital mundial do entretenimento e apelidada de "cidade do pecado" (Sin City), devido à popularidade dos jogos de apostas legalizados, disponibilidade de bebidas alcoólicas a qualquer hora e várias formas de entretenimento adulto. A imagem da cidade a transformou em um cenário frequente de filmes e programas de televisão.

Abaixo: Um crescente número de cassinos oferece jogos de cartas, com meios alternativos de jogar e vencer. O pôquer de três cartas é um jogo aberto em que os jogadores podem apostar contra a casa, apostar no valor de suas combinações de três cartas ou ambos. Pagamentos bônus podem ser conseguidos por certas façanhas contra o carteador.

Concord Card Casino, Viena

O Concord Card Casino, localizado na Geiselbergstrasse, em Viena, opera desde 1993, e é conhecido por ter a maior sala de pôquer da Europa. O Texas Hold'em com apostas ilimitadas (no-limit), o Omaha com apostas limitadas ao total em jogo (pot-limit) e o 7- card stud de apostas fixas estão no rol de variantes oferecidas, e os donos do estabelecimento sabem que cada vez mais jovens têm sentado às suas 30 mesas. O Hold'em de apostas fixas também é disponibilizado, com apostas variando de €3/€6 até €15/€30, ao passo que os jogos de 7- stud começam com mesas de €20/€40. Torneios são organizados toda noite, com as taxas de entrada variando entre €4 e €200. O Concord sedia diversos torneios de apostas altas ao longo do ano, sendo os mais prestigiados o campeonato austríaco (Austrian Poker Championship), que faz parte do Vienna's Spring Poker Festival, em março, e o European Poker Masters, evento do Austrian Classics que ocorre em outubro. Ambas as competições requerem uma entrada (buy-in) de €3.000. O Concord não tem nenhuma política quanto aos sócios, embora insista que os jogadores se vistam relativamente bem, e evitem jeans e camisetas.

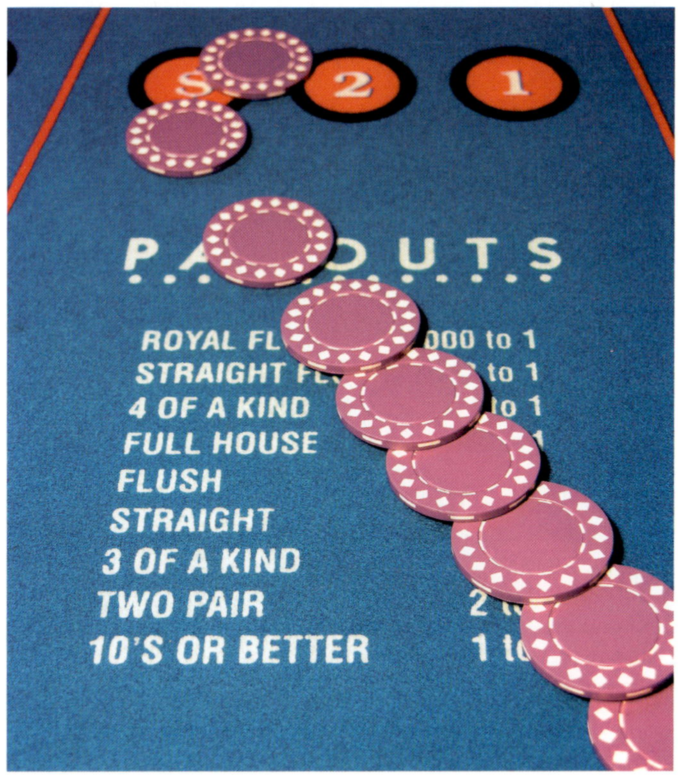

O Ambiente dos Cassinos

A rentabilidade dos cassinos depende de sua aptidão para deixar os clientes entretidos confortavelmente pelo maior tempo possível, pois quanto mais eles permaneçam, mais dinheiro provavelmente perderão. Janelas e relógios não costumam estar presentes, e com sistemas de ar-condicionado que mantêm uma temperatura constante, a experiência do cassino é feita para apartar o cliente de qualquer conexão com o mundo exterior.

Os jogadores de pôquer podem se beneficiar de algumas comodidades preferenciais em alguns estabelecimento, mas muitas salas de pôquer competem pelo espaço com outras formas de jogo. Consequentemente, é bastante comum que uma grande sala com muita gente produza bastante barulho, que, junto com as distrações emanadas das demais mesas, pode testar o poder de concentração dos jogadores. Avanços tecnológicos levaram as maiores e mais prestigiadas casas de jogos a melhorar seus sistemas de cadastro, de modo que as operações corram mais suavemente, mas os jogadores de pôquer podem ser clientes difíceis de agradar.

♠ Condições de jogo ♣

Qualquer pessoa que pretenda disputar jogos sérios de pôquer espera passar várias horas envolvida na competição, mesmo que troque, ocasionalmente, de mesa. Adiante disto, as condições de jogo, no que diz respeito à própria sala de pôquer, tornam-se mais importantes. As grandes mesas ovais podem acomodar até dez jogadores, todas sentados muito próximos uns dos outros, uma cena que, se replicada por toda a sala, pode tornar a experiência um tanto claustrofóbica. Mesmo que este fator, em si, não seja muito intimidador, deve-se considerar a presença de muitos oponentes usando chapéus, bonés ou óculos escuros para disfarçar suas expressões faciais. Em termos de bem-estar físico, intervalos eventuais, mesmo do assento mais confortável, serão necessários, e os cassinos com banheiros próximos sempre marcam um pontinho extra nas avaliações de satisfação.

Acima: O norte-americano Russ Hamilton recebe uma massagem durante o evento principal de Hold'em na edição de 2005 da WSOP. Hamilton, que começou a jogar aos sete anos, venceu em 1994, levando US$ 1 milhão em prêmios. Como era a edição de 25º aniversário da competição, ganhou também o equivalente a seu peso em prata.

Acima: Interior do Casino Barrière de Deauville, na França, durante o Aberto Francês de 2005. Nos anais da história de James Bond, consta que Ian Fleming, criador do personagem, inspirou-se nas mesas e roletas de Deauville para escrever Casino Royale.

Nas mesas, croupiers competentes garantem tranquilidade ao jogo, havendo, em alguns estabelecimentos, máquinas automáticas de embaralhar cartas, para reduzir as inevitáveis pausas entre as mãos. Raramente haverá tempo para os jogadores discutirem o resultado de uma mão antes do início da outra, assunto, aliás, que não agrada os jogadores.

♠ Distrações ♣

Adaptar-se ao ambiente não-familiar, à velocidade do jogo nas mesas e à qualidade da oposição é um grande desafio, sobretudo se se levar em conta as outras distrações potenciais existentes em uma sala de jogos. Pode ser difícil ignorar o nível geral de barulho ambiente vindo das mesas adjacentes, além dos vários jogadores entrando e saindo das imediações do cassino. Ademais, espectadores podem parar para assistir ao progresso dos jogadores, seja para conferir o nível dos oponentes potenciais ou até por amizade com um ou mais dos participantes da mesa. Se houver também equipe para serviço de mesa - bebidas, aperitivos etc -, o nível potencial de interrupção da concentração dos jogadores acaba sendo considerável.

Lidar com estes fatores é um teste de temperamento, é claro, mas se o jogador se sentir desconfortável, é melhor fazer um intervalo ou trocar de mesa, se possível. Qualquer coisa que crie stress durante o jogo pode ter um impacto na performance individual, porém, isto tende a diminuir conforme o jogador adquire experiência.

Acima: Os óculos escuros que Greg Raymer usou quando venceu o campeonato mundial da WSOP, em 2004. Os olhos holográficos de lagarto começaram como uma brincadeira em uma mão importante no WSOP de 2002, e pareceu ter um efeito positivo, distraindo seu oponente. Desde então, Raymer usa seus óculos em todos os grandes torneios de pôquer de que participa.

À direita: Uma fonte cintila na noite, em frente de uma placa luminosa de neon, no Trump Taj Mahal Casino Resort, em Atlantic City. O estabelecimento passa por uma reforma de US$ 250 milhões, além da construção de uma nova torre de hotel, cuja construção começou em julho de 2006.

♦♠♣♥♦♠ Trump Taj Mahal, Atlantic City ♦♠♣♥♦

Recentemente eleito o melhor cassino pela revista Casino Player, o Trump Taj Mahal tem a maior sala de jogos de Atlantic City, e sediou os campeonatos norte-americanos de pôquer nos últimos dez anos. Nas mesas, jogam-se Texas Hold'em, Omaha e 7-card stud, junto com suas variante alto-baixo, além de lições grátis diárias para iniciantes. O valor das apostas começa com US$1/US$3 no 7-stud e US$2/ US$4 para o Hold'em de apostas fixas, e há torneios de Texas Hold'em de apostas ilimitadas (no-limit) todos os dias. A entrada (buy-in) mínima é de US$ 38 mais US$ 12, embora estes jogos comecem à meia-noite nos dias da semana, com o valor das apostas aumentando a cada 12 minutos. Inaugurado em 1990 e construído para competir com qualquer estabelecimento de Las Vegas, o Trump Taj Mahal é uma grande atração para turistas e jogadores de passagem na costa oeste dos Estados Unidos.

Conselhos Importantes

Colocar em prática todos os princípios delineados até aqui será difícil na primeira vez que um jogador vai a um cassino jogar pôquer. Contudo, enquanto pode levar um tempo para a adaptação às condições diferentes, há outros fatores-chave que vale a pena relembrar para aliviar qualquer stress inicial. O mais óbvio, talvez, seja a escolha de um jogo em que o valor das apostas seja condizente com o bankroll do jogador. Se tiver sucesso em adotar uma atitude mais cautelosa, é possível que o jogador possa ver várias mãos serem jogadas antes de vencer uma delas. Ter fichas suficientes para bancar os pingos (antes) ou escuros (blinds) e talvez até para perder uma disputa pelo pot é essencial para possibilitar o jogador a se manter firme durante o período inicial.

Se não houver disponibilidade de jogos com o nível correto de apostas, é melhor jogar em um outro, mais barato, do que se arriscar em um que vá além dos seus próprios recursos. Uma sessão lucrativa contra oponentes de mesmo nível de habilidade pode dar ao jogador o ímpeto para "subir de nível", e esta situação é melhor para a autoconfiança do que ter de descer depois para o nível adequado com grandes perdas a contabilizar. Compreender os procedimentos da variação de pôquer escolhida também é vital, é claro, pois jogar em modalidades com as quais não se está familiarizado pode ser um exercício bastante caro, sobretudo se o jogador não conhecer sequer as estratégias básicas a adotar.

Acima: Tobey Maguire, com expressão cansada, em reação a uma derrota em um jogo de Texas Hold'em na WSOP em Las Vegas, em 2005. Os cassinos são projetados para esvaziar os bolsos dos clientes, e podem ser uma experiência extremamente desgastante se não se fizerem intervalos regulares. Jogadores exaustos fazem bem em lembrar de que sempre haverá outro jogo disponível no dia seguinte.

Acima: Edgar Skjervold, no evento de Monte Carlo da EPT, em 2006. Skjervold, um analista financeiro de 30 anos de Oslo, na Noruega, é parte de um grupo de jogadores noruegueses que se destacou na cena do pôquer nos últimos anos. Ele se tornou famoso após vencer o campeonato mundial de pôquer online, em 2004, levando pra casa US$ 424.945, o maior prêmio em dinheiro da história dos eventos pela Internet.

♠ Administração do tempo ♣

Adiante de uma oportunidade de jogar pôquer a qualquer hora, de dia ou de noite, é fácil que os jogadores caiam na armadilha de esbanjar suas receitas. Manter os níveis de concentração necessários para jogar de forma séria e competente é uma tarefa difícil mesmo para os mais realizados profissionais. Saber quando sair da mesa é, portanto, uma parte essencial da disciplina para o pôquer, que o jogador precisa ter em qualquer ocasião competitiva. Um lapso na concentração pode desfazer todo o bom trabalho conseguido anteriormente em uma sessão, pelo que intervalos são sempre aconselháveis quando se pretende jogar por várias horas seguidas.

Isto é particularmente importante se, tendo jogado bem, um jogador sofre uma derrota em uma "jogada encontrada" (bad beat) que anula seus ganhos de curto prazo. Controlar a raiva ou a frustração que seguem uma derrota azarada pode ser um teste para o temperamento de qualquer jogador, mas somente os melhores estão prontos para aceitar calmamente o resultado e não deixar que ele prejudique seu estilo de jogo

À **direita:** Fichas do Grosvenor Victoria Casino. Um ponto alto do calendário de pôquer do Vic é o torneio anual Grosvenor Grand Prix, um evento com vários torneios de entradas altas que atrai jogadores de toda a Europa para competir por milhares de libras em prêmios.

À **esquerda:** Entre os maiores e mais antigos cassinos do Reino Unido, o Vic, como é chamado, foi palco de uma grande surpresa durante o Poker Classics, em abril de 2005, quando o relativamente desconhecido Andy Church ficou em primeiro entre cerca de 200 jogadores, incluindo nomes conhecidos do circuito.

subsequente. Deve-se, a todo custo, evitar, em tais circunstâncias, aquele tipo de jogo descuidado que denota que um jogador está em "tilt" – sendo este modo de jogar caracterizado, em geral, por apostas mais pesadas em mãos medianas para tentar compensar as injustiças sofridas. Se o jogador suspeitar de que seu jogo está se deteriorando num momento como este, é importantíssimo lembrar que novas oportunidades de jogar nunca faltarão, sobretudo pelo amplo acesso disponível

♦♠♣♥♦♠ Grosvenor Victória Casino, Londres ♦♠♣♥♦

O londrino Grosvenor Victoria Casino, também chamado de "The Vic", é um lugar muito frequentado pelos melhores jogadores de pôquer da cidade, e sedia regularmente campeonatos de apostas altas, sendo alguns para a televisão. Seus dois salões de jogos de cartas oferecem 14 mesas de pôquer, e há torneios diários de Hold'em de apostas ilimitadas (no-limit), estipuladas entre £ 10 a £ 100, mais taxas de administração. Torneios com recompra para iniciantes são um dos destaques das noites de sexta-feira, e os jogos de pôquer representam grande parte do movimento do estabelecimento, dada a larga demanda pelo jogo no Reino Unido. Quem quiser entrar no Grosvenor Victoria tem de se cadastrar gratuitamente como sócio, dando seus dados pessoais. Contudo, os jogadores podem entrar assim que fazem seu cadastro, não precisando mais esperar 24 horas, como era exigido até o país revogar esta estipulação legal, em 2005. Assim como na maioria dos cassinos do país, é de rigor um código de vestuário "casual fino".

Acima: O inglês Roland "The Sheep" de Wolfe na mesa final do evento da EPT em Dublin, em 2006. Ele venceu o torneio e amealhou o prêmio principal de €554.300 (US$ 737.208) no campeonato de Hold'em de apostas ilimitadas (no-limit).

Acima: A mesa final da segunda temporada da European Poker Tour, em Londres, em outubro de 2005, no Grosvenor Victoria Casino. O norte-americano Noah Jefferson e o norueguês Jonas Helness assistem enquanto o jogador britânico Mark Teltscher checa suas cartas. Teltscher venceu o torneio de Hold'em de apostas ilimitadas de £ 3.000 (US$ 5.900) de entrada, e embolsou £ 280.000 (US$ 552.000).

Jogos Simples e Torneios

Como meio de apostas, o pôquer sempre se baseou na ideia de jogadores competindo entre si por dinheiro alto. Desde seus primeiros dias, porém, o pôquer se tornou uma grande variedade de jogos diferentes, com um grande número de estruturas de apostas correspondentes. Até a década de 1970, o pôquer permaneceu, conceitualmente, como um jogo a dinheiro, com os jogadores pagando um preço máximo ou mínimo estipulado para participar de uma sessão. Mas o sucesso da WSOP e a exposição do pôquer na televisão aumentaram a popularidade do jogo, que também foi fenomenalmente impulsionada pelo advento de sites de apostas online. Isto levou a diferenças distintivas entre as estratégias e abordagens a serem adotadas ao se jogar partidas simples a dinheiro (cash games) ou torneios. A proposta deste capítulo é identificar algumas dessas diferenças e delinear os aspectos chave de ambas as formas de jogo.

À direita: Um jogador recolhe suas fichas após a conclusão de uma mão. Seja jogando partidas simples ou torneios, vencer uma mão e levar o pot é o objetivo de todos os jogadores. Os principiantes frequentemente acreditam, equivocadamente, que vencer no pôquer significa vencer a maioria das mãos disputadas ao longo da sessão. Jogadores experientes sabem, porém, que a chave para o sucesso em longo prazo é vencer as poucas mãos que geram grandes pots. Isto se aplica tanto para jogos simples quanto para torneios, embora nem todas as estratégias aplicáveis a uma forma de jogo se estendem necessariamente à outra.

Jogos Simples (Cash Games)

Jogos simples (cash games, ring games) são o principal suporte principal do pôquer e envolvem jogadores apostando com o dinheiro à sua disposição, normalmente na forma de fichas, obtidas junto ao caixa. O nível do valor das apostas e seus limites diferem nos vários jogos, é claro, e os jogadores escolhem sempre aqueles que lhes servem melhor. De modo geral, em uma sala de jogos formal, haverá sempre uma compra inicial (buy-in) mínima de cerca de cinco vezes o valor da aposta máxima, quando escolhido o nível mais baixo. Contudo, a maior parte dos experts recomendam que os jogadores não pensem em sentar em qualquer jogo com menos do que o equivalente a quarenta vezes a aposta máxima permitida na mesa. Esta premissa se baseia na assunção de que qualquer sessão completa de pôquer durará várias horas, durante as quais é quase inevitável uma sequência de cartas ruins ou derrotas azaradas.

Em jogos nos quais há também um valor máximo de entrada, os jogadores podem comprar fichas durante pausas no jogo, para manter suas pilhas de fichas em uma altura constante. Aproveitar esta possibilidade é tido como boa estratégia por duas razões. Primeiramente, de acordo com as regras, os jogadores só podem apostar as fichas que estiverem na mesa no momento da aposta, pelo que as recompras só podem ser feitas após o fim de cada mão. Apostar tudo (all-in) com a melhor mão (the nuts) é muito mais lucrativo quando se tem muitas fichas, pois o pot tende a ficar bem maior, pelo que faz sentido procurar manter sempre o máximo possível de fichas na mesa para tais eventualidades. Isto obviamente requer que o jogador não participe de jogos nos quais a entrada consuma todo o seu saldo em fichas (bankroll). A segunda razão é simplesmente para manter uma defesa crível contra oponentes que apostam agressivamente para intimidar oponentes com

Acima: O ator Lou Diamond Phillips joga no Celebrity World Poker Tour, no Commerce Casino, em Los Angeles, EUA. Sucesso de audiência, o pôquer entre celebridades conta com a participação de vários atores. Os ganhos normalmente são doados para fundos de caridade.

À esquerda: Rhett Butler (Clark Gable) se mantém impassível durante um jogo de pôquer em E O Vento Levou (Gone With The Wind). Também na vida real, conter as emoções é parte essencial para se jogar bem.

À **esquerda:** Jamie Gold, de Malibu, Califórnia, sagra-se campeão da WSOP, levando US$ 12 milhões, em Las Vegas, Nevada, em 11 de agosto de 2006. O prêmio foi o maior que já se ganhou na televisão e nos esportes. Os 12 melhores jogadores deste torneio viraram milionários.

Abaixo: Ao jogar partidas simples a dinheiro (cash games), é necessário decidir quanto do saldo se está disposto a investir. Não é aconselhável participar de jogos muito caro ou muito baratos com relação ao bankroll. Em ambos os casos, as emoções podem atrapalhar o raciocínio lógico.

poucas fichas. Sem recursos para fazer um eventual segundo repique (re-raise), os jogadores correm o risco de perder suas fichas adiante de apostas agressivas enquanto esperam por uma mão boa. É difícil ser bem sucedido se, quando ela finalmente aparece, o jogador não tiver recursos para capitalizar o máximo com ela.

♠ Estratégia de longo prazo ♣

Embora o pôquer seja um jogo de competição, os riscos que se tem de correr para vencer frequentemente levarão à derrota. Isto se aplica a todas as mãos de todas as sessões, o que significa que os jogadores devem aprender a perder e controlar o efeito das derrotas sobre suas decisões. Ter a disciplina para controlar as reações emocionais ao se jogar pôquer é uma vantagem, pois tudo conspira contra o bem-estar emocional do jogador quando uma sequência de derrotas acontece. Se deixar a frustração e a raiva dominarem suas ações, o jogador muito provavelmente fará más escolhas e perderá ainda mais. Nem toda sessão será lucrativa, e ser capaz de seguir em frente após perder é uma qualidade de caráter necessária a todo bom jogador.

Este prospecto é mais fácil de aceitar se cada sessão individual foi vista como uma de várias outras a jogar durante a vida. Ao estabelecer objetivos realistas e manter anotações de seu desempenho, jogadores regulares que buscam melhorar suas habilidades, e talvez até ganhar dinheiro, tornam-se muito mais qualificados para relevar suas derrotas e progredir sempre.

♦♠♣♥♦♠ O saldo (bankroll) ♦♠♣♥♦

Controlar o saldo (bankroll) – o dinheiro destinado especificamente para o jogo – é algo de extrema importância para um jogador de pôquer. Poucos jogadores são patrocinados, e a maior parte dos profissionais confia totalmente em sua habilidade para conseguir sua renda. Se acabarem com seu saldo, não terão meios imediatos para participar de outros jogos, razão pela qual os melhores jogadores são impetuosos e clínicos em sua abordagem; eles não têm como adotar outra postura. A maioria dos jogadores, porém, simplesmente separa uma parte de sua renda para o pôquer, assim como fazem para custear suas outras formas de lazer. Para o amador, o teste de disciplina consiste em tratar seu saldo da mesma forma que um profissional faz, pois este é o meio mais seguro de promover um instinto competitivo.

A Abordagem Correta

As razões para se jogar pôquer são tantas e tão variadas quanto as pessoas que apreciam o jogo, embora os puristas insistam que os jogadores devem sempre tentar ser o mais durões, impetuosos e competitivos que puderem, para fazer justiça a si mesmos. Cada indivíduo pode ter motivos particulares para jogar, mas todos devem se preocupar com algumas questões básicas tais como o quanto pretendem jogar, a natureza dos oponentes e o custo potencial envolvido. Somente adiante de respostas satisfatórias para estas questões é que o jogador poderá se sentir confortável e dar o melhor de si no jogo. Da mesma forma, ter uma visão positiva do jogo é obviamente vantajoso, pois competidores cansados, cobrados ou distraídos por pressões externas pouco provavelmente explorarão sua verdadeira habilidade.

♠ Jogos caseiros ♣

Partidas regulares disputadas em casa entre amigos ou colegas podem ser tão competitivas quanto jogos em cassinos com jogadores profissionais. No geral, porém, os jogos caseiros são, tipicamente, eventos sociais disputados por quantias em dinheiro que raramente são suficientes para ameaçar amizades de longa data. Comida, bebida e papo fazem parte destas ocasiões tanto quanto o jogo de cartas, o que deve ser levado em conta ao se elaborar as estratégias.

A vitória pode não ser a preocupação principal do jogador amador, mas ninguém se envolve deliberadamente para perder. Observar os oponentes para ter uma ideia de seus estilos de jogo e níveis de habilidade continua sendo muito importante. Isto se aplica particularmente quando se é convidado a jogar pela primeira vez em um jogo caseiro que acontece regularmente, pois num jogo de pôquer, até bons amigos podem revelar traços de personalidades jamais mostrados antes.

♠ Clubes e cassinos ♣

Participar de uma mesa operada por um clube ou cassino pode ser uma experiência assustadora para o jogador iniciante, habituado aos jogos caseiros. Embora o valor das apostas possa dar uma ideia sobre a habilidade dos oponentes, entrar em uma competição contra completos estranhos requer um grau de autoconfiança quanto à habilidade. A escolha da faixa de valor correta para as apostas é crucial, é claro, e uma abordagem disciplinada quanto ao tempo a ser gasto durante uma sessão também é importante. Além disso, em salões de

Acima: A maioria dos jogos de pôquer acontece em casa. O uso de fichas dá credibilidade ao jogo. Além de serem mais fáceis de manusear do que o dinheiro, eles ajudam a acelerar os procedimentos.

À direita: O Pôquer Extremo (Extreme Poker) é uma iniciativa que tem levado o jogo a romper fronteiras, por mais estranhas que pareçam. O jogador profissional Rob Varkonyl (na ponta, à esquerda) compete com outros jogadores durante o segundo torneio de Pôquer Extremo, realizado nos vastos campos de gelo do Mar Ártico em Kemi, na Finlândia, em março de 2006.

À esquerda: O sueco Christer Johansson (no canto, à esquerda), vencedor geral do Grand Prix de Paris da primeira temporada da Turnê Mundial de Pôquer (World Poker Tour) – WPT, em 2003, jogando "mano a mano" (heads-up) com o francês Claude Cohen (ao centro), considerado por muitos o melhor jogador de seu país. Christer levou pra casa o prêmio de €500.000 (US$ 659.450). O senso de oportunidade, no pôquer, é muito importante, sobretudo quando se compete no mais alto nível. Para ser bem-sucedido em uma arena de competição, é necessário ajustar o estilo de jogo e fazer frequentes "mudanças de marcha".

jogos formais, há sempre a comissão a se levar em conta, isto é, a taxa cobrada pela casa para operar o jogo. Esta taxa pode ser cobrada com base no tempo de jogo, por mesa ou por jogador, ou pode ser que o croupier simplesmente retire algumas fichas do pot até um limite de, digamos, dez por cento. Com uma fatia de cada pot indo para a mesa, além do costume de o vencedor dar uma gorjeta ao carteador, provavelmente o ritmo do jogo será mais acelerado, sendo de interesse do dealer que as coisas se processem dessa forma. A combinação de todos estes fatores sublinha, uma vez mais, a necessidade de uma avaliação realista sobre suas próprias habilidades ao decidir jogar em público.

♠ Qualidade dos oponentes ♣

Os jogadores devem estar dispostos a encontrar oponentes de qualidade muito mais alta em salas de jogos comerciais do que seria o caso em jogos caseiros. Deixando à parte os profissionais de nível de competição, muitos outros jogadores tiram seu sustento do pôquer, desafiando as comissões e os oponentes. Para estes jogadores e também para os semi-profissionais, que complementam sua renda com empreitadas rentáveis na mesa, o pôquer é uma espécie de emprego, demandando um alto grau de aplicação. Normalmente, eles lucram em cima de turistas, jogadores ocasionais cujo saldo pode exceder suas habilidades, mas que gostam da chance de tentar a sorte contra os melhores. Embora seja uma experiência muito mais impessoal, as mesmas considerações se aplicam aos jogos online.

♦♠♣♥♦♠ Prestação de contas ♦♠♣♥♦

Todas as orientações sobre como jogar bem enfatizam os benefícios de análises de performance, além do exercício da disciplina e da paciência. Estas virtudes também são importantes também para o jogador sério que deseja melhorar com a experiência. Manter anotações mentais sobre o jogo em um dado cenário é uma vantagem ao estudar o jogo longe da mesa. Os jogadores também devem manter registros financeiros precisos de seus jogos. Por fim, o dinheiro é apenas um meio de se medir o desempenho, e o bom jogador é aquele que, ano após ano, tem lucros regulares. Somente sendo honesto consigo mesmo e mantendo notas precisas das receitas e despesas com o pôquer é que o competidor pode esperar ser objetivo sobre sua performance geral.

À esquerda: Pode-se dizer que a transmissão televisiva dos torneios de pôquer já deu ao jogo um novo ar de respeitabilidade, que certamente atrai muitas pessoas a jogar.

Jogos de Torneio

Inspirados pela cobertura televisiva dos torneios de pôquer e pela possibilidade de ganhar prêmios altos, muitos jogadores estão tomando gosto por este formato do jogo. Enquanto um jogo simples a dinheiro (cash game) em um clube ou cassino 24 horas pode durar, em tese, indefinidamente, pois os jogadores vão e vêm pelas mesas, um torneio é estruturado para garantir um vencedor definitivo no final do evento. Para isso, os pingos (antes) e escuros (blinds) nos torneios aumentam progressivamente, ao passo que nos jogos simples eles permanecem no mesmo valor. Cada valor de apostas mínimas e máximas se aplica por minutos ou horas, dependendo da natureza e das proporções do torneio, mas o princípio é sempre o mesmo, com o objetivo de todos os jogadores sendo, é claro, ganhar todas as fichas em jogo.

♠ Jogos eliminatórios ♣

A grande diferença entre jogos simples e torneios é, logicamente, o elemento eliminatório, pelo qual o jogador que perde suas fichas sai. Para ficar até o final, os jogadores são forçados a entrar em confrontos de apostas, o que significa que têm de implementar diferentes estratégias e estilos contrastantes de jogo nos vários estágios do torneio.
No jogo simples, jogadores seguros podem deixar que o botão do dealer circule pela mesa algumas vezes enquanto esperam por uma mão jogável, sem que os pingos (antes) danifiquem muito suas pilhas de fichas. Embora recomendável como estratégia de jogo de longo prazo, esta abordagem paciente não pode ser mantida em torneios, devido à natureza eliminatória. Durante os estágios iniciais, quando a sobrevivência é a principal preocupação, a paciência certamente é exigida, mas, conforme o valor dos pingos aumenta e os oponentes adquirem mais fichas, os jogadores devem apostar com força e se preparar para correr grandes riscos.

Acima: O Americano Joe Bartholdi, vencedor do torneio de Hold'em de apostas sem limites e entrada de US$ 25.000 da WPT de 2006, entre pacotes de dinheiro após levar o prêmio de US$ 3,7 milhões – o maior da história dos torneios, à época. Bartholdi superou 605 jogadores para levar o primeiro prêmio. A vitória veio depois de anos de altos e baixos devido a dificuldades de manter um saldo estável.

À esquerda: Um enorme pôster do Full Tilt Poker, colocado do lado de fora da sala de jogos no WSOP de 2005. O site de jogos online é conhecido por ter um grande time de profissionais em seu elenco de propaganda (Phil Ivey, Chris "Jesus" Ferguson, Howard Lederer e Mike Matusow, para citar alguns). O Full Tilt é muito bem conceituado em termos de software: o website foi desenhado por jogadores profissionais. Suas campanhas publicitárias elevaram a promoção do jogo a um novo nível.

♠ Taxas de entrada e estruturas de prêmios ♣

Nos torneios, as taxas de entrada variam drasticamente, com os eventos da WSOP, por exemplo, custando em geral acima de US$ 500, enquanto o campeonato mundial é disputado a uma taxa de entrada de US$ 10.000. De um lado, os cassinos e clubes organizam torneios por entradas muito mais baixas, e este tipo de evento é bastante popular também online. Há até torneios gratuitos (freeroll) que não requerem taxa de entrada e geralmente premiam o vencedor com um assento em uma competição mais prestigiada. Torneios-satélite têm natureza similar, custando barato e premiando com lugares na rodada seguinte do evento principal.

O grande benefício dos jogos de torneio em relação aos jogos simples é que os jogadores já sabem de antemão qual a quantia máxima que podem perder. Para ganhar, porém, é possível que tenham que superar alguns milhares de oponentes, o que é um grande desafio. O dinheiro do prêmio normalmente vai para os jogadores que terminam nas 10% melhores posições, mas o grosso da premiação costuma ser reservado aos melhores três ou quatro por cento, com o vencedor levando entre um quarto e metade do prêmio total.

♠ Tipos de torneios ♣

A maioria das variantes mais populares são jogadas no sistema de torneio, e estes podem ser conduzidos com disputas de apostas fixas (fixed-limit) ou ilimitadas (no-limit). O número de competidores pode ir dos 8.000 fortes jogadores no campeonato mundial da WSOP, o mais célebre dos torneios de múltiplas mesas, até uma sessão privada de um contra um (heads up), entre dois jogadores. Existem torneios de uma só mesa que oferecem aos jogadores uma maior chance de vitória, com prêmios consideravelmente menores, é claro, e muitos deles são conhecidos como eventos "sente e jogue" (sit 'n' go). Os jogadores simplesmente pagam a taxa cobrada e, quando todos os assentos estão completos, o torneio começa imediatamente. Diferem dos torneios diários, para os quais os jogadores têm que se inscrever com antecedência.

Outro fator-chave a ser levado em conta é a distinção entre torneios eliminatórios e torneios com recompra (rebuy). Naquele, os jogadores começam com o mesmo número de fichas e jogam até que percam tudo o que têm ou vençam o torneio. Já quando há recompra, os jogadores, sujeitos a certas condições, podem comprar mais fichas, com esta opção normalmente se restringindo às primeiras uma ou duas horas do evento. Vencido este prazo, o torneio se torna eliminatório.

Acima: Vencedor do WSOP de 2006, Jamie Gold (ao centro) concentra-se em sua mão, durante o torneio, para tentar chegar entre os 9 melhores. É indicado que, neste estágio, os jogadores sejam bastante observadores para notar pistas na mesa. O prospecto de chegar à mesa final acena, e com ele um pedaço do prêmio, o que faz com que os jogadores joguem ainda mais cautelosamente para proteger sua posição em fichas.

À **esquerda:** Pacotes de cartas à mostra no campeonato da WSOP de 2004. Como todo grande evento esportivo, o WSOP tem patrocinadores corporativos que pagam taxas para se promover como patrocinadores oficiais ou permitidos, usando o emblema da WSOP e promovendo seus eventos. Além das propriedades do Harrah's e canais de TV a cabo dedicados às transmissões esportivas, os maiores patrocinadores incluem Miller Brewing, Pepsi, GlaxoSmithKline/Bayer e Nintendo.

Estrategias de Torneio

Um evento de uma só mesa com níveis crescentes de apostas pode terminar em questão de minutos, enquanto eventos de múltiplas mesas com trinta ou mais participantes facilmente chegam a durar horas. A duração provável de um torneio influenciará na estratégia a ser adotada, pois apenas os que terminam entre os 10% melhores recebem um pedaço do prêmio.

Durante os estágios iniciais, a preocupação central é basicamente a sobrevivência, e os jogadores devem ter uma abordagem cautelosa, à medida que avaliam a oposição. Escolher bem as mãos iniciais em que investir é crucial, e, seja qual for a variante de pôquer jogada, devem-se evitar confrontos desnecessários e potencialmente caros nas primeiras rodadas do campeonato. Sempre haverá aqueles que preferem apostar alto logo de início, tentando ficar em vantagem, mas jogar de forma segura enquanto oponentes descuidados eliminam uns aos outros é tida como uma melhor estratégia de longo prazo.

Após evitar uma saída no início, os jogadores devem se preparar para o aumento da pressão conforme o torneio progride. Os aumentos regulares das apostas mínimas garantem que os jogadores acabem tendo que jogar mãos que normalmente descartariam. Competidores com poucas fichas provavelmente se depararão com apostas altas e intimidadoras vindas dos líderes em fichas (chip leaders) conforme a proximidade do dinheiro do prêmio aumenta.

♠ Características distintivas ♣

Reconhecer padrões distintivos de apostas entre os oponentes é sempre importante na mesa de pôquer. Isto não é menos verdade em torneios, e é sempre uma vantagem em um evento de uma só mesa, no qual os jogadores só deixam seus assentos quando são eliminados. Diferenciar os estrategistas cautelosos dos apostadores relaxados é normalmente algo que acontece rápido nestas circunstâncias.

Acima: O britânico Arshad Hassain, na grande final da EPT de 2006, em Monte Carlo. Os dramáticos estágios finais do torneio terminaram com Hussain competindo "mano a mano" contra o estudante americano de ciências políticas Jeff Williams, que venceu e faturou €900.000 (US$ 1.078.000). Arshad não havia gastado nada para chegar a Monte Carlo, tendo vencido torneios-satélite online, e acabou embolsando €492.000 (US$ 592.607) pelo segundo lugar.

À esquerda: Jogadores tentam a sorte durante os estágios iniciais da WSOP de 2006, no Rio hotel e cassino, em Las Vegas. A enorme quantidade de oponentes em um torneio pode ser intimidadora para amadores, e jogos com dez ou onze participantes normalmente significa aperto nas mesas.

À esquerda: Jogadores na mesa final da WSOP de 2006. Como tornou-se tradição, quando os eventos da WSOP chegam à mesa final, o prêmio em dinheiro é trazido por seguranças armados e colocado em exibição. O então desconhecido jogador americano Jamie Gold dominou completamente a mesa e levou US$ 12 milhões sem ser seriamente desafiado.

Abaixo: "Diamond" Carlo Citrone, jogador profissional e comentarista britânico de pôquer, recebe uma massagem durante a WSOP de 2005, em que chegou à mesa final. Citrone levou US$ 59.175 em dinheiro, ficando na 8ª posição entre 1.072 jogadores.

Eventos de múltiplas mesas apresentam um desafio diferente, contudo, pois os jogadores são trocados de mesas para balancear a distribuição conforme outros vão sendo eliminados e as mesas vão sendo desativadas. Após assumir uma boa liderança em fichas em uma mesa e lucrar com a intimidação dos jogadores com menos fichas, o jogador pode ser transferido para outra mesa em que um ou dois oponentes têm muito mais fichas. Quando isto ocorre, o jogador deve uma vez mais ficar atento aos oponentes e seus estilos de apostas para descobrir se os líderes chegaram onde estão por habilidade ou mera sorte. É claro que, conforme o torneio se encaminha para a mesa final e os pingos (antes) ou escuros (blinds) aumentam, os padrões de apostas tendem a ser ditados pela quantidade de fichas à disposição de cada jogador, mais do que por qualquer outro fator.

♠ Monitoramento das fichas ♣

A necessidade de se manter informado sobre os desenvolvimentos nas outras mesas é um elemento do torneio de múltiplas mesas, que não tem equivalente em jogos simples. A tecnologia por trás dos torneios online facilita atualizações mão após mão, permitindo que os competidores comparem seu progresso com o de oponentes em outras mesas. Fora do ambiente dos cassinos virtuais, porém, os jogadores podem precisar de pausas ocasionais em seus próprios jogos para reorganizar seus pensamentos e checar o progresso dos oponentes nas outras mesas.

Em uma disputa eliminatória, o número total de fichas em jogo é constante, pelo que o cálculo da média é relativamente simples, bastando dividir o valor total em circulação pelo número de jogadores restantes. Manter uma pilha de fichas maior que a média durante os estágios iniciais de um torneio pode fornecer a base para um jogo de ataque, pois os oponentes com menos fichas são amedrontados pelo perigo de eliminação. Entretanto, vale lembrar que a partir dos estágios intermediários, a pilha média pode ser calculada excluindo-se o líder, caso um jogador tenha conseguido abrir uma vantagem muito grande sobre os demais.

Como Vencer

Quanto maior o número de competidores, mais difícil de vencer é o torneio, é claro, e é verdade que os jogadores têm que confiar na sorte em alguns momentos críticos em uma medida maior do que nos jogos simples. Armados com uma estratégia sólida e uma abordagem consistente na seleção das mãos nas quais investir, os jogadores terão melhores chances de terminar na frente se restringir seu jogo, nas partidas simples.

O pôquer de torneio, contudo, pede que se corram mais riscos para sobreviver e prosperar. O tamanho da pilha de fichas de um jogador ditará a frequência e proporções destes riscos, com os jogadores com somente cerca de dez vezes o valor da aposta mínima mais propensos a encarar cada mão como se fosse a última. Aqueles em boa condição, porém, têm mais opções para escolher, pois podem jogar alguns pots a mais com cartas baixas se os oponentes não aumentarem muito as apostas. Alternativamente, há a opção de cruzar os braços por um tempo e esperar pacientemente enquanto os oponentes disputam as posições eliminando uns aos outros. Qualquer jogador que tenha melhorado sua pilha inicial de fichas através de um jogo seguro e criterioso também estará em melhor posição para blefar a partir dos estágios intermediários, conforme o custo para se participar de uma mão vai aumentando. Os oponentes se intimidarão com as apostas destes jogadores sólidos, o que lhes dá a chance de ganhar algumas fichas de pots pouco contestados.

♠ Sempre alerta ♣

A chave para absorver toda a informação disponível ao se jogar pôquer é a concentração, seja qual for o formato de jogo. Em torneios, avaliar a oposição, seus estilos de jogo e as flutuações nas suas pilhas de fichas é algo que requer um alto grau de aplicação mental. Para conseguir isto e também ser capaz de monitorar os eventos nas mesas paralelas, é preciso permanecer alerta constantemente. Conforme a quantidade média de fichas sobe, por exemplo, os jogadores devem estar muito cientes de que precisam ganhar algumas mãos para manter uma certa vantagem. O perigo de jogar muito seguramente e acabar ficando com menos fichas é que o jogador pode eventualmente encarar a situação de apostar tudo (all-in) com recursos limitados, de modo que mesmo a vitória lhe dará poucos benefícios. Estar alerta para esta possibilidade e ajustar o modo de jogar podem prevenir que o jogador tenha que recorrer para estratégias desesperadas.

Da perspectiva do líder em fichas (chip leader), a escolha do momento certo de pressionar os jogadores com poucas fichas não é menos desafiadora. Ao passo que intimidar a oposição com apostas altas é uma opção viável, é ainda melhor fazê-lo de posse de mãos fortes. Induzir pagamentos com apostas totais (all-in calls) por parte dos oponentes é um tiro que pode sair pela culatra quando se aposta com uma mão mediana,

Acima: Em 2006, a colunista de jornal, autora e apresentadora de TV britânica Victoria Cohen venceu 397 oponentes e ganhou 500.000 (US$ 976.200) no evento da EPT, em Londres.

Acima: O ex-assessor de investimentos Rob Varkonyi vence o WSOP em 2002. O norte americano se tornou uma celebridade e jogador profissional após sua surpreendente vitória. Phill Hellmuth disse que as chances contrárias à vitória de Varkonyi eram tão altas que ele rasparia os cabelos se Rob vencesse.

Acima: O norueguês Bjorn-Erik Glenne foi coroado vencedor do evento da EPT em Barcelona, em 2006, batendo 480 jogadores para levar o prêmio de $ 691.000 (US$ 875.000). O ex-gerente de marketing foi o primeiro norueguês a vencer um evento da EPT; Glenne também é um jogador de xadrez de alto nível e tem um sucesso substancial jogando online.

À esquerda: Chris Moneymaker na mesa final da edição de 2003 da WSOP. Ele conseguiu um lugar no evento principal jogando um torneio online por US$ 40, e foi em frente para levar o primeiro prêmio, de US$ 2,5 milhões, apesar do fato de que foi sua primeira experiência em um torneio de pôquer "ao vivo".

pois o fato de estarem vulneráveis não significa que os adversários saiam com cartas boas. Da mesma forma, pagar apostas totais (all-in bets) vindas de jogadores com poucas fichas é uma atitude mais justificável quando se tem uma mão decente, não havendo qualquer benefício em pagar tais situações continuamente só por ter fichas sobrando.

♠ Mudanças de marcha ♣

A habilidade de "mudar de marcha" (change gear), variando os padrões de apostas e a abordagem geral é requerida tanto em jogos simples como em torneios. Naqueles, a adoção de estilos contrastantes com relações àquele predominante entre os opositores pode ser benéfico, sendo o jogo seguro mais rentável em uma mesa de apostadores soltos e o jogo mais expansivo, melhor se a oposição for bem conservadora. A mesma coisa vale para os torneios nos estágios iniciais, mas a necessidade de mudar as marchas será ditada pelo aumento dos níveis das apostas e o inevitável impacto que têm sobre o jogo do competidor. O imperativo de obter fichas para custear os antes e blinds significa que, por vezes, os jogadores terão que apostar com mãos fracas. Assumir uma postura positiva e apostar agressivamente nesta situação normalmente é melhor do que pagar passivamente e torcer pelo melhor. A adoção desta abordagem mais enérgica é provavelmente um dos fatores que distinguem os torneios dos jogos simples, nos quais uma estratégia paciente costuma render bons frutos. Como resultado, os indivíduos que jogam torneios habitualmente devem adaptar seu estilo quando jogam partidas simples.

Glossário

A

Ace in the hole – Na gíria do pôquer, refere-se a um ás como carta pessoal fechada (virada para baixo) em um jogo de pôquer aberto.
Aces up – Termo usado para indicar que o jogador possui um par de ases combinado com outro par mais baixo.
Action – A atividade de apostas que se passa na mesa de pôquer.
Add-on – Compra (opcional) de fichas extra no final do período de recompra, em um torneio.
All-in – Apostar de uma vez todas as fichas que se tem.
Ante – Aposta compulsória feita por um ou mais jogadores antes da distribuição das cartas.
Ante-up – Levar o ante ao centro da mesa.

B

Back-door flush – Conseguir um flush contra as probabilidades, com ajuda do turn e do river, em jogos de cartas comum, como o Texas Hold'em e o Omaha.
Back-door straight – Uma sequência obtida na mesma situação anterior.
Bad beat – A vitória de uma mão inferior sobre uma superior, contrariando as probabilidades (jogada encontrada).
Bankroll – Dinheiro para aposta. Pode se referir aos recursos de um jogador durante uma única sessão ou ao total de dinheiro separado apenas para jogar pôquer durante um período.
Bet – Aposta. Ação de colocar fichas no centro da mesa.
Betting intervals – Momentos do jogo em que se pode apostar.
Bicycle – A sequência mais baixa possível, de A, 2, 3, 4 e 5.
Big Slick – Gíria para a mão inicial de A e K, no Texas Hold'em.
Blind – Aposta compulsória feita em jogos como o Texas Hold'em e o Omaha. Usualmente, o jogador sentado imediatamente à esquerda do carteador paga a metade (small blind) e o jogador seguinte paga o correspondente a uma aposta mínima (big blind), geralmente o dobro do small blind.
Bluff – Blefe. O ato de enganar: disfarçar uma mão fraca com uma aposta alta.
Board card – Cartas visíveis na mesa, viradas para cima, nos jogos de stud e as cartas comunitárias no Hold'em e Omaha.
Boat – Outro nome para o full house.
Bring-in – A aposta forçada feita na primeira rodada de apostas, feita pelo jogador com a menor carta aparente, em jogos stud.
Bug – Uma carta coringa em jogo.
Bump – Aumentar o pot com uma aposta.
Burn – Queimar a carta. Descarte da primeira carta do baralho, feita pelo carteador para evitar trapaças.
Buy-in – A taxa que se paga para entrar em um jogo de pôquer.

C

Call – Pagar uma aposta. Colocar no pot um número de fichas equivalente à aposta do oponente, para continuar disputando a mão.
Caller – O jogador que paga (call).
Call the blind – Pagar uma aposta feita compulsoriamente pelos jogadores à esquerda do carteador, na primeira rodada de apostas.
Card Sharp – Pessoa que trapaceia em jogos de cartas.
Calling station – Um jogador passivo e solto, que não aumenta ou faz apostas mas que paga frequentemente aquelas feitas por outros jogadores, independentemente de suas chances de vitória.
Cards speak – Modo de definir o vencedor no showdown. Em jogos com coringas, impede que os jogadores declarem incorretamente o valor de suas mãos.
Cash game – O principal modo de jogo do pôquer, em cassinos e online, que envolve jogadores competindo uns contra os outros, geralmente por várias horas, em jogos com estruturas constantes de apostas.
Cash in – Sacar. Trocar as fichas por dinheiro ao final da sessão.
Chasing hand – Mãos com combinações que precisam de duas cartas para realizar seu potencial.
Check – Pedir mesa. Ato de permanecer envolvido na mão sem fazer nenhuma aposta.
Checkraise – Passada em falso. Tática de pedir mesa (check) e depois aumentar uma aposta posterior feita por um oponente.
Chips – Fichas. Contadores coloridos usados para representar quantias em dinheiro na mesa de pôquer. Cada cor representa um valor diferente.
Coffeehousing – Fazer comentários abusivos ou críticos sobre outro jogador durante uma mão.
Community cards – Cartas comunitárias. Cartas reveladas na mesa e usadas por todos os jogadores.
Cut – Cortar. Dividir o baralho após embaralhar, o que é feito, geralmente, pelo jogador à direita do carteador.

D

Dealer's choice – Um estilo de jogo, popular nas disputas caseiras, em que cada carteador escolhe a variante de pôquer que se aplicará às cartas que distribui.
Declare – Declarar. Aplicável aos jogos de alto-baixo, é o meio pelo qual um jogador indica se competira pela maior mão, menor mão ou ambas.
Deuce – Gíria para designar as quatro cartas de valor 2 do baralho.
Door card – Carta de entrada. A primeira carta visível a todos na mão de um jogador, nas variantes abertas.
Down the river – Outro nome para o 7-card Stud.
Draw – Descarte. Troca de cartas no jogo de pôquer fechado. A palavra também se aplica à tentativa de formar uma determinada combinação de cartas.
Drawing dead – Impossibilidade de vencer uma mão mesmo havendo cartas ainda a receber.
Drawing hand – Mão parcial. Uma mão que precisa de mais uma carta no turn ou no river para se tornar a melhor em jogo.

F

Family pot – Um pot disputado por todos ou quase todos os jogadores na mesa.
Fifth steet – A quinta carta distribuída nos jogos stud ou a quinta carta posta na mesa em jogos de cartas comunitárias.
Fish – Peixes. Jogadores fracos.
Fixed-limit – Estrutura de apostas que estipula uma quantia fixa a se apostar durante cada rodada. Por exemplo, em um jogo de Texas Hold'em de apostas fixas a US$5/ US$10, as apostas e repiques durante as duas primeiras rodadas serão de US$ 5. Nas duas rodadas finais, sobem para US$ 10 cada.
Floorman – Empregado de cassino que decide os procedimentos e atua como árbitro em qualquer disputa.
Flop – As primeiras três cartas comunitárias reveladas, simultaneamente, no Texas Hold'em e jogos similares.
Flush – Uma combinação de cinco cartas do mesmo naipe, fora de ordem sequencial.

Fold – Correr. Abrir mão das cartas e desistir de uma determinada mão. Também chamado de "passar" ou "descartar a mão".
Forced bet – Aposta forçada. Uma aposta obrigatória em um valor fixo.
Four of a kind – Quadra. Quatro cartas de mesmo valor (número ou figura).
Fourth street – Quarta carta. A quarta carta dada em jogos de pôquer abertos, ou a quarta carta comunitária a ser revelada na mesa.
Free card – Carta grátis. Carta vista pelos jogadores sem pagar nada, normalmente seguindo uma rodada em que todos pedem mesa.
Freeze-out – Estilo de torneio em que os jogadores começam com um número igual de fichas e não podem comprar mais durante o evento.
Freeroll – Chance de ganhar alguma coisa sem pagar nada.
Full-handed game – Um jogo de pôquer com nove ou dez jogadores.
Full house – Uma mão com uma trinca e um par.

G

Geese – Jogadores fracos.
Gut straight draw – Quando se precisa de uma carta do meio de uma sequência para completar a mão – 6, 7, 9 e 10 precisa do 8 para a sequência.

H

Hand – Mão. Cada jogo sucessivo durante uma sessão de pôquer, que dura alguns minutos. O termo também se aplica às cartas de cada jogador durante o jogo.
Heads-up – Mano a mano. Um confronto entre dois jogadores, normalmente os últimos restantes em uma mesa de torneio.
Hidden pair – Duas cartas de mesmo valor recebidas viradas para baixo como mão inicial.
High card – A carta mais alta da mão de um jogador quando nenhum par ou outra combinação é formada.
High hand – A melhor mão em cada rodada de pôquer.
High-low – Alto-baixo. Termo usado para caracterizar variantes de pôquer em que o pot é dividido igualmente entre o detentor da melhor e da pior mão exibidas no showdown.
High-roller – Jogador que compete em partidas de apostas altas. Quando o valor é extremamente alto, o jogador é chamado de "baleia" (whale).
Holdout machine – Aparelho projetado para ajudar trapaceiros a esconder cartas.
Hole cards – Cartas pessoais. As cartas distribuídas viradas para baixo para cada jogador, que não são reveladas aos demais durante o jogo, apenas no showdown.

I

Ignorant end – A ponta de baixo de uma sequência em jogos de cartas comunitárias.
Inside straight draw – Situação de quem precisa da segunda ou quarta cartas para formar uma sequência, como, por exemplo, quando se tem 8, 10, J e Q e se precisa do 9 para completar a mão.

J

Jackpots – Um prêmio dado a um jogador que atende a uma série de requisitos determinados. Alguns cassinos pagam jackpots para alguém que recebe uma quadra ou combinação melhor e perde. O jogo "jackpots" é uma forma de pôquer fechado em que os jogadores precisam ter pelo menos um par de valetes para abrir as apostas.

K

Kicker – Desempate. A carta mais alta da mão de um jogador e que não compõe uma combinação. Se um jogador tiver 9, 9, A, K e 7 – um par de noves – o desempate é o A. Esta carta é útil quando dois jogadores possuem combinações equivalentes, como par ou dois pares. Por exemplo, uma mão de 9, 9, Q, 10 e 2 perde para a mencionada anteriormente porque o desempate, o Q, é inferior ao A.

L

Lock hand – Uma mão invencível.
Loose player – Jogador relaxado. Aquele que disputa vários pots, frequentemente apostando contra as probabilidades.

M

Main pot – Pot principal. Um pot disputado pelas partes interessadas até o ponto em que alguém aposta tudo. Quaisquer apostas subsequentes à aposta total formam um pot secundário, do qual o jogador que apostou tudo não participa. Pode haver vários pots secundários em disputa durante uma mão.
Maniac – Um jogador relaxado e imprevisível.
Muck – Lixo. A pilha de cartas descartadas que se acumula durante uma mão.

N

Naked bluff – Uma aposta feita pelo jogador na posse de uma mão fraca, que só pode vencer se todos os oponentes correrem.
No-limit – Estrutura de apostas, muito usada em torneios eliminatórios, que permite que os jogadores apostem todas as suas fichas a qualquer momento do jogo, quando for sua vez de jogar.
Nut flush – "Nuts" é a melhor mão possível; o nut flush é o melhor flush obtenível.
Nut full house – O melhor full house possível.
Nuts – Favorita. A melhor mão possível com as cartas em jogo.

O

Offsuit – Cartas pessoais de naipes diferentes.
On the come – Uma situação que ocorre quando um jogador espera cartas para formar uma mão melhor do que a que já tem.
Open-ended straight – Quatro cartas em sequência, que completam a combinação com a maior ou a menor entre as faltantes. Por exemplo, quando se tem 8, 9, 10 e J, tanto um 7 quanto um Q completam a sequência.
Openers – A mão mínima requerida em alguns jogos para que as apostas se iniciem: um par de valetes em alguns jogos de pôquer fechado, por exemplo.
Out – Uma carta necessária para transformar uma mão perdedora em vencedora.
Overcard – Uma carta mais alta do que qualquer uma na mesa. Por exemplo, um jogador com A e Q como cartas pessoais quando o flop é J, 7 e 3.

P

Pass – Passar. Correr, desistir da mão.
Pat hand – No pôquer fechado, uma mão dada a um jogador que, então, decide não trocar nenhuma carta, sugerindo que a combinação já é forte.
Pigeons – Pombos. Jogadores fracos.
Play the board – Quando a melhor combinação de um jogador é formada pelas cinco cartas comunitárias, no Hold'em ou Omaha.
Pocket card – As duas cartas recebidas por cada jogador numa partida de Hold'em, que ninguém pode ver exceto o detentor.
Pocket pair – Cartas iniciais que formam um par.
Pocket rockets – Um par de ases como mão inicial.
Poker face – Uma expressão facial neutra, que não revela pensamentos ou emoções.

Todo jogador deve procurar possuí-la.
Post the blinds – Pagar as apostas compulsórias no início de cada mão.
Pot – O total geral de fichas no centro da mesa em cada mão, pelo qual os jogadores competem.
Pot-limit – Uma estrutura de apostas em que o máximo que se pode apostar não pode ser maior do que o total já em jogo.
Pot odds – Perspectiva de ganho. Comparação entre o valor do pot e o valor da aposta a pagar para continuar jogando. Se há US$ 60 no pot e um jogador aposta US$ 6, aumentando o total para US$ 66, custará US$ 6 para pagar a aposta, com pot odds de 11:1.
Pre-flop raise – Um repique feito antes de as três primeiras cartas comunitárias serem reveladas, no Texas Hold'em e jogos similares.

Q

Quads – Quadra. Quatro cartas do mesmo valor.
Quitting time – Toque de recolher. Horário combinado para o término de um jogo.

R

Rag – uma mão ou carta sem valor
Raise – Repicar. Aumentar uma aposta, pagando-a e apostando novamente o mesmo valor, no mínimo. Se um jogador aposta US$ 5, o jogador que aumenta terá de apostar pelo menos US$ 10, sendo US$ 5 para pagar a aposta anterior e mais US$ 5 do repique.
Rake – Comissão. A taxa cobrada por um clube ou cassino para operar o jogo. Tipicamente, consiste em uma pequena dedução feita em cada pot.
Razz – Jogo de 7-card Stud em que a mão mais baixa leva o pot.
Read – Avaliar a força da mão de um oponente.
Rebuy tournament – Um estilo de torneio em que os jogadores podem comprar fichas adicionais após o início do jogo.
Ring game – Um jogo a dinheiro ao vivo, que não é parte de um torneio.
River – A carta final exibida em alguns jogos de pôquer.
Rock – Jogador cauteloso, que só joga com mãos altas.
Rolled-up trip – Três cartas de mesmo valor obtidas por um jogador logo após a distribuição de cartas, no 7-Stud.
Rounder – Pessoa que viaja pelo país ganhando a vida com o jogo.
Royal flush – Sequência real. A mais alta mão de pôquer, consistente em 10, J, Q, K e A do mesmo naipe.
Run – Outro nome para a sequência.
Rush – Sequência de vitórias com cartas favoráveis ao jogador.

S

Sandbagging – Disfarçar uma mão forte, com apostas baixas e passadas em falso, para encorajar os oponentes a apostar.
Satellite tournament – Torneio Satélite. Mini-tourneios que valem entradas para um torneio maior.
See – Ver. Pagar uma aposta.
Semi-bluff – Semi-blefe. Uma aposta alta em uma mão fraca que possui chances, ainda que baixas, de se tornar vencedora.
Set – Outro nome para a trinca.
Seventh street – Sétima carta. A sétima carta distribuída em jogos de pôquer, mais comumente no 7-Stud.
Shark – Tubarão. Um bom jogador que se passa por inexperiente no começo do jogo.
Sheep – Ovelhas. Jogadores fracos.
Short-handed game – Jogo de pôquer entre poucos jogadores.
Showdown – Momento em que os jogadores ainda competindo em uma mão mostram suas cartas para determinar o vencedor.
Side bet – Aposta paralela, feita fora do pot quando algum jogador apostou tudo (all-in).
Side pot – Pot composto de apostas paralelas.
Sixth-street – Sexta carta. A sexta carta distribuída no 7-Stud, antes da quarta rodada de apostas.
Slow-play – Disfarçar uma mão forte, com apostas baixas e passadas em falso, para encorajar os oponentes a apostar.
Split pair – Duas cartas de mesmo valor, uma virada para baixo e outra para cima, na mão inicial de um jogador.
Split-pot – Pot dividido por jogadores que, no showdown, exibem mãos de igual valor. Também designa jogos de alto-baixo, nos quais o prêmio é dividido pelo detentor da melhor e pelo detentor da pior mão.
Spread-limit – Estrutura de aposta com limita máximo e mínimo. Os jogadores podem apostar qualquer quantia entre os dois valores.
Stake – Valor que um jogador pretende investir em uma sessão.
Stand Pat – Não trocar cartas no pôquer fechado.
Steal – Blefe que funciona e faz os oponentes correrem.
Straight – Sequência. Cinco cartas de naipes diferentes em ordem de valor, como 5, 6, 7, 8 e 9.
Straight flush – Cinco cartas de mesmo naipe e em ordem, sem formar sequência real.
String bet – Colocar fichas no centro da mesa como se fosse apenas pagar e depois anunciar um repique. O atraso na revelação da verdadeira natureza da jogada ajuda seu autor a obter informação extra, pelas reações dos oponentes. Não é aceita no pôquer.
Sucker – Jogador muito ruim. Também indica uma vítima inocente de trapaça.

T

Table stakes – Um estilo de jogo em que os participantes só podem apostar as fichas que possuem. Se for necessário comprar mais fichas, deve-se fazer isto entre uma mão e outra, jamais durante.
Tap-out – Apostar todas as fichas.
Tapped out – Ficar sem fichas.
Tell – Pista. Um comportamento involuntário que revela a força da mão.
Third street – Terceira carta. A terceira carta distribuída em jogos stud.
Three of a kind – Trinca. Três cartas de mesmo valor.
Tight player – Jogador seguro, que joga de forma cautelosa, e somente as mãos mais fortes.
Tilt – Perda de controle emocional do jogador, que leva a apostas irracionais.
Toke – Gorjeta dada ao croupier.
Touching cards – Cartas conectadas. Duas cartas consecutivas em valor, como 10 e J, por exemplo.
Trey – Quaisquer três cartas do baralho.
Trips – Outro nome para trinca.
Turn – Quarta carta comunitária revelada no Hold'em e Omaha.
Two pairs – Dois pares. Dois pares diferentes em uma mão.

U

Underdog – Azarão. Jogador com menos chances de vencer. Também chamado de "dog".
Under de gun – Jogar primeiro, ser o primeiro a jogar.
Up card – Carta entregue virada para cima.

W

Wheel – Roda. A mais baixa sequência possível: A, 2, 3, 4 e 5. Também chamada de Bycicle.
Wild card – Coringa. Qualquer carta que pode ser usada para representar outra do baralho.
Widow – Carta ou cartas comuns a todas as mãos.

Agradecimentos do Autor

Para trazer à luz esta publicação, contei com o apoio de muitas pessoas, e gostaria de aproveitar a oportunidade para agradecê-las pessoalmente pela ajuda e conselhos. Primeiramente, gostaria de reconhecer o trabalho árduo e contribuição da equipe editorial da Bridgewater Books, particularmente Polita Caaveiro e Sarah Doughty, cujas orientações foram de enorme valia. Devo muito, também, a Paul Turner, da Broadcasting Dataservices Ltd por me ajudar a encontrar e administrar o tempo necessário para compeltar o projeto, e agradeço-o por seu interesse e pelo encorajamento durante os meses dedicados a pesquisar e escrever o texto. Agradeço também a Adam, Chris, Warren, Roy, Maureen e Joasia por sua ajuda na época crucial, no verão de 2006. Por fim, devo agradecer minha maravilhosa e compreensiva companheira, Gosia Pilak, por uma vez mais se mostrar tão paciente e por me dar apoio enquanto passei muito tempo flertando com a exigente amante que é o jogo de pôquer. Dziekuje bardzo, kochanie.

BIBLIOGRAFIA

Alvarez, Al, The Biggest Game in Town (Houghton Mifflin, Boston, 1983)

Bellin, Andy, Poker Nation: A High-Stakes, Low-Life Adventure into the Heart of Gambling (Yellow Jersey Press, London, 2003)

Brunson, Doyle, Doyle Brunson's Super System: A Course in Power Poker (B & G Publishing, Las Vegas, 1978)

Dalla, Nolan, and Alson, Peter, The Man Behind the Shades: The Rise and Fall of Stuey 'The Kid' Ungar, Poker's Greatest Player (Phoenix, London, 2006)

Fletcher, Iain, The Rough Guide to Poker (Rough Guides Ltd, London, 2005)

Hellmuth Jr, Phil, Play Poker Like the Pros (HarperCollins, New York, 2003)

Marcus, Richard, The Great Casino Heist (Constable & Robinson Ltd, London, 2005)

McEoy, Tom, Tournament Poker (Cardoza, New York, 1995)

McNally, Brian, How to Play Poker and Win (Macmillan, London, 2000)

Scarne, John, Scarne's Guide to Modern Poker (Pocket Books, New York, 1980)

Sklansky, David, Hold 'em Poker (Two Plus Two Publishing LLC, Henderson, 1978)

Steiner, Peter O., Thursday-Night Poker: How to Understand, Enjoy – and Win (Random House, New York, 1996)

Wilson, Des, Swimming with the Devilfish…under the surface of professional poker (Macmillan, London, 2006)

Wolpin, Stewart, The Rules of Neighbourhood Poker According to Hoyle (New Chapter Press, New York, 1990)

Yarnold, Stuart, Online Poker in Easy Steps (Computer Step, Southam, 2005)

Magazines & Periodicals

Inside Edge (Dennis Publishing, London)
Poker Player (Dennis Publishing, London)
WPT Poker: The Official World Poker Tour Magazine (Future Publishing, Bath)

Some Useful Poker Websites

www.askmen.com
www.pokernews.com
www.blindbetpoker.com
www.pokerplayernewspaper.com
www.doylesroom.com
www.pokersourceonline.com
www.homepoker.com
www.pokertips.org
www.launchpoker.com
www.pokertop10.com
www.pagat.com
www.thehendonmob.com
www.playwinningpoker.com
www.usplayingcard.com
www.poker.com
www.worldcasinodirectory.com

Créditos das fotos

A editora gostaria de agradecer aos seguintes por gentilmente cederem fotografias para este livro: Akg images 14 (br), 49 (tr); Alamy 57 (t, b) 204 (b); Bridgewater Book company 11 (b); Corbis 10 (cr, b), 12 (bl, br), 13 (t, cr), 14 (bl), 15 (tr), 16 (bl), 17 (tr), 18 (cl, b), 19 (cr, b), 20 (cr), 22 (bl), 23 (cl, b), 25 (tr), 27 (tl, tr), 36 (bl, br), 37 (bl), 38 (br), 39 (tl), 40 (bl), 44 (b), 48 (cl), 54 (bl, br), 55 (tl), 56 (bl), 58 (tr, bl). 61 (cr), 67 (tl, tr), 68 (br), 69 (bl), 82 (br), 83 (tl, cl), 90 (b), 91 (cr), 92, 97 (t), 103 (b), 105, 108, 109, 169 (bl), 182, 195 (bl), 203, 206, 216 (br), 229, 230 (b), 231 (t), 232 (br), 233 (t), 234 (bl), 235 (br), 240 (bl, br), 241 (tl), 244 (cr), 245 (cl); Empics 17 (bl), 29 (tr), 31 (tl), 33 (tl main), 34 (bl), 47 (tr), 80 (tr), 83 (tr), 84 (bl),147, 217, 246 (bl), 236 (tr), 242 (br); Getty 15 (tl), 22 (cr), 48 (br), 142, 219 (tl), 224, 247 (tl), 85 (bl, br); Golden Nugget casino 228 (bl), 231 (bl); iStock photography 35 (tr), 52, 59 (cr, b), 60 (bl, br), 64 (br), 65, 66, 69 (tc), 71 (br), 74, 80 (b), 93 (tl, br), 97 (b), 102 (bl,

br), 116, 118, 121, 127, 138, 139, 170, 172, 175, 177, 185, 189, 229 (t), 242 (bl); The Kobal collection 40 (br),Warner Bros 41 (tr), United artists 41 (b),Warner Bros 42 (bl), Universal (41 br),Warner Bros 43 (t), Columbia/Persky-Bright/Reno 43 (cr), MGM/Filmways 44 (cr), Miramax/ John Clifford 45 (cl), Miramax/ John Clifford 45 (b), MGM/ Filmways 103 (tr),Warner Bros 184; Mary Evans picture library: 96 (t); Photo library 225 (cr), 233 (br); Photos.com 55 (tr), 56 (tr), 187; Pokerimages.com 16 (br), 20 (tl), 21 (t), 24, 25 (b), 26 (bl), 28 (bl, br), 30 (bl), 31 (tr), 32 (bl, br), 33 (tr, tcr), 34 (br), 35 (b), 37 (t, br), 46 (cr, bl), 47 (tl), 49 (tl), 64 (cl), 70 (cr, bl), 71 (tl), 76, 80 (cr), 81 (tl), 82 (bl), 84 (br), 85 (tr), 91 (br), 168, 169 (tr), 195 (tr), 197, 228 (t), 230 (tr), 232 (bl), 234, (br), 235 (bl), 236 (b), 237 (tl, tr, bl, br), 241 (tr), 243 (br), 244 (bl), 246 (cr), 248 (bl, br), 249 (tl, tr); Top foto 26 (tr), 29 (tl), 30 (cr), 38 (bl), 69 (cr), 87; www.pokerroom.com 216, 217; www.pacificpoker.com 218; www.partypoker.com: 218; www.pokerstars.com: 218; www.deutschepokertour.com 219; www.pokerguide.jp 220; www.juegapokerya.com 220; www.redstarpoker.com 220; www.slopoker.com 221; www.poker.org.il 221; www.poker.com.hr 222; www.ecardroom.cn 222; www.poker24.pl 223; www.spelapoker.se 223; www.poker.fr 223; www.allaussiepoker.com 225; www.megapoker.nl 225; Todas as demais fotos por Andrew Perris 1, 2, 7, 8-9, 50-51, 61 (tl), 68 (bl), 72-73, 94-95, 101, 107, 111, 117, 130-131, 133, 137, 141, 143, 145, 148, 150,
151, 152, 156, 158, 159, 160, 161, 162, 163, 179, 181, 192, 204 (t), 205, 207, 209, 211, 214-215, 226-227, 238-239, 253, 254 (tc, br), 255.